D1720207

JONAS VERLAG

Hessische Blätter für Volks- und Kulturforschung
Herausgegeben von der Hessischen Vereinigung für Volkskunde
Geschäftsstelle der Vereinigung und Redaktion:
D-35037 Marburg, Biegenstr. 9

Redaktion Berichte, Rezensionen:
Andreas C. Bimmer, Siegfried Becker

Gedruckt mit Unterstützung des Landes Hessen

Umschlagabbildung:
Büchertrödler, um 1830. Aus: Gotthard Brandler (Hg.): Eckensteher, Blumenmädchen,
Stiefelputzer. Berliner Ausrufer und Volkstypen. Leipzig 1988, S. 57.

Anschriftenänderungen, Abonnements und Einzelbestellungen
auch älterer Bände über Jonas Verlag

Die Deutsche Bibliothek – CIP-Einheitsaufnahme

Ein Titeldatensatz für diese Publikation ist bei
Der Deutschen Bibliothek erhältlich.

© 2001/2002 Jonas Verlag
für Kunst und Literatur GmbH
Weidenhäuser Straße 88
D-35037 Marburg
www.jonas-verlag.de

Druck Fuldaer Verlagsagentur
ISBN 3-89445-300-1
ISSN 0175-3479

HESSISCHE BLÄTTER FÜR VOLKS- UND KULTURFORSCHUNG

Neue Folge der Hessischen Blätter für Volkskunde

Band 37/38

Lesen und Gelesenwerden

Sach- und Fachliteratur zur Ethnographie Europas

Herausgegeben
von der Hessischen Vereinigung für Volkskunde
durch
Andreas C. Bimmer

Marburg 2001/2002

Jonas Verlag

Inhalt

Andreas C. Bimmer
Lesen und Gelesenwerden.
Zur Lage gegenwärtigen volkskundlichen Publizierens 7

Aufsätze

Siegfried Becker
Aktuelle Tendenzen des landes- und volkskundlichen
Publikationswesens in Hessen 13

Richard Jeřábek
Volkskundliche Zeitschriften aus den Böhmischen Ländern,
der Slowakei und der Russischen Föderation 67

Reimund Kvideland
Nordische volkskundliche Zeitschriften 85

Materialien zur Volkskultur

David Drummond
Carl Bender and his Automatic Self-Setting 'Capito' Mouse Trap 99

Brunhilde Miehe
Als die langen Hosen Mode wurden 117

Berichte

Jósef Liszka
Institut für Sozialwissenschaften „Forum".
Forschungszentrum für Europäische Ethnologie 130

Petra Dittmar
AIMA – Generalkonferenz und Kongress CIMA XIII.
24. bis 28. September 2001 in Lindlar/Deutschland 135

Gudrun Braune
10 Jahre Thüringische Vereinigung für Volkskunde e.V. (TVV).
Ein Bericht anläßlich des zehnjährigen Gründungsjubiläums
des Vereins am 22.9.2001 in Erfurt 137

Günther Camill Jerg
„Ortsbezüge. Deutsche in und aus dem Donauraum".
Jahrestagung 2000 des Johannes-Künzig-Instituts, Freiburg i. Br. 145

Siegfried Becker
Ludwig Bickell (1838–1901) 149

Siegfried Becker
Karl Löber (1901–1982) 155

Walter Dehnert
Solange der Michel steht.
Filmbesprechung mit Interview 158

Rezensionen 165

Andreas C. Bimmer

Lesen und Gelesenwerden

Zur Lage gegenwärtigen volkskundlichen Publizierens

Der vorliegende Band ist der Information über das gegenwärtige volkskundlich-kulturwissenschaftliche Schriftwesen gewidmet. Im Themelteil befassen wir uns überwiegend mit Periodika und Schriftenreihen und setzen hier neben einem Schwerpunkt Hessen vor allen Dingen auf nicht-deutsche volkskundliche Zeitschriften in den skandinavischen Ländern sowie in Tschechien, der Slowakei und der Russischen Republik.

Die Intention des Vorhabens ist es, die noch sehr vielfältige volkskundliche Zeitschriftenlandschaft Europas am Umbruch zur elektronischen Zukunft fast aller – auch wissenschaftlicher – Information zu dokumentieren. Dies geschieht allerdings nicht in der Absicht des „Sammelns und Rettens", sondern vielmehr, um die bestehende enorme Vielfalt volkskundlichen Zeitschriften-Schreibens zu demonstrieren. Wir werden in lockerer Folge auch in den nächsten Hessischen Blättern mit den Länderberichten fortfahren, um so unseren Lesern Materialien über gegenwärtige Periodika zu präsentieren, die in dieser Zusammenstellung so umfassend wohl nur schwer zu erhalten sein werden.

Darüber hinaus werden wir den schon im letzten Band der Hessischen Blätter begonnenen Themenkomplex „Materialien zur Volkskultur" stärker betonen und ausbauen. Zum einen sind wir durch positive Reaktionen aus der Leserschaft hierzu ermuntert worden, zum anderen scheint es uns auch angebracht, nach einer recht langen Phase sachkultureller Enthaltung hierauf wieder größeres Gewicht zu legen.

Diese Gedanken gehen einher mit einer aufkeimenden Neubesinnung (nicht Rückbesinnung!) auf zentrale Bereiche der Volkskunde, auf das Distinkte, das uns von anderen Fächern unterscheiden könnte. Dies scheint um so dringlicher, je übergreifend-allgemeiner sich die gegenwärtige 'Verkulturwissenschaftlichung' aller Geistes- und Sozialwissenschaften bemächtigt, bis hin zur disziplinären Gesichtslosigkeit. Erste schon nach wenigen Jahren zu verzeichnende Nachdenklichkeiten in unserem Fach, die von einer vorschnellen, vielleicht sogar opportunistischen Ankoppelung an den schicken Zug Kulturwissenschaft lamentieren, klingen wenig überzeugend, wenn sich „Täter" gleichzeitig zu „Zeitgenossen" nivellieren. In solchem Wirrwarr könnte eine Art „Ortsbestimmung" hilfreich sein, und wenn es nur der jeweils eigenen Versicherung des Fachspezifischen diente.

Zu den zentralen Materialien eines Faches zählen sicherlich seine Publikationen und hier in erster Linie die Periodika. Die wissenschaftliche Volkskunde verfügt in den europäischen Ländern über zahlreiche Fachzeitschriften, die teils seit etlichen Jahrzehnten, oder wie die Hessischen Blätter nun seit hundert Jahren, der vornehmliche Ort wissenschaftlicher Auseinandersetzung und Dokumentation sind. Die Kontinuität ihrer Erscheinungsweise befördert gewissermaßen eine fachstabilisierende Behäbigkeit, fast unabhängig von der zeitbedingten Lebendigkeit oder Starre ihrer inhaltlichen Diskussionen. Viele Zeitschriften haben manch heftige Stürme und Entwicklungen überdauert, ohne daß sie selber daran zugrunde gegangen wären. Insofern zählen sie neben den Institutionen und den Archiven zu den stabilen Einrichtungen einer Disziplin.

Dennoch sind besonders seit einigen Jahren nachhaltige Entwicklungen auf dem wissenschaftlichen Zeitschriftenmarkt zu erkennen, die Anlaß zu – vielleicht noch voreiligen – Befürchtungen geben könnten. Mit dem Hinweis auf das Internet und die damit verbundenen elektronischen Publikationsmöglichkeiten soll kein 'Buhmann' aufgebaut und gefälligen kulturkritischen Argumenten Vorschub geleistet werden. Und dennoch muß man sich fragen, wo wissenschaftliche Zeitschriften und Internet gleichgelagerte Bedürfnisse befriedigen könnten. Die Zeitschrift soll gegenüber dem Buch den aktuellen Forschungsstand einer Disziplin vermitteln, soll relativ kurz gefaßte Information bereitstellen. Das sind Qualitäten, die auch dem Internet zugeschrieben werden. Zeitschriften werden selten komplett gelesen und rezipiert. Meist sucht man sich das heraus, was einen interessiert und läßt anderes, nicht selten das meiste, unbeachtet. Dies ist vielleicht für unseren Gedankenzusammenhang eine der bedenklichsten Parallelen zum Internet. Die schnelle Information, über welchen Sachverhalt auch immer, wie wenig sachlich abgesichert sie auch sein mag, kommt der populären Wißbegier am ehesten entgegen. Wer es noch ein wenig vertiefter wünscht, arbeitet sich über einige zusätzliche 'Links' weiter, ohne auch nur eine gedruckte Version bemühen zu müssen. Und es ist durchaus zuzugeben, für eine erste Information reicht es durchaus.

Also richten sich Zeitschriften inzwischen nur noch an diejenigen Leser, die mehr als nur schnellen Zugang zu einem Thema haben wollen. Aber reicht auf Dauer diese Leserschaft aus, um den hohen ehrenamtlichen und vor allem finanziellen Aufwand zu rechtfertigen, den eine wissenschaftliche Zeitschrift im Nonprofit-Bereich der Geistes- und Sozialwissenschaften verursacht?

Nicht umsonst gibt es wohl in allen Redaktionen unserer Zeitschriften inzwischen Gedanken, wie man die Kosten minimieren, wie man von den elektronischen Möglichkeiten so profitieren kann, daß trotzdem das eigene Profil in jeder Hinsicht erhalten bleiben kann. Hier scheint eine reale Lösung noch weit entfernt, vor allem wohl, weil die überwiegend kostenfreie Nutzung auch einer Internet-Zeitschrift sich einfach nicht verträgt mit den nicht unerheblichen fixen Kosten einer Redaktion. Auch Kulturwissenschaft im weitesten Sinne ist eben nicht so selbstverständlich zu ökonomisieren wie Technik, Medizin und Naturwissenschaft. Aber allein die Denkmöglichkeit einer digitalen Alternative zur Papierform setzt ein Hinterfragen des Bisherigen in Gang und kann zu unerwarteten Entwicklungen, ja Lähmungen der Entscheidung führen.

Ein gutes Beispiel hierfür scheinen die Überlegungen zur Fortführung der Internationalen Volkskundlichen Bibliographie (IVB) abzugeben. Nach dem

Rückzug des verdienten langjährigen Herausgebers vor mehr als zwei Jahren hat sich im Vorstand der derzeit hierfür zuständigen Deutschen Gesellschaft für Volkskunde (DGV) immer noch keine Nachfolgelösung aufgetan. Das liegt vor allem an mangelnden Personalmitteln, auch an der fehlenden Bereitschaft eines Trägerinstitutes, aber vor allem auch offenbar an einem fehlenden Konzept, das das bewährte Korrespondentenprinzip (in mehr als 20 Ländern) für das digitale Zeitalter übersetzen könnte. Hierbei geht es m.E. hauptsächlich darum, daß sich die ehrenamtliche, die wissenschaftliche Karriere kaum fördernde Kärrnerarbeit des fachspezifischen Bibliographierens (von immerhin bis zu 8000 Titeln pro Jahrgang) nur dann verlohnt, wenn das Ergebnis real greifbar bleibt, in einem Bibliotheksregal aufstellbar ist. Jedem Hinweis, daß demnächst nahezu alle Bibliotheken mit ihren Beständen online verfügbar sind, ist entgegenzuhalten, daß das nur durch professionelle kostenträchtige Personalstellen möglich wurde. Überdies verzetteln die meisten Bibliotheken ihre Bestände nicht nach Aufsätzen und gerade hierin liegt der Reiz und die Brauchbarkeit der IVB. Schon diese wenigen Bemerkungen machen deutlich, wie schwierig es für das Schriftwesen und die Periodika kleiner Fächer ist, sich mit den modernen Entwicklungen wissenschaftlicher Kommunikation zu arrangieren.

Über volkskundliche Zeitschriften gibt es relativ wenig wissenschaftliche Untersuchungen. Das ist sehr verwunderlich und es hätte eigentlich im Zuge der wachsenden Beschäftigung mit dem Thema Medien – denkbar sogar im sozialhistorischen Bezug – ein dankbares Untersuchungsfeld sein können. Eine Dissertation aus den 30er Jahren befaßte sich unter dem Titel „Die volkskundliche Zeitschrift" mit dem Thema, daneben gibt es lediglich 'Eigendarstellungen' der Herausgeber, meist aus Anlaß eines Jubiläums. „Zum wissenschaftlichen Profil der Zeitschrift für Volkskunde" hat Kaspar Maase in den Tübinger Korrespondenzblättern (47/1996, S. 71-80) „eine Analyse der Jahrgänge 1986-1995" vorgelegt, eine der wenigen systematischen Auseinandersetzungen mit einem zentralen volkskundlichen Periodikum. Ansonsten wurden angelegentlich Einzelhefte im Besprechungsteil angezeigt und kommentiert, vor allem wenn es sich um Themenbände handelte.

Bibliographisch sind die meisten europäischen volkskundlichen Zeitschriften (noch s.o.) in der IVB (z.B. 1999) auf immerhin 52 doppelspaltigen, eng bedruckten Seiten aufgelistet, aber mehr als den Namen und den Ort kann man nicht erfahren.

Besonders hervorzuheben ist allerdings ein Themenheft der französischen Schriftenreihe „Hésiode. Cahiers d'ethnologie méditerranéenne" welches sich unter dem Titel „Au miroir des revues. Ethnologie de l'Europe du Sud" (1991) ausführlich in zahlreichen Artikeln mit der Geschichte und der Situation ethnologischer Zeitschriften im Mittelmeerraum beschäftigt.

Dem Unternehmen GARAE/HESIODE in Carcassonne ist inzwischen auch ein Dokumentationszentrum angeschlossen, welches regelmäßig Umfragen zur Erfassung entsprechender Periodika versendet.

Das Johannes-Künzig-Institut für ostdeutsche Volkskunde hat bereits 1987 mit dem „Repertorium der Periodika. Zeitschriften, Jahrbücher, Zeitungen, Traditionsblätter und Kalender..." seine höchst umfänglichen Bestände in Buchform publiziert. Der besondere Wert für den an Zeitschriften Interessierten liegt in den bibliographischen Angaben, die erstes Erscheinungsdatum, Namensänderungen und Fortführung dokumentieren.

Angesichts eines immer unüberschaubareren ethnologisch-volkskundlichen Publikationswesens bezeichnet der Titel des vorliegenden Bandes der Hessischen Blätter „Lesen und Gelesenwerden" das Dilemma, in dem jeder in unserem Fach Tätige und Schreibende steht, überdeutlich. Vor allem unter einer explizit kulturwissenschaftlichen Prämisse ist es nur noch sehr schwer möglich, sich einen vollständigen und eingehenden Überblick über das relevante Schrifttum zu verschaffen. Selektive Berücksichtigung und vor allem selektive Rezeption sind der Ausweg, Nichtbeachtung und Ausgrenzung anderer, konkurrierender oder konträrer Konzepte sind die Folge. Die schon häufig beschworenen und beklagten 'Zitierkartelle' einzelner Schulen oder kulturwissenschaftlicher Meinungsträger erfahren dadurch unberufene Legitimation. Man kann doch gar nicht alles rezipieren und vor allem dann nicht, wenn der argumentative Weg über die 'Mitte des Faches' viel unbequemer und weiter ist als der über die Grenzen des Fachs hinaus zum eigentlich beabsichtigten Diskussionszusammenhang. So könnte es heißen, so wäre es vielleicht verständlich, daß so wenig aus der Fachliteratur rezipiert wird, vor allem, wenn es grundsätzlicher werden soll.

Ein Blick in die Literaturverzeichnisse rezenter Texte mag diesen Sachverhalt belegen. Das Problem, das sich hiermit stellt, ist keineswegs der 'interdisziplinäre Dialog', der notwendig und weiterführend ist, sondern die schleichende Abkoppelung von der ja doch auch weiterhin institutionell tragenden Disziplin. Die 'neuen Gedanken' müssen in die Disziplin getragen werden und mit ihr, in ihr verarbeitet werden. Dazu gehört es, sich auch mit ihr auseinanderzusetzen, ihre Schriften zu lesen, um letztlich auch gelesen zu werden.

Siegfried Becker eröffnet den vorliegenden Themenbereich mit einer umfänglichen Abhandlung über hessische-volkskundlich-landeskundliche Schriften der letzten Jahre. Hierzu holt er weit aus – durchaus im Sinne einer Synopse – und beschränkt sich keineswegs nur auf Zeitschriften. Es sind notwenige Ausführungen, die in dieser Breite seit langem nicht mehr zusammengestellt wurden. Man kann seine Studie auch als eine Sammelrezension lesen, deren Reiz sowohl im Fächerübergreifenden wie auch in der (selten unternommenen) fast vollständigen Präsentation der fachspezifischen Publikationen liegt. Sein zentrales Anliegen liegt aber in der Anregung zu vermehrter gegenseitiger Rezeption, dies wird deutlich, wenn Becker sich mit der Hessischen Bibliographie auseinandersetzt und eine veränderte Einstellung zu regionalgeschichtlichen und heimatkundlichen Publikationen einfordert.

Die beiden sich anschließenden Zeitschriftenreports sind durchaus unterschiedlich angelegt. Richard Jeřábek befaßt sich mit volkskundlichen Zeitschriften der böhmischen Länder, der Slowakei und der Russischen Förderation in einer ausführlichen Darstellung. Seine Ausführungen sind vor allem deswegen so wichtig, weil sich nach 1989 in der Volkskunde in den Berichtsländern derart viel verändert hat, daß es höchst verdienstvoll ist, einen ersten fundierten Einblick zu erlangen. Darüber hinaus konnte Jeřábek als langjähriger kompetenter Kenner der Volkskunde in den sozialistischen Ländern sehr interessante Entwicklungslinien zeichnen, die das bisherige Bild eindrücklich ergänzen.

Reimund Kvideland geht anders vor. Er hat sehr umfangreiche Zusammenstellungen aller gegenwärtigen volkskundlichen Zeitschriften in den skandinavischen Ländern erarbeitet. Ihm war es daran gelegen, möglichst exakte Daten über Herausgeber, Bezugsadresse, Auflagenhöhe, Trägerschaft usw. bis hin zu e-mail Anschriften vorzulegen, gleichsam als ein Nachschlagewerk. Auch auf diese Weise entsteht ein interessanter und vor allem nützlicher Beitrag zur Erschließung des internationalen volkskundlichen Zeitschriftenwesens. Darüber hinaus nimmt Kvideland in einer knappen Hinführung auch zu Problemen des gegenwärtigen Zeitschriftenmachens Stellung. Wenn er etwa eine abnehmende Bereitschaft zur Mitarbeit konstatiert, so sind damit z.B. auch hautnah die Probleme des Rezensionswesens angesprochen, mit denen inzwischen jeder Schriftleiter eines Besprechungsteiles zu kämpfen hat.

Mit diesen drei Artikeln haben wir einen Auftakt setzen wollen zur weiteren Beschäftigung mit volkskundlichen Periodika. Wir hoffen in den nächsten Ausgaben der Hessischen Blätter weitere Berichte veröffentlichen zu können, etwa über England, Frankreich oder die Mittelmeerländer. Sachkompetente Leser und Leserinnen sind herzlich zur Mitarbeit eingeladen.

Im Abschnitt der 'Materialien zur Volkskultur' des vorliegenden Bandes veröffentlichen wir nach langer Zeit wieder einen fremdsprachigen Artikel. Wer sich in den älteren Hessischen Blättern auskennt, wird häufiger auf Abhandlungen und Rezensionen in anderen Sprachen gestoßen sein, manchmal sogar in griechischen Lettern.

David Drummond hat sich mit einer besonders erfolgreichen und patentierten Mausefalle beschäftigt, deren Erfinder, der Hesse Carl Bender, im Taunus seinen Betrieb gegründet hat. Drummond verfolgt die Lebens- und Produktgeschichte und zeichnet den Weg der Patente nach.

Brunhilde Miehe setzt sich in ihrem Beitrag mit der 'Einführung der langen Hosen' aufgrund der Reliefdarstellungen auf Grabsteinen in Hessen auseinander und eröffnet damit einen interessanten Zugang zur Kleidungsgeschichte.

Berichte und ein sehr umfänglicher Besprechungsteil runden den vorliegenden Band ab.

Siegfried Becker

Aktuelle Tendenzen des landes- und volkskundlichen Publikationswesens in Hessen

Es liegt nahe, an der Zeitenwende nicht nur in den populären Genres massenmedialer Bilderwelten, sondern auch in wissenschaftlichen Disziplinen und Forschungsfeldern Rück- und Ausblicke vorzunehmen, Standorte zu bestimmen und Perspektiven zu entwickeln. Die Jahre 2000 und 2001 sind bereits vielfach von Institutionen und Organisationen entsprechend genutzt worden, und die *Hessische Vereinigung für Volkskunde*, die nun auf hundert Jahre ihrer Tätigkeit zurückblicken und 2002 das hundertjährige Jubiläum ihrer Zeitschrift feiern kann[1], hat umso mehr Anlaß, zurück- und vorauszuschauen. Der Blick auf die Geschichte wird mit dem Jubiläumsband der *Hessischen Blätter für Volks- und Kulturforschung* vollzogen[2]; hier aber soll versucht werden, eine Sichtung des aktuellen Publikationswesens zur Volks- und Landeskunde, zur Landesgeschichte, Regional- und Lokalforschung in Hessen vorzunehmen.

Das ist ein schwieriges, wenn nicht gar angesichts der Flut von Veröffentlichungen aussichtsloses Unterfangen, sofern auch nur annähernd eine vollständige Übersicht angestrebt werden soll. Ich will daher diesen Anspruch auch gar nicht erst erheben, sondern versuchen, Tendenzen aufzuzeigen, die sich am ehesten da ablesen lassen, wo Entwicklungen und Veränderungen nachzuvollziehen sind, bei den Periodica vor allem, bei den Zeitschriften und Schriftenreihen, aus deren (auch hier freilich selektiver) Beobachtung vielleicht doch einige Thesen zu formulieren sind. In diesen Literaturbericht sind zudem einige kurzgefaßte Rezensionen jüngerer Publikationen aufgenommen, die der Redaktion respektive dem Verfasser zur Besprechung zugegangen waren und geeignet sind, einige dieser Thesen zu veranschaulichen. Da auch künftig in engeren oder weiteren Abständen Literaturberichte zur Regionalforschung oder zu ihren speziellen Forschungsfeldern vorgesehen sind, erbitten wir Einsendung oder Hinweise auf einschlägige Literatur.

Vom Nutzen des Überblicks

Wer sich über landes- und volkskundliche Literatur in und über Hessen informieren möchte, kann heute auf ein umfängliches Nachschlagewerk zugreifen: auf die *Hessische Bibliographie*. Diesen Informationsdienst wird man umso dankbarer annehmen, je umfangreicher die Jahr für Jahr erscheinende Literatur wird – umso mehr geht auch der Überblick verloren und die Notwendigkeit zur häufigen Recherche nimmt zu. Nach nunmehr über zwanzig Jahren ihres Erscheinens ist eine Besprechung des Projektes angezeigt. Um die Vollständigkeit des bibliographischen Zugriffs zu ermöglichen, sei kurz auch auf die Vorläufer hingewiesen.

Nach mehreren in den Zeitschriften der historischen Vereine veröffentlichten Ansätzen zur bibliographischen Berichterstattung waren Planungen für eine Bibliographie zum landesgeschichtlichen und landeskundlichen Schrifttum 1947 von der *Historischen Kommission für Hessen und Waldeck* aufgenommen worden; 1965 bis 1968 legte dann Karl E. Demandt im Nachgang zu seiner 1959 erstmals erschienenen Geschichte des Landes Hessen sein dreibändiges *Schrifttum zur Geschichte und geschichtlichen Landeskunde von Hessen* vor[3], das im Sinne einer – Übersichtlich- und Umsetzbarkeit gewährleistenden – begrenzten Titelaufnahme mit ca. 43.000 Titeln etwa ein Drittel der bis 1964 erschienenen (auch der älteren) Literatur verzeichnete; seine Fortsetzung fand die Unterstützung der hessischen Bibliotheksdirektoren und wurde zunächst von Winfried Leist, dann von Wolfgang Podehl umgesetzt[4]. 1975 als Plan einer Regionalbibliographie Hessen von der Stadt- und Universitätsbibliothek Frankfurt am Main entwickelt, folgte diesem bibliographischen Projekt dann unmittelbar anschließend ab Berichtsjahr 1977 die *Hessische Bibliographie*, die in Frankfurt zusammengetragen wird und die als Pflichtexemplare abgelieferte Literatur (allerdings nicht umfassend und stringent) erfaßt; in Kooperation mit den wissenschaftlichen Bibliotheken im Bundesland Hessen konnte seitdem eine Datenbank aufgebaut werden, die durch Verbesserung der Titelmeldung, EDV-Aufbereitung, Verschlagwortung und inzwischen auch (und künftig wohl leider ausschließlich) durch CD-ROM-Ausgabe die in und über Hessen erscheinende Literatur dokumentiert:

Hessische Bibliographie. Hrsg. von der Stadt- und Universitätsbibliothek Frankfurt am Main in Zusammenarbeit mit den wissenschaftlichen Bibliotheken des Landes Hessen. Band 21, Berichtsjahr 1997, mit Nachträgen ab 1995. K. G. Saur Verlag, München 1999, 881 S.

Die Datenfülle ist beeindruckend: von 3.328 erfaßten Titeln im Berichtsjahr 1977 des ersten Bandes ist die Zahl der aufgenommenen Veröffentlichungen inzwischen auf 5.527 angewachsen, die (mit Mehrfachnennungen) in 9101 Nummern verzeichnet sind; 671 Zeitschriften wurden dazu ausgewertet. Ein entsprechend umfangreiches Verfasser- und Titelregister (S. 653-735) und ein sehr differenziertes Orts-, Personen und Sachregister (S. 739-881) erleichtern die Recherche. Auch durch die mehrteilige Gliederung und Mehrfachnennung von Titeln ist der Zugriff auf die Angaben schnell möglich: In einem ersten Teil sind die historischen und kirchlichen Regionen (Erzbistum Mainz, die hessischen Landgrafschaften, Großherzogtum/Volksstaat Hessen-Darmstadt, Kurfürstentum, Herzogtum Nassau sowie die preußische Provinz Hessen-Nassau, dann die Landeskirchen Kurhessen-Waldeck und Hessen/Nassau sowie die Diözesen Limburg und Mainz), schließlich die heutigen Regionen Nord-, Ost-, Mittelund Westhessen, Untermain und Südhessen verzeichnet. Ein zweiter Teil weist die Publikationen zu einzelnen Orten in alphabetischer Folge nach, ein dritter Teil die Sachgebiete mit Titelangaben in vierstufiger Hierarchie; dort, wo der Inhalt einer Publikation aus dem Titel nicht oder nur teilweise zu erschließen ist, sind zudem nach der Titelaufnahme noch erläuternde Zusätze in kleinerer Typographie nachgetragen. Auch die Titelerfassung ist soweit irgend möglich flächendeckend organisiert: die fünf Pflichtexemplarbibliotheken in Kassel, Fulda, Frankfurt, Wiesbaden und Darmstadt tragen zur Auswahl und Klassifikation der Daten bei, zudem sind auch die Universitätsbibliotheken in Marburg und Gießen an der Zeitschriften- und Zeitungsauswertung beteiligt. Die Zentralredaktion obliegt der Stadt- und Universitätsbibliothek Frankfurt. Die inhaltliche Erschließung der Daten wird nach einer fein gegliederten, den Bedürfnissen einer Regionalbibliographie angepaßten Systematik vorgenommen. Wir (hoffentlich fleißigen!) Nutzer dieser gewaltigen und nicht zuletzt aufgrund der aufgenommenen Klein- und Kleinstartikel immer wieder ertragreichen Datenfülle können die immense Erfassungs- und Klassifikationsarbeit, die in diesem Projekt steckt, wohl nur erahnen. Umso erfreulicher ist, daß die Verzugszeit des Erscheinens bei den letzten Bänden stetig verringert wurde und damit die bibliographischen Angaben immer schneller zur Verfügung stehen. Bei solch berechtigtem und angemessenem Lob sei freilich auch eine kritische Anmerkung aus fachwissenschaftlicher Sicht gestattet.

Denn zu bemerken ist, daß sich volkskundliche Literatur akademischer Provenienz nur wenig und zudem nur mühsam finden läßt (obwohl die Feingliederung auch „am für Hessen ermittelten Literaturaufkommen im jeweiligen Fachgebiet ausgerichtet" ist; das Gros der unter dem Label „Volkskunde" (S. 533ff) angeführten Angaben sind (ohne diese abzuwerten) kleine und kleinste Artikel aus regional- und lokalgeschichtlichen Periodica, vor allem aus Heimatbeilagen der Tageszeitungen wie der Gießener *Heimat im Bild*. Das resultiert aus mehreren Rasterkriterien der bibliographischen Zuordnung, bedarf aber auch eines selbstkritischen Blickes aufs Fach. Zunächst wirkt sich hier eine nicht konsequente Gliederung – nach *Sach*- oder aber nach *Fach*gebieten – aus; dieser dritte Teil erschließt zwar (und überwiegend auch so rubriziert) Sachgebiete, mit „Volkskunde" aber ist ja nicht ein Forschungsfeld, sondern eine Disziplin ausgewiesen – hier wäre zumindest eine Abänderung in „Volkskultur/Alltagskultur" nötig. Dann aber ist auch die inhaltliche Gliederung revisionsbedürftig: Wir finden hier neben Allgemeinem die Alltagskultur separat ausgewiesen, allerdings nur mit spärlichen Angaben, und die nachfolgenden Rubriken lassen eine Problematik der Außenwahrnehmung des Faches erkennen, die nicht nur fremdbestimmt ist, sondern häufig genug auch durch beflissene Selbstdistanzierung zur Fachgeschichte und ihren traditionellen Forschungsfeldern zustande kommt. Was hier also geblieben (und bibliographisch umgesetzt) ist von der Volkskunde, sind ihre alten (ihr eben von niemandem streitig gemachten und in den Heimatbeilagen überdauernden) Felder: Sitte und Brauch (Brauch im Jahreslauf, – im Lebenslauf), Volkswissen (Volksmedizin, Astrologie, Wahrsagerei, Alchemie), Religiöse Volkskunde (Gegenstände der Frömmigkeit, Volkstümliche Heiligenverehrung), Volksglauben (Zauber- und Segensformeln), Literarische Volkskunde (Volksbücher, Volkserzählungen, Volksmärchen, -sagen, -legenden, Sprichwort, Spruch), Volksmusik, Volkstanz (Volkslieder), Sachvolkskunde (Bürgerliche Hausformen, Bäuerliche Haus- und Hofformen, Geräte, Spielzeug, Nahrung), Volkskunst (Textilkunst, Bilder, Malerei, Holzbearbeitung, Keramik, Metallbearbeitung), Kleidung, Schuhwerk (Tracht). Daß dazu meist (aber eben nicht immer bibliographisch realisierbar, wie wir bei den langen, langen Diskussionen zur IVB-Gliederung gesehen haben) weitere und vor allem neuere Schlagworte vergeben werden könnten (die ja auch neuere und theoretisch fundierte Ansätze signalisieren), setzt voraus, daß konzeptionelle Gespräche zwischen Redaktion und Fachvertreter/innen aufgenommen und umgesetzt werden. Nur so wäre der Output des Faches auch bibliographisch faßbar zu machen; daß etwa (um nur *ein* Beispiel zu nennen) der von Heinz Schilling herausgegebene *Notizen*-Band „Nebenan und gegenüber: Nachbarn und Nachbarschaften heute" nur (und ja auch richtig) unter: *Gesellschaft – Nachbarschaft* und nicht auch unter dem Label des Faches (oder aber: der Alltagskultur) firmiert, ist bezeichnend und ärgerlich.

Doch die Gründe für solch geringe oder doch zumindest traditionale Profilierung des Faches in der bibliographischen Präsenz sind auch im Konzept der Titelaufnahme zu suchen. Titel, die in die Bibliographie aufgenommen werden sollen, müssen einen inhaltlich-räumlichen Bezug zu Hessen, zu einzelnen Orten oder Regionen des Landes oder zu hessischen Persönlichkeiten aufweisen (die ehemals hessischen, sog. „historischen" Regionen und Orte einbezogen). Der inhaltliche Bezug wird zwar weit ausgelegt und soll alle Lebensbereiche umfassen. Mit dem Auswahlkriterium des unmittelbaren räumlichen Bezugs aber ist eine Crux der Repräsentanz volkskundlicher Literatur gegeben, deren Methodologie, gerade in Hessen auch fachgeschichtlich begründet, auf den ethnographischen und folkloristischen Vergleich, auf komparative Übersicht ausgerichtet ist – Perspektiven, die politische Grenzen und Grenzen der Wahrnehmung bewußt zu überschreiten trachteten und Phänomene regionaler Kultur in weitere Zusammenhänge stellten. Das trifft darum unsere zwar als Pflichtexemplare abgelieferten und im Siglenverzeichnis ausgewerteter Zeitschriften regulär erfaßten, aber selbst dann, wenn regionale Bezüge gegeben sind, kaum verzeichneten *Hessischen Blätter* fast durchgängig. Damit ist eine Chance vergeben, durch bibliographische Zusammenschau wissenschaftlicher und heimatkundlicher Veröffentlichungen Verbindungen zwischen Innen- und Übersicht, affirmativer und kritischer Perspektive herzustellen.

Freilich soll dies auch Anlaß zu selbstkritischer Auseinandersetzung mit dem Profil von Fach und Zeitschrift sein; nicht nur, daß das an sich bewährte Konzept unserer Neuen Folge, mit Themenbänden der Internationalität der *Hessischen Blätter* Rechnung zu tragen, einer jeweils auch regionalen Bezugnahme bedarf (die dann allerdings auch zur Kenntnis genommen werden müßte!), auch im Fach müssen Kompetenzen und Ressourcen der Forschung in regionaler Verortung deutlicher betont werden. Mit der bereits eingeführten Rubrik *Materialien* ist im Konzept der *Hessischen Blätter* die Möglichkeit einer Publikation von Aufsätzen und Berichten auch in Themenbänden eingerichtet worden, die den Zeitschriftencharakter etwas stärker hervorhebt und vor allem der regionalen Ethnologie Hessens zugute kommen soll.

Regionale Forschung in der Volkskunde aber bedarf, sollen kontinuierliche und vor allem größere Untersuchungen umgesetzt werden, auch einer institutionellen Verankerung; dies leisten in anderen Bundesländern besonders die *Volks-kundlichen Landesstellen*[5]. In Hessen ist, seit 1945 mit gutem Grund das *Kurhes-sische Landesamt für Volkskunde* wegen seiner Inanspruchnahme für völkische Bildungsarbeit und Raumforschung im NS-Staat aufgelöst wurde[6], eine volks-kundliche Landesstelle nicht mehr vorhanden; vielleicht aber hat paradoxerweise gerade diese Auflösung institutionalisierter volkskundlicher Regionalforschung mit dazu beigetragen, daß in Medien und Öffentlichkeit noch (oder wieder) eine wabernde Flut mythisierender und tümelnder Deutungen des Volkslebens vor-handen ist. Aufgaben einer Landesstelle in Forschung und Dokumentation, ins-besondere auch die Betreuung von Sammlungsbeständen, werden zwar am Mar-burger Institut wahrgenommen[7]; mit der Notwendigkeit zur Flexibilität in der Lehre als dem zunehmend wichtigsten Aufgabenbereich der Universitätsinstitu-te aber können langfristige Dokumentationsprojekte sowie kulturhistorische Beratung etwa gegenüber den Medien oder gar Forschungsarbeit nur noch ein-geschränkt vorgenommen werden. Eine Landesstelle hätte zudem die Aufgabe, die durchaus zahlreich vorhandenen Forschungsressourcen auf lokaler und re-gionaler Ebene zu bündeln, also auch neuere Themen und Fragestellungen des Faches zu vermitteln, Untersuchungen dazu in der Region anzuregen und zu be-treuen, Kommunikationsarbeit zu leisten zwischen einer europäischen Perspek-tive und Ausrichtung des Faches als *Europäischer Ethnologie* und seiner landes-kundlichen Verankerung. Solche Forschungsressourcen sind vor allem in regio-nal und lokal agierenden Geschichtsvereinen reichlich vorhanden, und so soll zunächst ein Blick auf die landesgeschichtlichen Zeitschriften geworfen werden.

Landesgeschichtliche Zeitschriften und Schriftenreihen

Die *Zeitschrift des Vereins für hessische Geschichte und Landeskunde* (ZHG), die das Gebiet des ehemaligen Kurfürstentums Hessen abdeckt, lag im Jahr 2000 im 105. Jahrgang vor; der Verein freilich ist deutlich älter: er wurde 1834 nicht zu-letzt auf Anregung des auch volkskundlich ambitionierten (und in der Hausfor-schung noch heute als einer ihrer Initiatoren genannten) Kasseler Archivars Georg Landau gegründet und hat zur Formierung eines regionalen – und hier würden wir besser sagen: eines landeskundlichen – Geschichtsbewußtseins im 19. Jahrhundert ganz entscheidend beigetragen[8]. In den letzten Jahrgängen sind zahlreiche Aufsätze mit volkskundlichen, sozial- oder zeitgeschichtlichen The-men enthalten, von denen hier aufmerksam gemacht werden soll auf die Beiträge von Barbara Greve zu Altenteilsvereinbarungen in der Schwalm, von Mechthild Jahn zum jüdischen Leben in Deutschland von der Emanzipationszeit bis zum Ende der Weimarer Republik und von Günter Hollenberg zum Verhältnis von Deutschnationalen und Nationalsozialisten im ländlichen Milieu, aufgezeigt an einem exemplarischen Fall (im Jahrgang 1996), von Marita Metz-Becker zur Kri-minalität in Kurhessen und von Eberhard Mey zur Integration von Juden in der Kasseler Bürgerschaft (im Jahrgang 1997), von Heinrich Nuhn zu den antijüdi-schen Ausschreitungen in Rotenburg 1848 (im Jahrgang 1998), von Helmut Bur-meister über Salomon Schadewitz und sein „Christliches Gesangbuch" von 1649 und Barbara Greve über zerbrochene Lebenskreise in einem nordhessischen Marktflecken zwischen 1920 und 1942 (im Jahrgang 1999). Der 2000er Band wurde nun mit einer wesentlichen Neuerung präsentiert: Die Zeitschrift erscheint jetzt mit festem Einband und im Layout mit Kolumnentiteln standardisiert. Inhaltlich zeichnet sich – auch durch den neuen Jahrgang 2001 bestätigt und durch arbeitsteilige Redaktion ermöglicht – eine noch deutlichere Gewichtung des Rezensionsteils ab, der dem wachsenden Literaturaufkommen besonders auch zu zeitgeschichtlichen Themen Rechnung trägt: Was Holger Th. Gräf in seiner systematischen Auswertung ausgewählter landesgeschichtlicher Zeitschriften in Hessen herausgearbeitet hat[9] – daß zeitgeschichtliche Themen zunehmend an Zahl und anteiligem Umfang vertreten sind – schlägt sich auch hier nieder. Mit aufgenommenen Aufsätzen, etwa zur Kalenderreform des Jahres 1700 und ihrer Durchsetzung in Hessen, wird ein Konzept eingeführt, in den einzelnen Jahrgängen auch jeweils an sich jährende Ereignisse der hessischen Geschichte zu erinnern. Beiträge von Hubert Kolling zur Abgabepraxis von Leichen an das Anatomische Institut der Universität Marburg, von Karl Kollmann zu Sagen als Quellen der Regionalgeschichte und Horst Hecker zur gescheiterten Ehrenpromotion Otto Ubbelohdes berühren unmittelbar volkskundliche Forschungsfelder. Neben der ZHG gibt der Verein die *Mitteilungen* (MHG) heraus, in denen kürzere Beiträge, Berichte aus abgeschlossenen Projekten und Arbeitsvorhaben des VHG und seiner Zweigvereine veröffentlicht werden, sowie als Schriftenreihe die (unser Fach dezidiert integrierenden) *Hessischen Forschungen zur geschichtlichen Landes- und Volkskunde*; darin sind neben den neuesten Bänden mit Themen zur Bergbaugeschichte, zu nordhessischen Hexenprozessen, zur Lokalgeschichte und Parteiengeschichte[10] demnächst auch wieder volkskundliche Arbeiten vorgesehen – darunter eine (aus der von Peter Assion in Marburg betreuten Dissertation hervorgegangene) Studie zu den Auswirkungen der Baugesetzgebung in der Landgrafschaft Hessen-Kassel bzw. dem Kurfürstentum Hessen von Christine Bauer, die mit dem Wissenschaftspreis „Hessische Landesgeschichte 2000" ausgezeichnet wurde. Große Bedeutung für die landesgeschichtliche Forschung hat die Drucklegung der Habilitationsschrift von Thomas Fuchs zu den Funktionen der Chronistik zwischen Erinnerungspolitik und Geschichtsschreibung in der Landgrafschaft Hessen bzw. Hessen-Kassel in der Frühen Neuzeit, die den Wissenschaftspreis für Landesgeschichte 2001 erhielt – hiervon wird nicht zuletzt auch die volkskundliche Erzählforschung profitieren, schöpften doch die Brüder Grimm gewichtige Anteile ihrer Sammlungen aus den hessischen Chroniken, unter anderen aus Johann Justus Winkelmanns *Gründlicher und warhafter Beschreibung der Fürstenthümer Hessen und Hersfeld* von 1697.

In Darmstadt gibt der Historische Verein für Hessen in Verbindung mit dem Hessischen Staatsarchiv Darmstadt das *Archiv für hessische Geschichte und Altertumskunde* (AHG) heraus, das in den letzten Jahrgängen mit zahlreichen Beiträgen zur Geschichte von Vormärz und Revolution 1848, zur Entstehung einer regionalen Industriearbeiterschaft, zu Verordnungen gegen Silvester- und Neujahrsbräuche in Hessen-Darmstadt im 18. und 19. Jahrhundert sowie zur Einbürgerung polnischer Juden in der 'Lederstadt' Offenbach und zur Geschichte

der Wetterauer Schutzjuden in Fauerbach bei Friedberg auch volkskundlich relevante Themen aufgenommen hat. Für das Gebiet des ehemaligen Herzogtums
Nassau gibt der Verein für Nassauische Altertumskunde und Geschichtsfor-
schung, 1812 gegründet und damit der heute wohl älteste Geschichtsverein
Deutschlands, die seit 1827 erscheinenden *Nassauischen Annalen* (NA) heraus,
eine solide, im Inhalt wie Umfang gewichtige Zeitschrift. Der Jahresband 2000
hat 668, der diesjährige 732 Seiten! Schon seit Jahrgang 94 (1983) mit festem Einband versehen, versammeln die Bände ein breites, gehaltvolles Spektrum an Beiträgen, die zwar immer regionalen Bezug, oft aber überregionale Bedeutung und
hierin nicht selten auch volkskundliche Relevanz haben; aus dem Jahresband
2000 sei etwa auf die Arbeiten zu Riehls Berichterstattung über die Revolution
1848[11], zum Ruinenerlebnis des 19. Jahrhunderts und zur Einweihung des Wies-
badener Schillerdenkmals 1905 als Indiz für den Niedergang des nationalen
Denkmalkultes aufmerksam gemacht[12]. Im Jahresband 2001 vertieft Elmar Lorey in seinem reichhaltig illustrierten Beitrag das von Alfred Höck in Band 18 der
Hessischen Blätter behandelte Werwolfstereotyp, und Josef Kläser legt eine umfangreiche Untersuchung der Krugbäckerei in Arzbach vor[13]. Hingewiesen sei
eigens auf die in dieser Zeitschrift vorbildlich und umfassend realisierte, seit 1979
von Wolfgang Podehl redaktionell betreute Zeitschriftenschau mit vollzählig
bzw. weitgehend vollzählig angezeigten Beiträgen aus den im nassauischen
Raum und dem daran angrenzenden Hessen erscheinenden Periodica. Hier eingereiht werden sollen auch die *Waldeckischen Geschichtsblätter* als Zeitschrift
des Waldeckischen Geschichtsvereins, weil für das bis 1929 souveräne Fürstentum Waldeck zuständig; und die rührige Vereins- und Publikationstätigkeit läßt
erkennen, daß von diesem Landes- und Selbstbewußtsein auch in historiogra-
phischer Hinsicht noch deutliche Nachklänge zu spüren sind.

Die *Hessische Familienkunde*, herausgegeben von der Arbeitsgemeinschaft
der familienkundlichen Gesellschaften in Hessen (u.a. mit einem Artikel zu Carl
Bantzer in Jg. 24/1999) sowie das *Jahrbuch der Hessischen Kirchengeschichtli-
chen Vereinigung* (im Jg. 49/1998 u.a. mit zwei Beiträgen zu Fest- und Jubi-
läumsschriften sowie Kleinschriften zur Ortsgeschichte in den Bereichen der
Evangelischen Kirchen in Hessen-Nassau und Kurhessen-Waldeck) sind landes-
weit zuständige Organe, letzteres mit dezidiert konfessions- und kulturgeschichtlichen Schwerpunkten (die freilich zuweilen allzu eng fokussiert sind und
die interdisziplinären Dimensionen der Themen nicht immer hinreichend abdek-
ken). Eine recht intensive kirchen- und konfessionsgeschichtliche Forschung
wird in Hessen in universitären Projekten betrieben[14], zu der auch volkskundliche Beiträge vorgelegt wurden wie die von Rolf Wilhelm Brednich in Göttingen
betreute Dissertation von Martina Lüdicke über Kirchenzucht und Alltagsleben
in der reformierten hessischen Gemeinde Deisel. Es lohnt sich denn auch immer
wieder, über die Landesgrenzen hinauszublicken und selbst unter einer engeren
landeskundlichen Perspektive Schriftenreihen in den Nachbarländern zu rezipieren, wiesen doch bereits die Handels- und Verkehrsbeziehungen in Mittelalter und Früher Neuzeit weit über die hessischen Territorien hinaus – in den *Göttinger Forschungen zur Landesgeschichte* etwa wurde 2000 die Arbeit von Rainer
Driever über die obrigkeitliche Normierung sozialer Wirklichkeit in den städti-

schen Statuten des 14. und 15. Jahrhunderts in Südniedersachsen und Nordhessen vorgelegt. In den in Göttingen erscheinenden *Kritischen Studien zur Geschichtswissenschaft* wurde die Arbeit von Sylvia Kesper-Biermann über Staat und Schule in Kurhessen 1813–1866 publiziert. Unter den hessenweit ausgreifenden Schriftenreihen landesgeschichtlicher Teildisziplinen seien noch die vom Hessischen Wirtschaftsarchiv herausgegebenen *Schriften zur hessischen Wirtschafts-und Unternehmensgeschichte* erwähnt, unter denen der soeben erschienene Sammelband von Ulrich Eisenbach und Gerd Hardach zu Fremdenverkehr, Kur und Tourismus in Hessen seit dem 18. Jahrhundert besonders hervorzuheben ist.

Das zentrale, das Gebiet des heutigen Bundeslandes Hessen auch historisch abdeckende landesgeschichtliche Periodicum aber, herausgegeben vom Hessischen Landesamt für geschichtliche Landeskunde und von der Arbeitsgemeinschaft der Historischen Kommissionen in Hessen, ist das *Hessische Jahrbuch für Landesgeschichte.* 2000 erschien der 50. Band, der anläßlich des Jubiläums einem Überblick über fünfzig Jahre Landesgeschichtsforschung gewidmet worden war. Ulrich Reuling, der zusammen mit Winfried Speitkamp die Initiative zu diesem Projekt ergriffen und die Herausgeberschaft übernommen hatte[15], ist es ein großes Anliegen gewesen, die Geschichte der deutschen und insbesondere der hessischen Landesgeschichtsforschung im 20. Jahrhundert voranzutreiben; doch es war nicht enges, selbstgefälliges Repräsentieren im historiographischen Feld, das diesen Impetus kennzeichnete, sondern weltbürgerliche, weitsichtige, interessierte Öffnung für den fächerübergreifenden Austausch und Diskurs, ein Bemühen um die großen, interdisziplinären Konturen der Landesgeschichte, die mehr ist und mehr sein will als Verfassungs- und Regentengeschichte: Sein Anliegen war es, geschichtliche Landeskunde im weitesten Sinne eines thematisch und methodisch vielschichtigen Arbeits- und Aufgabenbereiches zu verstehen und die vielfältigen Facetten und Teildisziplinen, Fächer und Fachkulturen wieder näher zusammenzuführen. Er hatte erkannt, daß es gerade angesichts der ausufernden Fülle an Veröffentlichungen, der zunehmend sich verselbständigenden Spezialwissenschaften, der Wahrnehmungsschranken und Zitierkartelle mehr denn je notwendig ist, eine Übersicht zu suchen und einen gemeinsamen Rahmen zu finden, das Verbindende herauszuarbeiten und nicht die Fachgrenzen zu zementieren. Diesem Anspruch trug der durch ein Symposion mustergültig vorbereitete Jubiläumsband des Jahrbuches Rechnung: Neben die Forschungsberichte aus den engeren landesgeschichtlichen Teildisziplinen, zur fränkischen Geschichte und zur landesgeschichtlichen Spätmittelalterforschung, zur Stadtgeschichtsforschung, zur Numismatik, zur Frühneuzeitforschung und zur Landesgeschichte Kurhessens und Nassaus, zur Zeitgeschichtsforschung von der Weimarer Republik bis zum Nachkriegsdeutschland, zum hessischen Wirtschaftsraum und zur Geschichte des Judentums in Hessen wurden auch Beiträge aus Archäologie, sprachlicher Landesforschung, Kunstgeschichte, Volkskunde und historisch-geographischer Siedlungsforschung einbezogen.

Nur wenige Tage nach Erscheinen des Buches, am 15. Oktober 2000, ist Ulrich Reuling im Alter von 58 Jahren verstorben[16]. Viel zu früh aus großangelegten weiteren Arbeitsvorhaben gerissen, hat er mit diesem Sammelband auch ein Vermächtnis hinterlassen: Der Mediävist, der sich mit Fragen der mittelalterlichen Königserhebungen, mit Pfalzen, Burgen und Städten des Mittelalters beschäftigt hatte, war längst mit geweitetem, aber doch historisch tief fundiertem Blick auf die Moderne in einer Auseinandersetzung mit den sozialen und wirtschaftlichen Dimensionen der jüngeren Vergangenheit angekommen, wie einer seiner letzten Aufsätze zur kurhessischen Agrarlandschaft beweist[17]. Hier wäre noch einiges an Beiträgen und Anregungen zu erwarten gewesen, vor allem zur Wissenschaftsgeschichte im 20. Jahrhundert, mit der er sich differenziert und kenntnisreich, souverän urteilend, aber nicht aus denunziatorischem Eifer auseinandersetzte. Als zu Beginn der siebziger Jahre das große Projekt des *Historischen Ortslexikons* aufgenommen worden war, hatte sich Ulrich Reuling dieser Aufgabe recht bald mit großer Intensität gewidmet; inzwischen sind aus seiner Feder die Bände zu den Altkreisen Marburg, Biedenkopf und Ziegenhain erschienen[18], der Band zum Altkreis Gießen steht kurz vor dem Abschluß. Auf diesem Fundament ist mit seinen Interessen auch die Einsicht gewachsen, daß historische Landesforschung interdisziplinär angelegt sein muß. Mit dem ganz wesentlich von ihm konzipierten breiten Querschnitt des Jahrbuchbandes ist nun – bei aller Vorläufigkeit und Ausschnitthaftigkeit – eine Arbeitsgrundlage für weitere Kommunikation und hoffentlich auch Kooperation geschaffen.

Geschichte, Geschichtsbilder und volkskundliche Perspektiven

Volkskundliche Forschung, die ihr Selbstverständnis als einer historisch fundierten Kulturwissenschaft des Alltags ernst nimmt, wird sich dem nicht verschließen. Mit ihren fachgeschichtlich herausragenden methodischen Ansätzen, die ethnographischen Vergleich und universalistische Übersicht[19] mit dem exemplarischen Zugriff und der Vertiefung ins Detail verbanden, ja schon in der Frühzeit der *Hessischen Blätter* die internationale Orientierung in Aufsätzen und *Volkskundlicher Zeitschriftenschau* als Vorläuferin der *Internationalen Volkskundlichen Bibliographie* produktiv in die landeskundliche Perspektive einzubringen wußten, wird sie die interkulturellen Dimensionen ihrer Forschungsfelder als *Europäische Ethnologie*[20] wie die regionalen Dimensionen gleichermaßen wahrnehmen müssen. Das mag davor bewahren, allzu eng und selbstgefällig das Besondere im Eigenen zu sehen und die politischen oder empirischen Grenzen der Forschungslandschaft auch als Wahrnehmungsgrenzen zu nehmen. Kulturwissenschaft aber, die ihres regionalen und lokalen Bezuges verlustig geht, gerät in Versuchung, das allgemein Menschliche herausarbeiten zu wollen und den Blick für die Konstituenten des Alltags zu verlieren, jene Reflexion der Perspektiven aus der Untersicht, die im Fach einmal schön mit dem alltagsnahen Begriff von der Kultur der kleinen Leute beschrieben[21] und später verächtlich abgetan wurde als volkskundlicher Blick „schräg nach unten"; zu fragen wäre mithin, ob in diesem Abtun nicht auch Phänomene jener Gelehrsamkeit der Aufklärung wiederzufinden sind, die sich nicht mehr mit einer „Herablassung" abgab, sondern den Konstrukten einer popularen Kultur lediglich neue Produktionsqualität für die „hohe Literatur" zuschrieb[22]. Zu fragen wäre auch, ob die in volkskundlich-kulturwissenschaftlichen Publikationen allerorten auffällige Tendenz, Referenzen weit mehr als aus dem eigenen Fach aus anderen, übergeordneten, benachbarten Fächern zu beziehen[23], über die autoritätsgläubige und -gefällige Attitüde nach außen hinaus (womit ich auch Machtbesitz und Machtgebaren nach innen anspreche) nicht doch ein Unbehagen in den Niederungen der Alltagskultur widerspiegelt: Im selbstreferentiellen System Wissenschaft jedenfalls mag im Verächtlichen gegenüber der positivistischen Methodologie einer „Liebe zum Volk" auch ein Gutteil Verachtung mitschwingen gegenüber einer Unvornehmheit der demokratischen Kultur, wie es Ortega genannt hat, gegenüber den kleinen und unbedeutenden Leuten, die „ihrerseits froh und mit ihrem Leben zufrieden sind"; solche Verachtung aber birgt in sich nicht nur Forderungen nach Perspektivenwechsel und „research up", sondern als Kehrseite des Narzißmus[24] auch die Neigung zu den inegalitaristischen Entwürfen von Kultur[25], die im theoretischen Fundament des deutschen Historismus angelegt sind.

Daher rührte noch jene Verachtung gegenüber popularer Kultur, die mit Massenkultur konnotiert wird, in den großen Entwürfen der nationalen Geistesgeschichte, die nach 1945 antraten, methodische Prinzipien und politische Orientierungen der Historiographie zu überdenken. In der noch oder wieder etablierten deutschen Geschichtswissenschaft konnten kritische Überprüfungen der Vergangenheit wie etwa Ludwig Dehios Auseinandersetzung mit Gleichgewicht oder Hegemonie in den europäischen Staatensystemen und mit Deutschlands Rolle in der Weltpolitik des 20. Jahrhunderts kaum zur Geltung gelangen; vielmehr dominierte der Versuch einer Entlastung der nationalen Tradition, eine „Behauptung der Diskontinuität", wie es Imanuel Geiss formulierte: Georg G. Iggers hat in seiner großen, 1968 erschienenen kritischen Revision des klassischen Historismus in der deutschen Geschichtswissenschaft diese Versuche einer Rechtfertigung des deutschen Idealismus und der nationalen politischen Tradition analysiert[26], in denen der NS-Staat als zivilistischer Militarismus, als Militarismus einer nationalistischen Volksbewegung gedeutet wurde, wie es exponiert etwa Gerhard Ritter sehen wollte, als Produkt der modernen Industriegesellschaft mit ihrem uniformen Massenmenschentum: Der Nationalsozialismus, so Iggers' Fazit, wurde von dieser Historikergeneration nicht als Folge eines Mangels an Demokratie, sondern ihres Übermaßes verstanden, dem alleine Adel, Wehrmacht und höheres Beamtentum und mit ihnen das politische und philosophische Erbe des deutschen Idealismus hätten widerstehen können.

Hinter solchen Einschätzungen stand in weiten Teilen einer der deutschen idealistischen Tradition verpflichteten, dem protestantischen Bildungsbürgertum entstammenden und durch rigide Rekrutierungsmechanismen sozial und politisch homogenisierten Historikerzunft[27] auch ein elitärer – oder, wie es Fritz Wagner in seiner Auseinandersetzung mit dem durch Ranke geprägten Geschichtsbild nannte, aristokratischer – Kulturbegriff, der allzu lange sozial- und wirtschaftsgeschichtliche Themen der politischen und Geistesgeschichte hintanstellte[28]: Iggers hat mit differenziertem Urteil zwar die Verdienste des klassischen Historismus anerkannt, die Einmaligkeit des historischen Gegenstandes zu würdigen und auf die den Kulturwissenschaften eigenen methodischen Probleme zu achten, doch eine aristokratische Voreingenommenheit, eine methodische Einseitigkeit und Wertphilosophie habe dem Verstehen der reichen Vielfalt geschichtlicher Wirklichkeit Fesseln angelegt[29].

Und die frühe Sozialgeschichte, die Auswege hätte eröffnen können, hatte ihrerseits in die NS-Volkstumsideologie involvierte Wurzeln: Werner Conzes 1957 gegründeter *Arbeitskreis für moderne Sozialgeschichte*[30] ging weit weniger auf eine Rezeption der französischen *Annales*-Schule zurück als auf eine maßgeblich von Hans Freyer und Gunther Ipsen geprägte „Volksgeschichte"[31], die etatistische und elitäre Grundannahmen der etablierten Geschichtswissenschaft in Frage gestellt hatte und interdisziplinär angelegt gewesen war, aber ganz im Sinne völkischer Utopien den Volksbegriff biologisch konstituierte und als organische Volksgemeinschaft definierte. Wie die Volkskunde als „Völkische Wissenschaft"[32] durch Orientierung, Anbiederung und Umsetzung der NS-Ideologien belastet und nach 1945 weniger durch kritische Revision als vielmehr durch Versuche einer „Entnazifizierung des Volksbegriffes" gekennzeichnet[33], war damit für eine sozialgeschichtliche Fundierung der Geschichtswissenschaft in der Nachkriegszeit kein wirklicher Neuanfang möglich, sondern weithin – und nicht zuletzt in der Landesgeschichte – eine langwierige und oft genug zähe, ja quälende Tabuisierung kritischer Selbstreflexion der Fächer, die letztlich erst mit dem Historikerstreit nach 1985/86 zu einer Auseinandersetzung mit der NS-Vergangenheit der Fachtraditionen führen sollte.

Perspektiven auf die Kultur unterer Sozialschichten konnten erst ganz allmählich mit einem Generationenwechsel auf den Geschichtsprofessuren am Ende der sechziger und zu Beginn der siebziger Jahre aufgenommen werden, jener Chance, die – wie Iggers damals formulierte – erweisen müsse, „ob die jungen Wissenschaftler mit demokratischer Einstellung und einem breiteren Blickfeld auf die Geschichte eine wichtige Position in der deutschen Geschichtswissenschaft einzunehmen vermögen"[34]. Tatsächlich hat eine grundlegende Neubewertung der Sozialgeschichte eingesetzt, beginnend mit einer Revision der politischen Geschichte, exemplarisch fokussiert auf die Interpretation des Bauernkrieges von 1525, in der dem „gemeinen Mann" nicht mehr das Zurücksinken in geschichtslosen Naturzustand, sondern eine aktive Rolle als durchaus lebendiges politisches Korpus mit wirtschaftlichen, sozialen und politischen Partizipations- und Emanzipationstendenzen zuerkannt wurde[35]; für die hessischen Territorien hat vor allem Werner Troßbach in seinen Untersuchungen zum bäuerlichen Widerstand im frühneuzeitlichen Rechtssystem die Entwicklung bäuerlicher Protestformen vom anfänglich punktuell-reaktiven zum punktuell-proaktiven Handeln nachweisen können, das sich ideologisch verselbständigte und eine gegen feudale Herrschaft gerichtete Eigendynamik entfaltete[36].

Es würde zu weit führen, in diesem kurzgefaßten und zudem auf gegenwärtige Tendenzen abzielenden Literaturbericht in wissenschaftsgeschichtlicher Rückschau die zunehmend sich differenzierende Entwicklung in der sozialgeschichtlichen Forschung, zu Themenbereichen aus Sozialpolitik, Klassengesellschaft, Arbeiterbewegung vor allem, hin zur Auffassung von Geschichte als Erinnerungsarbeit, als Aufarbeitung und Wiedergewinnung „vergessener" Kultur für die demokratischen Traditionen[37] in einer auch nur annähernd angemessenen Weise referieren oder die Theoriediskussion der Historischen Sozialwissenschaft reflektieren zu wollen. Mit einer Ausdifferenzierung von Alltagsgeschichte einerseits und Historischer Anthropologie andererseits, mit der Integration kulturanthropologischer Ansätze in eine historische Kulturwissenschaft und Mentalitätsgeschichte ist aber die Nähe zur volkskundlichen Forschung offensichtlich, und es sind ja immer wieder auch Beiträge volkskundlich-ethnologischer Provenienz, die in die großen geschichtswissenschaftlichen Periodica aufgenommen werden. Berührungspunkte zeigen sich etwa im Diskurs um die Kommunalismus-These Peter Blickles[38] (und ihren Parallelen in der historischen Konfliktforschung), in dessen zuweilen allzu schematischer Polarisierung von „Volkskultur" und „Elitenkultur"[39], ja im Entwurf von Kolonialismus-Modellen gerade seitens der Europäischen Ethnologie differenzierende (und die Teilhabe an den normativen Orientierungen einer Gesellschaft, den „common sense" akzentuierende) Beiträge eingebracht wurden[40], freilich oft genug auch nur dann rezipiert werdend, wenn sie in einschlägigen geschichtswissenschaftlichen Publikationen vertreten sind.

Warum aber habe ich die sozialgeschichtliche Orientierung und Fundierung der Geschichtswissenschaften an dieser Stelle so ausführlich gewürdigt? Ist ihre Gewichtung gegenüber dem eigenen Fach legitim, wo sie sich doch in einem Zeitrahmen bewegt, in dem auch die Volkskunde ihre grundlegenden Neuorientierungen, ihre sozialwissenschaftliche Ausrichtung und Fundierung fand[41] und zudem mit der Kategorie Geschichtlichkeit[42] die historische Tiefe ihrer sozialwissenschaftlichen Forschungsfelder[43]– Familie und Kindheit, Brauch als Norm und Ritual, Arbeiterkultur, Auswanderung und Migration, Frömmigkeit, Ethnizität, Gender und Sexualität etc. – seither immer mitberücksichtigt? Die besondere Würdigung geschichtswissenschaftlicher Ansätze erscheint mir deshalb sinnvoll und gerechtfertigt, weil sie gerade unter landeskundlichen und regionalgeschichtlichen Aspekten mittlerweile – wie noch zu zeigen sein wird – zu intensiven Auseinandersetzungen mit den historischen Prozessen und Bedingungen von Migration und Verelendung, von Armenpolitik und Minderheitenschutz, Diskriminierungen und Verfolgung, aber auch von kulturellen Gestaltungen des Alltagslebens geführt haben, originäre Fragestellungen, die das Fach Volkskunde unmittelbar berühren[44], will es sich mit seiner neuen Konzeption als Kulturwissenschaft nicht auf idealistische Entwürfe von Kultur berufen, die dem weiten Kulturbegriff des Faches[45] fremd sind oder doch fremd sein sollten. Eine Erforschung der Alltagskultur in Hessen hat mithin auch die Aufgabe, die Namenlosen der Geschichte bei ihrem Namen zu nennen, wie es Alfred Höck als eine wesentliche Motivation seiner volkskundlichen Arbeit verstanden hat[46], sie also als Individuen, als Persönlichkeiten ernstzunehmen, ihre Empfindungen, Wahrnehmungen und Äußerungen zu verstehen, Empfindungen der Trauer und des Schmerzes, der Freude und des Glücks – und vor allem auch: des Schönen, das in aller zweifellos wichtigen Auseinandersetzung mit Gewalt und Konflikt, Indoktrination und Ausbeutung, Idylle und Pathos vielleicht doch zu kurz kommt.

Eine Beschäftigung mit dem Alltag der kleinen Leute aber wird (solange damit keine Grenzen der Wahrnehmung verbunden sind) zunächst und vor allem im regionalen – oder nennen wir es: landeskundlichen Rahmen[47] erfolgen müssen. Das resultiert zum einen aus der Quellenlage in archivalischer wie empirischer

Hinsicht, zum anderen aus den Kontexten der Orientierung und Organisation alltäglicher Abläufe, jenes Gefühls der Verhaltenssicherheit und Vertrautheit, das mit dem Heimatbegriff konnotiert wird[48]. Man muß nicht einmal Wolfgang Brückners Diktum von der Volkskunde als der Sozialgeschichte des Regionalen folgen, um die Notwendigkeit einer regionalen Verankerung des Faches zu umschreiben, aber auch die Notwendigkeit einer Kommunikation mit den historisch-landeskundlichen Disziplinen zu verdeutlichen. Erkennbar werden mögliche Anknüpfungspunkte dazu in den Themen der von den Historischen Kommissionen vorgelegten Monographien.

Historische Kommissionen

Gemäß der zur Gründungszeit der Historischen Kommissionen am Ende des 19. und zu Beginn des 20. Jahrhunderts bestehenden politischen Gliederung des heutigen Landes Hessen existieren trotz aller Versuche um Zusammenlegung noch vier selbständige Kommissionen, die jedoch miteinander kooperieren und (wenigstens zweie davon) über eine gemeinsame Schriftenreihe verfügen. Ihren Sitz in Marburg hat die – für das ehemalige Kurhessen mit Waldeck zuständige – Historische Kommission für Hessen (gegr. 1897); in Darmstadt ansässig und für das Gebiet des ehemaligen Großherzogtums Hessen(-Darmstadt) zuständig ist die Hessische Historische Kommission (gegr. 1908), in Wiesbaden die Historische Kommission für Nassau, zuständig für das Gebiet des ehemaligen Herzogtums Nassau, sowie die Historische Kommission für die (ehemalige Freie Reichs-) Stadt Frankfurt am Main. Sie haben zuvorderst Aufgaben der Edition von Quellen- und Sammelwerken zur hessischen Geschichte, aber auch der Anregung und Betreuung von Monographien. Die Behauptung ihrer Eigenständigkeit hängt zunächst sicherlich mit der spezifisch landesgeschichtlichen Perspektive, aus deren Grenzen und Begrenzungen sich die HVV ja früh bereits bewußt gelöst hat, dann aber auch mit ihrer institutionellen Anbindung zusammen, die in den drei hessischen Staatsarchiven (Wiesbaden, Darmstadt, Marburg) und dem Stadtarchiv Frankfurt eigene Wissenschaftskulturen und Geschichtsbilder findet und widerspiegelt.

Die Historische Kommission für Hessen, die in ihrer durch Justis Trachtenbuch 1905 mit einer volkskundlichen Publikation eröffneten, mittlerweile auf 63 Titel angewachsenen Schriftenreihe ihrer *Veröffentlichungen* (VHKH) ganz wesentliche Dokumentations- und Forschungsarbeit zur Landesgeschichte leistet, hat nach Walter Heinemeyers erster Zusammenstellung über *Das Werden Hessens*[49] ein *Handbuch der hessischen Geschichte* geplant, zu dem zwei Lieferungen für den ersten Teilband bereits erschienen sind[50]. Dieses große, mehrbändig angelegte Projekt versammelt aus einem erlesenen, unter Berücksichtigung der Anciennität berufenen Kreis ausgewiesener Fachgelehrter Übersichtsdarstellungen zu Perioden der hessischen Landesgeschichte, unter die auch ein Beitrag zur Volkskultur eingereiht wird[51]; das ist ein überaus verdienst- und sinnvolles, aber auch unendlich zähes Unterfangen, und die Zeit wird zeigen, wie bald die bis zu ihrer Drucklegung nun zum Teil schon über zehn Jahre alten Beiträge überholt sind und der Revision bedürfen.

Die Kommission in Darmstadt gibt ebenfalls eine eigene Schriftenreihe heraus, die *Arbeiten der Hessischen Historischen Kommission*, die in der Neuen Reihe mittlerweile auf 21 Titel angewachsen ist und in den letzten Jahren mit Monographien und Sammelwerken zu den hessischen Verfassungen im Vormärz, zum Lebensbild des demokratischen Achtundvierzigers Christian Heldmann, zu den Zeitungen der oberhessischen Demokratie 1848/49 und dem von Eckhart G. Franz vorgelegten Porträt des Illustrators und Karikaturisten Leo von Elliot die hessische Verfassungs- und Revolutionsgeschichte in den thematischen Mittelpunkt gerückt hat, gleichwohl sie auch weiterhin mit der Ausgabe der kurmainzischen Weistümer und Dorfordnungen in der Herrschaft Hirschhorn sowie Helga Meises Studie zum „archivierten Ich" – zu den Schreibkalendern der Landgrafen und Landgräfinnen von Hessen-Darmstadt 1624 bis 1790 – Felder der Spätmittelalter- und Frühneuzeitforschung abdeckt. Betreut werden auch die Repertorien des Hessischen Staatsarchivs Darmstadt und die Darmstädter Archivschriften, aus deren Reihe hier auf das von Rudolf Kunz bearbeitete, 1995 wieder aufgelegte *Wörterbuch für südhessische Heimat- und Familienforscher* hingewiesen sei[52].

Aus dem außerordentlich umfangreichen Publikationsprogramm der Historischen Kommission für Nassau kann hier lediglich auf einige wenige Projekte und Reihen hingewiesen werden; erwähnt werden soll allerdings der 1999 vorgelegte Nachdruck der großen *Landesgeschichte des Westerwaldes* von Gensicke[53]. Mehrere Schriftenreihen werden hier betreut, u.a. zur Vorgeschichte und Geschichte des Parlamentarismus in Hessen[54] und zur Zeitgeschichte[55]. Einen Schwerpunkt (von mehreren) bilden in den letzten zehn Jahren die Studien zu Flucht, Vertreibung und Integration nach 1945, zu den Flüchtlingsorganisationen in Hessen und dem Hilfswerk der Evangelischen Kirche[56], weiterhin sozialgeschichtliche Arbeiten wie Ulrich Eisenbachs Studie zum Fürsorgewesen und zur Arbeitserziehung[57].

Eine Zunahme zeitgeschichtlicher und sozialgeschichtlicher Themen ist auch zu verzeichnen in der überwiegend Monographien aufnehmenden, von den Kommissionen in Marburg und Darmstadt gemeinsam herausgegebenen Reihe der *Quellen und Forschungen zur hessischen Geschichte*, in der schon in den siebziger und achtziger Jahren zahlreiche volkskundlich relevante Arbeiten erschienen sind: zu Kasseler Unterschichten und zur Arbeiterbewegung, zur Geschichte der Hugenotten und der hessischen Juden im Vormärz, zur kurhessischen Verfassungsgeschichte, zur Vereins- und Meinungsbildung, zur Rolle der Amerikaliteratur in der Auswanderung, zum Nationalsozialismus im Frankfurter Umland und zum Gefangenenhospital in Marburg 1947 bis 1952, zur Arbeitersiedlung Merk in Darmstadt und zur Wirkung des Allgemeinen Deutschen Sprachvereins in Hessen, schließlich Peter Flecks wichtige Studie zu den hessen-darmstädtischen Agrarreformen. Schon dieses Themenspektrum läßt deutlich werden, daß die Schriftenreihe für volkskundliche Lektüre besonders ergiebig ist; unter den jüngeren Bänden sind Studien zur Ehegesetzgebung in der Landgrafschaft Hessen-Kassel von Uwe Sibeth, zur Jugendsiedlung Frankenfeld von Ortrud Wörner-Heil, zur Amerika-Auswanderung von Inge Auerbach, zu den Flurnamen der südlichen Wetterau von Bernd Vielsmeier und zur zivilrechtlichen Stellung der Frau im Großherzogtum Hessen von Gisela Jung hervorzuheben, und in den letzten Jahren sind darin zwei vorzügliche Arbeiten zum Pauperismus und zur Armenpolitik vorgelegt worden, die hier angezeigt werden sollen:

Martin Kukowski: Pauperismus in Kurhessen. Ein Beitrag zur Entstehung und Entwicklung der Massenarmut in Deutschland 1815–1855. (= Quellen und Forschungen zur hessischen Geschichte, 100) Hessische Historische Kommission Darmstadt und Historische Kommission für Hessen, Darmstadt – Marburg 1995, 639 S.

Die in der ersten Hälfte des 19. Jahrhunderts vorwiegend agrarisch geprägte Wirtschafts- und Sozialstruktur Kurhessens und die vornehmlich an vorindustriellen Lösungsmodellen orientierte Wirtschaftspolitik des Staates führten im Vormärz mit Bevölkerungswachstum und Ernteausfällen in einen Prozeß der Auszehrung und Proletarisierung der unterbäuerlichen Schichten wie der kleinbäuerlichen Anwesen – ein Prozeß, der in die Auswanderungswellen mündete. Martin Kukowski hat diesen sozialstrukturellen Wandel, die Herausbildung des Pauperismus in einer materialgesättigten, auf den kurhessischen Verwaltungsakten basierenden und die ersten Ansätze der amtlichen Sozialstatistik, die umfangreichen Bestände an Petitionen, Denkschriften, Gutachten, Notstands-, Polizei- und Visitationsberichten nutzenden Studie analysiert, die von Hellmut Seier betreut und in Marburg als Dissertation vorgelegt wurde. Geschärft durch die Revolutionsfurcht im zeitlichen Umfeld der Verfassungsgebung von 1831, ist für die Zeit nach 1830 ein deutliches Anwachsen der Pauperismusliteratur und der Aufmerksamkeit des Staates gegenüber Ausmaß und Folgen der Armut im Lande festzustellen, ein zur ergänzenden Interpretation der quantifizierenden Auswertung archivalischer Überlieferung denkbar geeigneter Umstand. Aus dem im Verlauf der Untersuchung herausgearbeiteten gesellschaftlichen Wandlungsprozeß, der von einer bäuerlich-heimgewerblich geprägten Sozialstruktur in den ersten Jahrzehnten zu einer lediglich noch zu etwa 30 Prozent aus haupterwerblichen Bauernfamilien, sonst aber überwiegend aus gewerblich-handarbeitender oder im Tagelohn tätiger Bevölkerung zusammengesetzten Sozialstruktur am Ende des Untersuchungszeitraumes führte, leitet Kukowski den Begriff der „Entbäuerlichung" des Landes ab, den dann auch Reuling aufgenommen hat[58]. Was er damit ausdrücken will, ist die Proletarisierung, die wirtschaftliche Substanzauszehrung und Deklassierung breiter Schichten, vor allem der Kleinbauern, Heimgewerbetreibenden, Handwerker und Handarbeiter als Folge des Erwerbsmangels. Dieser in der quantitativen Analyse für die Entwicklung in der kurhessischen Zeit augenfällige demographische Prozeß der wirtschaftlichen Marginalisierung ist in Kukowskis solider und umfänglicher Studie detailliert und überzeugend nachgezeichnet worden. Sein methodischer Ansatz einer quantitativen Auswertung des administrativen Schriftgutes war notwendig, um die strukturellen Ursachen und Begleiterscheinungen des Pauperismus verstehen zu können, womit nun eine vorzügliche Vorarbeit geleistet und die Grundlage geschaffen ist für eine volkskundliche Auseinandersetzung mit der Armut und ihren kulturellen Bewältigungsstrategien – freilich wird sie sich weit stärker als eine die obrigkeitliche Perspektive aufnehmende und um objektiv-quantifizierende Auswertung bemühte historische Forschung auf den mühsameren Zugang einer hermeneutisch interpretierenden und qualitativen, also die subjektive Sicht der Betroffenen rekonstruierenden Betrachtung einlassen müssen[59]. Jedenfalls wären hier Anknüpfungs- und Schnittlinien zwischen sozialgeschichtlicher und volkskundlicher Perspektive gegeben.

Zunächst aber sind in einer daran anschließenden landesgeschichtlichen, von Helmut Berding betreuten Gießener Dissertation die Wahrnehmung der Verelendung breiter Bevölkerungsschichten durch den Staat und seine Lösungskonzepte behandelt worden:

Susanne Grindel: Armenpolitik und Staatlichkeit. Das öffentliche Armenwesen im Kurfürstentum Hessen (1803–1866). (= Quellen und Forschungen zur hessischen Geschichte, 124) Hessische Historische Kommission Darmstadt und Historische Kommission für Hessen, Darmstadt – Marburg 2000, 488 S.

Die außerordentlich umsichtige, die Aktenlage umfassend ausschöpfende und die Literatur breit rezipierende Studie ist der Frage gewidmet, inwieweit das Armenwesen im Staatsbildungsprozeß eine Rolle spielte, ja inwieweit wechselseitige Beeinflussungen zwischen sozialer Krise und politischer Krisenbewältigung öffentliches Handeln und damit die Entwicklung moderner Staatlichkeit gefördert haben. Der Kurstaat als ausgeprägtes Beispiel einer Übergangsgesellschaft im beginnenden Prozeß der Industrialisierung war politisch weithin durch konservative, ja restaurative Instrumente der Krisenbewältigung geprägt, doch vermag Susanne Grindel in der Untersuchung der Fürsorge-, Sicherheits- und Sozialpolitik des Staates, der Strukturen und Kompetenzen der Kommunen und der Armenadministration sowie der Fürsorgepraxis überzeugend zu differenzieren, die Ungleichzeitigkeiten und Beeinflussungen herauszuarbeiten, in denen sich allmählich der Übergang vollzog von traditionalen Strukturen der Bindung an den Heimatort zu Ansätzen von Lösungsmodellen, die im Spannungsfeld zwischen Armutslinderung und präventiver Sozialfürsorge angesiedelt waren; sie werden in der Studie als Armenpolitik charakterisiert, durch die der soziale Bereich der Staatlichkeit eigene Konturen gewann. Mit dem Blick auf die Fürsorgepraxis, auf die Einrichtung von Waisenhäusern, Industrieschulen, Kleinkinderbewahranstalten und Rettungsanstalten für Kinder und Jugendliche, von Armenhäusern und Hospitälern, Krankenhäuser und Entbindungsanstalten, von Arbeitshäusern und Zwangsarbeitshäusern wird das Zusammenspiel von Unterstützung und Verhaltensnormierung aufgezeigt, jene Ambivalenz von Fürsorge und Repression, ja Kriminalisierung und Ausgrenzung beschreibend, die Hubert Kolling in seiner Studie über die kurhessischen Straf- und Besserungsanstalten bereits herausgearbeitet hat[60]. Sie zielten mit Arbeitspädagogik und „Industriosität" auf jene Disziplinierung, die im Industrialisierungsprozeß zur wichtigsten Ressource des Kapitalismus werden sollte. Die Vorbereitung dazu läßt sich, das hat Susanne Grindel eindrucksvoll gezeigt, gerade an dem verspäteten, in vieler Hinsicht retardierenden, aber dennoch im Umbruch befindlichen Beispiel Kurhessens ablesen. Für die volkskundlich-kulturwissenschaftliche Forschung (wo mit der Arbeit von Lisgret Militzer-Schwenger bereits 1979 die Armenerziehung durch Arbeit thematisiert wurde) sind diese beiden in der *Quellen*-Reihe der Historischen Kommissionen erschienenen Studien der Rezeption unbedingt anzuempfehlen.

Forschungen zur Geschichte des Judentums in Hessen, nicht zuletzt auch von volkskundlicher Seite angeregt[61], werden maßgeblich und kontinuierlich von der 1963 gegründeten *Kommission für die Geschichte der Juden in Hessen* betreut und gefördert; darüber hat bereits Hartmut Heinemann zusammenfassend berichtet[62]. In der Schriftenreihe der Kommission sind mittlerweile zahlreiche gediegene Arbeiten erschienen, von denen neben den Hinweisen auf die 1992 vorgelegte Bibliographie[63], den Wegweiser zu Archiven, Forschungsstätten und Hilfsmitteln[64] sowie die wichtigen Bestandsverzeichnisse[65] die jüngsten Publikationen ausführlicher besprochen werden sollen, weil sie die Breite der Forschungsfelder in der Beschäftigung mit den rechtlichen Grundlagen in Toleranzverordnungen und Emanzipationsgesetzgebung, mit Pogromen und der Geschichte des Antisemitismus, mit Schrifttum und archivalischen Quellen, nicht zuletzt aber auch mit der Kulturgeschichte aufzeigen:

Werner Marzi: Judentoleranz im Territorialstaat der Frühen Neuzeit. Judenschutz und Judenordnung in der Grafschaft Nassau-Wiesbaden-Idstein und im Fürstentum Nassau-Usingen. (= Schriften der Kommission für die Geschichte der Juden in Hessen, XVI) Wiesbaden 1999, X, 471 S.

Die in Mainz als geschichtswissenschaftliche Dissertation angenommene Studie ist den Judenordnungen frühneuzeitlicher Territorialstaaten gewidmet, in denen Toleranz als Duldung verstanden und die angenommenen Schutzuntertanen dem Landesherrn gegenüber in einem besonderen Vertragsverhältnis standen. Nach der Vertreibung 1593 im 17. Jahrhundert wieder durch Ansiedlungen in Wiesbaden, in Usingen, in der Stadt Idstein und idsteinischen Amtsorten zu festen Schutzgemeinden gelangt, arrangierten sich die aufgenommenen Juden mit den Ortsgemeinden, die spätestens seit der Mitte des 18. Jahrhunderts vor einer Aufnahmeentscheidung befragt wurden, allerdings kein Einrederecht besaßen; das Schutzverhältnis blieb Gnadenakt des Landesherrn. Marzi hat nach einer einführenden topographischen, chronologischen und statistischen Übersicht zur Geschichte der Juden in den altusingischen Ämtern und in den Gemeinschaften Kirberg und Nassau zunächst die Judenaufnahme und den Judenschutz in Nassau-Usingen und im Gemeinschaftlichen Amt Nassau untersucht, ehe er sich eingehend mit dem Rezeptionseid als Versprechenseid auseinandersetzt, die Verpflichtungen der Juden zur Ablegung des Eides und den Eidesvollzug darstellt. Er behandelt ausführlich die schutzrechtlichen Absichten, jurativen Formen, Formeln und Formalitäten der Judeneide, die ordnungsrechtlichen Bedingungen und lebensweltlichen Auswirkungen der Ordnungen, weitgehend auf unveröffentlichten Quellen des Hessischen Hauptstaatsarchivs Wiesbaden basierend; daß religions- und wirtschaftspolitische Bestimmungen mit jeweils einem Anteilsdrittel besonderes Gewicht in den Ordnungen besaßen und noch durch ergänzende Verordnungen verschärft wurden, deutet bereits auf die Problem- und Konfliktfelder hin, die sich etwa am Talmud-Verbot und an der Beschlagnahmung hebräisch geschriebener Bücher, am Sonntagsgebot oder an der öffentlichen Kontrolle des Viehtriebs festmachten. Judenschutz und Judenordnung werden als komplementäre Institute in ihrer mittelalterlichen Grundlegung und ihrer Funktion als Polizeiordnung verstanden, die mit dem Bedeutungsgewinn der Territorialstaaten eine Territorialisierung erfuhren. Das letzte umfangreiche Kapitel ist der nassau-usingischen Judenordnung von 1732 und ihren hessischen Referenzen gewidmet; eingehend setzt sich Marzi mit den Bestimmungen zum religiösen, zum wirtschaftlichen, zum sicherheits- und sittenpolizeilichen sowie zum hoheitsrechtlichen Bereich auseinander. Vornehmlich rechtsgeschichtlich angelegt, weist die Untersuchung damit ganz zentral alltagsrelevante analytische Schwerpunkte aus. Mit dieser quellendichten Auswertung der frühneuzeitlichen Ordnungen und ihrer Umsetzung ist in vorbildlicher Weise die Vorgeschichte der Emanzipation aufgearbeitet, die im Herzogtum Nassau in einem langwierigen Prozeß vollzogen und erst mit der Revolution 1848/49 erreicht wurde, ja – in der Reaktion zunächst ausgesetzt – mit der Annexion durch Preußen 1866 abgeschlossen werden konnte. Die Emanzipation selbst ist (weil nicht im Zentrum der Fragestellung stehend) nur noch im Ausblick gestreift; für Kurhessen sei dazu auf die in der gleichen Schriftenreihe erschienene Studie von Dorothee Schimpf hingewiesen[66].

Am Ende des 19. Jahrhunderts erhielten dann die Provinz Hessen-Nassau sowie die Provinz Oberhessen des Großherzogtums Hessen erhebliches Gewicht für die Formierung des politischen Antisemitismus: Mit der politischen Agitation Otto Böckels, der durch seinen im Wahlkreis Marburg-Kirchhain-Frankenberg bei der Reichstagswahl von 1887 errungenen Sieg als erster antisemitischer Abgeordneter in den Reichstag einzog, haben sich vor allem Rüdiger Mack, David Peal und Paul W. Massing beschäftigt[67]; kaum beachtet wurde bislang, von wenigen Ausnahmen abgesehen[68] auch in der volkskundlichen Fachgeschichtsschreibung, ja selbst in der großangelegten Aufarbeitung der *Völkischen Wissenschaft*[69], sein volkskundliches Werk, das von antisemitischen Ausfällen weitgehend frei blieb, aber gerade deswegen in seiner idealisierenden Inszenierung einer ethnisch reinen Bauernkultur den utopischen Entwurf und damit die Gefährlichkeit der völkischen Idee aufzeigt. Umso mehr erstaunt, daß im *Handbuch zur Völkischen Bewegung*[70] die sich am Ende des 19. Jahrhunderts herausbildende Volkskunde als wissenschaftliche Disziplin und ihre Ambivalenz zwischen vergleichender und ethnozentrischer Perspektive nicht wahrgenommen wurde. Hansjörg Pötzsch hat nun eine große Studie vorgelegt, in der die Entwicklung des politischen und rassistischen Antisemitismus in den Staaten und Provinzen Sachsen, Hessen, Hessen-Nassau und Braunschweig nachgezeichnet und in ihren analogen wie spezifischen Ausprägungen analysiert wird:

Hansjörg Pötzsch: Antisemitismus in der Region. Antisemitische Erscheinungsformen in Sachsen, Hessen, Hessen-Nassau und Braunschweig 1870–1914. (= Schriften der Kommission für die Geschichte der Juden in Hessen, XVII) Wiesbaden 2000, X, 414 S.

Beispielhaft für die Situation im Deutschen Reich hat er darin sehr deutlich die mittelständische Prägung des Antisemitismus herausarbeiten können, doch betont er ausdrücklich, daß daraus nicht eine Anfälligkeit des Mittelstandes (der ja in sich ausgesprochen heterogen war) für den Antisemitismus unterstellt werden könne, sondern lediglich, daß die Parteiantisemiten im antiliberalen und antisozialdemokratischen Mittelstand ihr breitestes Rekrutierungsfeld gefunden hätten. Ohne Kontinuitätslinien oder gar zwangsläufige Entwicklungen von Stereotypen und Klischeeverfestigungen im 20. Jahrhundert bis hin zur Rassenpolitik des Dritten Reiches konstruieren zu wollen, bleibt doch festzuhalten, daß zur Jahrhundertwende bereits bestimmte Strukturmerkmale und vor allem auch Terminologien entwickelt worden waren, die im Genozid der NS-Zeit in ihrer gefährlichen Konsequenz umgesetzt wurden: Trotz aller Zerstrittenheit und Heterogenität lassen sich in der Behandlung der „Judenfrage" keine Unterschiede in der seit 1895 auffällig offen deutschnational und seit 1905/06 deutschvölkisch geprägten Programmatik der Deutsch-Sozialen zu jener der Reformer feststellen; beide Richtungen des Antisemitismus agierten rassenantisemitisch und wußten sich in der Klassifikation der Juden als einer fremden Rasse einig. Diese Ausgrenzung einer Bevölkerungsgruppe, ja die exzessive Nutzung des Rassenbegriffes diente am Ende des 19. Jahrhunderts auch einer Kompensation zunehmender gesellschaftlicher Differenzierung, politischer und sozialer Spannungen; sie gipfelte in der Verwendung der „Vernichtungs"-Terminologie, die Wilhelm Giese 1899 in der Deutsch-sozialen Partei benutzte. Dahinter kann wohl noch kein Konzept vermutet werden, und ihre Umsetzung in menschenverachtende Praxis bedurfte eines weiteren gesellschaftlichen, wirtschaftlichen und politischen Wirkungshorizonts: Auch das aber hat Pötzsch für das ausgehende 19. Jahrhundert schon problematisiert – die antiliberalen landwirtschaftlichen und gewerblich-mittelständischen Vereine und Interessenverbände mit offenem oder verdecktem antisemitischem Hintergrund, die eine weit größere Bedeutung als die reinen Parteiantisemiten hatten, spiegeln (und dies konnte in der regional vergleichenden Studie deutlich herausgearbeitet werden) die wirtschaftlichen und sozialen Probleme und Bedürfnisse der jeweiligen Regionen wider.

Der inzwischen erschienene 18. Band der Schriftenreihe stellt ein großes, auf einen 1980 gefaßten Beschluß der Kommission zurückgehendes Inventarisationsprojekt vor, die Dokumentation von 2124 Grabsteinen auf dem größten jüdischen Landfriedhof in Hessen, die mit dieser eindrucksvollen Veröffentlichung abgeschlossen werden konnte:

Hartmut Heinemann, Christa Wiesner: Der jüdische Friedhof in Alsbach an der Bergstraße. (= Schriften der Kommission für die Geschichte der Juden in Hessen, XVIII) Wiesbaden 2001, 161 S., zahlr. Abb. farb. u. sw, 2 Karten

Mit der vorzüglichen Einführung zur Geschichte des Friedhofes und der jüdischen Begräbniskultur, in der etwa die Bedeutung gegenseitiger Hilfe herausgestellt wird, verkörpert in der *Chewra Kadischa*, der Begräbnisbruderschaft, die sich als Wohltätigkeitsorganisation sah und das jüdische Vereinsleben maßgeblich prägte, erhält dieser Band nahezu Handbuchformat; er umfaßt vier Kapitel – nach der Darstellung der Geschichte werden in einem lexikalischen Abriß die 32 Gemeinden des jüdischen Friedhofsverbandes Alsbach vorgestellt, in einem dritten Teil Dokumentation und Quellenauszüge mitgeteilt und schließlich das Verzeichnis der Grabsteine aufgeführt. Zu wünschen wäre dieser gelungenen und beispielhaften Erfassung einer jüdischen Begräbnisstätte, daß sie auch weit über die unmittelbar benachbarte Region hinaus von Kommunen und lokalen Geschichtsvereinen zur Kenntnis genommen wird, wozu die Kommission durch reichhaltige und auch qualitativ ansprechende Illustration des Werkes ihren Teil beigetragen hat.

Regionale und lokale Schriftenreihen

Ehe auf einzelne ausgewählte Beispiele der Arbeit in Regionen und Gemeinden eingegangen wird, soll zunächst auf eine sehr verdienstvolle Handreichung aufmerksam gemacht werden, die sehr knapp (und darum übersichtlich und leicht verständlich), aber präzise und profund in die Archivarbeit einführt:

Günter Hollenberg: Heimatgeschichte erforschen und veröffentlichen. Anleitungen und Hinweise. (= Schriften des Staatsarchivs Marburg, 11) Hessisches Staatsarchiv, Marburg 1995, 48 S.

Ganz bewußt an heimatgeschichtliche Laienforschung gerichtet, vermittelt die Broschüre Grundlagen der Literatur- und Quellenerschließung: die Literaturermittlung und Titelaufnahme, die Orientierung in Archiven und die Quellenermittlung über Repertorien, Hinweise zur Materialsammlung und Fundstellenangabe. Hollenberg hat aber auch Hinweise zur Darstellung der Forschungsergebnisse gegeben, zur Manuskripterstellung, Zitierweise, Transkription und zu Fußnoten, Abbildungen und schließlich zur Pflichtexemplarregelung des Bibliothekswesens bzw. der Belegexemplare für die genutzten Archivbestände. Im Anhang werden Literatur zur Methodik, bibliographische Hilfsmittel, Archivführer sowie paläographische und orthographische Regelungen angeführt, Abkürzungen und Siglen verzeichnet. Zwar ist dieses Heft speziell auf die Nutzung des Staatsarchivs Marburg zugeschnitten, doch bleibt es durch systematische Heranführung an die Methodik der Recherche und Auswertung auch weit darüber hinaus nutzbar und hilfreich – so sind mit dieser Handreichung Voraussetzungen geschaffen für eine ertragreiche heimatgeschichtliche Forschungsarbeit.

Mit einer für orts- und regionalgeschichtliche Studien außerordentlich ertragreichen Quellengattung – den für Württemberg so bezeichnenden Oberamtsbeschreibungen vor allem – sowie mit den Aufgaben und Möglichkeiten orts- und heimatgeschichtlicher Forschung beschäftigen sich die Beiträge eines Sammelbandes:

Eugen Reinhard (Hrsg.): Gemeindebeschreibungen und Ortschroniken in ihrer Bedeutung für die Landeskunde. (= Werkhefte der staatlichen Archivverwaltung in Baden-Württemberg, Serie A Landesarchivdirektion, 12) Verlag W. Kohlhammer, Stuttgart 1999, 288 S., Abb. sw

Mit dem Band werden die Ergebnisse einer Arbeitskreistagung der landeskundlichen Institute und Forschungsstellen in der Deutschen Akademie für Landeskunde und der Akademie der Diözese Rottenburg-Stuttgart 1997 in Weingarten (Oberschwaben) vorgelegt. Obwohl in den meisten Beiträgen der Bezug auf die Tagungsregion im deutschen Südwesten deutlich hervortritt, sei der Band hier vorgestellt – nicht wegen des regionalen Bezuges, sehr wohl aber wegen seiner methodischen Relevanz. Denn die in zwei großen Teilen zusammengefaßten Beiträge sind zum einen der wissenschaftlichen Methodik der Gemeindebeschreibungen gewidmet, zum anderen den Quellengruppen für die ortsgeschichtliche Forschung. So setzt sich etwa Luise Grundmann anhand der Reihe „Werte der Heimat" mit der heimatkundlichen Bestandsaufnahme im Gebiet der DDR und der Spezifik der darin aufgenommenen Ortsbeschreibungen auseinander. Hans-Martin Closs betrachtet die Gemeindebeschreibungen als

Zeitschnitte und damit als geographische Dokumentation räumlicher Prozesse und Funktionen; den historischen Teilen in den Kreisbeschreibungen des Landes Baden-Württemberg widmet sich Kurt Andermann, und Fred Ludwig Sepaitner stellt die seit 1975 in den Landesbeschreibungen in Baden-Württemberg neben Geographie und Geschichte als dritten Schwerpunkt angegliederte Gegenwartskunde vor. Unter den Quellengruppen werden sozial- und wirtschaftsgeschichtliche Quellen, kartographische Gemarkungsaufnahmen und Flurnamen auf den Flurkartenerstdrucken der württembergischen Landesvermessung, Physikatsberichte und Pfarrbeschreibungen des 19. Jahrhunderts als serielle Quellen sowie die badischen Ortsbereisungsakten behandelt. Solch quellenzentrierte und damit nicht nur am Erkenntnisinteresse landeskundlicher Forschung, sondern zudem an den Arbeitsproblemen lokalgeschichtlicher Forschung orientierte Diskussion könnte auch in Hessen genutzt werden, um eine Intensivierung des Kontaktes und bessere Koordination der Forschungen zur hessischen Landesgeschichte insbesondere mit den Heimat- und Geschichtsvereinen zu erreichen. Hier wären also im Hinblick auf eine erweiterte und interdisziplinär ausgerichtete landeskundliche Perspektive durchaus noch Themen für Tagungen und Fortbildungsveranstaltungen zu finden, die auch von regionalen Geschichtsvereinen in Hessen organisiert werden und gut eingeführt sind.

Neben den zentralen, von den landesgeschichtlichen Vereinen für die jeweiligen Einzugsgebiete herausgegebenen Zeitschriften und Schriftenreihen erscheinen zahlreiche Publikationen lokaler oder regionaler Geschichtsvereine, die teilweise als Zweigvereine den großen landesgeschichtlichen Vereinen angeschlossen sind. Allein dem für das Gebiet des ehemaligen Kurfürstentums Hessen zuständigen Verein für hessische Geschichte und Landeskunde e.V. Kassel (VHG) gehören achtzehn Zweigvereine an, viele davon mit eigenen Publikationsorganen. Angesichts der Fülle an Veröffentlichungen kann hier nur auf einige wenige ausgewählte Titel exemplarisch hingewiesen werden. Hervorzuheben ist etwa die Reihe *Die Geschichte unserer Heimat* des Zweigvereins Hofgeismar im VHG, die sehr rührig betreut und zügig fortgeführt wird; zwei Bände daraus seien kurz vorgestellt, einer davon zudem als Gemeinschaftsausgabe der Zweigvereine Hofgeismar und Kassel:

Helmut Burmeister (Hrsg.): Hirsch Fränkel (1818–1907) – Kasseler Jude, deutscher Demokrat. Seine Lebenserinnerungen überprüft und mit Anmerkungen versehen von Eberhard Mey. (= Die Geschichte unserer Heimat, 24). Hofgeismar – Kassel 1996, 90 S., zahlr. Abb. sw

Hirsch Fränkel, jüdischer Schriftsetzer und Drucker in der kurhessischen Residenzstadt, steht mit seinem Leben, seinen politischen Überzeugungen und Erfahrungen als Mitglied des Demokratischen Vereins und von den Bürgern gewählter Abgeordneter im Kasseler Bürger-Comité für demokratisches Engagement in der 48er Bewegung; mit seinen nun zugänglich gewordenen und hier nicht nur abgedruckten, sondern von Eberhard Mey in aufwendiger, ja akribischer Eruierung der historischen Zusammenhänge, der biographischen, politischen und gesellschaftlichen Daten zu den genannten Personen für eine verstehende Lektüre aufbereiteten Erinnerungen ist eine ganz ausgezeichnete Quelle zur Geschichte Kassels, ja zur politischen und zur Kulturgeschichte erschlossen worden. Das lassen – neben vielen anderen großen und kleinen Ereignissen – etwa die Ausführungen zu seiner Verehelichung mit Friederike Icke deutlich werden, die unmittelbar vor der bereits erwarteten Außerkraftsetzung der Zivilehe für Mitglieder christlicher Kirchen (also für die Braut gültig) durch das Kabinett Hassenpflug 1853 erfolgte. Das vorzüglich illustrierte, von Helmut Burmeister eingeführte und in seinem Zustandekommen erläuterte Heft vermittelt ein dicht und farbig gezeichnetes Bild der Zeit.

Volker Knöppel (Hrsg.): „... da war ich zu Hause". Synagogengemeinde Naumburg 1503–1938. (= Die Geschichte unserer Heimat, 29). Hofgeismar 1998, 140 S., zahlr. Abb. sw

Sechzig Jahre nach der Auslöschung der jüdischen Gemeinde Naumburg hat sich Volker Knöppel, dem schon zuvor einige Beiträge zum Thema zu verdanken sind, die Aufarbeitung ihrer Geschichte zur Aufgabe gemacht; sie wird mit diesem Heft vorgelegt. Nach einer kurzen Einführung zur Rechtsstellung der Juden vom landesherrlichen Judenschutz bis zur Emanzipation, nach Angaben zu den jüdischen Einwohnern in Heimarshausen und Elben, zu Einwohnerstatistik, Gewerbeleben und Handel geht er in drei größeren Kapiteln auf die religiöse Kultur (Synagoge, Mikwe, Schule, Friedhof und Sabbat) ein, auf Familiengeschichte, exemplarisch aufgezeigt an der Händlerfamilie Spittel und den Brüdern Bien in Amerika, sowie auf die Verfolgung und Vernichtung im Nationalsozialismus. Im Tonloch bei Elben bestand ein Lager für Mädchen und Frauen jüdischer Herkunft. Die namentliche Nennung der Opfer der Nazizeit, eindrückliche Erinnerungen von Rolf [Eli] Kander an seine Kindheit in Naumburg, schließlich Berichte von Ludwig Noe von einem Besuch in Tel Aviv, wo er Eli Kander persönlich kennenlernte, von Peter Soltau über ein Spurensicherungsprojekt anläßlich des 50. Jahrestages der Pogrome, von Burkhard Dux über Pflege und Unterhaltung des Friedhofes sowie über die in alle Welt verstreuten Überlebenden der Shoah und ihre Nachfahren mit einem alphabetischen Einwohnerverzeichnis der Synagogengemeinde Naumburg 1503–1938 lassen den Band nicht nur zu einer für die Gemeinde Naumburg mit ihren Ortsteilen ergiebigen lokalgeschichtlichen Spurensuche, sondern auch zu einem wichtigen Baustein in der Geschichtsschreibung der jüdischen Gemeinden in Hessen werden.

Vom Geschichtsverein des Altkreises Rotenburg an der Fulda, der eine kleine, aber feine Zeitschrift *Rund um den Alheimer. Beiträge zur Geschichte und Landeskunde des ehemaligen Kreises Rotenburg* (2001 im 22. Jahrgang erschienen) unterhält und zudem etliche kleinere lokalgeschichtliche Schriften herausgibt, wurde in der Schriftenreihe des VHG eine zweibändige Stadtchronik vorgelegt:

Rotenburger Chronik. Band 1: Geschichte der Stadt und des Amtes Rotenburg von den Anfängen bis 1700. – Friedrich Lucae († 1708): Das edle Kleinod an der hessischen Landeskrone. Bearb. von Hans-Günter Kittelmann. Band 2: Chronik der Stadt Rotenburg an der Fulda von 1700 bis 1972. Bearb. von Hans-Günter Kittelmann. (= Hessische Forschungen zur geschichtlichen Landes- und Volkskunde, 29 und 30) Kassel 1996 und 1998, 273 und 362 S., Abb. sw

Die von Friedrich Herzog vorbereitete, dann von Hans-Günter Kittelmann überarbeitete und in modernisierter Abschrift besorgte Edition der handschriftlichen Rotenburger Chronik Friedrich Lucaes und die Fortführung der Chronik von 1700 bis 1972 durch Paul Weichgreber († 1835), Friedrich Giebelhausen († 1914), Karl Trieschmann († 1972) und Hans-Günter Kittelmann, nach Jahren geordnet und ein reichhaltiges Material bergend und erschließend, sollen eine – angesichts der Bedeutung Rotenburgs für die hessische Landesgeschichte merkwürdigerweise bislang noch ausstehende Monographie zur Stadtgeschichte nicht ersetzen: sie sollen vielmehr dazu ermuntern und für lokalgeschichtliche Spurensuche sensibilisieren, sie sollen die Lucaeschen Aufzeichnungen für eine breitere kritische Lektüre erschließen und zum Querlesen in den Epochen einladen. Über stadt- und landesgeschichtliche Fragen hinaus sind darin für Kultur- und Kunstgeschichte reichhaltige Angaben enthalten, etwa zu den Epitaphen in den Kirchen Rotenburgs und der umliegenden Dörfer, und der gehaltvolle, gerade für die Zeitgeschichte ergiebige zweite Band ist ein unschätzbarer Wegweiser in die Geschichte der alten Stadt.

Beachtliche eigene Zeitschriften geben der Geschichtsverein Friedberg mit den *Wetterauer Geschichtsblättern* und der Oberhessische Geschichtsverein Gießen mit seinen *Mitteilungen* (MOHG) heraus. In den MOHG erscheinen neben Variabänden mit Beiträgen zur Gießener Stadt- und Universitätsgeschichte, zur geschichtlichen Landschaft an der mittleren Lahn, dem Gleiberger Land, ja dem alten hessen-darmstädtischen Oberhessen auch thematisch zentrierte Themenbände, z.T. hervorgegangen aus Vortragsreihen des Vereins; zudem werden auch Monographien als Schriften des Vereins vorgelegt. In Heppenheim, wo der südhessische Volkskundler Heinrich Winter heimatgeschichtliche Arbeit lange Zeit nachhaltig geprägt hat, erscheinen die *Geschichtsblätter Kreis Bergstraße* (GKB), in deren rühriger Reihe auch Monographien aufgenommen werden, die als Sonderbände geführt werden; darunter sei vor allem auf Rolf Reutters große Studie über Form, Funktion und Geschichte von Haus und Hof im Odenwald hingewiesen[71]. In dieser Reihe erschien auch die Biographie Winters aus der Feder seiner Tochter[72]; diese verständlicherweise parteiische, ja in vieler Hinsicht unkritische, wenn nicht verharmlosende Biographie ist inzwischen von Heike Heinzel zurechtgerückt worden[73]. In Breuberg im Odenwald gibt der Breuberg-Bund ein gediegenes Jahrbuch mit breitgefächertem landeskundlichem Themenspektrum heraus. Auch der Hinterländer Geschichtsverein (im Altkreis Biedenkopf, dem sog. „Hinterland"), der noch in der glücklichen Lage ist, seine Zeitschrift (die *Hinterländer Geschichtsblätter*) über die regionale Tageszeitung an ein breites Publikum zu richten und damit zur regionalgeschichtlichen Sensibilisierung einer breiten Öffentlichkeit beizutragen, hat eine Schriftenreihe (die *Beiträge zur Geschichte des Hinterlandes*), in der etwa die Bestandsaufnahme der *Genossenschaften des Hinterlandes* mit ihrer Geschichte[74] oder die *Lebensbilder aus dem Hinterland*[75] erschienen sind.

In Marburg wird eine Reihe *Beiträge zur hessischen Geschichte* verlegerisch und fachwissenschaftlich kompetent von Wilhelm A. Eckhardt betreut, aus der stellvertretend die kommentierte Edition der sogenannten Stausebacher Chronik sowie der publizierte analytische Teil der Dissertation von Gerhard Seib etwas näher betrachtet werden sollen:

Wilhelm A. Eckhardt und Helmut Klingelhöfer (Hrsg.): Bauernleben im Zeitalter des Dreißigjährigen Krieges. Die Stausebacher Chronik des Caspar Preis

1636–1667. Mit einer Einführung von Gerhard Menk. (= Beiträge zur hessischen Geschichte, 13) Verlag Trautvetter & Fischer Nachf., Marburg an der Lahn 1998, 104 S., Abb. sw

Von Gerhard Menk eingeführt und (wie wir es vom Autor nicht anders kennen und wohl zu schätzen wissen!) in einer ungemein weiten und dichten, konzentrierten Rahmung der Geschehnisse im Chaos des großen Krieges eingebettet, werden hier die Aufzeichnungen eines Bauern zwar nicht erstmals[76], nun aber in sorgfältiger und kommentierter Edition vorgelegt, der freilich bei diesem Stoff auch merklich die volkskundliche Perspektive fehlt. Die sogenannte Stausebacher Chronik des Caspar Preis, einem im hessischen Leidenhofen geborenen, dann nach Schröck ins unmittelbar benachbarte mainzische Amt Amöneburg übersiedelten und schließlich den Michaelshof in Stausebach bewirtschaftenden Bauern, ist eine zwar nicht einzigartige (wie einige vergleichbare Aufzeichnungen zeigen), für Hessen allerdings außergewöhnliche Quelle, die nicht nur Schriftfähigkeit, sondern auch scharfe Beobachtungsgabe und reflektierende Ironie ihres Autors eindrucksvoll erkennen läßt. Menk hat ihre Bedeutung vor allem für die Epoche der Konfessionalisierung herausgestellt, die in der Marburger und Amöneburger Landschaft auch durch den mit erheblichen Widerständen verbundenen Einführungsversuch des Kalvinismus geprägt wurde.

Als weitere Veröffentlichung der Reihe liegt nun eine lange schon erwartete Studie zum mittelalterlichen und frühneuzeitlichen Kirchenbau in Hessen vor, die ungemein kenntnisreich die chronologische Entwicklung nachzeichnet, aber auch die kunst- und kulturgeschichtliche Einordnung der hessischen Sakralbauten in die Typologie wehrhafter Kirchen in Mitteleuropa (von Frankreich bis zu den Kirchenburgen Siebenbürgens) vornimmt:

Gerhard Seib: Wehrhafte Kirchen in Nordhessen. (= Beiträge zur hessischen Geschichte, 14) Verlag Trautvetter & Fischer, Marburg 1999, 264 S., zahlr. Abb. sw

Die Wehrhaftigkeit, die den Kirchenbau des 11. bis 16. Jahrhunderts in seiner Doppelfunktion zwischen Kult und Verteidigung ganz wesentlich auszeichnete, gab vielen der romanischen und frühgotischen Dorfkirchen in Hessen[77] ihre charakteristische Bauform in meist burglicher Lage, errichtet über der Siedlung dominierend auf einem Hang, einem Hügel oder Bergsporn. Seib hat in jahre-, ja jahrzehntelanger Erfassung des rezenten und eruierbaren Baubestandes Bau- und Nutzungsformen der wehrhaften Anlagen untersucht, und man merkt der Arbeit, deren Anregung auf ein von Gerhard Heilfurth und Alfred Höck 1964 durchgeführtes Exkursionsseminar zu „Dorfkirche und Friedhof" zurückgeht (und mithin in ihrer Genese interdisziplinär angelegt, ja ganz deutlich auch volkskundlich akzentuiert ist), an, daß sie nicht nur aus immensem Wissen und unmittelbarer Anschauung schöpft, sondern auch mit innerer Anteilnahme geschrieben wurde. Seib arbeitet die historischen Voraussetzungen und das Ende dieses Bautyps heraus; er beschränkt sich dabei nicht auf die Kirche selbst, sondern bezieht – was für die Interpretation unabdingbar ist – die topographische Lage der Anlage, ihre Entstehung auf oder an Adelssitzen und Burgstätten, den Kirchhof als Rechtsort und öffentlichen Platz mit den Nebengebäuden der Gaden und Bewehrungen der Mauer mit ein, ehe Langhaus und Chor sowie der Turm (auch als Chorturm) betrachtet werden. Ergebnisse dieses analytischen

Teils der Dissertation werden in einer Typologie der mittelalterlichen Dorfkirche, in einer detaillierten Beschreibung der Türme und ihrer Strukturen vorgelegt, ergänzt durch eine Betrachtung der Erhaltungsproblematik und eine Beschäftigung mit den Rezeptionsformen wehrhafter Kirchen in Historismus und Heimatschutzbewegung. Leider sind in der vorliegenden Veröffentlichung die in der Dissertation enthaltenen Katalogteile zu den einzelnen Landkreisen nicht mit abgedruckt; sie liegen lediglich als Manuskriptbände vor.

Landesgeschichtlich versierte und zudem bibliophil beschlagene Lokal- und Regionalhistoriker werden ein Verlagsprojekt besonders begrüßen, das der Velmarer Historiker und Verleger Dieter Carl seit einigen Jahren aufgenommen hat: antiquarisch kaum noch erhältliche, aber unverzichtbare Werke des 18. und 19. Jahrhunderts wie die hessische Grebenordnung von 1739 in Faksimile-Nachdrucken wieder verfügbar zu machen[78]. Insbesondere die Werke Georg Landaus, des Grimm-Schülers und kurhessischen Archivars, sind so wieder greifbar: Landaus „Beschreibung des Hessengaues", die „wüsten Ortschaften" und „hessischen Ritterburgen", seine „Geschichte der Glashütten in Hessen" und die „Geschichte der Fischerei". Vor allem aber ist seiner „Beschreibung des Kurfürstenthums Hessen" die von seiner Herkunft und Ausbildung her vorgeprägte Sensibilisierung für volkskundliche Fragen deutlich anzumerken. Wünschen würde man sich bei den meisten Titeln einen ausführlichen Kommentar im Anhang, der die Bedeutung des Werkes in seiner Zeit verortet, wie es musterhaft Holger Böning und Reinhart Siegert in ihrer Editionsreihe zur Volksaufklärung vorgemacht haben.

Außerhalb wissenschaftlicher Reihen, aber mit spezifischem Hessen-Bezug und inzwischen gut eingeführt, wird eine kleine Hessen-Reihe im Marburger Jonas Verlag ediert – *Hessen kriminell* etwa, das über Orte des Verbrechens in Hessen handelt[79]; sie wird in Zusammenarbeit des Verlags mit dem Hessischen Rundfunk erarbeitet und enthält kleine Essays, die jeweils mit exemplarischem Zugriff und lokalem Bezug das Spektrum der Themen angehen.

Nicht vergessen, aber angesichts ihrer Fülle nur anhand weniger Titel exemplarisch gestreift werden sollen die Publikationen lokaler Geschichtsvereine und die eigenständigen Ortschroniken. Als Beispiel für die Vielzahl von lokalen Festschriften anläßlich der Jubiläen von Gemeinden oder Institutionen sei zunächst ausgewählt das Buch von

Peter Fleck, Dieter Wolf (Hrsg.): Katholisches Leben in Butzbach in Mittelalter und Neuzeit. Festschrift zur 100-Jahrfeier der Katholischen Pfarrgemeinde Butzbach. Butzbach 1994, 232 S., Abb. sw

Die Geschichte einer Diasporapfarrei greift weit über eine Kirchengeschichte im engeren Sinne hinaus. Den beiden, landesgeschichtlich bestens ausgewiesenen Autoren ist es zu danken, daß es nicht bei einer Chronik oder Festschrift in üblicher Manier geblieben ist (obwohl auch die Erwartungen hieran erfüllt werden), sondern die Verzahnung der lokalen Ereignissen mit der politischen Geschichte, mit der Rechts-, Kultur- und Sozialgeschichte aufgezeigt wird. Zunächst führt Dieter Wolf in die Kirchengeschichte Butzbachs in vorreformatorischer Zeit ein, in Siedlungsentwicklung und in die Geschichte der Pfarrei im Mittelalter. Er beschreibt die Heiltumsorte der Wetterau, die Bittgänge, Prozessionen und Wallfahrten und widmet sich abschließend den „Brüdern und Schwestern vom gemeinsamen Leben", dem Butzbacher Kugelhaus. Peter Fleck hat die Geschichte der neuen katholischen Pfarrei Butzbach mit ihrer langen Vorgeschichte, den mehrfachen Eingaben an Kirchen- und Schulrat 1821 und an Bischof Ketteler 1851, der Überlassung eines Betsaals im Solmser Schloß 1856/57 bis hin zur selbständigen Pfarrkuratie 1894 untersucht, bevor er die Geschichte der neuen Pfarrei mit den Aufgaben der Gefängnisseelsorge, den Beginn seelsorglich-personeller Kontinuität und schließlich die Beeinträchtigungen und Schikanen während der NS-Zeit beschreibt. Die Integration katholischer Vertriebener und der erneute Kirchenbau 1952/53, die Geschichte der katholischen Schwesternstation und schließlich in einem eigenen Abschnitt die Sonderaufgaben der Butzbacher Seelsorge in Militärgarnison und Gefängnis werden dargestellt. „Kann die Situation der Pfarrgemeinde auch aus ihrer Geschichte verstanden werden?" fragt Fleck abschließend und betrachtet damit katholisches Milieu und katholische Alltagskultur, Symbole, die Relativierung in der Diaspora und das Problem der gemischten Ehen, das protestantische Umfeld und Resentiments. Das Buch trägt damit einiges zur Differenzierung und Intensivierung in der Erforschung konfessioneller Kulturen in Hessen bei.

Hervorhebenswert ist weiterhin die von Heinz Loth herausgegebene, unter Beteiligung namhafter Fachleute zusammengestellte Festschrift *Ora et labora. 750 Jahre Kloster Caldern*. Horst Hecker hat eine beeindruckende Ortsgeschichte zur 800-Jahrfeier von *Haubern. Ein Dorf und seine Geschichte 1201–2001* vorgelegt, der man die solide geschichtswissenschaftliche Ausbildung ihres Autors wie auch seine biographische Vertrautheit mit dem Ort anmerken kann. Eine Sammlung von Geschichten und Erzählungen, Erinnerungen, Quellenauszügen und Fotografien enthält die Dorfgeschichte:

Adolf Otto: 1201–2001. 800 Jahre Sebbeterode. Ein Dorf im Hochland. Hrsg. von der Gemeinde Gilserberg. Gilserberg 2001, 328 S., zahlr. Abb. sw

Das „Gedächtnis eines Dorfes", wie die Regionalpresse titelte, ist hier aufgezeichnet und ausgebreitet, jahrelange Arbeit, die Adolf Otto mit Energie und Ausdauer vorangetrieben hat und deren Ergebnisse nun mit einem stattlichen Buch eingebunden sind, mit festem, farbigem Einband und großzügig mit alten Fotografien illustriert. Bescheiden begnügt sich der Autor damit, „Einblicke in die Geschichte von Sebbeterode" geben zu wollen – er erhebt nicht den Anspruch, die Lokalgeschichte umfassend und abschließend darzustellen; doch die Vielzahl der aufgezeigten Ereignisse und Facetten des Alltagslebens lädt zum Blättern und Lesen und Verweilen ein.

Von Gerald Bamberger zusammengestellt und redigiert, liegt für das Hinterländer Dorf Niederhörlen eine umfangreiche und gehaltvolle Darstellung der archivalischen Quellen – und der erzählten Erinnerungen vor:

Niederhörlen – wie es früher war. Geschichte und Geschichten eines Dorfes im Hinterland. Hrsg. von der Projektgruppe „Niederhörler Geschichte", mit Beiträgen von Gerald Bamberger, Helmut Metzler, Heide-Rose Sänger, Karl Seibel, Burkhard Weigel, Paul Weigel (†) und vielen anderen. Mit einem Anhang: 25 Jahre Matthäuskirche Niederhörlen – Die Kirchenchronik von Adelheid Geil und Heide-Rose Sänger. Verlag Kempkes, Gladenbach 2000, 563 S., zahlr. Abb. farb. u. sw, Karten, Tab.

Die Gliederung des Buches ist gut durchdacht: sie beinhaltet zwar durchaus eine Chronologie der Darstellung, die aber nicht in eine strenge Abfolge der Epochen gefügt, sondern aufgegliedert wird in die einzelnen thematischen Kapitel Ortsbeschreibung, politische und wirtschaftliche Geschichte, Schulgeschichte, Höfe, Häuser und ihre Bewohner sowie in einen recht umfangreichen Abschnitt Volkskundliches (mit den Vereinen, genossenschaftlichen Vereinigungen, Familienstruktur, dem Wald, Leben im Dorf, Dorfgeschehen, Bräuche und Feste, Erinnerungen etc.). So müssen sich an der älteren Geschichte des Ortes nur flüchtig interessierte Leser nicht durch hunderte von Seiten mühen (oder aber diese überschlagen): Geschichte wird hier eingebunden in Gegenwart und jüngere Vergangenheit, unterstützt durch eine reichhaltige Illustration mit Fotografien und teilweise sogar farbigen Karten; es wird an die Geschichte herangeführt, indem Abbildungen mit Haus-, Hof- und Dorfansichten, Zeitungsausrisse der letzten Jahrzehnte, Quellenauszüge und Erinnerungen im thematischen Zusammenhang der einzelnen Abschnitte eingearbeitet sind und damit die eigene Erinnerung der Leser angesprochen wird. Und doch weiß das Autorenkollektiv mit einer außergewöhnlich dichten Quellenrecherche aufzuwarten; sorgfältig transkribiert, birgt das Buch eine Vielzahl aussagekräftiger archivalischer Quellen aus den Staatsarchiven Darmstadt und Marburg, dem Zentralarchiv der Evangelischen Kirche in Hessen und Nassau, Kirchen- und Schularchiven und aus Privatbesitz. Es erfüllt bestens die Aufgabe einer Ortsgeschichte, für die Bevölkerung die eigene Geschichte aufzubereiten und lesbar zu machen, ja es lädt zum Lesen und Wiederlesen ein. Aber es erschließt auch für regional- und landesgeschichtliche Fragen einen beachtlichen Quellenfundus.

In qualitativer Hinsicht zahlt es sich eben aus, wenn Lokalgeschichte in konstruktiver Zusammenarbeit von Laien und Professionellen verfaßt wird und damit im wechselseitigen Geben und Nehmen vorzeigbare Ergebnisse zustande kommen. Die Geschichte des kleinen Landstädtchens und Adelssitzes Schweinsberg etwa ist ein weiteres positives Beispiel; zudem als fünfter Band in einer größer angelegten Reihe zur Geschichte der jungen Stadt Stadtallendorf und ihrer Stadtteile erschienen, zeigt sie die Möglichkeiten auf, Lokalgeschichte nicht nur für ein lokales Publikum zu schreiben, sondern gleichermaßen für überregionale wissenschaftliche Rezeption nutzbar zu machen[80]. Hier mögen, was die Einsicht der lokalpolitisch Verantwortlichen anbetrifft, auch Nachbarschaften fruchtbaren Einfluß geübt haben: Die alten, von ihrer wirtschaftlichen Infrastruktur her meist nicht gerade gesegneten Landstädtchen am Vogelsbergrand suchen Identität und Selbstdarstellung durchaus in der soliden Aufarbeitung ihrer Geschichte, und die vorzüglichen Studien zur Geschichte der Ohmstadt Homberg[81] dürften beispielgebend gewirkt haben, verbunden mit sozial- und wirtschaftsgeschichtlichen, als landesgeschichtliche Dissertationen erarbeiteten Untersuchungen zu hessischen Territorialstädten als einem Forschungsschwerpunkt des Hessischen Landesamtes für geschichtliche Landeskunde[82].

An dieser Stelle mit zwei Beispielen wenigstens erwähnt werden sollen die stadtgeschichtliche Schriftenreihen – etwa die *Marburger Stadtschriften zur Geschichte und Kultur*, in der nun mit den letzten Titeln – dem von Karin Stichnothe herausgegebenen Band über *Marburg und die Revolution 1848* sowie dem zweibändigen, von Benno Hafeneger und Wolfram Schäfer herausgegebenen Werk *Aufbruch zwischen Mangel und Verweigerung. Marburg in den Nachkriegsjahren* – bereits an die siebzig zumeist recht gehaltvolle Bände vorliegen. Auch die mittelhessische Nachbarstadt Gießen hat seit einigen Jahren, ganz wesentlich betreut vom Stadtarchiv, eine stadtgeschichtliche Schriftenreihe eingerichtet, aus der hier der erste Band vorgestellt sei:

Dirk Wentzel: Umweltprobleme in Gießen vom 17. bis zum 19. Jahrhundert. (= Schriften zur Gießener Stadtgeschichte, 1) Magistrat der Universitätsstadt Gießen, Stadtarchiv und Amt für Umwelt und Natur, Gießen 1995, 111 S., Karten

Angeregt und theoretisch fundiert durch die in den Geschichtswissenschaften zu Beginn der neunziger Jahre sich fachgebietsübergreifend organisierende *Environmental History* hat Wentzel in seiner Studie Zugänge zum Verhältnis des Menschen zu seiner Umwelt in der Gießener Geschichte gesucht – aufgezeigt insbesondere an der Geschichte der Wasserversorgung und der Nutzung des Waldes als zentraler Ressource, in einem zweiten Teil sich dann dem Umgang mit dem Abfall und ersten Lösungsversuchen zur Reinigung der Stadt zuwendend. Gerade weil das Fazit vielleicht allzu plakativ formuliert ist („Umweltprobleme nicht erkannt und nicht bewältigt") und wohl eher als Mahnung an gegenwärtige umweltpolitische Maßnahmen verstanden werden darf, wurde mit diesem ersten Heft der neuen stadtgeschichtlichen Reihe eine problemorientierte Konzeption vorgestellt, die auf weitere Hefte (die inzwischen etwa zum Gießener Schlachthof erschienen sind) neugierig macht.

Ein auch schon vom Anspruch her wörtlich zu nehmendes *regionales* Periodicum, gemeinsam herausgegeben von den Geschichts- und Heimatvereinen Dietzenbach, Dreieichenhain, Götzenhain, Egelsbach, Langen, Neu-Isenburg, Offenthal und Sprendlingen, ist die

Landschaft Dreieich. Blätter für Heimatforschung, Jahresband 2001. Zus.gest. und verfaßt von Gerd J. Grein, hrsg. vom Heimatkundlichen Arbeitskreis Dreieich. Dreieich-Museum, Dreieich-Dreieichenhain 2001, 154 S., zahlr. Abb. sw

Die Jahreshefte sind von Aufmachung und Inhalt ansprechend gestaltet und vermitteln in glücklicher Ausgewogenheit lokal- und regionalgeschichtliche Spurensuche. Der maßgeblich von Gerd Grein, Leiter der Sammlung zur Volkskunde in Hessen auf der Veste Otzberg, erarbeitete Jahrgang 2001 ist als Themenband dem Apfel und Apfelwein gewidmet; Rohstoff (das Obst) und Produkt (das „Stöffche") werden darin in mustergültiger Breite und Tiefe behandelt: Wie wir es vom Autor kennen, weiß er auch die sorgfältig recherchierte und materialgesättigte Geschichte lebendig, humorvoll und durch immer wieder eingestreute Mundartgedichte kurzweilig zu erzählen. Auch im neuen, bereits vorliegenden Jahresband 2002 widmet er sich den Ortsneckereien und ihrem Niederschlag in örtlichen Skulpturen und Brunnenfiguren, und dieser gehaltvolle, wieder als Variaheft konzipierte Jahrgang läßt mit mehreren wichtigen Beiträgen deutlich werden, daß eine Auseinandersetzung mit der Sozial- und Zeitgeschichte in der Region aufgenommen und kompetent umgesetzt wird. Heidi Fogel befaßt sich mit einem erbitterten Arbeitskampf der Neu-Isenburger Wäscherinnen 1897 und macht damit auf eine wichtige Etappe weiblicher Emanzipationsbestrebungen in der Region aufmerksam, und Egon Schallmayer, gerade mit der Leitung der Abteilung für Vor- und Frühgeschichte im Hessischen Landesamt für Denkmalpflege betraut, fordert in zwei Artikeln zur Beschäftigung mit der Zeitgeschichte in der Region während des Dritten Reiches und mit dem Strafgefangenenlager Nieder-Roden auf.

Vergewisserung und Selbstvergewisserung in der Auseinandersetzung mit der eigenen Geschichte spielen in den hessischen Hugenotten- und Waldenserkolonien eine große Rolle[83], ausgedrückt etwa in Ortsjubiläen, in Partnerschaften mit Gemeinden aus Frankreich und dem Piemont, in den Gründungen von Archiven und Heimatmuseen wie in der kleinen Straßensiedlung Schwabendorf am Burgwald, das Angelpunkt einer ambitionierten lokalgeschichtlichen Arbeit ist[84], oder in repräsentablen Publikationen, von denen hier beispielhaft das von dem auch sonst recht produktiven Museumsverein Oberramstadt[85] herausgegebene Buch von Brigitte Köhler vorgestellt werden soll:

Brigitte Köhler: Dreihundert Jahre Waldenserkolonie Rohrbach-Wembach-Hahn. Herkunft und Geschichte ihrer Bewohner. Hrsg. von Otto Weber im Auftrag des Vereins für Heimatgeschichte, Ober-Ramstadt 1999, 203 S., zahlr. Abb. sw

Eine reichhaltige Literatur- und Quellenrecherche ist hier eingegangen, und die Autorin versteht es, die in drei große Teile gegliederte Beschreibung der Herkunftsgebiete, der Migration und der Kolonie anschaulich zu vermitteln. Viele Ereignisse und individuelle Schicksale sind eingeflochten; die wirtschaftlichen Grundlagen, die Kriegs- und Notzeiten, das Zusammenleben und die Konflikte zwischen Deutschen und Migranten, der Verlust der Privilegien werden behandelt. Die Not in der Zeit des Pauperismus zwang viele Familien erneut in die Migration, in die Auswanderung nach Amerika. Die 200-Jahrfeier 1899 war wichtige Etappe in der Entfaltung einer Erinnerungskultur, die als Wiederbelebung des Waldenser-Erbes von Brigitte Köhler ausführlich dargestellt wird, hat sie sich doch auch selbst in Aufbau und Betreuung des Waldenserarchivs in Rohrbach eingebracht und sich im Aufbau der Partnerschaft mit Pragelato engagiert.

Erwähnt werden sollen an dieser Stelle noch Bemühungen um Kooperation und Koordination heimatkundlicher Arbeit, wie sie sich etwa in der Gründung eines Arbeitskreises für lokal- und heimatgeschichtliche Vereine auf Initiative des Kulturamtes in der Kreisverwaltung Marburg-Biedenkopf unter Federführung von Markus Morr abzeichnen. Solche Formierung trägt nicht allein einer Zunahme lokal- und regionalgeschichtlicher Laienarbeit Rechnung, jenem Bedürfnis der eigenen Geschichtsschreibung aus lokaler Perspektive, das vielfach als Kompensation der Modernisierung, aber auch als Versuch eines Verstehens der jüngeren Vergangenheit begriffen werden muß. Dieses Interesse an Geschichtsschreibung bietet mit den regelmäßigen Besuchen in wissenschaftlichen Einrichtungen auch die Chance einer gegenseitigen Wahrnehmung, die nicht nur der Laienarbeit ein Bemühen um Rezeption von Theorien und Methoden abverlangt und der „Geschichtsschreibung ohne Fußnoten" Grundregeln des wissenschaftlichen Arbeitens näherzubringen vermag. Sie erfordert auch von der gelehrten und privilegierten Wissenschaft, jene Arroganz zu überwinden, die Hans Ulrich Wehler etwa in seine pejorative Formulierung der „Barfußhistoriker" gelegt hat, Stigmatisierung einer von Theorie entpflichteten und oft genug mit problematischen Ergebnissen aufwartenden Laienforschung, die aber doch übersieht oder gar darüber hinwegtäuscht, daß auch die etablierte Geschichtsschreibung problematische und revisionsbedürftige Ergebnisse zeitigte und wohl auch zeitigt.

Hessenkunst

Angelika Baeumerth, über deren frühen Tod wir kurz vor Weihnachten 2001 erschütternde Nachricht erhielten, hatte sich – weit über ihren beruflichen Wirkungskreis als Kulturbeauftragte des Hochtauuniskreises hinaus[86] – als Kunsthistorikerin mit Leidenschaft, aber doch mit sicherem Gespür für die nötige Distanz zum Forschungsfeld, der Hessenkunst verschrieben; mit ihrem Mann lange Jahre für die Redaktion der *Hessischen Heimat* zuständig und die Zeitschrift umsichtig und mit zurückhaltendem, aber doch stringentem Konzept gestaltend, hatte sie seit einigen Jahren begonnen, im Freilichtmuseum Hessenpark ein eigenes Ausstellungsgebäude diesem Genre zu widmen[87]. Zahlreiche Ausstellungen sind aus dieser Arbeit hervorgegangen; zu würdigen aber ist hier stellvertretend die von ihr verantwortlich getragene Edition von Bantzers hessischer Kunstgeschichte:

Carl Bantzer: Hessen in der deutschen Malerei. Bearbeitet, erweitert und neu hrsg. von Angelika Baeumerth. Hitzeroth, Marburg 1993, 349 S., zahlr. Abb. farb. u. sw

Bantzers zuerst 1935 erschienene, auf eine Beitragsreihe in der Zeitschrift Hessenland zurückgehende Darstellung der hessischen Malerei erschien bis 1979 in drei weiteren, teilweise modifizierten Auflagen. Angelika Baeumerth hat nun den (gelungenen) Versuch unternommen, eine nicht nur um Einführung und Nachtrag ergänzte, sondern auch gründlich bearbeitete, große und repräsentable Neuausgabe zusammenzustellen. Begrüßen wird man vor allem ihren mit souveränem Überblick erstellten Bericht über Forschungsstand und Forschungszugänge zur Hessenkunst, ihre Ergänzung von Bantzers Beschreibung, für die sie jeweils auf die Künstler fokussierte Betrachtungen von Biographie und Werk als Darstellungsform gewählt hat, die umfangreiche Bibliographie und das Verzeichnis der abgebildeten, heute vielfach verschollenen Werke, Orts- und Personenregister. Dennoch schimmert auch hier noch immer Bantzers damals bewußt gewählte Perspektive auf die Schwalm durch, wie ja auch die populäre Wahrnehmung von hessischer Kunst zunächst einmal vor allem auf diese klassische Malerlandschaft Hessens gerichtet ist, worüber andere „Malerdörfer", wie sie etwa mit Kleinsassen am Fuß der Milseburg bestanden[88], häufig übersehen werden.

Die Schwalm ist klassisches volkskundliches Forschungsterrain und Kunstlandschaft im doppelten Sinne; Alfred Höck hat die Entstehung des Schwalmbildes im 19. Jahrhundert nachgezeichnet[89], und daran hatten seit Gerhardt von Reutern die Künstler der Willingshäuser Malerkolonie nicht geringen Anteil. In Willingshausen ist heute ein „Malerstübchen" eingerichtet, und zu den (meist einzelnen Künstlern gewidmeten) Ausstellungen erscheinen Kataloge (die *Willingshäuser Hefte*), die mit biographischen Daten und fundierten Beiträgen, insbesondere aber auch mit ihrer teilweise sogar farbigen Illustration in guter

Druckqualität einführen in Leben und Werk der Maler[90]. Hier (und nicht unter die regionalgeschichtlichen Zeitschriften) eingereiht werden soll auch das *Schwälmer Jahrbuch. Hrsg. vom Schwälmer Heimatbund e.V. Ziegenhain, Schwalmstadt-Ziegenhain, Jg. 2002, 176 S., zahlr. Abb. farb. und sw*
Denn Schwalm und Kunst gehören zusammen, und so ist auch das Jahrbuch dieser kleinen Welt gewidmet, wie der scheidende Vorsitzende Peter Müller in seinem Rückblick und Abschied schreibt, nicht ohne ein Quentchen Wehmut und wissend um die Idealzeichnung dieses Bildes, aber doch dankbar, ja in liebevoller Reminiszenz an jene kleine Welt, der die Willingshäuser Maler die Eckpunkte ihrer Identität schenkten. Das, was sie in ihren Bildern festhielten, ist auch Gegenstand des Jahrbuches, Schwälmer Kunst und Tracht, die Kostbarkeiten der Leinenstickerei, die Höfe- und Familiengeschichte der Bauerngeschlechter, deren markante Köpfe sich auf den Gemälden wiederfinden. Brunhilde Miehe hat sich mit den letzten Trägerinnen der im Südosten an die Schwalm angrenzenden Aulatal einst üblichen Hubbeltracht beschäftigt[91], Dankward Sieburg sind wieder zwei gehaltvolle Beiträge zur Geschichte Willingshausens zu danken, und auch naturkundliche Aufsätze (zu den alten Bäumen der Schwalm und zu dem 1916 bei Treysa niedergegangenen Meteoriten) lassen das landeskundliche Spektrum des Jahrbuches deutlich werden.

Die *Hessische Heimat*, die von der Gesellschaft für Kultur und Denkmalpflege (früher: Hessischer Heimatbund) herausgegebene Zeitschrift für Kunst, Kultur und Denkmalpflege deckt dieses Themenspektrum mit kürzeren, aber zumeist gehaltvollen Beiträgen und Berichten ab; schon länger eingeführt sind Themenhefte, meist stadt- und lokalgeschichtlich fokussiert auf die ausrichtenden Städte des Hessentages, in den letzten Jahren aber vermehrt auch inhaltliche Schwerpunkte setzend wie zur Revolution 1848/49 (im Heft 49/1999 mit den Beiträgen von Matthias Gums zum politischen Vereinswesen und Margret Lemberg zur satirischen Zeitschrift „Das Unkraut") oder zum Maler der hessischen Landschaft Otto Ubbelohde im Jahr 2001. Beiträge zu einem fast vergessenen Zeichner aus dem Dreißigjährigen Krieg (Valentin Wagner) von Holger Th. Gräf, zu einem neugotischen Fachwerkbau von 1861 in Bad Sooden-Allendorf von Gerhard Seib, zur Elektrifizierung der Provinz Hessen-Nassau am Beispiel des Großkraftwerkes Borken von Ulrich Klein und zur Darstellung der Geschichte Baunatals im neuen Stadtmuseum von Bettina von Andrian (in Heft 49/1999) sowie der biographische Aufsatz von Heinz Vonjahr über den niederhessischen Pfarrer, Sagensammler und Trachtenzeichner Philipp Hoffmeister (1804–1874) in Heft 50/2000 zeigen die Breite der behandelten Felder auf – es ist also keine ausschließlich oder überwiegend kunstgeschichtlich geprägte, aber doch mit kunstgeschichtlichem Gespür und Interesse redigierte Zeitschrift mit deutlichen landes- und regionalgeschichtlichen Akzenten.

Die zeitgeschichtliche Einbindung von Kunst mit Bezug zur Region (oder Landschaft) bedarf, zumal wenn sie sich als *Hessen-Kunst* versteht und damit zu einer Formung und Formierung des Heimatbildes beiträgt, der distanzierten, kritischen Überprüfung. Ein Buch, das die Notwendigkeit des Überblicks, der interdisziplinären Orientierung und eines geschärften historischen Bewußtseins deutlich werden läßt (freilich auf recht ambivalente Weise) ist die Arbeit zu Biographie und künstlerischem Werk des in Erdhausen bei Gladenbach ansässig gewordenen Malers Karl Lenz:

Ursula Glöckner-Will: Karl Lenz (1898–1948). Jonas Verlag, Marburg 1999, 150 S., 173 Abb. farb. u. sw

Da liegen also Stärken und Schwächen, Erfreuliches und Ärgerliches, Informationsdichte und Desiderata nahe beieinander; das Lesen verursacht leicht ein Wechselbad der Gefühle: Es sind gar nicht einmal so sehr die kleinen Fehler der Zuordnung (so gehört etwa der Taubenschlag auf Abb. 33 nicht nach Kirchvers, sondern zur Steinfurthsmühle im Salzbödetal bei Oberwalgern[92]) oder der ungenauen bibliographischen Angaben (Justis *Hessisches Trachtenbuch* erschien nicht 1988, sondern 1989, aber als Nachdruck – die Erstausgabe von 1899–1904/1905 hätte erwähnt werden müssen!), die den ersten positiven Gesamteindruck mindern. Dankbar begrüßen wird man die fleißige Recherche, die chronikalische Eruierung des Lebensweges und der Entstehung des zweifellos eindrucksvollen künstlerischen Werkes, in dem immer wieder die liebevolle Hinwendung des Malers zu Natur und Landschaft und bäuerlichen Menschen deutlich wird, jene Sehnsucht ausdrückend, in der das bürgerliche Bild vom Bauern, der Entwurf einer geschlossenen, in sich ruhenden Welt zur Fluchtburg des Heimwehs wurde. Was schon zur Jahrhundertwende in der Trachtenbegeisterung des Marburger Bürgertums angelegt war, kehrte bei Lenz in künstlerischer Manier, gleichsam in erdiger Farbigkeit, wieder. Die Verwandlung durchs Gewand[93], das in der Kostümierung des Bürgers mit bäuerlicher Kleidung eine Aneignung, ein Hineinschlüpfenwollen und Verwachsenwollen ausdrückte, ein Gefühl, aufgehoben zu sein in dieser Welt, die als Heimat empfunden und inszeniert wurde, läßt sich herauslesen aus den Bildern des Künstlers. Als Lesehilfen beigegeben (wenn auch unbeabsichtigt, denn sie wurden für die Interpretation nicht genutzt) sind Fotografien, die den Künstler, seine Familie, sein selbstentworfenes Künstlerheim zeigen. Die Autorin hat in mühevoller Kleinarbeit die Stationen des Lebensweges, der künstlerischen Entwicklung und der Pflege der Erinnerungskultur (in jenem „Künstlerhaus Lenz") nachgezeichnet, ergänzt um tabellarische Aufstellungen der biographischen Daten, der Ausstellungen sowie der Gemälde und Zeichnungen.

Somit liegt mit dieser Arbeit eine gut recherchierte und weitgehend umfassende Werkschau vor. Aber man vermißt eine problemorientierte Auseinandersetzung. Im künstlerischen Werk von Karl Lenz sind Anklänge einer Spannung nicht auszumachen, wie sie etwa Leben und Werk des Gießener Malers Heinrich Will prägte[94], einer Spannung zwischen idealisierender, ja idealistischer Heimatkunst, die sich der Ästhetik der völkischen Bauerntumsverherrlichung bereitwillig unterwarf, und einem Bekenntnis zu christlichen Grundwerten, das zur Abwendung vom NS-Regime, ja schließlich zur Hinrichtung Wills 1943 führte. Die künstlerische Entwicklung von Lenz vollzog sich bis zum Ende des Krieges[95] ohne größere Brüche, ja sie läßt von der Ausbildungszeit bis zur hohen Zeit seines Schaffens Prozesse einer idealistischen Projektion der bäuerlichen Lebenswelt erkennen, in der Elemente eines deutschen Antimodernismus vereinnahmt werden konnten, nicht jene elitär-antiintellektualistische Inszenierung charismatischer Herrschaft, wie sie der ästhetische Fundamentalismus des George-Kreises ausbildete[96], wohl aber eine erdenschwere, oft fast klobige Derbheit, mit der das „Grundständige" des Bauerntums in Szene gesetzt wurde.

Darin nahm er unverkennbar Einflüsse Fritz Boehles auf, des Hasselhorst-Schülers, den er auf der Kunstgewerbeschule in Frankfurt kennengelernt hatte – zwei Jahre verband sie dort eine enge Freundschaft. Boehles Stil und vor allem seine Themen, die schweren, gewaltigen Kaltblutpferde, kehrten wieder in den Arbeiten Fritz Erlers und später in den Visualisierungen imperialer Ordens- und Gralsvorstellungen bei Georg Slyterman von Langeweyde[97]; man wird also nicht umhin kommen, die Beziehungen zur Nazikunst zu thematisieren und zu diskutieren. Da freilich hält sich die Autorin allzu dezent zurück. Zwar fehlen bei Lenz heroische Posen und imperiale Gesten, doch in seinen derben Bauerndarstellungen und Pferdebildern klingt ein Pathos an, das dem Bauerntums- und Schollenmythos verpflichtet war. Lenz sei überzeugt gewesen, schreibt Glöckner-Will, „daß auch für ihn die 'neue' Zeit den Aufstieg bringen werde. Zu seiner Überraschung sah er, daß seinem Verständnis von Malerei nichts im Wege stand". Das ist, gelinde gesagt, nicht nur ein merkwürdiger Widerspruch in sich, der die Autorin selbst hätte aufmerken lassen müssen, sondern eine Verharmlosung der ästhetischen Entwürfe eines auch politisch forcierten bäuerlichen Idealbildes; die Reichskanzlei kaufte anläßlich der Münchner Ausstellung 1938 das Ölgemälde „Erdhausen im Winter" für Berlin auf (von wo es dann 1968 wieder nach Erdhausen ins Künstlerhaus zurückkehren sollte), und die Freundschaft des Malers zu Landrat und Kreisleiter Krawielitzki, dessen politische Stellung so unangefochten war, daß er sich in der „Erzeugungsschlacht" gegenüber dem Oberpräsidium in Kassel vehement für eine Schonung der bäuerlichen Arbeitskräfteressourcen einsetzen konnte[98], ist ganz sicher nicht „unabhängig von politischen Interessen auf einer sehr persönlichen Ebene" zu sehen, wie die Autorin glauben machen will.

Das politische Kalkül dieses Mäzenatentums lag im Gegenstand der Hessenkunst von Lenz selbst begründet, in der idealistischen Überhöhung der Bauern, ihres „Daseins Müh und Kampf", und hier hätte die Autorin interpretativ ansetzen müssen. Denn die Kehrseite dieses idealisierten Bauernbildes, das darf nicht übersehen werden, war seit Böckels Studien zur hessischen Bauernkultur auch ein aggressiver oder latenter Antisemitismus. Das liest man – ähnlich wie in Böckels volkskundlichen Arbeiten – auf den ersten Blick aus den Bildern nicht heraus, weil sie ja die geschönte, bereinigte, idealisierte Seite der hessischen Volkskultur zeigen sollten. Doch auch Lenz ist nicht frei davon gewesen; Bender zeichnete im Mai 1936 Erzählungen auf, die ihm Lenz zutrug[99]- Anekdoten übelsten antisemitischen Inhalts, die etwas wiedergeben von jener Atmosphäre triumphierender Hetze, in der das willkürlich definierte Fremde diskriminiert und ausgegrenzt wurde.

Kulturdenkmalpflege

Die Geschichte der jüdischen Kultur in Hessen, die mit dem Thema des diesjährigen landesweiten Tages des offenen Denkmals – Stätten jüdischer Kultur in Hessen – intensiv und öffentlichkeitswirksam aufgenommen wird, ist in den letzten Jahren wiederholt auch in den großen und kleineren Museen thematisiert worden, etwa im Stadtmuseum Kassel, dessen Katalog hier stellvertretend ausgewählt sei:

Synagogen in Kassel. Ausstellung im Stadtmuseum Kassel anlässlich der Einweihung der neuen Synagoge im Jahr 2000. Bearb. von Esther Haß, Alexander Link und Karl-Hermann Wegner. (= Schriften des Stadtmuseums Kassel, 9) Jonas Verlag, Marburg 2000, 110 S., 85 Abb. farb. u. sw

Mit zwei gehaltvollen Beiträgen von Dietfrid Krause-Vilmar zur neueren Geschichte der Jüdischen Gemeinde Kassel und von Jutta Schuchard zu den Synagogen und Synagogenprojekten in Kassel (ergänzt um den 1840 in der Allgemeinen Bauzeitung Wien erschienenen, von Esther Haß bearbeiteten und ergänzten Aufsatz von Albrecht Rosengarten zur neuen Synagoge) wird der Band eröffnet; Blicke auf die Handlungen des jüdischen Gottesdienstes am Ende des 19. Jahrhunderts vermittelt Karl-Hermann Wegner in seinem zuerst 1986 erschienenen, hier in einer erweiterten und überarbeiteten Fassung aufgenommenen Aufsatz anhand der „Bilder aus der Synagoge" von Wilhelm Thielmann. Wir kennen diese einzigartigen, 1979 durch eine Stiftung an das Stadtmuseum gelangten Blätter teilweise aus dem von Alfred Höck herausgegebenen Band *Judaica Hassiaca* der *Hessischen Blätter*, auf den Wegner hier nicht verweist. Anke Schmeling behandelt die nationalsozialistische Judenverfolgung im Regierungsbezirk Kassel. Mit dem Beitrag von Alfred Jacoba zum Synagogenbau in Deutschland nach 1945 wird der Aufsatz von Esther Haß zur neuen Synagoge für die Jüdische Gemeinde Kassel vorbereitet, und Eva Schulz setzt sich abschließend mit der Notwendigkeit des christlich-jüdischen Gesprächs nach 1945 auseinander.

Eine Einladung zu einer Spurensuche zur Geschichte jüdischen Lebens als Handreichung für Besucher ist – nach zahlreichen im gleichen Verlag erschienenen Beispielen aus dem süddeutschen Raum – für Hessen erstmalig vorgelegt worden von

Heinrich Nuhn: Spuren jüdischen Lebens: Ein Rundgang durch Rotenburg an der Fulda. Verlag Medien und Dialog, Haigerloch 2001, 34 S., zahlr. Abb.

Die kleine, mit Unterstützung des Geschichtsvereins Rotenburg entstandene Broschüre, mit Stadtplan, Einführung in Geschichte, Umstände und Nachwirkung der Zerstörung der jüdischen Gemeinde sowie Zeittafel, Literaturhinweisen und Archiv-, Vereins- und Museumsadressen ausgestattet, informiert in einem Rundgang über Relikte jüdischer Kultur in Rotenburg: Schabbesbalken, Bauinschriften, die ehemalige Mikwe in der Brauhausstraße, den Friedhof, über Geburts- und Wohnhäuser Rotenburger Juden wie Dr. phil. Leopold Neuhaus, der mit Leo Baeck als Rabbiner Theresienstadt überlebte. Nuhn weist aber auch auf die Stätten des Leids hin, die geschändete und 1947 (!) abgerissene Synagoge, die Ausschreitungen in Rotenburg 1848, den Bahnhof, von dem am 30. Mai 1942 die Deportationen begannen. Das Heft sollte – sowohl in der Gestaltung als auch in der knappen, aber überaus kompetenten und informativen Darstellung – beispielhaft sein für hoffentlich zahlreiche weitere Rundgänge in hessischen Städten und Gemeinden.

Wenigstens kurz gestreift werden sollen die Publikationen der staatlichen Denkmalpflege in Hessen, zu deren 25jährigem Bestehen eine Broschüre vorgelegt wurde[100]. In den *Berichten* zur *Denkmalpflege in Hessen* stellt das Landesamt für Denkmalpflege Hessen im zweijährigen Rhythmus gelungene und richtungsweisende Sicherungskonzepte, Umnutzungs- und Sanierungsprojekte vor, und die ebenfalls vom Landesamt herausgegebene Zeitschrift *Denkmalpflege & Kulturgeschichte* umfaßt, großenteils farbig illustriert, ein breites Spektrum bau- und kulturgeschichtlicher Themen, aus dem hier nur der in Heft 2/1998 enthaltene Denkanstoß von Michael Neumann anläßlich der Restaurierung der Synagoge von Roth an der Lahn sowie die Beiträge von Heinz Csallner zu den Kriegerdenkmälern 1870/71 in Hessen als preußischen Symbolen, von Christine Bauer zu den Einflüssen der Heimatschutzbewegung auf den Baualltag in Heft 1/2001, von Falko Lehmann zur Wiederherstellung der ehemaligen Synagoge Pfungstadt und von Wolfgang Fritzsche zum ehemaligen jüdischen Badehaus in Wiesbaden in Heft 2/2001 erwähnt werden sollen. Dem Landesamt für Denkmalpflege zu verdanken ist auch die Zusammenstellung eines Adressbuches der in der Erhaltung und Erforschung von Denkmälern tätigen Fördervereine und Initiativen[101], worin ein Bemühen um Übersicht erkennbar wird, das nicht nur eine Würdigung ehrenamtlichen Engagements bedeutet, sondern auch die Kenntnisnahme einer Breitenarbeit auf lokaler Ebene mit der Absicht (oder doch: dem Angebot) einer stärkeren Vernetzung verbindet.

Eine wichtige, auch für die Publikationen des Amtes relevante Aufgabe ist die Inventarisation der Kulturdenkmäler. Zur Geschichte der Denkmaltopographien und ihren Problembereichen, ihrer Leistungsfähigkeit und Leistungsgrenze hat Ulrich Schütte bereits einen gehaltvollen Aufsatz vorgelegt, auf den hier verwiesen werden kann[102]; vorgestellt werden sollen drei jüngere Bände der Reihe

Kulturdenkmäler in Hessen. Landkreis Hersfeld-Rotenburg III, Stadt Bad Hersfeld. Hrsg. vom Landesamt für Denkmalpflege Hessen, Thomas Wiegand. (= Denkmaltopographie Bundesrepublik Deutschland) Vieweg Verlag, Braunschweig – Wiesbaden 1999, 436 S., zahlr. Abb. farb. u. sw, Karten

Kulturdenkmäler in Hessen. Wetteraukreis II, Bd. 1: Bad Nauheim bis Florstadt. Bd. 2: Friedberg bis Wöllstadt. Hrsg. vom Landesamt für Denkmalpflege Hessen, Heinz Wionski. (= Denkmaltopographie Bundesrepublik Deutschland) Vieweg Verlag, Braunschweig – Wiesbaden 1999, zus. 1112 S., zahlr. Abb. farb. u. sw, Karten

Die Hauptteile der Denkmaltopographien mit den Beschreibungen der einzelnen denkmalwürdigen Objekte, der Kulturdenkmäler und Gesamtanlagen, ergänzt um gute Schwarzweißaufnahmen und ggf. auch durch Grund- und Aufrisse, werden durch umfangreiche Einführungskapitel eingeleitet: Beschreibungen von Topographie und Geschichte, städtebau- und architekturgeschichtliche Überblicke zur Entwicklung und zum gegenwärtigen Bild der Städte, farbige Karten und historische Fotografien vermitteln einen guten Eindruck von Bestand und Epochen des Bauens, der sozialen Schichtung und des wirtschaftlichen Kontextes. Als Grundlagenliteratur für Denkmalpflege und Bauaufsicht gedacht, ist mit diesen – im wörtlichen wie im übertragenen Sinne gewichtigen – Bänden sehr viel mehr gelungen: für die Regionalgeschichte und die daran beteiligten Disziplinen sind damit unentbehrliche Hilfsmittel vorgelegt worden.

Nicht ausführlicher gewürdigt werden können hier die zahlreichen Publikationen von Museen, die wie die *Mitteilungen. Journal des Hessischen Museumsverbandes* als zentrales Berichtsorgan die hessische Museumslandschaft abdecken oder als Schriftenreihen von Spezialmuseen nicht nur regionale, sondern auch überregional weit ausgreifende Forschungsfelder aufbereiten wie *Kali und Geschichte. Zeitschrift zur Technik-, Wirtschafts- und Sozialgeschichte der Kaliindustrie in Deutschland*, die 2001 aus den zuvor in acht Jahrgängen erschienenen Mitteilungen des Förderkreises Werra-Kalibergbau-Museum e.V. hervorgegangen ist. Ausführlicher gewürdigt werden können auch nicht ehemals der Volkskunde eng verbunden oder aus ihr hervorgegangene Spezial-oder Teildisziplinen (die ja auch nicht alle über eigene Periodica verfügen); eingehend zu referieren wäre etwa die Historische Bauforschung mit zahlreichen Arbeiten[103]. Oben erwähnt wurde bereits die Marburger Dissertation von Christine Bauer, zu der ergänzend auf die in Mainz vorgelegte Dissertation von Wolfgang Fritzsche zu den nassauischen Landesteilen[104] hingewiesen werden muß. Zu referieren wäre die sprachliche Landesforschung[105], nicht zuletzt die Flurnamenforschung, deren frühe Ortsmonographien von der HVV herausgegeben wurden und die mit dem Hessischen Flurnamenbuch[106] sowie einigen von Hans Ramge in Gießen betreuten Arbeiten[107] gehaltvolle und richtungsweisende Ergebnisse vorlegen konnte. Zu referieren wäre aber auch die kulturgeographische Forschung, darunter die Marburger Geographische Gesellschaft, die gemeinsam mit dem Fachbereich Geographie in ihren *Jahresberichten* regelmäßig und umfassend über Projekte und Veröffentlichungen informiert. Sie sollen in späteren Literaturberichten ausführlicher vorgestellt werden.

Die Aufgabe, eine politische Landeskunde im weiten, ja umfassenden Sinne zu erarbeiten, hat die Landeszentrale für politische Bildung, federführend vertreten durch Bernd Heidenreich der und Konrad Schacht, in die Konzeption der *Schriften zur politischen Landeskunde Hessens* eingebracht, die im Kohlhammer-Verlag erscheint und mit komprimierten, einführenden Beiträgen das breite interdisziplinäre Spektrum landeskundlicher Forschung abdeckt. Den ersten, 1993 vorgelegten Band, der programmatisch die Grundlagen des geographischen Raumes, der geschichtlichen Wurzeln, der Landesverfassung und der Regierungsorgane beschreibt[108], stellten die Herausgeber ganz bewußt in den Zusammenhang des Umbruches und der Neubestimmung der politischen Kräfte in Europa, in dem sie auf die Bedeutung Hessens vor dem Hintergrund einer Renaissance des Föderalismus in Europa hinwiesen. Nach diesen einführenden Beiträgen zur politischen Landeskunde folgten weitere Bände zu Gesellschaft und Politik, in dem auch die Alltagskultur aufgenommen ist[109], und zu Wahlen und Politik[110], mit dem das projektierte Handbuch zu den historischen Entwicklungen, Institutionen und politischen Strömungen des Landes Hessen Gestalt gewinnt.

Volkskundliche Schriftenreihen

Zu guter Letzt seien noch volkskundliche Publikationen und Periodica im engeren Sinne erwähnt – ans Ende gestellt und in aller gebotenen Kürze referiert, aber dadurch nicht herabgewürdigt und nachgeordnet, sondern genutzt als Aufhänger für die Formulierung einiger Thesen und Aufgaben. Aus der großen Zahl von Monographien und Sammelwerken der letzten Jahre eine auch nur annähernd repräsentative Auswahl treffen zu wollen, ist wohl nicht möglich. Herausgreifen will ich daher lediglich einen Ausstellungskatalog – einem Thema gewidmet, das zunehmend wieder ins öffentliche Bewußtsein gerückt wird, das (auch fachgeschichtlich legitimiert) unmittelbares volkskundliches Forschungsfeld ist und dessen aktuelle Bewußtwerdung damit auch der volkskundlichen Wahrnehmung bedarf:

Der Tod. Zur Geschichte des Umgangs mit Sterben und Trauer. Ausstellungskatalog des Hessischen Landesmuseums Darmstadt, Volkskundliche Abteilung, Außenstelle Lorsch. Konzeption: Walter Stolle, mit Beiträgen von Gerald Bamberger, Karl Baeumerth, Kathrin Bonacker, Dietmar Cremers, Christoph Daxelmüller, Nicole Fröhling, Jörg Giray, Anika Guttzeit, Marianne Jacoby, Andrea Löwer, Astrid und Max Matter, Gerhard Seib, Simone Tavenrath, Sabine Zinn-Thomas. Hessisches Landesmuseum, Darmstadt 2001, 317 S., zahlr. Abb. farb. und sw

Die Auseinandersetzung mit dem Tod ist letztlich Grund für unsere Auseinandersetzung mit Geschichte, Voraussetzung für die Kultur des Erinnerns: Abschied nehmen zu müssen, ist für den Menschen, der den eigenen Tod zu reflektieren im Stande ist, immer wieder Antrieb, Denkmäler zu schaffen, in denen kollektive Erinnerungen an die Geschichte tradiert werden. Walter Stolle hat sich nach einigen Jahren der Vorbereitung der schwierigen Aufgabe gestellt, das Thema aus volkskundlicher Perspektive auch museal umzusetzen. Der Begleitband zur Ausstellung umreißt mit Beiträgen aus der Feder zahlreicher ausgewiesener Fachleute die Artefakte der Trauerkultur und die Dimensionen des Sterbens, der Sterbebegleitung, der Bestattung und der Erinnerungskultur vielleicht nicht umfassend, aber mit vielfältigen exemplarischen und vertiefenden Zugängen: Sterben und Tod, Totenschüsseln und Scheintod, Trauer, Bestattung und Grab, Totengedenken. Mit Beiträgen zu Halloween und zur Szene der Gruftis und Gothics werden Ausblicke auf den Umgang mit dem Tod in Jugendkulturen der Gegenwart gegeben. Zeichnungen von Grabmälern, ein reichhaltiger Bild- und Katalogteil schließen den Band und lassen ihn auch nach Ablauf der Ausstellung zu einem wahren Fundus für die Beschäftigung mit popularen Formen der Trauerkultur werden.

Die auch in den Medien wieder häufiger wahrzunehmende Auseinandersetzung mit dem lange tabuisierten Thema Tod ist vielleicht auch Folge einer schon seit längerem intensivierten Auseinandersetzung mit dem Körper, mit der Leiblichkeit des Menschen, die sich nicht nur im Körperkult abzeichnet, sondern auch in einer sensibilisierten Wahrnehmung der Empfindungen – und der Empfindlichkeit des Körpers, seiner Gebrechen und Bedürfnisse. Die große Resonanz auf die Berücksichtigung medizinischer Vorträge im kommunalen Kulturangebot, die mir auf Vortragsreisen im Lande immer wieder berichtet wurde, mag auf diese Sensibilisierungen und Bedürfnisse zurückzuführen sein. Zur Kultur des Umgangs mit dem Körper, als eine wie das Sterben elementare Erfahrung aber gehört auch das Auf-die-Welt-Kommen, die Geburt und mit ihr die *Hebammenkunst*, die in einer Wanderausstellung von einer Marburger Projektgruppe um Marita Metz-Becker behandelt wurde[111]. Auch sie hat große Beachtung gefunden und stützt damit die in einer breiten Öffentlichkeit weiterhin wahrnehmbare Auseinandersetzung mit der Körperlichkeit, ein Forschungsfeld, das für eine volkskundliche Beschäftigung mit der Disziplinierung des Leiblichen als einer wesentlichen Funktion kultureller Normen Aktualität behält.

Die schon lange gut eingeführten und inzwischen auf die stattliche Zahl von 68 Bänden angewachsenen *Kulturanthropologie-Notizen* als Schriftenreihe des Instituts für Kulturanthropologie und Europäische Ethnologie der Universität Frankfurt am Main zeigen die Möglichkeiten, sowohl Abschlußarbeiten und Ergebnisse von Feldstudien aus dem Projektstudium als auch Sammel- und Tagungsbände zu publizieren. Die letzten Bände mit den Arbeiten von Gabriele Hofmann über zum Islam konvertierende Frauen in Deutschland, von Milena Sunnus über Lebenswelt und Konstruktion kultureller Identität auf der schwedischen Ostseeinsel Öland, von Andrea Löwer über Kreuze am Straßenrand als Erinnerungsmale an den Verkehrstod und von Jörg Pauli über die Frühpensionierung von Führungskräften lassen die Themenbreite ebenso erkennen wie die Sammelbände, unter denen genannt seien der von Heinz Schilling herausgegebene Band über Nachbarn und Nachbarschaften heute, der von Ina-Maria Greverus, Johannes Moser, Heinz Schilling und Gisela Welz herausgegebene kulturanthropologische Stadtführer Frankfurt am Main, der von Heinz Schilling betreute Band zur Peripherie – lokale Identitäten und räumliche Orientierung an der Grenze – sowie der von Johannes Moser und Anne Claire Groffmann vorgelegte Vergleich von Jugendkulturen in Frankfurt und London. Zuletzt haben Gisela Welz und Petra Ilyes einen Projektbericht über gesellschaftliche Öffnung, europäische Integration und Globalisierung in Zypern veröffentlicht.

In Marburg sind – nach mehreren älteren Publikationsreihen der sechziger, siebziger und frühen achtziger Jahre – in den Neunzigern die *[Marburger] Beiträge zur Kulturforschung* als Schriftenreihe des Instituts für Europäische Ethnologie und Kulturforschung der Universität konzipiert worden, in der bislang allerdings erst ein Band – der von Johanna Rolshoven und Martin Scharfe herausgegebene Tagungsband zur HVV-Tagung *Geschichtsbilder. Ortsjubiläen in Hessen* erschienen ist. Als kleine Materialien-Reihe für die Edition von Quellen und archivischen Handreichungen werden die *Archivschriften* publiziert, darin zuletzt der Beitrag von Kathrin Bonacker zur illustrierten Anzeigenwerbung als kulturhistorischem Quellenmaterial. Daneben hat der auf Initiative von Studierenden und Absolventen des Faches gegründete Arbeitskreis Volkskunde und Kulturwissenschaft (AVK) eine Schriftenreihe eingerichtet, in der u.a. Klaus Schriewers Studien zur strukturellen Lebensformanalyse und zu den *Waldarbeitern in Hessen*[112] erschienen sind, dann Walter Dehnerts Arbeit über *Fest und Brauch im Film* und seine Bibliographie zum volkskundlich-kulturwissenschaftlichen Film, schließlich der Gedenkband für Peter Assion *Betrachtungen an der Grenze*.

Zu berücksichtigen sind hier auch die *Studien zur Volkskultur in Rheinland-Pfalz* als der Schriftenreihe der Mainzer Gesellschaft für Volkskunde, nicht nur wegen des territorialgeschichtlichen Hessen-Bezuges von Rheinhessen als einer volkskundlich oft reflektierten Forschungslandschaft, sondern auch wegen häu-

figer und vielfältiger inhaltlicher Bezüge zur hessischen Volkskunde. Ausgewählt sei die Studie von

*Michael Brodhaecker: Menschen zwischen Hoffnung und Verzweiflung. Der
Alltag jüdischer Mitmenschen in Rheinhessen, Mainz und Worms während des
„Dritten Reiches". (= Studien zur Volkskultur in Rheinland-Pfalz, 26) Gesell-
schaft für Volkskunde in Rheinland-Pfalz, Mainz 1999, 426 S., Tab. u. Abb. sw*

Die in Mainz bei Herbert Schwedt als Dissertation entstandene Studie verbindet in vorbildlicher Weise – und das hat der Verfasser in seinem Dank an Fritz
Schellack, der ihm Vorbild hierfür war, auch selbst angedeutet – geschichtswissenschaftliche und volkskundliche Forschung. Der „Volksstaat Hessen" (der
auch für die Fachgeschichte der Volkskunde im Nationalsozialismus noch manches aufzuarbeitende Feld birgt) hatte mit dem bereits am 3. April 1933 eingerichteten (und im Sommer 1934 wieder aufgelösten) Schutzhaft- und Konzentra-
tionslager Osthofen auf dem Gelände der „arisierten" Osthofener Papierfabrik
eine eigene Maschinerie der Inhaftierung aufzuweisen. Eingehend widmet sich
der Verfasser dem rheinhessischen Judentum, seiner gesellschaftlichen und kulturellen Isolation, seiner Verhöhnung im Mainzer Karneval. Hier sei eingeflo-
ten, daß in der Arbeit zahlreiche Abbildungen aufgenommen wurden, ein Vorzug, der sich wohl nicht allein dem Umstand vorhandener Bildquellenbestände
verdankt, sondern auch der volkskundlichen Perspektive und Sensibilisierung
für Bedeutung und Wirkung des Bildes in der Kultur (und damit der Möglichkeit
zur Diskriminierung durch Visualisierung von Stereotypen). Leider passiert gerade bei reichhaltiger Bebilderung auch manches Malheur (wie die seitenver-
kehrt abgebildete Fassade des Konzentrationslagers).

Die Pogrome gegen die Wormser Juden, ihre „Konzentration" in den Häusern
des ehemaligen Ghettos, ihre Verhaftung und Deportation nach Theresienstadt,
Dachau und Buchenwald werden nachgezeichnet, wozu Michael Brodhaecker
auch, und das gibt seiner gründlich recherchierten Studie zusätzliche Tiefe, den
Nachlaß Michel Oppenheimers hat auswerten können, der es auf sich nahm, die
Verfügungen und Anordnungen der Machthaber an seine Leidensgenossen weiterzugeben. Brodhaecker nähert sich den Quellenexzerpten in der Interpretation
vorsichtig, sensibel an, und er vergißt nicht, im Nachwort jene Crux zu reflektieren, daß auch in der Erinnerung an die Geschichte der Juden in Deutschland Dis-
similation betrieben – der Jude als Fremder beschrieben werden kann. Den
Schriften, die von der Gesellschaft neben den *Mainzer Kleinen Schriften zur
Volkskultur* und der Zeitschrift *Volkskunde in Rheinland-Pfalz* herausgegeben
werden und mit festem Einband und Satzspiegel auch in der Aufmachung schön
gestaltet sind, wurde in der inzwischen stattlichen, viele gehaltvolle Arbeiten
bergenden Reihe mit diesem Band ein weiterer wichtiger Titel angefügt.

Auf die *Hessischen Blätter für Volks- und Kulturforschung* selbst braucht nun
nicht weiter hingewiesen werden, allenfalls sei auch hier noch einmal hervorgehoben, daß schon mit ihrer Begründung Themen des volkskundlichen Diskurses
aufgenommen wurden, die über den engeren regionalen oder landeskundlichen
Bezug hinauswiesen und der internationalen Orientierung der HVV Profil ga-
ben: ihr Titel bezieht sich auf redaktionelle Verortung und inhaltliche Verankerung, nicht aber auf einen ausschließlichen regionalen Bezug des behandelten

Stoffes. Kulturelle Prozesse der Moderne, die durch Mobilität und Massenkommunikation, nicht zuletzt durch die audiovisuellen Medien gekennzeichnet sind, lassen sich nicht mehr allein in regionalen Bezügen erfassen. Mit der Konzeption der Neuen Folge unserer Zeitschrift ist dem Rechnung getragen worden in der Einrichtung der Themenbände, die abwechselnd mit Bänden zur regionalen Ethnologie Hessens erscheinen sollen. Künftig sollte hier eine deutlichere Verschränkung angestrebt werden, die in den Themenbänden grundsätzlich auch Beiträge mit regionalem Bezug berücksichtigt; die mit dem letzten Band bereits eingeführte Rubrik „Materialien" dient zudem der Möglichkeit laufender Berichterstattung aus regionalen Forschungen.

Thesen und Aufgaben

Was läßt sich nun in einer zusammenfassenden Betrachtung an möglichen Tendenzen erkennen? Bei aller Breite, bei aller quantitativen wie qualitativen Reichhaltigkeit und Vielfalt scheinen sich doch Entwicklungen und Differenzierungen abzuzeichnen.

Zunächst sind einige Bemerkungen zur formalen Ausstattung und Gestaltung angezeigt. In der äußeren Aufmachung deutet sich ein Übergang von der gelumbekten Bindung und dem Pappeinband zu Fadenheftung und festem Umschlag an; einzelne Zeitschriften erscheinen bereits seit längerem in dieser Ausstattung (wie die Nassauischen Annalen), andere ziehen gerade eben nach wie die ZHG. Im Layout zeichnet sich eine Standardisierung ab mit Kolumnentitel und Fußnoten; Fadenheftung und fester Einband sind ein Qualitätsmerkmal, das für häufige Nutzung gedacht und gemacht ist und vor allem bei den beziehenden Bibliotheken gerne gesehen werden dürfte. Für die Hessischen Blätter wird auf absehbare Zeit ein fester Einband aus Kostengründen wohl nicht in Betracht kommen, dafür aber hat sich die Fadenheftung bewährt und sollte beibehalten werden. Nicht nur durch die technisch leichter umzusetzenden, auch qualitativ vertretbaren bis vorzüglichen und selbst bei Farbabbildungen nicht mehr ganz so kostenintensiven Möglichkeiten der Illustration durch digitale Bildbearbeitung gewinnt das Bild zunehmend an Bedeutung – dies nicht nur als Illustration, sondern auch als Forschungsgegenstand. Das kommt Sehgewohnheiten und -bedürfnissen der Leser entgegen, reflektiert aber zugleich auch die seit dem 19. Jahrhundert wachsende Bedeutung visueller Medien und stellt darum gerade für gegenwartsbezogene und zeitgeschichtliche Studien eine fast unerläßliche Ergänzung zum Text dar. Was sich hier freilich auch negativ abzuzeichnen beginnt, ist der öfter etwas sorglose und qualitativ unzulängliche Umgang mit dem Bildmaterial, was gerade durch die Möglichkeit des Scannens und der Erleichterung der Bildbearbeitung auf PC (und damit der beliebigen Reproduktion mit entsprechendem Qualitätsverlust) gefördert werden dürfte.

Der Mitteilung von Ergebnissen wissenschaftlicher Forschungsarbeit stehen heute auch auf regionaler Ebene etliche professionell redigierte Periodica zur Verfügung, die in ihrer Aufmachung einen hohen Standard aufweisen und darin zugleich den Anspruch auf wissenschaftliche Solidität in Recherche, Aufbereitung und Durchdringung des Stoffes aufzeigen. Solche Betonung wissenschaftlicher Methoden und Perspektiven weist zudem verstärkt über die in der geschichtlichen Landeskunde lange Zeit konstitutiven politisch-dynastischen Grenzen hinaus und ist methodisch wie inhaltlich auf größere Zusammenhänge gerichtet; ihr steht andererseits in Gemeinden, Ortsteilen, Vereinen ein wachsendes Bedürfnis nach Darstellung lokalgeschichtlicher Ereignisse, nach eng fokussierter und konzentrierter Spurensuche gegenüber, die sich oft auf die lokalen Gegebenheiten kapriziert und das Besondere im Eigenen sucht: Ein Bemühen um das Verstehen von größeren Zusammenhängen hier und das Sammeln und Aufbereiten von Fakten dort driften allzu oft auseinander. Nun sind heute bei zunehmendem Output der Laienarbeit auch viele lokalgeschichtliche Publikationen durch professionell und preisgünstig arbeitende Druckereien mit breiter Servicepalette in ihrer Austattung auf hohem Niveau umgesetzt (was über Schwächen in Konzeption und Aufbereitung oft genug hinwegblicken läßt). Die Wahrnehmung von Globalisierungstendenzen und das Bedürfnis nach Eingrenzung und Ordnung der komplexer werdenden Welt(en) mögen sich hierin auswirken[113], zugleich aber zeichnet sich auch eine selbstbewußtere Präsentation ab (wie sie in den immer opulenter werdenden Heimatbüchern und Festschriften zum Ausdruck kommt). Fehlen aber nun Kommunikation und gegenseitige Wahrnehmung, ja wirken sich hier gar wieder Mechanismen jener Verachtung und Geringschätzung etablierter wissenschaftlicher Netzwerke gegenüber einer popularen Auslegung der eigenen Geschichte aus, so führt dies mehr und mehr zu einer Ausbildung zweier Kulturen der Geschichtsschreibung, die unabhängig voneinander zu agieren und zu existieren scheinen, solange sie nicht durch Betreuung und Anleitung in konstruktive Anknüpfung an landes- und kulturgeschichtliche Fragestellungen treten.

Die verbesserte Koordination der Forschungen zur hessischen Landesgeschichte insbesondere mit den Heimat- und Geschichtsvereinen ist denn auch – als eine der wichtigsten Zielsetzungen – Anliegen des im Hessischen Ministerium für Wissenschaft und Kunst eingerichteten Beirates für geschichtliche Landeskunde[114]. Wissenschaft und Laienforschung in einen beiderseitigen Wissenstransfer miteinander zu bringen, eine „interkulturelle Kommunikation" zwischen diesen beiden Kulturen der Geschichte zu initiieren, hat Volkskunde als Kulturwissenschaft, soweit sie sich im Brücknerschen Sinne als eine „Sozialgeschichte des Regionalen" zu verstehen bereit ist, genuine Potenzen und Kompetenzen, gerade weil sie sich den Deutungen von Geschichte in der Gegenwart widmet. Wir sollten daher das ethnographische Schreiben in Heimatblättern und lokalgeschichtlichen Zeitschriften nicht geringschätzen, sondern üben! Mut zur Provinzialität also, der wissenschaftliche Überheblichkeit meidet und sich auf die Unvornehmheit der demokratischen Kultur einläßt, dem aber auch in anderer Hinsicht produktive Qualität zukommt.

Denn solche Aufgaben zeichnen sich umso mehr ab, als Wissenschaftskulturen und Wissenschaftssprachen einer zunehmenden Standardisierung unterzogen und Diskurse und Fachprofile an vermeintlich übergeordneten *main streams* orientiert werden. In einer Epoche, in der Wissenschaftssprache international standardisiert und auf zwei, höchstens drei Sprachen konzentriert wird, läuft wissenschaftliche Kommunikation nicht nur Gefahr, in ihren Sinnzusammenhängen reduziert zu werden, sondern vor allem: ihren Bezug zum Alltag zu verlieren, sich damit aber gegenüber der Bevölkerung abzukapseln, worauf 2001 auf der Wiener Tagung „Die Kosten der Mehrsprachigkeit" aufmerksam gemacht wurde[115]. Die Europäische Ethnologie, die sich als empirische Wissenschaft mit explizit regionalen Bezügen immer auch mit der Sprache der *native speakers* auseinandersetzen und beschäftigen muß, wird so vermehrt ihre Kompetenzen und Aufgaben der Vermittlung, der interkulturellen Kommunikation auch zwischen Kulturwissenschaft und Kulturpraxis wahrnehmen müssen.

Doch auch inhaltlich lassen sich, bei allem Vorbehalt der kursorischen Auswahl, einige Bemerkungen treffen. Die ausgiebige und dennoch ungleichgewichtige Betrachtung geschichtswissenschaftlicher Periodica verdeutlicht doch, daß dort mittlerweile, wenn auch mit unterschiedlichen Perspektiven aufs Forschungsfeld, zahlreiche Themen bearbeitet werden, die mittelbar oder unmittelbar volkskundliches Terrain berühren, ja man könnte fast den Eindruck gewinnen, daß regionale Volkskunde längst und weit mehr in Publikationen der geschichtlichen Landeskunde aufgenommen wird und damit Felder besetzt werden, was nicht ängstigen muß, sondern als Grundlage einer produktiven interdisziplinären Kooperation angesehen werden sollte. Allerdings wird zusätzlich, wie am Beispiel der *Hessischen Bibliographie* aufgezeigt wurde, durch eigenverantwortete Preisgabe klassischer Forschungsfelder einerseits, durch von außen in der bibliographischen Präsenz zugewiesene (oder besser: übriggelassene) Kanongebiete andererseits das Profil des Faches auf ein verengtes Wahrnehmungsspektrum reduziert, in dem es eher als affirmative, ja verträumte und beschauliche Liebhaberei denn als kritische Wissenschaft erscheint. Auch daraus ist für das Fach zu folgern und zu fordern ein noch stärkeres Einbringen in regionale Literatur: also nicht nur formal, sondern auch inhaltlich; das heißt, volkskundliche Perspektiven in regionaler Literatur (in der Presse ebenso wie in heimatkundlichen Periodica) zu vermitteln, gerade hier unsere Kompetenzen wieder in den klassischen Feldern des Faches zu artikulieren und die affirmative Sicht der populären Darstellung durch kritische Betrachtung zu relativieren.

Inhaltliche Nähe zur landes- und regionalgeschichtlichen Forschung sollte, obwohl sich das Fach heute weithin als Kulturwissenschaft mit einer prononciert gegenwartsorientierten Ausrichtung versteht, als Chance begriffen werden, die historische Fundierung seiner Forschungsfelder in engerer interdisziplinärer Kooperation anzugehen. Alleine schon die gegenwärtigen Phänomene einer Suche nach „Ursprüngen", wie sie nicht zuletzt in einem auch medial geförderten Archäologie-Boom, in Mittelalter- und Keltenvereinen zum Ausdruck kommen, erfordern kritische Aufmerksamkeit. Sie markieren ein neuerliches Bedürfnis nach Deutung von Geschichte, die auch den geschichtswissenschaftlichen und historisch orientierten Disziplinen Problembewußtsein und Deutungskompetenz von Geschichte abverlangt. Volkskunde, die sich nicht wie die Geschichte den „Großen Erzählungen" widmet, sondern sich mit ihrem Blick aufs Kleine, auf das scheinbar Unbedeutende und Banale den „Kleinen Erzählungen" der Alltagsgeschichte zuwendet, wird – auch aus den Erfahrungen ihrer Fachgeschichte – nicht die Geschichte der Ursprünge mitschreiben, sondern das Bedürfnis danach analysieren. Somit lassen sich auch aus der Perspektive eines deutlich auf gegenwartsorientierte Fragen ausgerichteten Faches wie der Europäischen Ethnologie Akzente und Fragestellungen in eine historisch fundierte Regionalforschung einbringen.

Das sei an einem sich seit einigen Jahren abzeichnenden interdisziplinären Schwerpunkt der geschichtlichen Landeskunde angedeutet. Die direkte, in den zahlreichen Aufsätzen und Monographien zum Ausdruck kommende (und nicht zuletzt durch den hessischen Denkmaltag 2002 gestützte), und die indirekte (wie am Beispiel der „Hessenkunst" Karl Lenz' als Desiderat zu monierende) Bedeutung einer zunehmenden Beschäftigung mit der Geschichte der jüdischen Kultur in Hessen könnte darauf hinweisen, daß in der Berliner Republik eine Notwendigkeit nicht nur zur Reflexion der neuen Inszenierung nationaler Kultur und ihrer Symbole gegeben[116], sondern gerade deshalb auch die Auseinandersetzung mit der Geschichte dieser Inszenierung und ihrer Schattenseiten noch nicht abgeschlossen, ja vielleicht notwendiger denn je ist – die Befassung mit der jüdischen Kultur hat über die Aufarbeitung der Shoah hinaus die Kulturgeschichte der jüdischen Landgemeinden in Hessen, die vielfältigen Einflüsse der jüdischen Kultur und Sprache nicht nur zu beschreiben, sondern auch zu vermitteln. Und sie hat sich auch weiterhin mit der Vorgeschichte des Antisemitismus (und den idealistischen Entwürfen einer „deutschen Volkskultur") in institutionellen und korporativen, vor allem aber auch in personalen, biographischen Ausprägungen noch intensiver zu befassen: das volkskundliche Werk Böckels (weniger das inzwischen gut aufgearbeitete politische Wirken) bedarf noch der fachgeschichtlichen Auseinandersetzung.

Können, ja müssen wir aber nicht – und dies gerade im interdisziplinären Verbund einer besonders auch landesgeschichtlich geprägten Regionalforschung, einer Aufarbeitung der Geschichte des Antisemitismus in der Region und der Erfahrungen der Shoah – den Blick auch auf die jüngere und jüngste Vergangenheit richten? Auf die Frage, ob das Erzählen zwischen den Generationen noch funktioniert, ob etwa das Bedürfnis der Überlebenden des Holocaust, von ihren existentiellen Grunderfahrungen des Leides, des Schmerzes, der Angst und der Trauer zu berichten – ob dieses Erzählen also noch die Jungen erreicht, sollten im Fach Aufmerksamkeit und Erklärungsansätze verwendet werden. Die Erfahrungen einer zerbrechenden Zeit, die Jörn Rüsen nach dem Sinn der Geschichte fragen läßt, differenziert die Möglichkeiten und Grenzen historischer Sinnbildung nach den Schreckenserfahrungen des 20. Jahrhunderts auslotend[117], sind für die – sich als Erfahrungswissenschaft verstehende – Europäische Ethnologie genuines Aufgabenfeld und erfordern auch in ihrer regionalen Spezifik besondere Beachtung.

Und müssen wir nicht auch im regionalen Kontext noch deutlicher als bisher den Blick richten auf neuerliche Prozesse im Umgang mit den als fremd empfundenen oder definierten (und oft genug diskriminierten) kulturellen Einflüssen, wie sie in den letzten Monaten etwa mit den emotional aufgeheizten Debatten um das Schächten von Schlachttieren medial kolportiert wurden? Längst sind auch und gerade im Musterland Hessen der deutschen Wirtschaftswunderjahre neue Gruppen und Kollektive aus den ökonomisch, sozial oder politisch initiierten Migrationen im modernen Europa angekommen und beheimatet[118], die für eine Herausbildung ethnischer Identitäten (und für eine Zuweisung ethnischer Stereotypen) Gelegenheit bieten und damit eine Wahrnehmung seitens der Europäischen Ethnologie erfordern, jene Fremden Nachbarn, die Max Matter mit Band 29 der *Hessischen Blätter* in den Mittelpunkt volkskundlicher Regionalforschung in Hessen gerückt hat.

Anmerkungen

1 Zur Geschichte der HVV vgl. Alfred Höck: Aus der Frühzeit der „Hessischen Vereinigung für Volkskunde". In: Hess.Bll., NF 1, 1975/76, S. 7-11; Dieter Kramer: 80 Jahre Hessische Blätter. In: ebd., 10, 1980, S. 129-143; Siegfried Becker: Volkskundliche Forschung in Hessen. Geschichte, Organisation und Aufgaben. In: ebd., 28, 1992, S. 41-64; ders.: Hinwendung zum Volk. Die Anfänge der wissenschaftlichen Volkskunde in Hessen um 1900. Zum hundertjährigen Bestehen der Hessischen Vereinigung für Volkskunde. In: Archiv für hessische Geschichte, 58, 2000, S. 233-257; sowie die inzwischen abgeschlossene Dissertation von Anita Bagus. Zur Auseinandersetzung mit der besonders von Georg Koch hergestellten Verbindung zur Dorfkirchenbewegung letzthin Angela Treiber: „Volkstümlich ist in der Wurzel das Gegenteil von populär." Kulturelle Deutungsmuster im deutschen Protestantismus des frühen 20. Jahrhunderts. In: Zeitschrift für Volkskunde, 97, 2001, S. 49-66.
2 Mitteilungen zu den geplanten Veranstaltungen im Rahmen des Jubiläums erscheinen im HVV-Brief als dem Berichtsorgan der Hessischen Vereinigung für Volkskunde.
3 Karl E. Demandt: Schrifttum zur Geschichte und geschichtlichen Landeskunde von Hessen. (= Veröffentlichungen der Historischen Kommission für Nassau, 17) Wiesbaden 1965–1968.
4 Winfried Leist: Schrifttum zur Geschichte und geschichtlichen Landeskunde von Hessen 1965–1967. (= Veröffentlichungen der Historischen Kommission für Hessen, 31,1) Marburg 1973; fortgesetzt für die Jahre 1968–1970 von Winfried Leist, für die Jahre 1971–1973 und 1974–1976 von Wolfgang Podehl.
5 Michael Simon (Hrsg.): Volkskundliche Arbeit in der Region. Ein Wegweiser zu den „Landesstellen" im deutschsprachigen Raum. (= DGV-Informationen, Beihefte, 6; Volkskunde in Sachsen, 5/6) Dresden 1999.
6 Dazu demnächst Siegfried Becker: Bernhard Martin und die deutsche Volkskunde in Marburg 1934–1945. In: Fachbereichsgeschichte Germanistik und Kunstwissenschaften an der Philipps-Universität Marburg im Nationalsozialismus (im Druck).
7 Vgl. Siegfried Becker: Archivbestände zur volkskundlichen Regionalforschung in Hessen am Institut für Europäische Ethnologie und Kulturforschung der Philipps-Universität Marburg. In: Simon, Volkskundliche Arbeit in der Region (wie Anm. 5), S. 101-111; ders.: Quellen und Materialien zur Kulturgeschichte des Alltags. Ein Bericht zu Archivbeständen und Fachgeschichte der hessischen Volkskunde in Gießen und Marburg. In: Mitteilungen des Oberhessischen Geschichtsvereins Gießen, NF (im Druck).
8 Vgl. dazu Georg Kunz: Verortete Geschichte. Regionales Geschichtsbewußtsein in den deutschen Historischen Vereinen des 19. Jahrhunderts. (= Kritische Studien zur Geschichtswissenschaft, 138) Göttingen 2000.
9 Holger Th. Gräf: Dynastien, Territorien und Land. Forschungen zur hessischen Frühneuzeit. In: Hessisches Jahrbuch für Landesgeschichte, 50, 2000, S. 263-286.
10 Micha Röhring: Bergbau im Richelsdorfer Gebirge im 20. Jahrhundert. Die Gewinnung von Kupferschiefer und Schwerspat bei Sontra in Hessen. (= Hessische Forschungen zur geschichtlichen Landes- und Volkskunde, 33) Kassel 1998; Ursula Vaupel: „Sie wollen die He-

56

xen brennen". Hexenprozesse 1657 in Eschwege. (= ebd., 34) Kassel 1997, 2. Aufl. 1999; Volker Fischer: Stadt und Bürgertum in Kurhessen. (= ebd., 35) Kassel 2000; Fritz Rudolph: Ronshausen. Dorfgeschichte im Zusammenhang der Landesgeschichte. (= ebd., 36) Kassel 2000; Matthias Gums: Von der Bewegung zur Partei. Liberalismus in Kurhessen 1847–1850. (= ebd., 37) Kassel 2001.

11 Hubert Hecker: Wilhelm Heinrich Riehl und die Revolution auf dem Lande (1848/49). In: Nassauische Annalen, 111, 2000, S. 331-384. Auffällig ist gerade am Beispiel Riehl, wie sich daran heute Perspektiven und Wahrnehmungsgrenzen der Disziplinen scheiden: In der Landesgeschichte und den Forschungen zur Revolutionschronistik wird der Volkskundler, in der Volkskunde aber der Revolutionschronist nicht zur Kenntnis genommen – vgl. etwa Andrea Zinnecker: Romantik, Rock und Kamisol. Volkskunde auf dem Weg ins Dritte Reich – die Riehl-Rezeption. Münster – New York 1996.

12 Jens Friedhoff: Betrachtungen zum Ruinenerlebnis des 19. Jahrhunderts zwischen Siebengebirge und Taunus. In: Nassauische Annalen, 111, 2000, S. 385-410; Hartmut Wunderer: Der Niedergang des nationalen Denkmalkultes. Zur Einweihung des Schillerdenkmals in Wiesbaden 1905. In: ebd., S. 421-432.

13 Elmar M. Lorey: Das Werwolfstereotyp als instabile Variante im Hexenprozeß – „Gefragt, wie oft er sich des Jahrß zu einem Wehr Wolff gemacht". In: Nassauische Annalen, 112, 2001, S. 135-176; Josef Kläser: Die Krugbäckerei in Arzbach. In: ebd., S. 229-313.

14 Vgl. dazu etwa Wolfgang Breul-Kunkel: Herrschaftskrise und Reformation. Die Reichsabteien Fulda und Hersfeld ca. 1500–1525. Gütersloh 2000; Dagobert Vonderau: Die Geschichte der Seelsorge im Bistum Fulda zwischen Säkularisation (1803) und Preußenkonkordat (1929). (= Fuldaer Studien. Schriftenreihe der Theologischen Fakultät, 10) Frankfurt/ M. 2001; Volker Knöppel: Miteinander und Gegenüber. Zur Verfassungsgeschichte der Evangelischen Kirche von Kurhessen-Waldeck. (= Monographia Hassiae, 23) Kassel 2000.

15 Ulrich Reuling, Winfried Speitkamp (Hrsg.): Fünfzig Jahre Landesgeschichtsforschung in Hessen. (= Hessisches Jahrbuch für Landesgeschichte, 50) Marburg 2000.

16 Abschied von Ulrich Reuling 1942–2000. Hrsg. vom Hessischen Landesamt für geschichtliche Landeskunde, Marburg 2000; Gerhard Menk: In memoriam Dr. Ulrich Reuling. In: Zeitschrift des Vereins für hessische Geschichte und Landeskunde, 106, 2001, S. 313-314; Ursula Braasch-Schwersmann, Winfried Speitkamp: Ulrich Reuling †. In: Hessisches Jahrbuch für Landesgeschichte, 51, 2001, S. XV-XVI.

17 Ulrich Reuling: Die kurhessische Siedlungs- und Agrarlandschaft an der Schwelle zur Moderne. In: Klaus Fehn u.a. (Hrsg.): Siedlungsforschung. Archäologie – Geschichte – Geographie, Band 17, Bonn 1999, S. 117-142.

18 Historisches Ortslexikon des Landes Hessen. Bd. 1: Kreis Witzenhausen. Bearb. von Waldemar Küther. Marburg 1973; Bd. 2: Fritzlar-Homberg. Ehem. Landkreis. Bearb. von Waldemar Küther. Marburg 1980; Bd. 3: Marburg. Ehem. Landkreis und kreisfreie Stadt. Bearb. von Ulrich Reuling. Marburg 1980; Bd. 4: Biedenkopf. Ehem. Landkreis. Bearb. von Ulrich Reuling. Marburg 1986; Bd. 5: Ziegenhain. Ehem. Landkreis. Bearb. von Ulrich Reuling. Marburg 1991.

19 Nils-Arvid Bringéus: Der Vergleich in der ethnologischen Forschung. In: Volkskultur in der Moderne. Europäische Ethnologie zur Jahrtausendwende. Festschrift für Konrad Köstlin zum 60. Geburtstag. Wien 2000, S. 71-90.

20 Vgl. etwa Klaus Roth (Hrsg.): Mit der Differenz leben. Europäische Ethnologie und Interkulturelle Kommunikation. (= Münchner Beiträge zur Interkulturellen Kommunikation, Bd. 1; Südosteuropa-Schriften, Bd. 19) Münster – München – New York 1996.

21 Diese Metapher, die etwa Rudolf Schenda in seinem großen Werk immer wieder für eine durchaus mit Sympathie und Einfühlungsvermögen, ja aufklärerischer Parteinahme vollzogene Beachtung unterer Sozialschichten verwendet hat, nutzte Ingrid Tomkowiak im Titel zu ihrem Überblick über sein Schaffen: Ingrid Tomkowiak: Lesestoffe und Kleine Leute. Rudolf Schenda zu seinem 65. Geburtstag am 13. Oktober 1995. In: Schweizerisches Archiv

für Volkskunde, 92, 1996, S. 33-54. Der Begriff enthält als sinngemäße Übertragung des mundartlich gebrauchten „geringe Leute" auch eine Reflexion der politischen und gesellschaftlichen Bedeutung von Machtverhältnissen – und nicht den Wertungsaspekt des in der Sozialgeschichte verwendeten Begriffes „einfache Leute": vgl. etwa Richard van Dülmen (Hrsg.): Kultur der einfachen Leute. Bayerisches Volksleben vom 16. bis zum 19. Jahrhundert. München 1983; vgl. auch Richard van Dülmen und Norbert Schindler (Hrsg.): Volkskultur. Zur Wiederentdeckung des vergessenen Alltags (16.–20. Jahrhundert). Frankfurt/Main 1984. Als Auseinandersetzung mit dieser sozial- und kulturgeschichtlichen Erschließung des Forschungsfeldes "Volkskultur" vgl. Konrad Köstlin: Die Wiederkehr der Volkskultur. Der neue Umgang mit einem alten Begriff. In: Ethnologia Europaea, 14, 1984, S. 25-31.

22 Dazu Hermann Bausinger: Herablassung. In: Eberhard Müller (Hrsg.): „... aus der anmuthigen Gelehrsamkeit". Tübinger Studien zum 18. Jahrhundert. Dietrich Geyer zum 60. Geburtstag. Tübingen 1988, S. 25-39; zum Kontext vgl. Holger Böning, Reinhart Siegert: Volksaufklärung. Biobibliographisches Handbuch zur Popularisierung aufklärerischen Denkens im deutschen Sprachraum von den Anfängen bis 1850. Bd. 1-4, Stuttgart – Bad Cannstatt 1990ff.

23 Vgl. Andreas C. Bimmer: Marketing für die IVB. Ungewohnte Gedanken zu einer traditionsreichen Bibliographie. In: Rainer Alsheimer, Eveline Doelman, Roland Weibezahn (Hrsg.): Wissenschaftlicher Diskurs und elektronische Datenverarbeitung. (= Volkskunde & Historische Anthropologie, 1) Bremen – Amsterdam 2000, S. 107 – 114. Darin stellt er die These auf, daß, „wenn schon die führenden Fachvertreter nicht im Fach, sondern überwiegend außerhalb des Fachs – und damit auch außerhalb des Geltungsbereichs der IVB – argumentieren und arbeiten", es nicht verwunderlich sei, wenn auch Studierende immer seltener zur IVB greifen. „Man mache einmal die Probe", fordert er auf, „etwa bei rezenten Texten von Scharfe oder Korff, aber sicher auch bei anderen und man wird überrascht sein. Ich will mit dieser Bemerkung ganz und gar nicht gegen eine Diskussion über die Fachgrenzen hinaus sprechen, aber ich vermisse zunehmend die doch ebenso selbstverständliche Auseinandersetzung innerhalb des Faches, die Rezeption seiner Literatur."

24 Dagmar Hoffmann-Axthelm: Wenn Narziß Athena küßt. Über die Verachtung. Frankfurt am Main 1998.

25 Vgl. dazu Siegfried Becker: Die Macht des Herzens und die Einsamkeit der Macht. Sisi als kulturphilosophische Projektion. In: Volkskundliche Tableaus. Eine Festschrift für Martin Scharfe zum 65. Geburtstag von Weggefährten, Freunden und Schülern. Münster – New York 2001, S. 413-430.

26 Georg G. Iggers: The German Conception of History. The National Tradition of Historical Thought from Herder to the Present. 1968; autoris. Übertr. aus dem Engl.: Deutsche Geschichtswissenschaft. Eine Kritik der traditionellen Geschichtsauffassung von Herder bis zur Gegenwart. Wien – Köln – Weimar 1997.

27 Fritz Ringer: Die Gelehrten. Der Niedergang der deutschen Mandarine 1890–1933. Stuttgart 1983; Wolfgang Weber: Priester der Klio. Historisch-sozialwissenschaftliche Studien zur Herkunft und Karriere deutscher Historiker und zur Geschichte der Geschichtswissenschaft 1800–1970. Frankfurt/Main 1984; Marita Baumgarten: Professoren und Universitäten im 19. Jahrhundert. Zur Sozialgeschichte deutscher Geistes- und Naturwissenschaftler. Göttingen 1997; Horst Fuhrmann: „sind eben alles Menschen gewesen". Gelehrtenleben im 19. und 20. Jahrhundert. München 1996.

28 Vgl. dazu Iggers, Deutsche Geschichtswissenschaft (wie Anm. 26), S. 338. Es wäre angezeigt, einmal nach den Überbleibseln der Verachtung auch in der Landesgeschichte, ja noch in der jüngeren Landesgeschichte zu schürfen; auch das „Handbuch der hessischen Geschichte" ist nicht frei davon. Solch kritische Lektüre würde freilich den Rahmen dieses Literaturberichtes sprengen.

29 Iggers, Deutsche Geschichtswissenschaft (wie Anm. 26), S. 365.

30 Dazu Winfried Schulze: Deutsche Geschichtswissenschaft nach 1945. München 1989.

31 Auf das in seiner Studie zu monierende Desiderat einer Auseinandersetzung mit der Bedeutung der „Volksgeschichte" für die Historiographie der NS-Zeit hat Iggers im Vorwort zur Neuausgabe selbst hingewiesen; vgl. dazu v.a. Willi Oberkrome: Volksgeschichte. Methodische Innovation und völkische Ideologisierung in der deutschen Geschichtswissenschaft 1918–1945. (= Kritische Studien zur Geschichtswissenschaft, 101) Göttingen 1993.

32 Wolfgang Jacobeit, Hannjost Lixfeld, Olaf Bockhorn (Hrsg.): Völkische Wissenschaft. Gestalten und Tendenzen der deutschen und österreichischen Volkskunde in der ersten Hälfte des 20. Jahrhunderts. Wien – Köln – Weimar 1994.

33 Schulze, Deutsche Geschichtswissenschaft (wie Anm. 30), S. 306.

34 Iggers, Deutsche Geschichtswissenschaft (wie Anm. 26), S. 364.

35 Vgl. dazu Volker Press: Der Bauernkrieg als Problem der deutschen Geschichte. In: Nassauische Annalen 86, 1975, S. 158-177; Friedrich Winterhager: Bauernkriegsforschung. Darmstadt 1981; Peter Blickle (Hrsg.): Revolte und Revolution in Europa. Referate und Protokolle des Internationalen Symposiums zur Erinnerung an den Bauernkrieg 1525. (= Historische Zeitschrift, Beiheft, NF 4) München 1975; ders. (Hrsg.): Aufruhr und Empörung? Studien zum bäuerlichen Widerstand im Alten Reich. München 1980; Winfried Schulze (Hrsg.): Europäische Bauernrevolten der frühen Neuzeit. Frankfurt am Main 1982; sowie – in kritischer Auseinandersetzung mit der Deutung des Bauernkrieges als frühbürgerliche Revolution seitens der marxistischen Geschichtsschreibung – den Aufsatz von Thomas Klein: Die Folgen des Bauernkrieges von 1525. Thesen und Antithesen zu einem vernachlässigten Thema. In: Hessisches Jahrbuch für Landesgeschichte, 25, 1975, S. 65-116.

36 Werner Troßbach: Bauernbewegungen im Wetterau-Vogelsberg-Gebiet 1648–1806. Fallstudien zum bäuerlichen Widerstand im Alten Reich. Darmstadt – Marburg 1985; ders: Soziale Bewegung und politische Erfahrung. Bäuerlicher Protest in hessischen Territorien 1648–1806. Weingarten 1987.

37 Vgl. etwa Wolfgang Ruppert (Hrsg.): Erinnerungsarbeit. Geschichte und demokratische Identität in Deutschland. Opladen 1982.

38 Vgl. dazu etwa Peter Blickle: Ländliche politische Kultur in Oberdeutschland. Zur historischen Bedeutung der Dorfgemeinde. In: Günter Wiegelmann (Hrsg.): Nord-Süd-Unterschiede in der städtischen und ländlichen Kultur Mitteleuropas. (= Beiträge zur Volkskultur in Nordwestdeutschland, 40) Münster 1985, S. 299-314.

39 Robert Muchembled: Kultur des Volkes – Kultur der Eliten. Stuttgart 1982; vgl. auch Justin Stagl: Hochkultur – Volkskultur – Nationalkultur. Fragen zur Integration kultureller Leistungen. In: Rudolf Flotzinger (Hrsg.): Fremdheit in der Moderne. (= Studien zur Moderne, 3) Wien 1999, S. 121-137.

40 Vgl. etwa Wolfgang Kaschuba: Kommunalismus als sozialer „common sense". Zur Konzeption von Lebenswelt und Alltagskultur im neuzeitlichen Gemeindegedanken. In: Peter Blickle (Hrsg.): Landgemeinde und Stadtgemeinde in Mitteleuropa. München 1991, S. 65-91.

41 Ingeborg Weber-Kellermann: Volkskunde zwischen Germanistik und Sozialwissenschaft. (= Sammlung Metzler, Realien zur Literatur, 79) Stuttgart 1969; 2., überarb. u. ergänzte Aufl., zus. mit Andreas C. Bimmer: Einführung in die Volkskunde/Europäische Ethnologie. Eine Wissenschaftsgeschichte. Stuttgart 1985.

42 Martin Scharfe: Geschichtlichkeit. In: Hermann Bausinger u.a.: Grundzüge der Volkskunde. (= Grundzüge, 34) Darmstadt 1978, 2. Aufl. 1993, S. 127-203.

43 Vgl. als aktuelle Zusammenfassungen zu den Themengebieten: Rolf Wilhelm Brednich (Hrsg.): Grundriß der Volkskunde. Einführung in die Forschungsfelder der Europäischen Ethnologie. 3. Aufl. Berlin 2001.

44 Für Schleswig-Holstein etwa liegen dazu beispielhafte volkskundliche Studien vor: Kai Detlev Sievers: Leben in Armut. Zeugnisse der Armutskultur aus Lübeck und Schleswig-Holstein vom Mittelalter bis ins 20. Jahrhundert. Heide 1991; ders. und Harm-Peer Zimmer-

mann: Das disziplinierte Elend. Zur Geschichte der sozialen Fürsorge in schleswig-holsteinischen Städten 1542–1914. Neumünster 1994.

45 Zur kritischen Auseinandersetzung mit dem Kulturbegriff des Faches vgl. etwa Dieter Kramer: Von der Notwendigkeit der Kulturwissenschaft. Aufsätze zu Volkskunde und Kulturtheorie. Marburg 1997.

46 Vgl. dazu das Schriftenverzeichnis in Alfred Höck: Hessen – Land und Leute. Ausgewählte Beiträge zur Landes- und Volkskunde. Zum 75. Geburtstag im Namen des Vereins für hessische Geschichte und Landeskunde, Zweigverein Marburg e.V., hrsg. von Siegfried Becker und Hans-Peter Lachmann. Marburg 1996.

47 In einem sehr differenzierten Diskussionsbeitrag hat sich Winfried Speitkamp jüngst mit den unterschiedlichen, vielleicht gar konkurrierenden Perspektiven von Landesgeschichte (als auf den Eigenwert der Landschaft bzw. des Territoriums gerichtet) und Regionalgeschichte (als auf das Beispiel fürs Allgemeine gerichtet) beschäftigt, in dem er für eine Auseinandersetzung mit Historizität und Wandelbarkeit von Räumen plädiert, um Grenzen für die Zukunft offen zu halten: Grenzen der Landesgeschichte. Bemerkungen zu neuen Standortbestimmungen. In: Hessisches Jahrbuch für Landesgeschichte, 51, 2001, S. 233-256.

48 Vgl. dazu Erich Wimmer: Heimat. Ein Begriff und eine 'Sache' im Wandel. In: Dieter Harmening, Erich Wimmer (Hrsg.): Volkskultur und Heimat. Fs. für Josef Dünninger zum 80. Geburtstag. (= Quellen und Forschungen zur Europäischen Ethnologie, 3) Würzburg 1986, S. 13-24; Wolfgang Schmidbauer: Das Leiden an der Ungeborgenheit und das Bedürfnis nach Illusionen. Psychoanalytische Überlegungen zum Heimatbegriff. In: Österreichische Zeitschrift für Volkskunde, L/99, 1996, S. 305-320; Konrad Köstlin: „Heimat" als Identitätsfabrik. In: ebd., S. 321-338; Katharina Weigand (Hrsg.): Heimat. Konstanten und Wandel im 19./20. Jahrhundert. Vorstellungen und Wirklichkeiten. 1. Kolloquium des Alpinen Museums. (= Alpines Museum des Deutschen Alpenvereins, Schriftenreihe, 2) München 1997.

49 Walter Heinemeyer (Hrsg.): Das Werden Hessens. (= Veröffentlichungen der Historischen Kommission für Hessen, 50) Marburg 1986.

50 Walter Heinemeyer (Hrsg.): Handbuch der hessischen Geschichte. Bd. 4: Hessen im Deutschen Bund und im neuen Deutschen Reich (1806) 1815–1945. Zweiter Teilband: Die hessischen Staaten bis 1945. 1. Lieferung: Kurfürstentum Hessen 1806–1866, von Hellmut Seier; Fürstentum und Freistaat Waldeck 1806–1929, von Thomas Klein; Preußische Provinz Hessen-Nassau 1866–1944/45, von Thomas Klein. Marburg 1998; 2. Lieferung: Herzogtum Nassau 1806–1866, von Winfried Schüler; Landgrafschaft Hessen-Homburg (1806) 1815–1866, von Hartmut Heinemann; Freie Stadt Frankfurt (1789) 1815–1866, von Wolfgang Klötzer. Marburg 2000.

51 Als Vorbericht zu diesem von Gerhard Heilfurth verfaßten Beitrag vgl. ders.: Prolegomena zum Anlauf der „Volkskultur"-Forschung in Hessen. In: Hundert Jahre Historische Kommission für Hessen 1897–1997. Festgabe dargebracht von Autorinnen und Autoren der Historischen Kommission. Marburg 1997, S. 1119-1127; ders.: Hessische Sachkultur um 1900. Ein Überblick. In: Rheinisch-westfälische Zeitschrift für Volkskunde, 43 (Fs. Günter Wiegelmann zum 70. Geburtstag), 1998, S. 65-84.

52 Vgl. dazu die Rezension von Marita Metz-Becker in: Hess.Bll. 34, 1998, S. 224f.

53 Hellmuth Gensicke: Landesgeschichte des Westerwaldes. (= Veröffentlichungen der Historischen Kommission für Nassau, XIII) Wiesbaden 1958, ND 1999.

54 Darin etwa Armin Schuster: Die Entnazifizierung in Hessen 1945–1954. Vergangenheitspolitik in der Nachkriegszeit. (= Vorgeschichte und Geschichte des Parlamentarismus in Hessen, 29) Wiesbaden 1999.

55 Quellen zu Widerstand und Verfolgung unter der NS-Diktatur in hessischen Archiven. Übersicht über die Bestände in Archiven und Dokumentationsstellen. Bearb. von Herbert Bauch u.a. (= Veröffentlichungen der Historischen Kommission für Nassau, 57) Wiesbaden 1995.

56 Wolfgang Eckart: Neuanfang in Hessen. Die Gründung und Entwicklung von Flüchtlings-

betrieben im nordhessischen Raum 1945–1965. (= Forschungen zur Integration der Flüchtlinge und Vertriebenen in Hessen nach 1945, 2) Wiesbaden 1993; Utta Müller-Handl: „Die Gedanken laufen oft zurück ...“ Flüchtlingsfrauen erinnern sich an ihr Leben in Böhmen und Mähren und an den Neuanfang in Hessen nach 1945. (= ebd., 3) Wiesbaden 1993; Martina Skorvan: Das Hilfswerk der Evangelischen Kirche und seine Flüchtlingsarbeit in Hessen 1945–1955. (= Veröffentlichungen der Historischen Kommission für Nassau, 60) Wiesbaden 1995; York R. Winkler: Flüchtlingsorganisationen in Hessen 1945–1954. BHE – Flüchtlingsverbände – Landsmannschaften. (= ebd., 64) Wiesbaden 1998.

57 Ulrich Eisenbach: Zuchthäuser, Armenanstalten und Waisenhäuser in Nassau. Fürsorgewesen und Arbeitserziehung vom 17. bis zum Beginn des 19. Jahrhunderts. (= ebd., 56) Wiesbaden 1994.

58 Reuling, Die kurhessische Siedlungs- und Agrarlandschaft (wie Anm. 17), S. 140ff. Dem Begriff der „Entbäuerlichung“ ließe sich freilich auch der Begriff der „Verbäuerlichung“ gegenüberstellen, wenn Prozesse der Distinktion zu beschreiben wären, die mit der sozialen Differenzierung und der Umverteilung der Ressourcen einhergingen. Denn die Ausdifferenzierung zwischen einem breiten, zunehmend verarmenden ländlichen Proletariat und den kleinbäuerlich-handwerklichen Anwesen einerseits und der sehr viel kleineren, sich kulturell durchaus konsolidierenden mittel- und großbäuerlichen Schicht andererseits hat gerade in dieser ersten Hälfte des 19. Jahrhunderts die Grundlagen geschaffen für die später in Hessen so augenfälligen Manifestationen des „Bauernstolzes“ (die ja gerade durch die Erfahrungen des Pauperismus jahrzehntelang auch Orientierungsmaßstab für unterbäuerliche Schichten blieben). Die rezenten Artefakte dieser Zeit – der (auch was die Wirtschaftsgebäude anbetrifft) nicht geringe Baubestand etwa oder die handwerklichen Erzeugnisse des bäuerlichen Mobiliars – zeigen diese andere Seite der Pauperisierung auf.

59 Das methodische Problem hat anhand älterer Archivalien für Schleswig-Holstein überzeugend Silke Göttsch angegangen: „Alle für einen Mann...“ Leibeigene und Widerständigkeit in Schleswig-Holstein im 18. Jahrhundert. (= Studien zur Volkskunde und Kulturgeschichte Schleswig-Holsteins, 24) Neumünster 1991. Hier wäre etwa an die Erfahrungen des Elendsalkoholismus zu denken. Mit der seit 1805 versuchsweisen, seit 1812 im Großen betriebenen Branntweinproduktion aus Kartoffeln entstanden in Kurhessen bis 1840 675 Brennerein; das ist, gemessen an der großen Zahl der deklassierten kleinbäuerlichen Anwesen, nicht viel, und doch werden darin die Dimensionen der sozialen Schere deutlich, in der wenigstens die größeren bäuerlichen Höfe mit Brennereien am Elendsalkoholismus profitierten. Die Brennereien erzeugten jährlich 90.000 Ohm Branntwein im Wert von 1.300.000 bis 1.400.000 Talern, von denen der kurhessische Staat 100.700 Taler Steuereinnahmen bezog.

60 Hubert Kolling: Die kurhessischen „Straf- und Besserungsanstalten“. Institutionen des Strafvollzugs zwischen Fürsorge, Vergeltung und Abschreckung. Frankfurt am Main – New York 1994.

61 Alfred Höck (Hrsg.): Judaica Hassiaca. (= Hess.Bll., NF 9) Gießen 1979.

62 Hartmut Heinemann: Forschungen zur Geschichte des Judentums in Hessen. In: Reuling/Speitkamp, Fünfzig Jahre Landesgeschichtsforschung (wie Anm. 15), S. 351-360.

63 Bibliographie zur Geschichte der Juden in Hessen. Bearb. von Ulrich Eisenbarth, Hartmut Heinemann und Susanne Walther. (= Schriften der Kommission für die Geschichte der Juden in Hessen, XII) Wiesbaden 1992.

64 Jüdische Geschichte in Hessen erforschen. Ein Wegweiser zu Archiven, Forschungsstätten und Hilfsmitteln. Bearb. von Bernhard Post. Wiesbaden 1994.

65 Quellen zur Geschichte der Juden im Hessischen Hauptstaatsarchiv Wiesbaden 1806–1866. Bearb. von Hartmut Heinemann. (= Quellen zur Geschichte der Juden in hessischen Archiven, 3) Wiesbaden 1997.

66 Dorothee Schimpf: Emanzipation und Bildungswesen der Juden im Kurfürstentum Hessen 1807–1866. Jüdische Identität zwischen Selbstbehauptung und Assimilationsdruck. (= Schriften der Kommission für die Geschichte der Juden in Hessen) Wiesbaden 1994.

67 Rüdiger Mack: Otto Böckel und die antisemitische Bauernbewegung in Hessen 1887–1894. In: Christiane Heinemann (Bearb.): Neunhundert Jahre Geschichte der Juden in Hessen. Beiträge zum politischen, wirtschaftlichen und kulturellen Leben. (= Schriften der Kommission für die Geschichte der Juden in Hessen, VI) Wiesbaden 1983, S. 377-410; David Peal: Anti-Semitism and Rural Transformation in Kurhessen: The Rise and Fall of the Böckel Movement. Diss. (mschr.) New York 1985; Paul W. Massing: Vorgeschichte des politischen Antisemitismus. Frankfurt 1959, Neuausg. 1986; Eberhard Schön: Die Entstehung des Nationalsozialismus in Hessen. (= Mannheimer Sozialwissenschaftliche Studien, 7) Meisenheim am Glan 1972.

68 Christel Köhle-Hezinger und Adelhard Zippelius: „Da ist der Michel aufgewacht und hat sie auf den Schub gebracht". Zu zwei Zeugnissen antisemitischer „Volkskunst". In: Zeitschrift für Volkskunde, 84, 1988, S. 58-84.

69 Jacobeit/Lixfeld/Bockhorn, Völkische Wissenschaft (wie Anm. 32).

70 Uwe Puschner, Walter Schmitz, Justus H. Ulbricht: Handbuch zur „Völkischen Bewegung" 1871–1918. München 1996.

71 Rolf Reutter: Haus und Hof im Odenwald. Form, Funktion und Geschichte. (= Geschichtsblätter Kreis Bergstraße, Sonderband 8) Heppenheim 1987.

72 Hildegard Mellinghaus-Winter: Heinrich Winter 1898–1964. Dozent, Volkskundler, Hausforscher – ein Leben in bewegter Zeit. (= Geschichtsblätter Kreis Bergstraße, Sonderband 16) Heppenheim 1995.

73 Heike Heinzel: Das lange Leben der „geheimnisvollen Gestalten aus dem Odenwald". Wie Forschungsergebnisse aus der NS-Zeit die Jahre überdauern. In: Hildegard Frieß-Reimann, Christina Niem, Thomas Schneider (Hrsg.): Skizzen aus der Mainzer Volkskunde. Festgabe für Herbert Schwedt. (= Studien zur Volkskultur in Rheinland-Pfalz, 25) Mainz 1999, S. 169-178.

74 Hermann Roth: Die Genossenschaften des Hinterlandes in den Grenzen des Altkreises Biedenkopf von 1867–1932. Quellen zur Wirtschafts- und Sozialgeschichte. (= Beiträge zur Geschichte des Hinterlandes, 6) Biedenkopf 1997.

75 Lebensbilder aus dem Hinterland. Geschichte, Landschaft und Dialekt als Bedingungsfaktoren für Existenz und Lebensformen im Hinterland. (= Beiträge zur Geschichte des Hinterlandes, 5) Biedenkopf 1996.

76 Eine erste Veröffentlichung der Aufzeichnungen wurde 1902 in den Fuldaer Geschichtsblättern vorgelegt; eine als Manuskript vervielfältige Neuausgabe erschien 1989 als Beilage der *Amöneburger Blätter*, hrsg. von Alfred Schneider.

77 Vgl. dazu auch Felicitas Janson: Romanische Kirchenbauten im Rhein-Main-Gebiet und in Oberhessen. Ein Beitrag zur oberrheinischen Baukunst. (= Quellen und Forschungen zur hessischen Geschichte, 97) Darmstadt – Marburg 1994.

78 Vgl. dazu Dieter Carl: Die Grebenordnung von 1739 – ein unverzichtbares Nachschlagewerk. In: Hessische Familienkunde, 24, 1998, H. 4, S. 194-202.

79 Martin Maria Schwarz, Ulrich Sonnenschein (Hrsg.): Hessen kriminell. Orte des Verbrechens in Hessen. Marburg 1999; diess. (Hrsg.): Hessen riskant. Orte des Scheiterns in Hessen. Marburg 2000.

80 Irmgard Stamm unter Mitarbeit von Walter Dehnert: Schweinsberg. Aus der Geschichte einer Landstadt und Adelsherrschaft in Oberhessen. (= Stadtallendorf. Geschichte einer jungen Stadt, 5) Stadtallendorf 1998; vgl. dazu die Rezension von Rainer Alsheimer in: HessBll. 35, 1999, S. 278-280.

81 Homberg an der Ohm. Eine oberhessische Stadt von den Anfängen bis zur Gegenwart. Im Namen des Magistrats der Stadt Homberg/Ohm und des Hessischen Landesamtes für geschichtliche Landeskunde hrsg. von Fred Schwind. Sigmaringen 1984.

82 Eva-Maria Dickhaut: Homberg an der Ohm. Untersuchungen zu Verfassung, Verwaltung, Finanzen und Demographie einer hessischen Territorialstadt (1648–1806). (= Untersuchungen und Materialien zur Verfassungs- und Landesgeschichte, 13) Marburg 1993; Jörg Witzel:

Hersfeld 1525 bis 1756. Wirtschafts-, Sozial- und Verfassungsgeschichte einer mittleren Territorialstadt. (= ebd., 14) Marburg 1994.

83 Für die NS-Zeit hat dies herausgearbeitet Johanna Rolshoven: Hugenottengeschichte als 'Utopie nach hinten' während des Hitlerfaschismus. Von den vielfältigen Formen und Funktionen eines Geschichtsbildes. In: dies. und Martin Scharfe (Hrsg.): Geschichtsbilder. Ortsjubiläen in Hessen. (= Beiträge zur Kulturforschung, 1) Marburg 1994, S. 43-57.

84 Schwabendorf und Wolfskaute 1687–1987. Tradition – Geschichte – Gegenwart. (= Beiträge zur Geschichte von Schwabendorf und Wolfskaute) Rauschenberg 1987, sowie weitere Hefte einer Schriftenreihe des Arbeitskreises für die Geschichte der Hugenotten und Waldenser in Schwabendorf.

85 Vgl. letzthin etwa Otto Weber: Was wir heut' in Silber kränzen, möge einst im Golde glänzen. Ein Beitrag zu den Hochzeitsjubiläen. Ober-Ramstadt 2001.

86 Ein Portrait ihres Wirkens verdanken wir Uwe Reher: Die Kunst, die Sachen und Frau Kreisarchiv. In: Mitteilungen des Hessischen Museumsverbandes, 15, 1996, S. 35; ein Nachruf erschien ebd., 22, 2002, S. 54.

87 Angelika Baeumerth: Maler heimatlicher Motive in Hessen. In: Hessenpark (Zeitschrift des Freilichtmuseums Hessenpark, Neu-Anspach) 1989, S. 2-25.

88 Vgl. Paul Birkenbach: Künstlerleben – Lebenskünstler. Paul Klüber, Julius von Kreyfelt und das Malerdorf Kleinsassen. Fulda 1994.

89 Alfred Höck: Bemerkungen zur Landschaftsbezeichnung „die Schwalm". In: Zeitschrift des Vereins für hessische Geschichte und Landeskunde, 74, 1963, S. 143-152; wiederabgedruckt in: ders., Hessen – Land und Leute (wie Anm. 46), S. 29-37.

90 Angeführt seien hier v.a. Heft 1: Carl Bantzer, Studien. Bearb. von Angelika Baeumerth, Willingshausen 1990; Heft 2: Adolf Lins. Willingshausen 1991; Heft 5: Ludwig Knaus. Willingshausen1995.

91 Vgl. dazu auch ihre umfassende Studie zu den letzten Trachtenträgerinnen in Hessen – Brunhilde Miehe: Der Tracht treu geblieben. Haunetal 1995.

92 Das ist ein geradezu klassisches Motiv der hessischen Volkskunde, Heimatforschung, Heimatkunst und rechtfertigt es, hier eigens angemerkt zu werden – ein gewissermaßen stereotypisiertes Bild, das bei Justi, Ubbelohde, v. Baumbach, Rumpf u.v.a. auftaucht und einmal einer näheren Betrachtung wert wäre.

93 Petra Naumann-Winter, Andreas Seim: Verwandlung durchs Gewand. Trachtenbegeisterung im Marburg der Jahrhundertwende. Marburg 1996.

94 Bertin Gentges u.a.: Heinrich Will 1895–1943. Leben und Werk. Hrsg. vom Magistrat der Universitätsstadt Gießen und vom Oberhessischen Geschichtsverein Gießen. Gießen 1993.

95 Erst im Spätwerk nach 1945 ist die Hinwendung zu impressionistischen Landschaftsbildern und Stilleben zu bemerken, die vielleicht als Ausdruck einer inneren Distanzierung vom Bauernbild der NS-Zeit gedeutet werden könnten.

96 Stefan Breuer: Ästhetischer Fundamentalismus. Stefan George und der deutsche Antimodernismus. Darmstadt 1995.

97 Vgl. dazu Jost Hermand: Der alte Traum vom neuen Reich. Völkische Utopien und Nationalsozialismus. 2. Aufl. Weinheim 1995.

98 StAMR 180 LA Marburg 3810, Bericht vom 5.2.1938 betr. Arbeitermangel auf dem Lande; vgl. dazu Siegfried Becker: „Landmaschinen gegen Landflucht". Die Mechanisierung der Landarbeit als Übergang vom Agrarstaat zum Industriestaat in der nationalsozialistischen Agrar- und Sozialpolitik. In: Michael Dauskardt und Helge Gerndt (Hrsg.): Der industrialisierte Mensch. Vorträge des 28. Deutschen Volkskunde-Kongresses in Hagen vom 7. bis 11. Oktober 1991. (= Forschungsbeiträge zu Handwerk und Technik, 5) Münster 1993, S. 153-181. Zur politischen Bedeutung der Landräte in der NS-Zeit vgl. Wolfgang Stelbrink: Der preußische Landrat im Nationalsozialismus. Studien zur nationalsozialistischen Personal- und Verwaltungspolitik auf Landkreisebene. Münster – New York – München – Berlin 1998.

99 Vgl. die im Zentralarchiv der deutschen Volkserzählung, Marburg, archivierten Belege 153.247, 153.248, 153.250.

100 25 Jahre Denkmalpflege in Hessen. Hrsg. von der Verlagsgruppe Wiederspahn im Auftrag des Landesamtes für Denkmalpflege Hessen und des Hessischen Ministeriums für Wissenschaft und Kunst, red. von Reinhard Bentmann, Fritz-Rudolf Herrmann, Gerd Weiß. Wiesbaden 1999.

101 Fördervereine und Initiativen in der Hessischen Denkmalpflege. Hrsg. vom Landesamt für Denkmalpflege Hessen, Wiesbaden 2000.

102 Ulrich Schütte: Die Inventarisation der Kulturdenkmäler in Hessen als Problem und Aufgabe für Denkmalpflege und Forschung. In: Hessisches Jahrbuch für Landesgeschichte, 43, 1993, S. 271-288.

103 Vgl. etwa Elmar Altwasser u.a.: Die Limburger Fachwerkbauten des 13. Jahrhunderts. (= Limburg an der Lahn, Forschungen zur Altstadt, 2) Limburg 1997; ders. u.a.: Der Marburger Markt. 800 Jahre Geschichte über und unter dem Pflaster. (= Marburger Stadtschriften zur Geschichte und Kultur, 59) Marburg 1997; Susanne Gerschlauer, Ulrich Klein: Die ehemaligen Synagogen im Landkreis Marburg-Biedenkopf. Marburg 1999.

104 Wolfgang Fritzsche: Hausbau und obrigkeitliches Handeln in den nassauischen Landesteilen von 1465 bis 1866. Weimar 1997; vgl. auch ders.: Die Einführung des riegellosen Fachwerks in Nassau-Dillenburg. In: Arbeitskreis für Hausforschung (Hrsg.): Zur Bauforschung im Rheinland. (= Berichte zur Hausforschung, 5) Marburg 1998, S. 204-214.

105 Vgl. dazu den Bericht von Hans Ramge: Sprachliche Landesforschung in Hessen. In: Reuling/Speitkamp, Fünfzig Jahre Landesgeschichtsforschung (wie Anm. 15), S. 193-213.

106 Hans Ramge (Hrsg.): Hessischer Flurnamenatlas. (= Arbeiten der Hessischen Historischen Kommission, NF 3) Darmstadt 1987.

107 Vgl. etwa Irene Jung: Flurnamen an der Mittleren Lahn. Eine Untersuchung der historischen und sprachlichen Entwicklung mittelhessischer Flurnamen am Beispiel von 14 Gemarkungen im Gebiet zwischen Gießen und Wetzlar. (= Beiträge zur deutschen Philologie, 61) Gießen 1985; Bernd Vielsmaier: Flurnamen der südlichen Wetterau. (= Quellen und Forschungen zur hessischen Geschichte, 101) 2 Bde., Darmstadt 1995.

108 Bernd Heidenreich und Konrad Schacht (Hrsg.): Hessen. Eine politische Landeskunde. (= Schriften zur politischen Landeskunde Hessens, hrsg. von der Landeszentrale für politische Bildung, 1) Stuttgart – Berlin – Köln 1993.

109 Bernd Heidenreich und Konrad Schacht (Hrsg.): Hessen. Gesellschaft und Politik. (= Schriften zur politischen Landeskunde Hessens, hrsg. von der Landeszentrale für politische Bildung, 2) Stuttgart – Berlin – Köln 1995; darin: Siegfried Becker, Andreas C. Bimmer: Alltagskultur in Hessen, S. 74 – 91.

110 Bernd Heidenreich und Konrad Schacht (Hrsg.): Hessen. Wahlen und Politik. (= Schriften zur politischen Landeskunde Hessens, hrsg. von der Landeszentrale für politische Bildung, 3) Stuttgart – Berlin – Köln 1996.

111 Marita Metz-Becker (Hrsg.): Hebammenkunst – gestern und heute. Zur Kultur des Gebärens durch drei Jahrhunderte. Marburg 1999.

112 Vgl. dazu die Rezension von Bernd Stübing in: Hess.Bll. 34, 1998, S. 211-214.

113 Auf Phänomene dieser Gegenbewegung zur „Globalisierung" in Regional- und Lokalkulturen hat kürzlich hingewiesen Leander Petzoldt: Folklore zwischen Globalisierung und Kommerzialisierung. In: Lares, 55, 1999, S. 5-18. Und schließlich dürfen wir vom Tagungsband des 2001 in Jena unter dem Titel „Komplexe Welten" durchgeführten Kongresses der DGV auch Interpretationsansätze dazu erwarten.

114 Vgl. dazu: Ansprache der Hessischen Ministerin für Wissenschaft und Kunst Ruth Wagner anläßlich der Eröffnung des 1. Forums für geschichtliche Landeskunde 2001 in Kassel. In: Mitteilungen des Vereins für hessische Geschichte und Landeskunde e.V. Kassel, 40, 2002, S. 21-25.

115 Vgl. dazu Ulrich Ammon: Gesetzmäßigkeiten der Standardisierung. And the winner takes

it all: Eine Wiener Tagung über die Dominanz des Englischen in der Wissenschaft. In: Frankfurter Rundschau, 19.06.2001.

116 Vgl. Beate Binder, Wolfgang Kaschuba, Peter Niedermüller (Hrsg.): Inszenierungen des Nationalen. Geschichte, Kultur und die Politik der Identitäten am Ende des 20. Jahrhunderts. (= Alltag und Kultur, 7) Wien – Köln – Weimar 2000.
117 Jörn Rüsen: Zerbrechende Zeit. Über den Sinn der Geschichte. Köln – Weimar – Wien 2001.
118 Claudia Koch-Arzberger, Klaus Böhme, Eckart Hohmann, Konrad Schacht (Hrsg.): Einwanderungsland Hessen? Daten, Fakten, Analysen. Opladen 1993.

Adresse der Autors:

PD Dr. Siegfried Becker
Institut für Europäische
Ethnologie/Kulturwissenschaft
Biegenstr. 9
35032 Marburg

Richard Jeřábek

Volkskundliche Zeitschriften aus den Böhmischen Ländern, der Slowakei und der Russischen Föderation

Böhmen und Mähren

In den böhmischen Ländern hat die Produktion der Zeitschriften, die größere Aufmerksamkeit der volkskundlichen Thematik gewidmet haben, schon eine mehr als zweihundertjährige Tradition. Die ältesten Beiträge über die sogenannten Völkerstämme und ihre Volkskultur wurden vom letzten Viertel des 18. Jahrhunderts bis zu den achtziger Jahren des 19. Jahrhunderts, d.h. aus dem vorwissenschaftlichen Zeitabschnitt, publiziert; zum größten Teil sind sie – wie es in der alten Monarchie üblich war – in deutscher Sprache erschienen, selbst wenn die Arbeiten von tschechischen Autoren stammen. Fast alle wichtige Arbeiten sind in originaler Fassung, gegebenenfalls auch in tschechischer Übersetzung neu herausgegeben[1]. Die volkskundliche Zeitschriftenproduktion seit der Hälfte des 19. Jahrhunderts registrieren die bibliographischen Verzeichnisse[2], eine Übersicht der Weiterentwicklung und Rahmenbewertung beinhaltet einer von den Beiträgen über die heimatkundlich und regional eingestellten Zeitschriften aus Mähren[3].

Als unvergleichlich geringer erweist sich in verschiedenen Bibliographien der volkskundliche Anteil im Inhalt der heimatkundlichen Periodika in Böhmen. Nur ausnahmsweise findet man ein eingehendes Verzeichnis vor, wie z.B. eine retrospektive volkskundliche Bibliographie vom Prager Umkreis[4].

Einen Zugang zu den Beiträgen in den verschiedenen volkskundlichen Zentralzeitschriften der böhmischen Länder seit Ende des 19. Jahrhunderts übermitteln die Gesamt- oder Teilbibliographien. Während die ältesten Jahrgänge der Zeitschrift *Český lid* in einem Verzeichnis systematisch geordnet wurden,[5] fehlt für das zweitwichtige Organ der Ethnographie und vor allem für die slawische vergleichende Folkloristik – *Národopisný sborník českoslovanský* (Tschechoslawische Volkskundliche Sammelschrift), die zunächst im Jahre 1897 erschien und im Jahre 1906 als *Národopisný věstník českoslovanský* (Tschechoslawische Volkskundliche Mitteilungen) umbenannt wurde, bis heute ein bibliographisches Hilfsmittel.[6] In allen tschechischen volkskundlichen Zeitschriften dienen zur Orientierung einesteils die retrospektiven Bibliographien bis zum Jahr 1970,[7] anderenteils die noch immer – mit ziemlich großer Verspätung – fortlaufenden Verzeichnisse.[8] Nach der nazistischen Okkupation und Spaltung der Tschechoslowakei im März 1939 wurden in dem sog. Protektorat Böhmen und

Mähren gar keine volkskundlichen Zeitschriften herausgeben. Erst nach dem Ende des Weltkrieges sind diese beiden Organe erneuert worden.[9] Eine kurze Zeit waren sie von Ideologie und Politik unberührt, doch nach der kommunistischen Machtübernahme des Landes eroberten die linksorientierten orthodoxen Vertreter der frischgebackenen Generation des Prager Lehrstuhls für Volkskunde die Leitung der wissenschaftlichen Institutionen und Zeitschriften. Sie beschäftigten sich mit der damals glühend heißen Thematik und kritisierten alle Abweichungen von der marxistisch-leninistischen Lehre in den Arbeiten anderer Volkskundler in der Zeitschrift *Český lid* (Das tschechische Volk) und in neu gegründeter Zeitschrift *Československá ethnografie* (Tschechoslowakische Ethnographie) als Ausdruck des bourgeoisen Denkens scharf.[10] Fast dasselbe hat sich zwanzig Jahre später nach der sog. Brüderlichen Hilfe der Armeen des Warschauer Vertrags (einschließlich der Armee der Deutschen Demokratischen Republik) in der Tschechoslowakei abgespielt, und wieder hat es auf den Seiten derselben Zeitschrift sein tristes Abbild hinterlassen.[11]

Im folgenden Überblick der tschechischen volkskundlichen Zeitschriften soll in groben Zügen darzustellen versucht werden, wie sich die Lage während der kurzen Zeit nach der **Samtrevolution** im Jahre 1989 grundlegend verändert hat.

1 R. Jeřábek (Hg.): *Počátky národopisu na Moravě (Anfänge der Volkskunde in Mähren). Antologie prací z let 1786-1884 (Anthologie der Arbeiten aus den Jahren 1786-1884).* Strážnice 1997. 412 S.

2 Z.B. V. Karbusický: *Soupis etnografických a folkloristických příspěvků v Časopise Českého muzea 1827-1940 (Verzeichnis ethnographischer und folkloristischer Beiträge in der Zeitschrift des Tschechischen Museums 1827-1940).* Bibliografická příloha Zpráv SČN a SNS Nr. 3, 1961; A. und R. Jeřábkovi: *Soupis etnografických a folkloristických příspěvků v Museum Franciceum Annales 1895-1898 a v Časopise Moravského musea zemského 1901-1938 (Verzeichnis ethnographischer und folkloristischer Beiträge in Museum Franciceum Annales 1895-1898 und in der Zeitschrift der Mährischen Landesmuseums 1901-1938).* Bibliografická příloha Zpráv SČN a SNS Nr. 4, 1962; J. Kubíček – T. Kubíček: *Národopis na Moravě a ve Slezsku. Výběrová bibliografie (Volkskunde in Mähren und Schlesien. Ausgewählte Bibliographie).* Strážnice 1996, 412 S. (mit dem Vorwort von R. Jeřábek: *Křivolaké a trnité cesty národopisné bibliografie Moravy a Slezska (Krumme und dornige Wege der volkskundlichen Bibliographie Mährens und Schlesiens).* S. 11-14.

3 R. Jeřábek: *Národopis v moravské časopisecké produkci (Volkskunde in der mährischen Zeitschriftenproduktion).* In: Mikulovské symposium 1996. Mikulov 1997, S. 101-107.

4 V. Trkovská: *Články v časopisech vycházejících na území Středočeského kraje v letech 1900-1945 (Beiträge aus den in den Jahren 1900-1945 auf dem Gebiet des Mittelböhmischen Kreises erschienenden Zeitschriften).* Praha 1987, 298 S.

5 *Soupis prací Zíbrtova Českého lidu. Ročník I-XXXII, 1892-1932 (Verzeichnis der Arbeiten im Zíbrt's Český lid).* Bearbeitet von L. Kunz. Praha 1960, 232 S.

6 Es gibt nur *Seznam spolupracovníků a jejich příspěvků v roč.I.-XX. (Verzeichnis der Mitarbeiter und deren Beiträgen im Jahrg. I-XX).* Supplement NVČ 20, 1927, 49 S.

7 L. Kunz: *Česká ethnografie a folkloristika v letech 1945-1952 (Tschechische Ethnographie und Folkloristik in den Jahren 1945-1952).* Praha 1954, 384 S.; H. Müllerová: *Česká národopisná bibliografie za léta 1953-1962 I.-II. (Tschechische Volkskundliche Bibliographie für die Jahre 1953-1962 I.-II.).* Praha 1976, 587 S.; H. Müllerová: *Česká národopisná bibliografie za*

68

léta 1963-1970 (*Tschechische Volkskundliche Bibliographie für die Jahre 1963-1970*). Praha 1978, 390 S.; dazu Polemik von R. Jeřábek: *Bibliografie svérázně selektivní* (*Eine eigenwüchsig selektive Bibliographie*). Národopisná revue 1993, S. 63-64.

8 Česká národopisná bibliografie (*Tschechische Volkskundliche Bibliographie*). Im ganzen gibt es bisher 21 Bände für die Jahre 1971-1993, zusammengestellt aufeinanderfolgend von V. Trkovská, H. Müllerová und E. Hrdá.

9 Siehe z.B. K. Fojtík – O. Sirovátka: *Volkskundliche Forschungen in der Tschechoslowakei seit 1945*. Hessische Blätter für Volkskunde 58, 1967, S. 199-216.

10 O. Nahodil: *Práce J. V. Stalina o marxismu v jazykovědě a některé otázky současné ethnografie* (*Arbeiten J. V. Stalin's über Marxismus in der Linguistik und manche Fragen der gegenwärtigen Ethnographie*). Český lid 6, 1951, S. 6-17; O. Nahodil: *Za nové pojetí národopisné vědy* (*Für eine neue Auffassung der Volkskunde*). Český lid 6, 1951, S. 51-57; O. Nahodil: *Klement Gottwald o pokrokových a demokratických tradicích v dějinách českého lidu* (*Klement Gottwald über die fortschriftlichen und demokratischen Traditionen in der Geschichte des tschechischen Volkes*). Český lid 6, 1951, S. 193-195; O. Nahodil: *J. V. Stalin a současná národopisná věda* (*J. V. Stalin und die gegenwärtige Volkskunde*). Český lid 6, 1951, S. 241-248; O. Nahodil: *Stalinská družba národů jako důsledek Velké říjnové socialistické revoluce* (*Stalinistische Völkerfreundschaft als Folge der Großen Sozialistischen Oktoberrevolution*). Český lid 39, 1952, S. 145-147. Usw. – Dazu siehe R. Jeřábek: *Z Šavla Pavlem?* (*Aus einem Saulus wurde ein Paulus?*). Národopisná revue 1998, S. 52-54.

11 H. Hynková: *K politické a ideologické funkci etnografie* (*Zur politischen und ideologischen Funktion der Ethnographie*). Český lid 59, 1972, S. 195-196; A. Robek: *25. výročí únorových událostí a československá etnografie* (*25. Jahrestag der Februarereignisse und die tschechoslowakische Ethnographie*). Český lid 60, 1973, S. 1-2; A. Robek: *Životní jistoty socialistického způsobu života* (*Lebensgewißheit der sozialistischen Lebensweise*). Český lid 69, 1982, S. 129-130; J. Souček: *Poznámky k aktuálním otázkám teorie a metodologie československého národopisu* (*Bemerkungen zu den aktuellen Fragen der Theorie und Methodologie der tschechoslowakischen Volkskunde*). Národopisný věstník československý 6 (48), 1989, S. 23-29.

ČESKÝ LID (*Das tschechische Volk*), seit 1970 mit Untertitel *Národopisný časopis* (Volkskundliche Zeitschrift), seit 1998 *Časopis pro etnologická studia* (Zeitschrift für Ethnologische Studien) und endlich 2001 mit Nebentitel *Etnologický časopis* (Ethnologische Zeitschrift), herausgegeben als zentrales Organ für die Tschechische Republik vom heutigen Ethnologischen Institut der Akademie der Wissenschaften der Tschechischen Republik, früher Institut für Ethnographie und Folkloristik der Tschechoslowakischen Akademie der Wissenschaften. In der heutigen Konzeption enthält die Zeitschrift folgende Rubriken: Studien und Aufsätze, Gespräche, Konferenzen, Berichte, Besprechungen, gelegentlich auch Supplementa (z.B. 1996 die Einführung in die linguistische Anthropologie, 1997 Europäischer Kulturraum – Einheit in Vielfalt). Redaktion: CZ-110 00 Praha, Na Florenci 3. – Es ist die älteste volkskundliche Zeitschrift in den böhmischen Ländern; sie wurde von Čeněk Zíbrt und Lubor Niederle im Jahre 1891 gegründet wurde. Zwischen den Jahren 1891-1932 sind (mit Unterbrechung während des Ersten Weltkrieges) 32 Jahrgänge erschienen; erneuert erst 1946. Dieser unter der Redaktion von Č. Zíbrt positivistisch orientierten Zeitschrift stand *Národopisný věstník českoslovanský* (Tschechoslawischer Volkskundlicher Anzeiger) seit 1906 gegenüber, der unter der Leitung von Jiří Polívka und Václav Tille mit progressiven, vor allem komparatistischen Methoden arbeitete.

Nach der „brüderlichen Hilfe" der Streitkräfte des Warschauer Paktes im Jahre 1968 wurde von den Organen der Kommunistischen Partei der Tschechoslowakei zum Direktor des Institutes sowie zum verantwortlichen Redakteur der Zeitschrift Český lid einer der führenden Repräsentanten der sogenannten Normalisierung (bzw. Konsolidierung) in den gesellschaftlichen Wissenschaften Antonín Robek ernannt, unter dem der Redaktionsrat aus parteitreuen Mitgliedern zusammengestellt war; irgendwelche von ihnen sind nach dem folgewidrigen politischen Umsturz im Jahre 1989 weiterhingeblieben. Doch ist es in der Richtung der Zeitschrift zu gewissen Veränderungen gekommen.

In den Jahren seit 1990 widmete sich die Zeitschrift teilweise noch immer der eingeführten Thematik (traditionelle Kultur und Lebensweise des tschechischen sowie slowakischen Volkes, wie z.B. Volksbauwesen, u.a. mittelalterliches Dorfhaus, Nahrung als Ethnoidentifikationszeichen, Trachtenforschung, Ikonographie der Volkstrachten, Textilerzeugung, Spitzenwirkerindustrie, Heimatarbeit in Prag, Hinterglasmalerei, Drucke und Holzschnitte, Volkstanz in den Raum- und Zeitveränderungen, Todaustragen, Greuelmärchen als volkskundliches Phänomen, die städtischen Lieder als Folklore, die Wallfahrten im barocken Böhmen, usw.)

Ziemlich große Aufmerksamkeit widmete Český lid der interdisziplinären inländischen Problematik (von der Gestaltung der tschechischen Staatlichkeit bis zur Trennung des tschechoslowakischen Staates, polemisch über Tschechentum), der Slawistik (u.a. der Entstehung und Formierung der nazistischen „Slawischen Forschung" in Prag in den Kriegsjahren 1940-1943), Balkanistik (die tschechischen Volkskundler und die Rhodopen-Problematik) usw., weiters der Geschichte des tschechischen Auswanderungswesens nach Brasilien, Nordamerika (Texas, Nebraska), den tschechischen Missionen in Lateinamerika, den tschechischen Minderheiten in Polen, Bulgarien, Bosnien, Kasachstan, den tschechischen Remigranten vom rumänischen Banat aus, Kasachstan, der Süd- und Westukraine, vor allem aus Wolhynien, Tschernobyl und Weißrussland und deren Adaptierung, der ethnokulturellen Entwicklung der Slowaken in Ungarn und Böhmen, den Traditionen der slowakischen Reemigranten aus Bulgarien, den ethnischen Minoritäten in den böhmischen Ländern (Slowaken, Griechen, Zigeuner/Roma), den tschechischen und slowakischen Neusiedlern in Nordwestböhmen und der örtlichen deutschen Bevölkerung nach dem Jahre 1945, den Beziehungen zur Bevölkerung der Nachbarländer (Slowakei, Österreich, Deutschland), z.B. dem Nationalismus in den tschechischen und deutschen Erinnerungserzählungen, dem Nibelungenlied und der ihm zugeteilten nationalen Rolle, der deutschen Volksmusik in den böhmischen Ländern, dem Dudelsack in Oberpfalz/Bayern, dem Einfluß des deutschen Ethnikums auf das tschechische Volkslied usw.

Nicht eben viele Beiträge befassen sich mit der Geschichte der tschechischen Volkskunde, Ethnographie, Ethnologie und Folkloristik: einerseits gibt es monothematische Hefte anläßlich des hundertsten Jubiläums der Zeitschrift Český lid (1991) und der Tschechoslawischen Volkskundlichen Ausstellung in Prag (1995), andererseits handelt es sich um Medaillons verschiedener Persönlichkeiten der tschechischen Volkskunde, sowohl in der Vergangenheit als auch in der Gegenwart (tschechische Anthropologen im Exil in der Nachkriegszeit, die Forschungen der Tschechen im Ausland, speziell die Arbeiten der tschechischen Kulturanthropologen, Ethnolinguisten u.a. in der Emigration in den Vereinigten Staaten), mehrere sind den terminologischen, theoretischen, methodischen und methodologischen Problemen gewidmet, z.B. den Grundbegriffen der ethnischen Theorie, der Definition und Verwendung des Begriffes Volk in der Ethnographie, neuen historisch-anthropologischen Strömungen in der europäischen Ethnographie (zum Problem der integrierten „historischen Sozialwissenschaft"), einer neuen Dimension für die Ethnographie vom „Kreis" zum „Plektrum," der Ethnogenesis als Ethnopolitik, dem Konzept der Nation und der nationalen Identität (Erforschung und Interpretation der Tradition, Phänomene der Freiheit, Nation und Individuum in der tschechischen Kultur, Studium der Ethnizität – Chicagoer soziologische Schule, die historische und strukturale Anthropologie, Anthropologie und Modernität, Methodik und Methodologie der urbanen Anthropologie, Ethnokartographie, ethnische Stereotypen am Beispiel der tschechischen, jüdischen und Zigeunerkultur und Folklore, Text und seine Interpretation aus der ethnologischen Perspektive, Morphologie des Märchens im Kontext des literaturwissenschaftlichen Denkens, Volksfrömmigkeit, Hermeneutik und Volkskunde) u.a.

Nach den politischen Veränderungen ist infolge der Auslandsreisemöglichkeiten auch die wachsende Teilnahme an der Erforschung der außereuropäischen Nationen und Kulturen zu bemerken. Auf den Seiten der Zeitschrift *Český lid* fallen so verschiedene Beiträge auf, z.B. über die Geschichte und geistiges Leben der Amerikas Urbewohner, über die bildende Kunst der nordamerikanischen Indianern, über die indianischen Reservate in Minnesota, Musikkultur im Süden der USA, Purepetsch-Familie in Mexiko, Anden-Musikanten in Europa und besonders in der Tschechischen Republik, über die Nord-Chanten-Ostjaken in der Uralgebirge, über die Thaiwans einheimischen Stämme, Modernisierung von Papua – Neu Guinea, ja auch über die Moral und den Fußball in Argentinien.

FOLIA ETHNOGRAPHICA – Ethnomuseologisch orientierte Zeitschrift, die als Nachfolger des Jahrbuches Ethnographica (1959-1985) unter dem Titel Folia ethnographica als Supplementum ad Acta Musei Moraviae, scientiae sociales, seit dem Jahre 1986 erscheint. Die einzelnen Hefte enthalten fast ausschließlich Studien und Materialien. Herausgegeben von Etnografický ústav Moravského zemského muzea v Brně. Redaktion: CZ-602 00 Brno, Kobližná 1.

Die Mehrheit der Beiträge in den Jahrgängen 23/24, 1989/90 – 33, 1999, auf die wir in diesem Bericht Bezug nehmen, ist auf die Sammlungen des Museums gerichtet, und zwar auf die Frauenhandarbeit in Handwerken, Gewerben und Hausproduktion aus Mitteleuropa, die Stickereien der Mährischen Brüder in England 1780-1850, Volksstickereien aus Mittelmähren und aus der einstigen deutschen Wischauer Sprachinsel und dem Kuhländchen, auf die gestickte Betttücher aus Nordwestungarn, Kopftracht und -bedeckungen in Mähren, Schlesien und Norwegen, Tauftücher als Zeremoniensymbol, weiters auf die unbekannten Quellen zur Geschichte mährischer Volkstrachten, u.a. im graphischen Werk V. G. Kininger's vom Anfang des 19. Jahrhunderts, auf die Volkstrachtenentwicklung in Südostmähren, Volkstracht und Stickerei der südmährischen

Kroaten, Kindertracht in Mähren und in der lezten Zeit auch die Kleidung der heutigen Jugend als Ausdruck der Generationsidentität. Ähnlich systematisch sind verschiedene Arten der bildenden Kultur bearbeitet: die traditionelle Volkskunst, wie Hinterglasmalerei, bemalte oder strohverzierte Ostereier und Möbel in Mähren, religiöse Skulptur, Malerei und Holzschnitt (im Zusammenhang mit den Wallfahrtstätten der Jungfrau Mariä in Vranov und Křtiny bei Brünn), Blaudruckformen, Butterformen, von Töpfern hergestellte Volksinstrumente, die zeitgenössische dekorative Laienmalerei in Südmähren und naive Kunst. Aus der materiellen Kultur kommen z. B. die Schmiede und ihr fachliches Schrifttum in Mähren, Fastenformen im Volksmilieu, die Beziehungen der Landbevölkerung zu Anbau und Konsum von Gemüse, Pilze – Fungi und andere Themen vor. Die geistige Kultur und die Sozialkultur repräsentiert die Auswertung der Wallfahrtsforschung, der Bräuche im Lebenslauf bei den südmährischen Kroaten, der Tätigkeit der Hebammen in Böhmen und Mähren, der moralischen und gesellschaftlichen Stellung lediger Mutter, der volkskundlichen und historischen Zusammenhänge des Rosenfestes bei Olmütz, des Friedhofes als eines Ortes des Zusammentreffens zweier Welten; dazu lassen sich auch die Beiträge nennen über die Cyrillomethodische Feier in Brno im Jahre 1863, Bräuche und Feste zum Jubiläum der Tschechoslawischen Volkskundlichen Ausstellung in Prag, „Das mährische Jahr" des Brünner Sokol-Turnvereins, über Hopfenbau und Hopfenfeste usw., Reigen und Tanzspiele in der Brünner Gegend, das sog. Haustheater am Anfang des 19. Jahrhunderts, die Traditionen der Brünner Bürgerschaft und Bürgerfamilien als Mittel der Entfaltung des Nationalbewußtseins oder das Bild des Lebens einer Bauernfamilie in der Brünner Vorstadt. Zu der historiographischen Problematik äußern sich die Beiträge über die sog. Olmützer Volkskundliche Gruppe in den achtziger Jahren des 19. Jahrhunderts, über die Volkskultur der böhmischen Länder in österreichischen Volkskundlichen Museen, über den Beistand des Prager Amerikanischen Damenklubs und des Haushaltvereins zur Frauenemanzipation. Der aktuellen Thematik, die sich den zeitgenössischen Tendenzen und Konzeptionen nähert, sind die Beiträge zur Frage der Ethnizität der jugoslawischen Tschechen in Kroatien und zum Wandel der Volkstraditionen tschechischer Remigranten von Wolhynien gewidmet.

ETHNOLOGIA EUROPAE CENTRALIS mit dem Untertitel *Časopis pro národopis střední, východní a jihovýchodní Evropy* (Zeitschrift für die Volkskunde der Mittel-, Ost- und Südosteuropa, seit dem 2. Jahrgang ohne Ost- und Südosteuropa, doch gibt es weiterhin Beiträge mit der südosteuropäischen Thematik) darf man als eine „Zeitweisezeitschrift" bezeichnen: bisher sind nur 4 Nummer in den Jahren 1992, 1994, 1996 und 1999 erschienen. Die Nr. 1 und 2 wurden durch Verlagsgesellschaft Regio, die Nr. 3 durch Verlag Petrov und die Nr. 4 als Privatdruck (J. Faimonové 10, CZ-628 00 Brno) herausgeben. Gliederung der Nummern: Studien, Materialien, Medaillons und Jubiläen, Konferenzen, Buchbesprechungen und Referate.

Den Inhalt kann man in groben Zügen in drei Bereiche gliedern: 1. Theoretische Versuche (Beziehung der konstituierten Sozialanthropologie zur Ethnologie in der ehemaligen Tschechoslowakei, Konstituierung des Zeichens für die Identifizierung der ethnischen Gruppe) und ihre praktische Verwendung (Kulturraum Mittel- und Südosteuropas, Definition der ethnologischen Zonen im Zusammenhang mit dem Haushalt in Rumänien, ethnographische Gruppen und Regionen in der Slowakei), 2. Traditionelle Volkskultur (Die Rolle des Vorhauses in der Polygenesis der Wohnung in Mitteleuropa, Volksbauwesen in Böhmen, gemeinsame und unterschiedliche Merkmale der traditionellen Baukultur des Donaugebietes in den Stadtrandsiedlungen von Bratislava, Bemerkungen zum Alltag im zweisprachigen Grenzgebiet in Südmähren im 20. Jahrhundert, Hochzeitszeremonie in den böhmischen Ländern, Fasching in der ehemaligen Tschechoslowakei, J. Polívka und die mazedonische Volksprosa), 3. Die Tschechen und Slowaken im Ausland (Emigration nach Nebraska im 19. Jahrhundert und nach Chaco in Argentinien).

NÁRODOPISNÁ REVUE (*Volkskundliche Revue*) erscheint als Nachfolger der älteren Zeitschrift Národopisné aktuality (*Volkskundliche Aktualitäten*), deren von R. Jeřábek zusammengestellte Bibliographie die Jahrgänge 1, 1964 – 20, 1983 umfaßt (Strážnice 1987); in Vorbereitung befindet sich neues bibliographisches Verzeichnis aller Jahrgänge dieser nach 1991 eingestellten Vorgängerzeitschrift, das im Jahre 2002 als selbstständiges Heft erscheinen soll.

Národopisná revue, die seit dem Jahre 1990 durch das vom Kulturministerium der Tschechischen Republik direkt besorgtes Institut für Volkskultur in Strážnice in Mähren veröffentlicht wurde, diente ganz spontan auch nach der Verteilung der ehemaligen Tschechoslowakei im Jahre 1992 als Zentralorgan für die tschechische und auch für die slowakische Volkskunde. Der damalige Direktor des Instituts und Gründer dieser Zeitschrift J. Jančář umgab sich mit den nähsten Freunden und Kollegen aus den Brünner Arbeitsstellen, vor allem aus dem Institut für Europäische Ethnologie der Masaryk-Universität, dem Ethnologischen Institut der tschechischen Akademie der Wissenschaften und dem Ethnographischen Institut des Mährischen Landesmuseums, die bis heute den Kern der Beiträger und teilweise auch der Redaktionsratsmitglieder bilden. Adresse der Redaktion: Ústav lidové kultury, Zámek 672, CZ-696 62 Strážnice. Tschechische Republik.

Als die einzige von den tschechischen Zeitschriften beschäftigt sich *Národopisná revue* systematisch mit der Rolle der zeitgenössischen Volkskultur, einschließlich der Produkte des Folklorismus in allen Formen. Ziemlich große Aufmerksamkeit ist der theoretischen, methodischen, methodologischen und historiographischen Problematik des Faches gewidmet. Im Speziellen handelt es sich um Beiträge über verschiedene Fachbegriffe, wie z.B. über die antiquierte Trichonomie – materielle, geistige und gesellschaftliche Kultur, über die Inhalte des Begriffs Tradition, über die älteste Verwendung des Wortes Folklorismus in der ersten Dekade des 20. Jahrhunderts in den böhmischen Ländern und auch in Serbien, weiters um die neue Wertung verschiedener schriftlicher oder bildnerischer, bzw. ikonographischer Quellen. Eine eindrucksvolle gleichartige Zusammenstellung bilden die Studien über die ethnische und ethnographische Rayonisierung und kulturelle Differenzierung Mährens und Schlesiens, über die ethnischen Minoritäten in Mitteleuropa usw. Andere Gruppen sind thematisch angeordnet und beinhalten mannigfaltige Beiträge über die Volksbaukunst, verschiedene Beschäftigungen, traditionelle Volksnahrung, Volkstracht, Volksreligiosität, vor allem das Wallfahrtswesen, traditionelle sowie zeitgenössische bildende Kultur des Volkes, über die Volksdichtung, -musik und -tanz. Aus der Tatsache, daß der Verleger dieser Zeitschrift die größte Folkloreveranstaltungen in den böhmischen Ländern organisiert und verwirklicht, geht seine Bemühung hervor, möglichst viel zu der Problematik des Bühnenfolklorismus beizutragen; dazu kommen noch viele konkrete Begleiterscheinungen, wie z.B. aus dem Bereich der Professionalisierung und Kommerzialisierung der Volkskultur, des juristischen Schutzes der Sammler, Ausrichter und Interpreten der Folkloregenres, vor allem der Volksmusik in den staatlichen und privaten Medien; dazu war auch die umfangreiche Enquête über die Beliebtheit und Deutung der Volkskultur in der Gegenwart vorausbestimmt, in der u.a. manche Persönlichkeiten des öffentlichen Lebens, der Kunst und Literatur zu Wort gekommen sind. Als nur zeitbedingt und tributpflichtig scheinen die Beiträge über die Unterstützung der Volkskultur seitens der internationalen Organisationen, wie z.B. UNESCO, zu sein.

Národopisná revue erscheint vierteljährlich, zeitweise in Doppelnummern. In der heutigen Konzeption sind die einzelnen Nummer in folgende Rubriken gegliedert: Studien und Fachartikel, Gespräche, Veränderungen der Tradition, Rückblicke, Gesellschaftliche Chronik, Diskusion, Konferenzen, Ausstellungen, Berichte, bzw. kurze Mitteilungen, Festivals, Konzerte und Folkloreschauen, Bücherbesprechungen, gelegentlich noch „Errata", d.h. Berichtigungen verschiedener Fehler in den wissenschaflichen Veröffentlichungen, und „Verluste und Funde," d.h. kommentierte neugefundene ältere Aufsätze, Korrespondenz usw.; nicht immer sind alle diese Rubriken vertreten. Manche Nummern sind durch selbständige Fotobeilagen bereichert, die aus den historischen Fotodokumenten der Volkskultur und -lebensweise oder aus neuen Kollektionen der besten heutigen Fotoreporter und -künstler zusammengestellt sind. Jede Nummer ist mit einer kurzen Gesamtzusammenfassung in Deutsch und Englisch ausgestattet.

Seit dem Jahre 1991 ist die Zeitschrift Národopisná revue durch die unregelmäßig herausgegebene Bibliographische Beilage vervollständigt, die bisher 14 Hefte der Personalbibliographien der tschechischen Forscher umfaßt (A. Václavík, R. Jeřábek, Z. Jelínková, J. Gelnar, O. Sirovátka, V. Frolec, J. Jančář, J. Jech, J. Tomeš, M. Ludvíková, J. Kramařík, J. Vařeka, D. Stránská, H. Laudová) und ein Heft bringt das vollständige Verzeichnis der Beiträge in der *Národopisná revue* aus den Jahren 1990-2000.

CARGO – časopis pro kulturní/sociální antropologii (CARGO – Zeitschrift für Kultur/Sozialanthropologie) ist die jüngste von den der Ethnologie verwandten tschechischen Zeitschriften. Sie wurde von den Studenten des Instituts für Ethnologie an der Philosophischen Fakultät der Karls-Universität in Prag im Jahre

1998 als „Zeitschrift (nicht nur) für Ethnologie" gegründet, wie der Untertitel der einzigen Nummer des 1. Jahrganges besagt. Erst in den folgenden Jahren begann Cargo vierteljährlich in Einzel-, bzw. Doppelnummern zu erscheinen. Verleger ist die Bürgervereinigung Cargo publishers mit Unterstützung des Open Society Fund Praha. Adresse der Redaktion: Palackého 12, 110 00 Praha 1.

Durch die Abkehr von der traditionellen volkskundlichen Thematik sowie durch Struktur und unkonventionelle typographische Ausstattung unterscheidet sich diese Zeitschrift sehr markant von allen älteren: inhaltlich und methodologisch neigt sie sich der angelsächsischen Anthropologie zu, vor allem in den theoretischen und methodologischen Beiträgen, von denen einzelne aus der ausländischen Produktion (American Anthropologist; Narody Sibiri, Istorija i kultura; G. Calame-Griaule: La parole chez les Dogons, u.a.) übernommen sind.

Es überwiegt die außereuropäische Thematik, z.B. Paschtunen in Belutschistan, Dogons in Mali, die Vereinbarung der Eheschließung in Indien, die Kanaken in Neu Kaledonien, die Population im Paraná-Gebiet in Amazonien, Lacandon-Indianer im mexikanischen Chiapas, der maurische Stil der Jüdischen Synagogen usw.

Aus Europa bringt die Zeitschrift ein buntes Gemengsel an Beiträgen über die Identität der Bretonen, über verschiedene balkanische Fragen, u.a. eine Analyse der gegenseitigen Beziehung zwischen der Ideologie der Arbeit in der rumänischen sozialistischen Presse einerseits und den persönlichen Aussagen der ehemaligen Arbeiterinnen andererseits, weiters handelt es sich um den zeitgenössischen Zustand einer Roma-Kolonie in der Ostslowakei, den Stand der Antropologie in Portugal, um die finnische Folkloristik, tschechische Forschungen in Lappland in der Hälfte des 20. Jahrhunderts, ZOO als Kulturphänomen, etc.

Mehr oder weniger sind damit verschiedene Rubriken ausgenützt: Aufsätze, Interviews, Diskussion, Ex cathedra, Glossen, Bücherservice.

Im großen und ganzen geht es um die Gleichschaltung der Kultur- und Sozialanthropologie einerseits und um die Formung des integralen Studiums des Menschen unter Mithilfe der Soziologie, Ethno- und Soziobiologie, Politologie, der symbolischen Anthropologie, kritischen Theologie und vielen anderen, nicht nur gesellschaftswissenschaftlichen Disziplinen andererseits.

Slowakei

In der Slowakei, solange sie bis 1918 als Felföld (Hochland) unter ungarischer Staatshoheit verblieb, gab es gar keine spezialisierte volkskundliche Zeitschrift. Manche Beiträge volkskundlicher Prägung beinhaltet die erste und wichtigste literarische Zeitschrift, die in den Jahren 1846-1853 und wiederum seit dem Jahre 1881 erscheinende – *Slovenské pohľady* (Slowakische Ansichten). Teilweise haben sich die Volkskundler gegen Ende des 19. Jahrhunderts auch in einem anderen Bulletin – Sborník Muzeálnej slovenskej spoločnosti (Sammelschrift der Musealen slowakischen Gesellschaft) in den Jahren 1896-1951 und seit dem Jahre 1962 in Zborník Slovenského národného múzea – Etnografia (Sammelschrift des

Slowakischen Nationalmuseums – Reihe Ethnographie), ja sogar in der tschechischen Zeitschrift Český lid, die seit dem Jahre 1891 erschien, durchgesetzt.

Das erste Organ, das ausschließlich ethnographische und folkloristische Beiträge veröffentlichte, war die durch die Volkskundliche Sektion der Kulturinstitution Matica slovenská in Martin in den Jahren 1939-1947 (Jahrg. 1-8) und durch Národopisný ústav SAVU (Volkskundliches Institut der Slowakischen Akademie der Wissenschaften und Künste) in Bratislava in den Jahren 1950 und 1952 (Jahrg. 9-10) herausgegebene Zeitschrift – Národopisný sborník (Volkskundliche Sammelschrift).[1]

Erst seit dem Jahre 1953 existiert die Zentralzeitschrift Slovenský národopis (Slowakische Volkskunde), die bisher 49 Jahrgänge beinhaltet.[2] Außerdem gibt es noch ein unperiodisches Bulletin *Národopisné informácie* (Volkskundliche Informationen), das seit 1969 durch Národopisný ústav (Volkskundliches Institut), jetzt Etnologický ústav SAV (Ethnologisches Institut der Slowakischen Akademie der Wissenschaften) und endlich seit 1979 durch die Slowakische Volkskundliche Gesellschaft veröffentlicht wurde. Zu diesen Zeitschriften kam im Jahre 1969 ein slawistisches Jahrbuch – *Ethnologia Slavica*, seit 1992-1993 *Ethnologia Slovaca et Slavica*, hinzu.[3]

Mit dem Unterschied davon, daß in den während des Zweiten Weltkrieges okkupierten böhmischen Ländern alle tschechische Hochschulen versperrt wurden, in der klerofaschistischen Slowakischen Republik, die sich im Jahre 1939 von der Tschechoslowakei abgetrennt hat, funktionierten die Hochschulen ununterbrochen weiter und auch die Herausgabe der slowakischen Bücher und Zeitschriften blieb unberührt.[4] Nach der kommunistischen Machtübernahme im Februar 1948 bezahlte auch die slowakische Volkskunde ihre Steuer der neuen Ideologie und Politik in Form der Teilübernahme marxistisch-leninistischer, bzw. sowjetischer Konzeptionen. Die Volkskunde, wie alle andere Geistes- und Sozialwissenschaften in den sogenannten sozialistischen Ländern, war von ideologischen Deformationen gebrandmarkt, vor allem in den Arbeiten über die Theorie, Methodologie und Historiographie der Wissenschaft.[5]

Eine systematische Übersicht der publizierten volkskundlichen Arbeiten in der Slowakei bringen verschiedenartige bibliografische Behelfe.[6]

---

1 R. Žatko: *Register Národopisného sborníka I.-XI. 1939-1952 (Register des Národopisný sborník I.-XI. 1939-1952)*. Slovenský národopis 2, 1954, S. 410-420.

2 M. Kubová: *Register časopisu Slovenský národopis. Ročníky I-XXV, 1953-1977 (Register der Zeitschrift Slovenský národopis. Jahrgänge I-XXV, 1953-1977)*. Bratislava 1978, 64 S.

3 Index Ethnologia Slavica. Vol. I-XX, 1969-1988 (Zusammengestellt von P. M. Stano). Bratislava 1990, 14 S.

4 So ist z.B. das Werk Slovenská vlastiveda (Bratislava 1943) auch in der deutschen Fassung Slowakische Volkskultur (Bratislava – Pressburg 1943) gleichlaufend erschienen.

5 A. Melicherčík: *Proletársky internacionalizmus a národná kultúra (Der proletarische Internationalismus und die Nationalkultur)*. Slovenské pohľady 65, 1949, S. 476-485; A. Melicherčík: *Československá etnografia a niektoré jej úlohy pri výstavbe socializmu*. Národopisný sborník 9, 1950, S. 25-36; S. Kovačevičová: *Význam Marxovho „Kapitálu" pre skúmanie ľudovej kultúry na Slovensku (Die Bedeutung von Marx's „Kapital" für die Erforschung der*

Volkskultur in der Slowakei). Slovenský národopis 4, 1956, S. 597-601; V. Frolec: *Socialistická dedina – miesto a význam tradícií v spôsobe života a kultúre pracujúcich (Sozialistisches Dorf – Stellung und Bedeutung der Traditionen in der Lebensweise und Kultur der Arbeitenden).* Slovenský národopis 32, 1984, S. 369-370.

6 P. Stano – R.Žatko: *Národopisná literatúra na Slovensku za roky 1901-1959 (Volkskundliche Literatur in der Slowakei für die Jahre 1901-1959).* Martin 1989, 797 S.; M. Kubová: *Bibliografia slovenskej etnografie a folkloristiky I.-V. za roky 1960-1990 (Bibliographie der slowakischen Ethnographie und Folkloristik I.-V. für die Jahre 1960-1990).* Bratislava 1971, 1979, 1984, 1986 und 1994; dem deutschsprachigen Leser bietet sich ein ausgewähltes Verzeichnis von G. Jarosch an: *Bibliographie der tschechischen und slowakischen volkskundlichen Literatur 1945-1956.* Zeitschrift für Slawistik 2, 1957, S. 437-457 und 561-586.

SLOVENSKÝ NÁRODOPIS (Slowakische Volkskunde) wurde im Jahre 1953 – kurz nach der Errichtung des damaligen Instituts für Volkskunde der Slowakischen Akademie der Wissenschaften – gegründet. Seit dieser Zeit erscheint sie viermal, event. achtmal jährlich als zentrale Zeitschrift für die Volkskunde, Folkloristik, bzw. Ethnographie/Ethnologie in der Slowakischen Republik; hier und da reihen sich auch Beiträge ausländischer, insbesondere tschechischer Autoren ein. Redaktion: Etnologický ústav SAV, SK-800 00 Bratislava, Jakubovo nám. 12.

Regelmäßige Rubriken: Studien, Diskussion, Interviews, Materialien, Rundblicke – Nachrichten – Glossen, Rezensionen – Annotationen. Manche Studien sind in englischer, nur selten in deutscher Sprache publiziert, fast alle umfangreichen Abhandlungen sind mit zumeist englischen Zusammenfassungen versehen. Diese Zeitschrift, ebenso wie die ganze slowakische Volkskunde, die seit dem Jahre 1948 nach sowjetischem Muster sozialistische Konzeptionen bereitwillig übernahm, hat sie nach dem politischen Umsturz im November 1989 abgelegt und für ihren weiteren Aufschwung nahm sie geschickt die kultur- und sozialanthropologische Tendenzen als Ausgangspunkte an. In den Jahrgängen 38(1990) – 49(2001) hat sie ein breites, sozusagen interdisziplinäres Forschungsfeld in Beschlag genommen. Es sind im Zusammenhang mit der Modernisierung des Faches verschiedene neue Disziplinen ans Licht gekommen, wie z.B. die interpretative Ethnographie und theoretische Anthropologie, environmentale Ethnologie, Kulturökologie oder Ethnoökologie, Anthropogeographie der Religionen; demgegenüber wurden die älteren Theorien und Methoden, z.B. „Wörter und Sachen," der Kritik unterworfen. Aus dem Bereich der Methodologie sind die Anfänge des funktionalen Strukturalismus in der Slowakei sowie die historisch-vergleichenden Verfahren neu gewertet. An diese Thematik knüpfen die historiographische Analysen der Quellen über die Entwicklung der slowakischen Volkskultur in der Zwischenkriegszeit an, die Überlegungen über die Beziehungen zwischen Politik und Folklore, u.a. am Beispiel M. R. Štefánik's als Symbol und Mythos in der modernen slowakischen Geschichte und in der Oraltradition des slowakischen Volkes.

Als eine der außerordentlich beteutungsvollen Fragen scheint auf den Seiten dieser Zeitschrift die Problematik der Ethnizität zu sein, und zwar die Reflexion des eigenen und des fremden Ethnikums, u.a. in der Oraltradition der deutschen Bevölkerung im Slowakischen Erzgebirge, weiters die allgemeinen Gesetzmäßigkeiten der Völkerentwicklung, die Ethnogenesis der Slowaken, die sozial- und ethnonationale Identität in der Slowakei im 19. und 20.Jahrhundert, die historischen Oraltraditionen als Faktor der sozialen und ethnischen Identifikation. Dazu gehören noch andere konkrete Themen, wie Nationalismus in Mittelosteuropa, kleine ethnische Gruppen, slowakische Minoritäten im Ausland sowie andersnationale Minderheiten in der Slowakei, Migrations-, bzw. Emigrationswege der slowakischen Juden, jüdische Kommunität und ihre traditionellen Feste, Totenlieder, Begräbnisbräuche usw., demographische Untersuchung und ethnische Indentität der Zigeuner-Roma in Zips, Polemik über die brennende und bisher ungelöste Frage der nationalen Zugehörigkeit der Karpatorussen, die Erforschung des ungarischen Elements in der Südslowakei, Integrations- und Desintegrationsbemühungen der zersplitterten deutschen Bevölkerung in der Südwestslowakei, Charakter der Volkskultur in den ehemaligen deutschen Siedlungen in der Slowakei usw.

Die überwiegende Anzahl der Beiträge behandelte die traditionelle slowakische Volkskultur und Lebensweise: aus dem Bereich der materiellen Kultur gibt es Aufsätze über den Reflex der Sozialstruktur in der Bau- und Wohnkultur des Dorfes, die traditionelle Formen der landwirtschaftlichen Arbeiten, die Transformationsperipetien und Diskontinuitäten in der Entwicklung der Landwirtschaft, die Ackerbauökonomik im Lichte der Bewertungen, Ökologie in der sich wandelnden sozioökonomischen Lage, die Dorfgemeinschaft im Prozeß der Transformierung, die verschiedenen Handwerkerzünfte, über die Volkskost, das globale Phänomen der zeitgenössischen Verpflegung, aus dem Bereich der Sozialkultur über die Gestalten der Armut, die Bettelleute als eine gesellschaftliche Gruppe, Kontakte der alten Leute, über die Stellung und Funktion der Nachbarschaftsgruppen und Dienstbarkeiten in den lokalen Gemeinschaften, der alten Leute im Familien- und Gesellschaftsleben, über die Symbole der Jungfräulichkeit in den Hochzeitsritualen, über die Profession der Hebammen im kulturhistorischen Kontext usw.; im Bereich der geistigen und Brauchkultur geht es um verschiedene Sitten und Bräuche, um die Volksreligionen, die interkonfessionellen Beziehungen, die Verhältnisse zwischen dem Profanen und Sakralem in den Riten und in den Arten des feierlichen Begehens, um die nichttraditionelle Konfessionen und illegales Sektenwesen, Wirkung der slowakischen Missionen, Ursprung des Reliquienkultes, Phänomenologie des Wallfahrtswesens und um die mit ihm verbundenen musikalischen, wortkünstlerischen und bildnerischen Äußerungen, Ikonographie, Symbolik und Ornamentik, verschiedenartige Gebilde der mündlichen Volksüberlieferung, wie z.B. eschatologische Legenden und Sagen, die erotischen Genres der Folklore, Hochzeitslieder, -musik, -tänze und -masken, Bänkellieder, ethische Prinzipien des Familienlebens in den slowakischen Märchen, Inhalte und Formen der slowakischen Ballade, Übergangsrituale in den Zaubermärchen, Kategorien der Vergangenheit in der Erzählerstrategie, Ethnomedizin und magische Vorstellungen, Ethnomusikologie einschließlich der Ethnoorganologie, slowakische Volkskunst im europäischen Kontext und neuzeitliche bildnerische Aktivitäten.

Ziemlich große Aufmerksamkeit zielt auf die Erforschung der Lebensweise und Kultur in der Stadt und in den Industriezentren, auf die Humanisierung des

Lebensmilieus in einer Vorstadt am Rande der Hauptstadt Bratislava, auf die Interpretation des Lebens der städtischen Gewerbe- und Mittelklasse im allgemeinen und der Vereinsmeierei, auf die Werbung als Erkenntnisquelle des Handels, der Kulturinnovationen, z.B. der urbanen Musikstile, der Musikfolklore in Jazz und Popmusik.

Die europäische Volkskunde ist vor allem durch die Slavistik vertreten (methodologische Probleme, ethnographische Aspekte und Auswege der zeitgenössischen Slavistik und theoretisch-methodologische Aspekte der Formierung der neuzeitlichen slawischen Völker).

Die außereuropäische Ethnologie ist durch seltene und gelegentliche Beiträge vertreten (die Veränderungen der traditionellen Beziehung zwischen dem afghanischen Mann und der Frau infolge des Bürgerkrieges, Magie im Leben der kaukasischen Völker, religions-mythologische Vorstellungen mit Bezug auf die Irrigationssysteme in Transkaukasien, Kult der Sonne und des Feuers in Armenien, ethnographische Zugehörigkeit der jungen Wähler im brasilianischen Wahlakt in der Hälfte der neunziger Jahren des 20. Jahrhundert, rituale gesellschaftliche Stellung der Frau bei den Maya-Lacandon-Indianen, Alimentationstabu in den Religionssystemen der ganzen Welt, frühe Kontakte der Europäer mit der Bevölkerung Ozeaniens und Japans, die Entstehung der Welt nach der polynesischen und japanischen Mythologie, der Anteil der Slowakei an der Erforschung der asiatischen und afrikanischen Länder.

ETHNOLOGIA SLAVICA, ist seit dem Doppeljahrgang 24/25 (1992/1993), der kurz nach dem Selbständigwerden der Slowakei erschien, auf ETHNOLOGIA SLOVACA ET SLAVICA erweitert worden. Diese Zeitschrift wurde als ein internationales Organ für die slawistische Ethnologie, bzw. ethnologische Slawistik im Jahre 1969 gegründet und erschien üblicherweise einmal im Jahr. Ihr Herausgeber war die J. A. Komenský-Universität in Bratislava für die Philosophische Fakultät; seit dem Jahre 1998 erscheint die Zeitschrift nicht mehr. In unserem Beitrag wird der Gesamtinhalt der bisher letzten sechs Bände oder Doppelbände, durch die Thematik einzelner Beiträge kurz charakterisiert. Es handelt sich um die Jahrgänge 21, 1990 – 28/29, 1996/1997 (auf der Titelseite sind irrtümlich die Jahre 1966/1997 datiert), mit den regelmäßigen Rubriken: Studien, Diskussion, Geschichte der slawischen Ethnologie, Biographien, Informationen, Besprechungen. Alle Beiträge sind in den Weltsprachen (Englisch, Deutsch, Französisch, Russisch) mit verschiedenen Zusammenfassungen nach dem Urtext des Beitrags veröffentlicht.

Es überwiegt die gemeinslawistische, eventuell auch karpato-balkanische Problematik, wie im ganzen genommen (Ethnogenese der Slawen und das indogermanische Problem, Probleme und Ausgangspunkte zur Ethnogenese der Slowaken, u.a. dem linguistischen Aspekt aus, die slawisch-slowakische Siedlungskontinuität im 9.-11. Jahrhundert usw.), so auch auf einzelne ethnogeographische Gebiete gerichtet (ethnische Zugehörigkeit der Besiedler der ukrainischen Karpaten im 14.-16. Jahrhundert, die Formen der Kooperation in der Gemeinschaft der Goralen in Polen, die Kroaten in der Slowakei, Artikulation der Identität der slovenischen Landgemeinschaft, das mährische historische Bewußtsein und die tschechische Nationalität), oder auf verschiedenartige Sachgebiete mit der Aufmerksamkeit auf die ethnokulturelle Kontakte und gegenseitige Einflüsse berichtet (die traditionellen Arten des Austretens der Getreide durch Rinder im slowakisch-madjarischen ethnischen Grenzgebiet, Ernte und Erntegeräte der Slawen bis zum Beginn des 15.Jahrhunderts, die Erntegeräte und –techniken in der Slowakei, die Erntegerätschaften und Techniken – das Mähen mit der Sichel – in der Slowakei und deren karpatisch-balkanischer Kontext, Sensen und Heumahd bei den Slawen bis Anfang des 15.Jahrhunderts, Trocknungsgerüste für Futtergras im Karpatenbecken, traditionelle Namen der Schafe als Bestandteil der Hirtenkultur in den Karpaten, der bulgarische Gartenbau in Europa, Gefäße und Arten zum Transportieren von Wasser in Bulgarien, kulturräumliche Beziehungen in der Entwicklung des ländlichen Hauses in der karpato-balkanischen Region, Wurzeln und Änderungen der Architekturtradition artikularer Holzkirchen, die bulgarische Renaissancezeit und ihre Wohnarchitektur, über einige brachliegende ikonographische Quellen zur Volkstrachtenforschung in Slowenien in der ersten Hälfte des 19.Jahrhunderts, traditionelle Kopfbedeckungen der Ukrainer in der Karpatenregion im 19. und am Anfang des 20. Jahrhunderts, das Durchdringen der kulturellen Einflüsse in der Leinenerzeugung in Bezug auf die orientalischen Elemente in Serbien, die slowakischen Musterblätter im mitteleuropäischen Kontext, slawistische Aspekte in der Ethnographie und Mythologie der slowakischen Wiedergeburt, die Ethnodämonologie im Kontext der ethnischen und sozialen Kategorien, die Typologie der Ritualmodelle, Ursprung der altslawischen Zeremonie „der Sonne nach," Reflexion der archaischen Zeremonien in der Dichtung der ukrainischen Karpaten, die Integrationsfunktion der Bräuche und Sitten bei der Geburt des Kindes, Heirat in der Familien- und Sozialbeziehung, Methodologie des Studiums der slawischen Hochzeitsbräuche, Geschenk als Statussymbol in Vergangenheit und Gegenwart, die Klassifizierung des Geschenks in der tschechischen Volkskultur, kulturelle Funktion ethnologischer Signifikationen des Geschenkes, System und Funktion der Hochzeitsgeschenke, Geschenk und Bewirtung in den Bräuchen beim Ausbau des neuen Hauses, Grabbeigaben bei der Beisetzung Verstorbener, das Oster- und Pfingstreiten, die mit den traditionellen Organisationen der Jugend verbundenen Feierlichkeiten bei den Westslawen, die Folkloristik zur Zeit ihrer Gründung, tschechische, slowakische und polnische Volksprosa, slawistische Aspekte beim Studium der slowakischen Volksmärchen, das „Christliche" und „Heidnische" in den russischen Folkloretexten, die Gestalt des Todes in den Volkserzählungen, die theoretischen Aspekte der slowakischen Parämiologie im 19. Jahrhundert, das obersorbische Sprichwortgut als historisches Material, literarische Erzählung auf der Bühne, die Beziehungen zwischen der tschechischen und slowakischen Volksdichtung, polnische Volkslegenden über die Bäume der Seligen und der Verfluchten mit den damit verbundenen Äußerungen des Glaubens, die Thematik der slowakischen Bergmannslieder im interethnischen Kontext, morphologische Analyse der Volksballadentexten nach Propp's System, die Hirtenlieder in der Slowakei und ihre Stelle in Mitteleuropa, die fahrenden Bettelsänger als soziale Gruppe und ihre Funktionen in der Gesellschaft, traditionelle Formen des naturalen Lohnes der Gemeindediener in der Slowakei, die Herkunft der Böttchergesellen im Bratislava des 17.-19. Jahrhunderts, usw.).

Außerdem gibt es in fast jedem Band Auskünfte zur Geschichte der slawischen Ethnologie (über Formen, Methoden und Ziele des Hochschulstudiums der Volkskunde, Beiträge zur Gründung und Entwicklung der volkskundlichen Lehrstühle in Bratislava und Brno, historiographische Beiträge über die Institutionen und Persönlichkeiten, Besprechungen der ethnographischen Atlanten der Slowakei, Jugoslawiens, Ungarns, Österreichs und Materialien aus der internationalen Konferenz „Ethnographischer Atlas Europas" im Jahre 1990).

Russische Föderation

Die Zeitschriftenproduktion war in Rußland von Anbeginn an zentralisiert. Die Anfänge fallen in die Jahre 1889 in Moskau, 1890 in St. Petersburg und 1896 in Lemberg (Lwow) zurück. (Unter dem Titel *Etnografičeskoje obozrenije* ließ sich schon im Jahre 1889 eine Idee zur Gründung der ältesten russischen Zeitschrift erfüllen). In den älteren Veröffentlichungen mischt sich die Ethnographie mit der Geographie, Archäologie, Sprachwissenschaft – einschließlich Dialektologie – usw. In manchen Provinzstädten sind in sehr verschiedenem Maße und Qualität eher heimatwissenschaftliche Sammelbände herausgegeben worden.[1] Erst in der zweiten Hälfte der zwanziger Jahren des 20. Jahrhunderts ist die Zeitschrift *Etnografija*, seit Beginn der dreißiger Jahren *Sowjetskaja etnografija* (Sowjetische Ethnographie), erschienen, die nach dem Zerfall des sowjetischen Imperiums zu *Etnografičeskoje obozrenije* (Ethnographische Rundschau) im Jahre 1992 umbenannt wurde.[2] Ohne Zweifel kann man konstatieren, daß diese Zeitschrift ganze Jahrzehnte der Ideologie, Politik, ja sogar der totalitären Macht diente. Jede Veränderung der Ideologie und der Innen- oder Aussenpolitik, jeder Wechsel der Zusammensetzung der Parteiorgane oder Regierung und anderer politischer Repräsentanten spiegelte sich in den Zitaten und in den Fußnoten im Speziellen und in der ganzen Richtung der Zeitschrift *Sowjetskaja etnografija* im allgemeinen ab. Die Linie war von den Beschlüssen der Sitzungen des Zentralkommitees oder der Kongresse der Kommunistischen Partei der UdSSR abhängig.[3] Im großen und ganzen hat es sich die politologische Linie in der russischen, bzw. sowjetischen Ethnologie durchgesetzt, die sich u.a. mit dem Studium des Volkes im einheimischen Nationalismus als dem Scheitern der Wissenschaft befaßte, die die Problematik der Strategie und der Mechanismen der Nationalitätenpolitik in der Russischen Föderation verfolgte, die sich mit den Ursachen des Zerfalls der UdSSR und Jugoslawiens beschäftigte, die die Reform des Staatsvertrags und die Nationalitätenprobleme unterstützte. In den neunziger Jahren passte sich die Ethnographie in der Russischen Föderation immer mehr den westlichen Konzeptionen an.

Leider gibt es sehr wenige Bibliographien dieser umfangreichen und unübersichtlichen Produktion.[4] Allein die in diesem Beitrag bearbeiteten Jahrgänge 1989-2001 weisen ungefähr 14.000 Seiten mit einem dichtgedrängten Satzspiegel auf.

1 D. Zelenin: *Russische (Ostslavische) Volkskunde*. Berlin – Leipzig 1927, S. XI-XXVI Geschichte der ostslavischen Volkskunde.
2 A. I. Perschitz – N. N. Tscheboksarow: *50 Jahre der Zeitschrift Sowjetskaja etnografija*. Sowjetskaja etnografija 1976, Nr. 4, S. 3-26; A. M. Reschetov: *75 Jahre der Zeitschrift russischer
Ethnographen* (1. Teil – 1926-1930), Etnografičeskoje obozrenie 2001, Nr. 4, S. 27-37; D. D.
Tumarkin: *Tschetyrnadcat let v „Sowjetskoj etnografii" (Iz vospominanij zamestitelja glavno-
go redaktora žurnala v 1966-1980 gg.)*. Etnografičeskoje obozrenije 2001, Nr. 4, S. 20-26.
3 Diese Tendenzen sind nicht nur in fast allen Jahrgängen der Zeitschrift Sowjetskaja etnografia
offenkundig, wie es die bibliographischen Verzeichnisse bekräftigen (Sowjetskaja etnografija.
Ukazatel statej i materialov opublikovannych v 1946-1955 gg. /1956/, v 1956-1960 gg. /1961/,
v 1961-1965 gg. /1966/), sondern auch in den synthetisierenden kollektiven Arbeiten, wie z.B.
Etnografija vostočnych slavjan. Očerki tradicionnoj kultury. Moskva 1987, S. 529-554, wird der
erste Teil des Literaturverzeichnisses ausschließlich den Arbeiten der Klassiker von K. Marx
und F. Engels über V. I. Lenin (J. V. Stalin nicht mehr) bis zum M. S. Gorbatschow obliegt.
4 Zu den Ausnahmen gehört die bei Gelegenheit des 2. SIEF-Kongresses in Suzdal (1882) herausgegebene *Bibliography of Soviet Ethnographical Publications (1977-1982)*. Moscow 1982,
86 S. mit 514 bibliographischen Angaben (einige Titel in Englisch, Deutsch und Französisch
sowie anderen Sprachen); sie ist allerdings nicht nach der Thematik, sondern nach den Namen
der Verfasser angeordnet.

SOVETSKAJA ETNOGRAFIJA – ETNOGRAFIČESKOJE OBOZRENIJE

(Sowjetische Ethnographie – seit 1992 Ethnographische Rundschau) ist die einzige zentrale Zeitschrift in der ehemaligen Sowjetunion, heute in der Russischen
Föderation. Die ersten Jahrgänge aus den Jahren 1926-1929 erschienen unter
dem Titel „Etnografija"; seit dem Jahre 1931 wurde sie unter dem Namen „Sowjetskaja etnografija" vom Ethnographischen Institut der Akademie der Wissenschaften der Union der Sozialistischen Sowjetrepubliken, seit dem Jahre 1992
vom Institut der Ethnologie und Anthropologie der Russischen Akademie der
Wissenschaften herausgeben. Adresse der Redaktion: Leninskij prospekt, d. 32-
a, 117334 Moskva, Russische Föderation.

Regelmäßige Rubriken: Studien, Aus der Geschichte der Wissenschaft, Diskussion, Unsere Publikationen, Nachrichten, Forschungen – Fakten – Hypothe-
sen, Unsere Jubilare, Chronik, Wissenschaftliches Leben, Kongresse – Konferenzen – Symposien, Kritik und Bibliographie, Briefe an die Redaktion; unregelmäßige Rubriken: Nationale Prozesse heute, Ethnographie in den Museen, eventuell Geschichte der Museen, Theorie, Ethnos und Kultur, Physische (biologische) Anthropologie, Ethnos – Gesellschaft – Staat; ganz anders sind die Beiträge
in den Heften angeordnet, die zu verschiedenen Jubiläen oder bei der Gelegenheit wichtiger Veränderungen in der Organisation und Konzeption der Wissenschaft erschienen: z.B. 1989 – Die Plenarsitzung des Zentralkommitees der Kommunistischen Partei der Sowjetunion, und seit 1992 – Betrachtungen über das
Schicksal der Wissenschaft, 20. Jahrhundert: Ethnizität, Gesellschaft, Staat, Wege
des Aufschwungs der Ethnologie, Entsteht im Streit die Wahrheit?, Über die
Welt, Gott und Mensch, Aus den nicht veröffentlichten Arbeiten, Ethnische Minoritäten, Applizierte Ethnologie, 850. Jubiläum der Gründung der Stadt Moskau, usw. usf. Alle Beiträge sind in der russischen Sprache publiziert, mehrere davon mit kurzer englischer Zusammenfassung begleitet. Seit Beginn der neunziger

Jahre gibt es überdies einige Studien von ausländischen Autoren aus verschiedenen europäischen Ländern und USA.

Unter den theoretischen Problemen stand im Vordergrund bis zum Ende des Jahres 1990 die Lösung der ethnischen Frage im Lichte der Entscheidung der Konferenzen und Kongresse der Kommunistischen Partei der Sowjetunion, die Problematik der nationalen Gruppen und Minderheiten im System der internationalen Beziehungen der UdSSR mit Rücksicht auf die Gorbatschowsche „perestrojka."

Die Struktur der Zeitschrift *Sowjetskaja etnografija* bis 1991: die Beiträge wurden weder nach thematischer noch geographischer Folge eingeordnet, nur die Rezensionen sind nach den Inhaltsgruppen gegliedert: allgemeine Ethnographie, die Völker der UdSSR, Europa, bzw. Asien außerhalb der UdSSR, Amerika, Afrika, Ozeanien. Im Jahrgang 1989 findet man dann bereits Innovationen, wie z.B. die Auslegung der neuen Verfassung der UdSSR, die Berechtigung der Autonomie oder der Selbstverwaltung, ethnopolitische Analyse der Zweiteilung – Nationalversammlung oder Bundesparlament, ökonomische Souveränität, sozial-ethnische Determinanten der nationalen Orientierung einer ethnodispersen Gruppe in der Großstadt, anthropologische Aspekte der Urbanisierung, Ethnographie als Wissenschaft über politische Traditionen der Gesellschaft, weiters auch Kosmologie, Mythologie, Schamanismus in Mittelasien und Beziehungen der russischen Volkskultur und der Religion.

Seit dem Jahre 1992 ist es zu einer kritischen Analyse der vorhergehenden Konzeption des Faches und zu durchdringender Übernahme der westlichen Terminologie und Orientierung gekommen. Auf eine ganz andere Weise als früher wurden die Grundbegriffe der Volkskunde (Völkerkunde, Ethnographie, Ethnologie u.a.) bewertet, ihre Entstehung und Institutionalisierung nach der Gewohnheit aus der Wende des 18. und 19. Jahrhunderts in Europa und in den Vereinigten Staaten überprüft und legalisiert; dazu und zu anderen methodologischen Fragen gibt es in dieser Zeitschrift mehrere Diskussionen. Statt der langjährig entfalteten Ethnos-Theorie wurde das Phänomen der Ethnizität auf eine abweichende Weise in kultur- und sozialanthropologisch festgesetzten Ausgangspunkten interpretiert. Manche von den Beiträgen bekennen sich zu den traditionellen Themen der russischen Volkskunde, die in der Zeit der Totalität als unerwünscht galten, z.B. Dämonologie, Ethnologie der Religion und Volksritual, Orthodoxie in der russischen Volkskultur, die ortodoxen Heiligen, Fasten usw., andere bekennen sich zu nicht-traditionellen Geistesströmungen, wie z.B. vaterländische Ethnographie heute und morgen, Tradition im System des Ethnos, Ethnologie und Gnoseologie, Epistemologie der Ethnologie, adaptive Bedeutung des Kulturpolymorphismus, historische Aspekte der ethnosozialen Ökologie, Feminismus, Postmodernismus, Stereotypen anderskultureller Realität in der anglo-amerikanischen Anthropologie, Problematik des Begriffes „Rasse" und Rassenklassifikation in der zeitgenössischen physischen Anthropologie, ja sogar die Rolle der Geheimpolizei als eines Geheimbundes.

Adresse der Autors:

Prof. Dr. Richard Jeřábek
ústav evropské, etnologie
Masarykova universita
CZ – 660 88 Brno, A. Nováka 1

Reimund Kvideland

Nordische volkskundliche Zeitschriften

In der gegenwärtigen Entwicklung der nordischen volkskundlichen Periodika sind drei Tendenzen zu beobachten: Fachspezifische Ausrichtung, weniger Zeitschriften sowie ein verstärkter Kampf um Verfasser.

Die fachliche Professionalisierung hat im Laufe der letzten Jahrzehnte zu Zeitschriften geführt, die sehr stark fachspezifisch geprägt sind. In Norwegen lässt sich das sehr gut an der Zeitschrift *Maal og minne* verdeutlichen. Früher brachte sie Beiträge aus Folkloristik, Ethnologie und Kulturgeschichte, heute ist *Maal og minne* in erster Linie eine sprachwissenschaftliche Zeitschrift. Lokalgeschichte wird inzwischen auch nicht mehr von interessierten Laien betrieben, sondern von Fachhistorikern. Damit ist *Heimen* auch stärker fachhistorisch orientiert. *Danske Studier*, heute sprachwissenschaftlich orientiert, gab früher mehr oder weniger grossen Raum für Beiträge zur Volksdichtung. Hier ist z.B. Axel Olriks klassischer Artikel über Episke love erschienen. Als der Balladenforscher Erik Dal Redakteur der Zeitschrift war, veröffentlichten mehrere Volksliedforscher ihre Arbeiten in dieser Zeitschrift.

Die rein volkskundlichen Zeitschriften sind auch wissenschaftlicher geworden und wenden sich eher an Berufsforscher als an ein allgemeines Publikum. Beispiel: die dänische Zeitschrift *Folk og kultur*, herausgegeben von Foreningen Danmarks folkeminder, war daher anfangs eher populärwissenschaftlich. Heute ist es eine eine streng wissenschaftliche Publikation.

Diese Entwicklung bedeutet eine Verringerung der Abonnenten in Bevölkerungen, die eh schon klein sind, wenn es um Fachzeitschriften geht. Die ökonomische Grundlage schrumpft wegen der kleineren Budgets der Bibliotheken, gleichzeitig wirft der nationale Forschungsrat Begriffe wie Rationalisierung und Zusammenlegungen in die Debatte. Zu viele Zeitschriften führen zu einem Kampf um Autoren in kleinen Fachkeisen.

In Norwegen hat das einschneidende Konsequenzen: die Zeitschrift *Norveg* stand der gesamten Volkskunde zur Verfügung, war auch offen für Beiträge aus anderen Fachgebieten und druckte darüber hinaus längere Artikel. *Tradisjon* war hauptsächlich auf moderne Tradition ausgerichtet und wandte sich an einen grösseren Leserkreis, der zum Teil rückläufig war, als Methode und Theorie dominierten. *Dugnad* war ursprünglich eine Zeitschrift für Studenten der Ethnologie, hat sich inzwischen jedoch zum nationalen Hauptorgan für Ethnologie entwickelt. Ab 2002 gehen diese drei Zeitschriften in einer neuen Publikation auf, die den Titel *Tidsskrift for kulturvitenskap* (Zeitschrift für Kulturwissenschaft) trägt. Das heisst, der Zeitschriftenumfang verliert 50% an Seitenzahl, was für bestimmte Gruppen zu Schwierigkeiten führt, ihre Arbeiten zu veröffentlichen.

Drei Zeitschriften richten sich an ein internationales Publikum, Die *Ethnologia Europaea* wird in Kopenhagen und Berlin herausgegeben. Die beiden anderen werden von Kungl. Gustav Adolfs akademien in Uppsala herausgegeben; Ethnologia Scandinavica und Arv. Die Redaktion der ersten sitzt in Lund und konzentrierte sich früher auf nordische Ethnologie. Heute steht sie unter der Dominanz multikultureller Aspekte: Globalisierung, Internationalisierung und Modernität. Arv veröffentlicht in Englisch; nachdem die Redaktion nach Åbo, Finland, verlegt wurde, machen die finnischen (in englischer Sprache) Beiträge ca 30% der Zeitschrift der beiden letzten Jahrgänge aus. Arv bringt jetzt auch Artikel aus den baltischen Ländern. Die Zeitschrift bringt ausserdem Arbeiten nicht-nordischer Forscher, die über nordische Themen schreiben, und ist zu einem Forum der fachlichen Methoden- und Theoriediskussion geworden.

Dänemark

Folk og kultur. Årbog for dansk etnologi og folkemindevidenskab
Redaktion: L.Otto, E.K. Mathiesen, K.Biering und L.L. Pedersen.
Redaktionssekretariat:. George Nellemann.
Hrsg.: Foreningen Danmarks Folkeminder, c/o Dansk Folkemindesamling, Christians Brygge 3, DK 1219 København K.Tlf. +45 33 13 58 00, Fax. +45 33 13 58 04. E-mail: dfs@dafo.dk. Netzadresse.: www.dafo.dk.
Subskription in Danmark: DDK 165.
ISSN 0105-1024.
Umfang. 1 Nummer pro Jahr, 180-90 S.
Sprache: Dänisch. Englische Zusammenfassung.
Dänische Volkskultur mit einzelnen Beiträgen aus dem deutschen und nordischen Bereich.
Die meisten Artikel sind empirisch verankert, die Themen varieren sehr: Schlosspark als Herrschaftsmanifestation. Sommerfrische der Kopenhagener anno 1788. Wechselnde Auffassung von Kulturlandschaft. Weibliche Wehrpflicht im Dienste des Wohlfahrtsstaates. Varieté. Warenhaus. Natur und Unnatur.
Jährliche dänische Bibliographie bis einschließlich 1999 im Jahrgang 2000.
Besprechungen und Notizen zu dänischer volkskundlicher Literatur.

Nord Nytt
Gegründet 1963 von Reimund Kvideland.
Verantwortlicher Redakteur: Carina Serritzlew, Institut for arkæologi og etnologi, Københavns Universitet, Vandkunsten 5, DK- 1467 Købehhavn K. Tlf. +45 35 32 42 29. E-mail: carina@nordnytt.dk
Zentralredaktion, gleiche Adresse wie oben, besteht aus sieben Personen, plus nationalen Redakteuren in den anderen nordischen Ländern.
e-post Adresse der Redaktion: redaktion@nordnytt.dk.
Hrsg.: Nordisk etnologisk folkloristisk arbejdsgruppe.
Subskripstion: Museumstjenesten, Sjørupsvej 1, Lysgård, DK 8800 Viborg, Danmark.

Telefon: +45 86 66 76 66, fax. +45 86 66 76 11, E-post: mtj@post6.tele.dk
Umfang: 3 Ausgaben mit ca. 144 S. pro Jahr.
Subskription für 4 Nummern: DKK 425, Einzelnummer DKK 128 pro Stück
Rabattpreis für Privatpersonen: DKK 310, Studentenpreis DKK 195.
Auflage 800.
Sprachen: Dänisch, norwegisch und schwedisch. Englisches Resümé
ISSN 0008-1345.
Organ für nordische Studenten und jüngere Forscher in Ethnologie/Folkloristik.
Oft Themenbände: Nr. 78:2000: Eine Schule für alle, Nr. 79:2000: Kulturforschung 2000, Nr. 80: 2000: Mächtige Textilien.
Resümé in englisch.
Debatte.
Rezensionen

Finnland

Budkavlen
Gegründet 1922 als Meddelanden, hrsg. von Brages sektion för folklivsforskning
(Mitteilungen hrsg. von Brages Sektion für Volkskunde).
Redakteure 2000: John Hackman und Lena Marander-Eklund.
Hrsg. und Redaktionsadresse: Institutet för folklivsforskning, Åbo Akademi,
FI-20500 Åbo.
Umfang: Ca 100 S. 1 Nummer pro Jahr.
Subskription 2000: FIM 100.
Sprache: Schwedisch, vereinzelt dänisch und norwegisch. Englische Zusammenfassungen.
ISSN 0302-2447.
Hauptorgan der Finnland-schwedischen Ethnologie.
1999: Fischhermetisierung von Frauenarbeit zu Industrie. Helsinkis (Hauptstadt) nationale und lokale Bedeutung. Kulturkontakt: Deutsch-schwedisch-lutherische Veränderung der Erzähltradition im 20. Jahrhundert. 2000: Kvinneetnologi
Rezensionen.

Laboratorium för folk och kultur
Gegründet 1989.
Redakteur 2001: Bo Lönnqvist, Etnologiska institutionen, Universitetet i Jyväskylä, Seminaarinkatu 15, PL 35, FI-40351 Jyväskylä. Tlf.: +358 14 60 12 32.
Hrsg. Brages pressarkiv och Brages sektion för folklivsforskning, Kaserngatan
28, FI-00130 Helsingfors.
4 Ausgaben à ca. 30 S. pro Jahr.
ISSN 0787-5576.
2001: M. V. Pedersen: Adelige Kultur im Herzogtum Augustenborg, B. Lönnqvist: Stroganoffs und Habsburger. S. Johnson: Kleider als Symbol. E. Kiuru:

Gegenstände müssen leben! M. Lindström: Hauskörper – Der Mensch als ein Gebäude.
Aktuelles, Besprechungen und Notizen.

Folk och musikk
Gegründet 1992.
Redaktion: Ann-Mari Häggman.
Hrsg. Finlands svenska folkmusikinstitut, Handelsespl. 23 A, FI-65100Vasa. Telefon +358 63 24 22 32, Fax. +358 63 24 22 09, E-mail: fmi@syi.fi
Bestandteil der Publikationen des Finlands svenska folkmusikkinstitutt.
1 Heft pro Jahr.
Umfang: Ca 160-180 S.
ISSN 0789-6549
1999: 7 Artikel über populäre Musik. 2000: 9 ethno-musikalische Beispiele aus den finnlandschwedischen Traditionsarchiven.
Jahresbericht.

Ethnologia Fennica. Finnish Studies in Ethnology
Founded 1971 by the Seurasaari Foundation, now Ethnos ry.
Verantvortlicher Redakteur: Pirjo Korkiakangas, University of Jyväskylä, Depart. of Ethnology, P.O. Box 35, FI-40351 Jyväskylä.
Editorial board: H. Ruotsala, Turku, H. Snellman, Helsinki, A.-M. Åström, Åbo, A. Leete, Tartu.
Hrsg.: Ethnos ry, House of Learned Societies, Kirkkokatu 6, FI-00170 Helsinki.
Subscription: 50 FIM.
1 Band pro Jahr, ca. 64-90 S.
Vol 28 (2000) Themenheft: People in unfamiliar environments
Päivikki Suojanen: Between two cultures – Finns in America.
Marjut Anttonen: Finnish migrants to North Norway.
Ildikó Lehtinen: Chest and cupboard: A case of identity in a Mari village.
Jaana Kuivalainen: A piece of Ghana in Finland.
Yrsa Lindqvist: The Finland-Swedes and the sauna.
Besprechungen
Ankündigungen und Referate.

Studia Fennica. Revue de linguistique et d' ethnologie finnoise. Helsinki.
Ab Vol. 17 1974 mit englischem Untertitel . Seit 1992 in drei Serien aufgeteilt: Ethnologie, Folkloristik und Linguistik: Sie bestehen aus Monographien, Projektstudien, Seminarvorträgen, Festschriften, Fachhistorie etc.
Redaktion: Anna-Leena Siikala, Teppo Korhonen, Pentti Leino, Kristiina Näyhö.
Red.adresse: SKS, Hallituskatu 1, FI-00170 Helsinki.
Verkaufsadresse: SKS, P.B. 259, FI-00170 Helsinki, kirjamyynti@finlit.fi
Netzadresse: www.finlit.fi
Sprache: Englisch.

Studia Fennica Ethnologica
Vol. 4: I. Talve: Finnish Folk Culture. Vol. 5: M. Teinonen & T.J. Virtanen (eds.): Ingrians and Neighbours. Focus on the Eastern Baltic Sea Region. Vol. 6: M. Branch (ed.): National History and Identity.
ISSN 1235-1954.

Studia Fennica Folkloristica
Vol.7: L. Honko (ed.): Thick Corpus, Organic Variation and Textuality in Oral Tradition.
Theoretische Artikel der 5. Internationalen Folklore Fellows' Summer School 1999. Vol 9: L. Virtanen & T. DuBois: Finnish Folklore. A survey and examples.
Next vol.: A. Kaivola-Bregenhøj: Riddles. Perspectives on the Use, Function and Change in a Folklore Genre.
ISSN 1235-1946

Kalevalaseuran vuosikirja – Jahrbuch der Kalevalagesellschaft, gegründet 1921.
Sekretariat der Gesellschaft: Sirkka-Liisa Mettomäkki, SKS, Kalevalaseura, Mariankatu 7 C. FIN-00170 Helsinki.
Postadresse: O.P.Box 259, FIN-00171 Helsinki
Telfon: + 358 9 131 23 237
Fax: + 358 9 131 23 220
E-mail: sirkka-liisa.metoomakki@finlit.fi
Red. Pekka Laaksonen, SKS.
Språk: Finnisch.
Pris: 30

Elore. A scholarly online journal in folklore studies 1994 – .
Hg. Suomen Kansantietouden Tutkijain Seura ry.
Red. Sinikka Vakimo, Perinteentutkimus/Suomen kielen kulttuuritieteiden Laitos –
Traditionsforschung/Institut für finnische Sprache und Kulturwissenschaften, Joensuu Universität, Yliopistokatu 2, PB 111, FIN-80101 Joensuu
ISSN 1456-301
http://cc.joensuu.fi~loristi/
E-mail lorist@cc.joensuu.fi
Sprache: Finnisch, mit einigen englischen Veröffentlichungen.
Umfang: 2 Hefte pro Jahr
Artikel, Referate, Rezensionen etc.
2001:1: Themenband – Nahrungsethnologie.

Norwegen

Dugnad. Tidskrift for etnologi
Gegründet 1975.
Redakteur 2001: Kari Telste.

Redaktionsadresse: IKS, (Institutt for kulturstudier), Universitetet i Oslo, Postboks 1010 Blindern. NO-0315 Oslo.
4 Nr. pro Jahr, ca. 360 S.
Verlag: Novus forlag. Postboks 748 Sentrum, NO-0106 Oslo. Telefon + 47 22 71 74 50, fax: +47 22 71 81 07. E-post: novus@novus.no. http://www.novus.no
Homepage: http://www.novus.no/pages/T_Dugnad.html
ISSN 0332-5784.
Subskription: NOK 405.
Sprache: Norwegisch, dänisch und schwedisch.
Als Studentenzeitschrift gegründet, entwickelte sie sich zum norwegischen Hauptorgan für Ethnologie: "Ein weites Spektrum volkstümlicher Kultur, Ziele und Methoden im Studium menschlicher Kulturformen".
Jahrgang 2000 bringt Artikel über: Kulturschutz. Norwegische Heime in Alltag und Diskurs.
Religiöse Erweckungen. Ingermanländer in Estland. Sexualitätsrationale. Alleinstehende Weiblichkeit. Geburt in Handbüchern für Elternschaft.
Rezensionen.
Ab 2002 in der neuen norwegischen Zeitschrift (noch ohne Titel).

Norveg. Tidsskrift for folkloristikk. Journal of Norwegian Folklore Studies
Gegründet 1951 von Nils Lid.
Verantwortlicher Redakteur seit 1995: Anne Eriksen.
Redaktion: Arne Bugge Amundsen, Knut Aukrust, Bjarne Hodne, Birgit Herzberg Johnsen.
Redaktionsadresse: IKS (Institutt for kulturstudier), Universitetet i Oslo, Postboks 1010 Blindern, NO- 0315 Oslo.
1 Ausgabe pro Jahr, 2 Hefte pro Jahr ab1993.
Verlag: Novus forlag, siehe Info unter Dugnad.
ISSN 0029-3601.
Subskription 2001: NOK 2001, privat Subsk. NOK 150.
Gegründet als Zeitschrift für Ethnologie und Folkloristik – neben allgemeiner Kulturhistorie.
Seit 1998: Folkloristik.
Sprache: Norwegisch, dänisch, schwedisch, vereinzelt englisch. Englische Zusammenfassungen.
Jahrgang 1999-2000 enthält Artikel zu Globalisierung, Kreativität und Kulturvermischung, global groove und Marktliberalismus, digitale Gemeinschaft im globalen
Netzwerk, Heilige, Volkskunde in Reisebeschreibungen, Feldarbeit, HarvardLore, Kriegsplakate, Kulturhistorie und Fachhistorie.
Die Autoren repräsentieren Folkloristik in den nordischen Länder und benachbarte Fachgebiete.
Rezensionen.
Ab 2002 in der neuen norwegischen Zeitschrift.

Tradisjon. Tidsskrift for tradisjon
Gegründet 1971 von Reimund Kvideland.
Redakteur seit 1996: Marit Hauan, Institutt for museumsformidling, Tromsø
Museum, Universitetet i Tromsø, NO-9037 Tromsø. E-post: marith@imv.uit.no,
Telefon +47 66 84 90 40, fax. +47 66 84 55 90
Redaktion: Bente G. Alver, Stein R. Mathisen (verantwortlich für Rezensionen),
Torunn Selberg .
Seit 1995 zwei Hefte pro Jahr.
Verlag: Vett og Viten, Postboks 203, NO-1379 Nesbru. E-post vv@vettvite.no,
http://www.vettviten.no
Subskription 2000: NOK 198, ausserhalb Skandinaviens NOK 238, Privat
Subskr. In Skandinavien NOK 138.
ISSN 0332 5997.
Sprache: Norwegisch, dänisch und schwedisch, vereinzelt englisch. Englische
Zusammenfassung.
Zeitschrift mit Schwerpunkt nordischer Gegenwartstradition. Die beiden letz-
ten Jahrgänge bringen Artikel zu 'Contemporary spirituality and the mourning
for Diana'. 'Advertising in Russia'. Männer der Küste, ihre Rolle und Identität.
The old Norse poem Voluspá. Tagträume in Folklore. Interpretation der Vorstel-
lungen von den Unterirdischen und dem Seegespenst. Ethnopolitik (Samen).
2001:2 ist Bente G. Alver mit 13 Artikeln gewidmet, sie behandeln u.a. For-
schungsethik, Feldtechnik, populärkulturelle Aspekte in Schultagebüchern, Dä-
monisierung volkstümlicher Magie, Erweckungsmetaphoren und -bilder, Ethnomedizin etc.
Rezensionen und Notizen.
Ab 2002 Teil der neuen Zeitschrift.

Tidsskrifta Dugnad, Norveg og Tradisjon gåt frå og med 2002 saman i eitt nytt
norsk hovudorgan for norsk etnologi og folkloristikk:
Tidsskrift for kulturforskning.
Red: Inger Johanne Lyngø, Institutt for kulturstudier (IKS), Universtetet i Oslo,

Einige Museumsjahrbücher enthalten überwiegend volkskundliche Stoffe.

By og bygd. Norsk folkemuseums årbok 1943ff.
Hrsg.Adresse: Norsk Folkemuseum, Museumsveien 10, NO-0287 Oslo. Tlf.
+47 22 12 37 00, fax.: +47 22 12 37 77.
Themenhefte mit wechselnden Redakteuren.
36, 1999: Redaktion: Arnfinn Engen. Thema: Volkskunst. Hintergrund, For-
schungsgeschichte und Theorie. Rosenmalerei und dekoratives Malen. Holz-
schnitzen. Vielfalt der Volkskunst. 15 Artikel. 216 S. Literatur über norwegische
Volkskunst S. 210-215.
37, 2000: Red.: Liv Hilde Boe und Anne-Sofie Hjelmdahl. Thema: Körper und
Kleidung. 10 Artikel. 184 S. ISSN 084-8412.
Artikel zum Fachgebiet des Museums, hauptsächlich Volkskunde.

Maihaugen. Årbok
Gegründet 1948 mit dem Jahrbuch für 1931/46.
Redaktion 1999: Kirsti Krekling, Tord Buggeland og Olav Aaraas.
Hrsg. und Adresse: Maihaugen. De Sandvigske Samlinger, NO- 2609 Lillehammer.
Telefon +47 28 89 00, fax. +47 61 26 95 93.
ISSN 0333-0974.
Artikel im Anschluß an das Arbeitsgebiet des Museums. Häufig Themenhefte:
1998: Haus und Garten. 1999: Pfarrer und Pfarrhof.

Schweden

Arv
Gegründet 1945 als Fortsetzung von Folkminnen och folktankar. Skandinavische Sprachen, englisch und deutsch, seit 1979 englisch mit dem Untertitel Scandinavian Yearbook of Folklore.
Redakteur seit 1993: Ulrika Wolf-Knuts, Institut for folkloristikk, Åbo Akademi, FIN-20500 Åbo, tlf. +358 22 15 43 42, fax: +358 22 15 49 02,
http://www.abo.fi/hf/relvet/arv.htm
Redaktionsrat: A.Gustavsson, G.Henningsen, B. af Klintberg, A.H.S. Skjelbred.
Hrsg.: The Royal Gustavus Adolphus Academy, Uppsala, Sverige.
Subskription: USD 30, SVK 230, frühere Hefte SEK 50 + Porto.
Verkauf: BTJ Tryck AB, Traktorvägen 13, S-221 82 Lund, Sverige.
Umfang: 1 Heft pro Jahr, ca. 200-230 S. Gebunden.
ISSN 0066-8176.
Sprache: Englisch.
"Enthält wissenschaftliche Artikel und Besprechungen, geschrieben von nordischen Folkloristen oder zu nordischen Themen, geschrieben von ausländischen Forschern. Die Zeitschrift wendet sich an einen weiten Leserkreis. Sie spiegelt ein weites Spektrum professioneller Interessen und theoretischer Orientierungen wider".
2000: Geschlecht und nordisches Hexen. Eine folkloristische Annäherung an Shakespeare's Twelfth Night. Karelische Bauern und Pilger. Mündlichkeit in norwegischen folkloristischen Studien. Volkstümliche Religion als Forschungsgebiet. Bergstrand, Sandklef und der Frillesås Schnitt nach einer Messerstecherei. Erzählen persönlicher Erfahrungen. Johnny Cash.
2001: Biologische Metaphoren in folkloristischer Theorie. Mittelalterliche Masken/Verkleidungstraditionen. Mündliche und literarische Vielfalt einer Ballade. Intertextualität. Lokale Geschlechtsbezeichnungen als Interpretationswegweiser. Wie entsteht Lokalkultur durch Umweltbedeutungen?
Rezensionen.

Ethnologia Scandinavica. A Journal for Nordic Ethnology
Gegründet 1971 als Fortsetzung von Folkliv. Erster Red. Nils-Arvid Bringéus.
wwww.etn.lu.se/ethscand

Redaktion: Jonas Frykman, Folklivsarkivet, Finngt. 8, S-223 62 Lund.,
E-mail: jonas.frykman@etn.lu.se
Assistenz-Redakteurin.: Margareta Tellenbach, Bjärred
E.-mail: margareta.tellenbach@etn.lu.se
Redaktion: Barbro Klein, Bo Lönnqvist, Liv Emma Thorsen.
Hrsg.: The Royal Gustavus Adolphus Academy for Swedish Folk Culture, Uppsala.
Subskription 2000: SEK 250. Subskriptionsadresse: BTJ Tryck AB, S-221 82
Lund, Sverige, Telefon: +46 46 18 03 80, fax. +46 46 30 44 00.
Postgiro Konto: Deutschland 752800-207, Hamburg BLZ 200 100 20.
Umfang ca. 200 S. pro Jahr.
Sprache: Englisch und deutsch.
ISSN 0348-9698.
Originalartikel aus allen Gebieten der materiellen und sozialen Kultur .
2001: S. Christensen: Transnationalismus, T. Kallehave: Somali Einwanderer in
Dänemark, M. Povrzanovic Frykman: Gastarbeiter zwischen Kroatien und
Schweden. P. Korkiakangas: Erzählungen über alte Holzhäuser als Indentifizierungsobjekt. A. Klepp: Freiwillige Arbeit als nationale Rhetorik.
Biographische Mitteilungen, Berichte und Rezensionen
Wichtigstes Organ ethnologischer Forschung im Norden.

Kulturella perspektiv. Svensk etnologisk tidsskrift
Gegründet 1991.
Red 2001: Roger Jacobsson, Telefon +46 90 786 96 57, e-post: roger.jacobsson@kultmed.umu.se.
Verantwortlicher Hrsg. Billy Ehn, tlf. +46 90 786 55 67, e-post: billy.ehn@kultmed.umu.se
Redaktionsrat: A. Arvidsson, B. Ehn, K. Genrup, et al.
Hrsg.: Föreningen Kulturella Perspektiv vid Umeå Universitet
Red.Adresse: Etnologi/Institutionen för kultur och medier, Umeå Universitet,
S-901 87 Umeå.
Subskription: SEK 225 pro Jahr, Institutionen SEK 275, Einzelheft SEK 60.
Postgiro 65 33 59 –0
ISSN 1102-7908.
Umfang: 4. Ausgaben à 48 S. pro Jahr.
Sprache: Schwedisch mit dänisch und norwegisch.
2000:1 Mannsforschung, 2000:1 Jugend und Medien. Kriegsberichterstattung als
Propaganda. Volkstümliche und mediale Stereotypien über die Deutschen etc.
2001:2 Biotechnik. Frauengesundheit und Ethik. Gen-ethik, Rappetexte. Rezensionen.
– Frische Zeitschrift aus ethnologischer Sicht auf die moderne Gesellschaft.

Rig. Kulturhistorisk tidskrift
Gegründet 1918.
Redakteur: Birgitta Svensson , Etnologiska institutionen, Finngatan 8, SE-223 62
Lund, Telefon +46 46 22 27 565, fax: +46 46 22 29 849, e-post: Birgitta.Svens-

son@etn.lu.se, Netzadresse: www.etn.lu.se/rig/redakt.html
Verantwortlicher Redakteur: H. Medelius.
Technische Redakteurin: Margareta Tellenbach.
Redaktionskomitee: G. Broberg, M. Hellspong, H. Medelius.
Hrsg.: Föreningen för svensk kulturhistoria.Ordførande: N-A.Bringéus.
Subskription: Privat: SEK 200, Institution: SEK 300.
Postgiro: 19 39 58-6.
Umfang 4. Ausgaben à 64 S. pro Jahr.
Sprache: Schwedisch mit englischen Zusammenfassungen..
  Im Jahrgang 2000 beträgt der ethnologische Anteil fast 100%: Bringéus über ein
Schwanklied von einem Hopfenhändler. I. Svanberg über Ethnobotanik. S.
Berglund über „gambling winners". B. Liljewall über Tradition als modernisie-
rende Kraft. K. Gustavsson über M. Sjöbergs kulturhistorische Feldarbeit. M.
Hellspong über 'Eine strikte Choreografie. B. Meurling über die geschlechtliche
Bedeutung des physischen Raumes. L. Gradén: Das Dalapferd.
Doktorarbeitsbesprechungen auf Grund gehaltener Opponentenvorträge, Re-
zensionen und Notizen.

Svenska landsmål och folkliv. Swedish Dialects and Folk Traditions
Gegründet 1878 von J.A. Lundell.
Redaktion: Maj Reinhammar, Kungl. Gustav Adolfs Akademien, Klostergatan 2,
S-753 21 Uppsala, Sverige.
Redaktionsrat: L.-E. Edlund, L. Elmevik, B. af Klintberg, L.-G. Larsson, B. Ska-
rin Frykman und M. Thelander.
Hrsg.: Kungl. Gustav Adolfs Akademien, Uppsala, (bis 1997 hrsg. vom Dialekt-
och folkminnesarkivet i Uppsala).
Subskription: Swedish Science Press, Books 118, S-751 04 Uppsala,
Telefon +46 18 36 55 66, fax: +46 18 3652 77, e-post: info@ssp.nu
ISSN 0347 1837.
Sprache: Schwedisch (norwegisch und dänisch), englische Zusammenfassungen.
1 Heft pro Jahr, ca. 200 S. Geb.
Unter den ethnologischen (volkskundlichen.) Artikeln der letzten beiden Jahr-
gänge: F. Scott: Der Hexenprozess in Södra Ny, I. Svanberg: Über Ethnobiolo-
gie. N.-A. Bringéus om Wilhelm Kiesewetters Reise nach Dalane 1851 G.
Byrman, Volkstümliche Kategorisierung von Kinderkrankheiten. B. af Klint-
berg: Komentar zu R. Aronssons Sagen. Rezensionen (auch mit englischer Zusammenfassung).
Zusatzserien mit Quellensammlungen und Monographien.

Fataburen. Nordiska museets och Skansens årsbok
Hrsg.. Nordiska museets förlag, Box 27820, S-11593 Stockholm
E-post: nmbook@nordm.se
Themenhefte mit wechselnden Redakteuren
1998: Redaktion: Ingrid Bergmann: Erkenne dich selbst – durch Museumsgegen-
stände. Zum125-jährigen Jubiläum des Museums. Behandelt verschiedene Seiten

des Daseins anhand von Gegenständen. 25 Artikel.
1999: Redaktion: Cecilia Hammarlund-Larsson: Leben mit der Natur. Begegnung zwischen Natur und Kultur. 12 Artikel.
Engelske resymé.
Jahresbericht.
Umfang : 336, 228 S. geb.

Adresse der Autors:

Prof. Dr. Reimund Kvideland
Birkelundsbakken 25 A
N – 5040 Paradís

Materialien zur Volkskultur

David Drummond

Carl Bender and his Automatic Self-Setting 'Capito' Mouse Trap

Of all the many would-be inventors of traps that could catch more than one mouse at a time without human intervention, there have only been six that were really commercially successful. Interestingly all but one achieved their initial success in the latter half of the nineteenth century and belonged to four quite separate nationalities. In chronological order, they were Colin Pullinger of Selsey, Sussex, England, who produced and developed his invention in the 1860s; John Morris of Seward, Nebraska, USA in the 1870s; the two Marty brothers of Villefranche de Rouergue, Aveyron, France in the 1880s[1] and finally Carl Bender of Sonnenberg and Dotzheim bei Wiesbaden, Germany, in the 1890s. It is with the last of these nineteenth century inventors and his mouse trap that the present article is concerned[2].

We will first take a look at Carl Bender and his life and discover how he came to be involved with the design and production of mouse traps. We will then consider the details of the design and how it was developed in the hands of Carl Bender and subsequent manufacturers. Finally attention will be drawn to Bender's numerous competitors who profited by copying and modifying his successful design and selling their own versions both in Germany and overseas, especially in the USA and Britain.

Carl Bender, his Company and its Successors

Philipp Bender, the father of Carl, came from the small village of Kemel amid the Taunus Mountains in the State of Hesse. He settled eventually in Sonnenberg near Wiesbaden, located in a narrow valley in the Taunus foothills and in the shadow of the impressive ruins of a mediaeval castle. Here he worked as a casual labourer and married Elisabeth Wolf and it was here too that their son Carl[3] (Fig. 1) was born on April 21,1843. Today Sonnenberg is a suburb in the north east of Wiesbaden, but at that time it was a separate village of some two thousand inhabitants.

Carl attended the elementary school in Sonnenberg and later the Technical School in Wiesbaden, where he acquired the expertise to become a much sought after and skilful master joiner. In the 1860s he married Christina Tresbach, who was to bear him four sons, Carl, Wilhelm, Philipp and Emil, and two daughters, Wilhelmina and Auguste.

Fig. 1 Carl Bender

In 1870 he founded his own joinery business in Sonnenberg at Mühlgasse 2 and here he made furniture and other useful household items[4]. Prior to and during this period he was also very active in local affairs and served as Chairman of the local Chamber of Commerce. By 1878 he was making and marketing items to his own design, some of which he registered as design or utility models (Gebrauchsmuster) with the Patent Office. Such items at this time included a newspaper holder, an ice chest and a fruit press.

Some ten years later in 1889 Carl suffered the loss of Christina, his wife and the mother of his six children. He subsequently remarried, this time to Christiane Ruhle, who was to become one of the key figures in the running of the family business. It was also in 1889 that Carl Bender, now in his mid-forties, first made known the mouse-trap design for which he is chiefly remembered.

He patented his design (No 53,299) for automatic rat and mouse traps on 18 October, 1889, though the patent was not actually published until 3 September, 1890. This patent was soon followed by others for fly and cockroach traps (Table 1). But why this apparent sudden interest in the control of domestic pests? Perhaps a clue is to be found in the fact that at that time he was combining his workshop with a grocery store[5] and his inventive nature was sufficiently stimulated to improve on the means of destroying those harmful creatures that such an enterprise naturally attracted. However, whatever the reasons for his new inventions, it soon became clear that the demand for his products, especially his mouse traps, was becoming so great that it could no longer be satisfied by the output of his small workshop in Sonnenberg.

To rectify this situation Carl purchased land opposite the railway station in Dotzheim and on 1 July, 1896 an entirely new factory (Fig. 2) with modern equipment had begun production of mouse traps and other household articles.

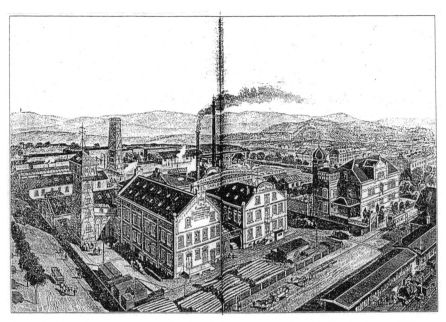

Fig. 2 Carl Bender's factory opposite Dotzheim railway station. His family home „Villa Christiane" is on the right.

But demand continued to outstrip supply and even this new factory had to be enlarged only two years later. Unfortunately Carl Bender did not live much longer to produce further successful designs or to reap the full benefit of his earlier ones. He died on 26 September, 1899.

Soon after Carl's death the business was registered under the title of 'Carl Bender I.'[6] The registration document[7] reveals that not only did Carl Bender's widow and some of the children of his first marriage retain an interest in the firm, but so also did his son-in-law, Georg Hollingshaus and four Hollingshaus daughters. However it seems to have been his widow, Christiane, and especially the two sons, Wilhelm and Philipp, who subsequently played an active role and helped to sustain the firm by designing and introducing new products over the following years.

Christiane died on 3 February, 1916, and shortly afterwards the firm Carl Bender I was re-registered as a Limited Company with Wilhelm and Philipp Bender and Georg Hollingshaus as Company Directors. The new registration document[8] continues to record a number of changes in Directors over the next twelve years, including the stepping down of both Wilhelm and Philipp Bender in 1919. However, as we shall see later in following the continuing production of Bender's mouse trap, of particular interest to us was the brief appearance (29 May to 6 November, 1925) of Jakob Schmidt, the son of Christian Sebastian Schmidt who owned the Schmidt Company that made mouse traps in Niederlahnstein, and the much longer Directorship (3 December, 1925 to 3 February, 1928) of

Gustav Wilmking. Wilmking already owned his own trap-making factory in Gütersloh and in 1928 he moved the production of the Bender mouse trap to his Gütersloh factory, after which the firm Carl Bender I ceased to exist.

The Dotzheim factory building was demolished in the 1930s and the site still remains undeveloped. The only evidence of the factories previous existence lies in the adjacent Bender family home, the Christiane Villa, still looking as splendid as ever, and a small length of narrow gauge railway line. This short line took materials from the main line across the road to the factory and of course the products of the factory in the other direction. Both the remaining line and the villa can easily be identified in Figure 2. The Railway Station itself is now a Railway Museum and its track is still maintained for use on special occasions when trains are pulled by vintage steam and diesel engines.

The final chapter in Bender's mouse trap story did not occur for many years after production in Dotzheim had ended. The Wilmking family eventually sold their firm in 1970 to Munckel GmbH, who ceased production of the Capito mouse trap eight years later.

The Design and Production of the Capito

Carl Bender, like those previous successful designers of self-setting multi-catch mouse traps already mentioned, did not arrive at the definitive version of his design at his first attempt. His first attempt did however incorporate the novel feature for which his trap was chiefly renowned and which remained much the same throughout the traps subsequent history.

The earliest information we have of Bender's novel self-setting trap is that contained in his drawings and descriptions of his designs that were patented (DE 53,299) on the 18 October, 1889. He titled this patent 'Selbstthätige Doppelthierfalle' or self-setting double animal trap, but in fact it covered two trap designs, the first of which was only a single-catch trap with two chambers and no self-setting mechanism. However this first trap is of interest to us because it used exactly the same initial trapping mechanism that was then used in the self-setting trap. The potential victim entered an opening in the first chamber of the trap and moved on to the far end of a seesaw whose descent released a vertically-descending door that closed the entrance and trapped the animal (Fig. 3). In front of the animal was then the entrance to the second chamber that had exactly the same seesaw and door-release mechanism as the first one. The animal was encouraged to enter it because it remained dark while the first one was provided with holes to let in the light. The second chamber was now removed by the trapper and immersed in water to drown its victim. The trapper then had to remove and dispose of the drowned animal and reset both chambers before a further animal could be trapped.

It seems clear that this 'single-catch double trap' was Carl Bender's first design and it obviously gave him cause for much thought as to how he could make the

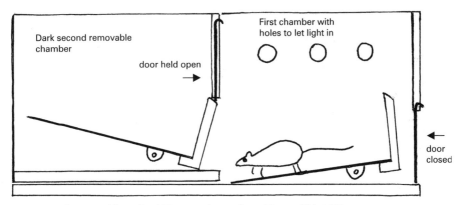

Fig. 3 Bender's Double Animal Trap – redrawn from Fig. 1 of his 1889 patent.

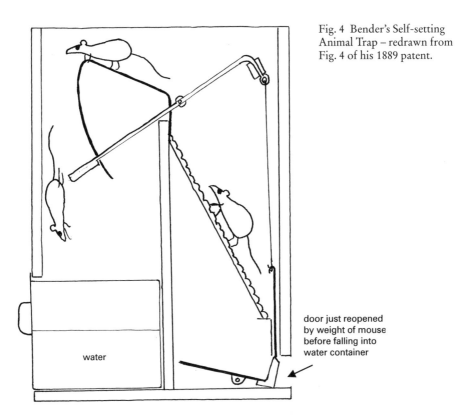

Fig. 4 Bender's Self-setting Animal Trap – redrawn from Fig. 4 of his 1889 patent.

trap more efficient and cut out much of the involvement of the trapper, by rearranging the position of his two chambers. It is this innovative rearrangement that raises Carl above the ordinary run of mouse trap inventors and he covers it in his second design (Fig. 4). What he does is to place the second chamber above the

103

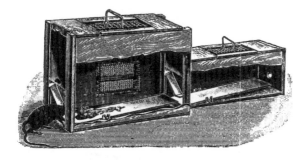

Fig. 5a Single-catch double trap.

Fig. 5b Capito mouse trap.

Fig. 5c Capito rat trap.

Fig. 5 Advertisement illustrations for Bender traps.

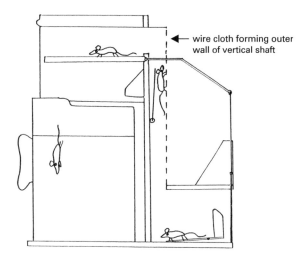

wire cloth forming outer
wall of vertical shaft

Fig. 6 Bender's self-setting
mouse trap design redrawn
from Fig. 1 of his 1896 French
patent.

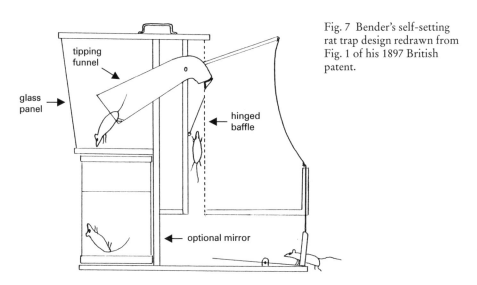

tipping
funnel

glass
panel

hinged
baffle

optional mirror

Fig. 7 Bender's self-setting
rat trap design redrawn from
Fig. 1 of his 1897 British
patent.

first in such a way that an animal climbing up to it and on to the second seesaw tips itself into a tank of water, while the other and rising end of the seesaw lifts up and resets the door to the entrance to the first chamber. A very simple and elegant solution to the problem of devising a self-setting trap from his original double-trap design. Now all the trapper has to do is to dispose of the drowned animals from time to time.

It seems that Carl Bender did manufacture his double trap because it is advertised in one of his catalogues (Fig. 5 a), but we do not know whether he ever commercially produced his first design for a self-setting trap. However

105

following the successful patenting of his ideas for the latter, he was soon to produce it with some design modifications (Figs 5 b and 5 c).

The first documentary evidence we have of Bender's changes to his 1889 patented design is a further patent he registered in France in December, 1896 (No 262,043) (Fig. 6). Here we see that the second chamber is separated more clearly from the first and to reach it the trapped animal now has to climb up a vertical shaft made of wire cloth and negotiate half-way up a hinged baffle designed to prevent its subsequent return. At the top it steps out onto a platform that tips it into the water container below and in so doing re-opens the door of the first chamber at ground level through a simple system of connecting wires arranged quite outside the main body of the trap.

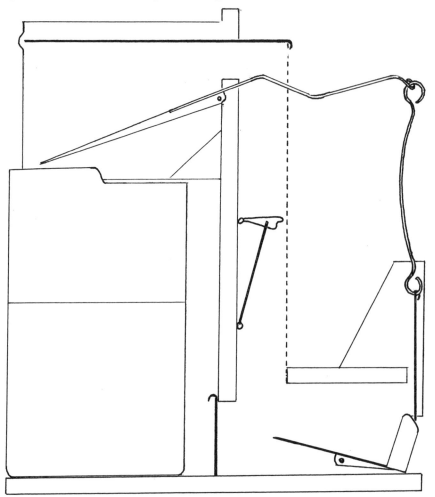

Fig. 8 Bender's definitive self-setting mouse trap design redrawn from Patent 155756 of Firma Carl Bender I.

In the same month that he registered his French Patent he applied for a British one that was eventually confirmed in March the following year (No 29,283). The design of the trap described in this later patent (Fig. 7) exhibited some differences from that of the French patent. In particular the first chamber was much longer and incorporated an optional mirror, apparently to encourage animals to enter; the vertical shaft led to a funnel instead of a simple platform and the top of the shaft was built out to accommodate the entrance to the funnel when it was tilted by an animal within it. Judging from advertisements where the two designs are shown together (Figs 5 b and 5 c), that of the earlier French patent is always figured as much smaller than that of the British one. We can thus conclude that the former was used for mouse traps and the latter for rat traps. This conclusion is further confirmed by the fact that of the many surviving mouse traps all conform to the design of the French patent. In addition I know of only three surviving examples of Bender rat traps and one of these that I have managed to examine in detail was made to the design of the British patent. This last trap was 0.71 m x 0.69 m x 0.23 m in length, height and width respectively. Furthermore it weighed as much as 10 kilos, even without its large metal water container and contents. Probably there was not much demand for such bulky and heavy rat traps, especially when the much lighter and effective multi-catch wire rat traps of the French Marty Brothers were already available.

It seems extremely unlikely that Carl Bender would have relied on French and British patents to protect his improved trap designs. Thus it can be assumed that these designs were registered and protected in Germany under Gebrauchsmuster No 54,695 that appears on the label of one of his earliest surviving self-setting mouse traps. Unfortunately I have been unable to confirm this as all the early records of such utility designs were apparently destroyed by a fire at the German Patent Office. In this situation the French patent still provides the first documentary evidence we have of Bender's changes to the design figured in his 1899 patent. From then on the trap remained much the same except for a few modest changes made after his death. One of these involved the provision of a small hinged flap just above the baffle, making it even more difficult for a mouse to return down the vertical shaft once it had arrived above the baffle with its flap. This flap was first patented (No 155,756) in 1904 and modified again in Germany (Patent 162,976) in the same year and patented in Britain (No 2,576) in 1905. The drawing of the trap in these last two patents (Fig. 8) provides the clearest representation so far of the majority of the Bender traps that still survive.

The earliest known surviving example of Bender's mouse trap has paper labels on each side of the vertical wire cloth shaft. These labels name the trap as an automatic self-setting mouse trap and give the number (54,695) of Bender's first patent as well as the design registration number (DRGM Nr. 54,695). The label also figures representations of medals won at exhibitions and advises the user to sprinkle some meal in the entrance and to add salt to the water in cold weather to prevent it from freezing. The sliding metal cover of the upper chamber has 'C. BENDER I' embossed on it as well as the patent and design numbers mentioned earlier (Fig. 9a). On each side of the lower chamber is a bait container covered with wire cloth that allows mice to smell the bait but not to eat it, either from

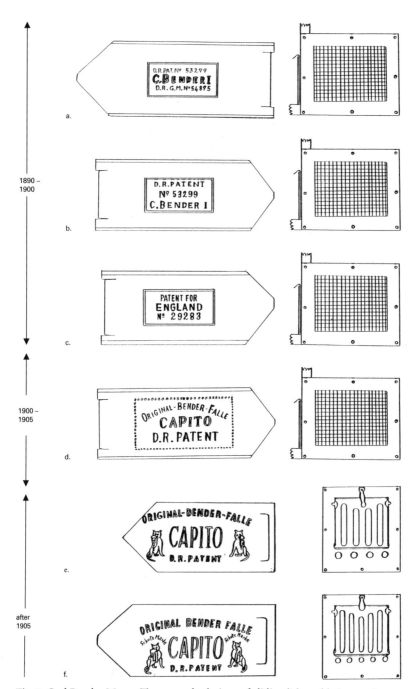

Fig. 9 Carl Bender Mouse Traps – early designs of sliding lids and bait container covers, with approximate production periods.

outside or inside the trap. Access to both containers for inserting bait is provided by a small upwardly sliding metal door placed centrally behind the water container.

This earliest Bender mouse trap and later examples are most easily identified as to maker and approximate production period by the wording on the metal sliding cover of the top of the trap and the nature of the covers of the side bait containers, many of which also provide access through hinged (Fig. 9 e and f) or sliding doors (Figs 10 a-f). Illustrations of the variations in these items are placed in chronological order. For the most part the base of the trap, the lower chamber and the vertical support for the shaft and upper chamber were all constructed of wood, while all the other parts of the trap were made of metal. However, in the case of the 'Velox' (Fig. 10 b), the whole trap was made of metal so that it could withstand termite damage in tropical countries. Until about 1905 the long edges of the sliding lids were doubled over (Figs 9 a-d), presumably to improve their rigidity.

Some other variations are also worth noting. The earliest models (Fig. 9a) were relatively tall (300 mm), but this height was soon reduced to 258 mm (Fig. 9 b-f and 10 a-b) and later to 228 mm (Figs 10 c-g). This last height reduction was associated with a general slimming and simplification of the trap, no doubt due to the need to cut production costs. The width of the trap at its widest was reduced from 100 mm to 75 mm, the round water container became more rectangular in cross section and was held in place by a small sliding wire in place of the previous encircling wire, and the wire handle of the water container and the wire trap-carrying handle were dispensed with altogether.

These various changes all seem to have occurred at the same time and made the trap appear much more like the Bender-type mouse traps that had been produced for some years by the C. S. Schmidt Company of Niederlahnstein. Thus it seems entirely possible that they may have been initiated in 1925 by Jakob Schmidt while he was on the Bender Board of Directors. In any case they were continued throughout the Wilmking Production period at Gütersloh (Figs 10 d-g). Wilmking later introduced changes to the vertical shaft. The wire cloth was changed to metal alloy punctured by regular rows of holes and the internal baffle was replaced by cutting and pressing inwards from the metal shaft some upwardly pointing spikes to help prevent mice returning downwards. In addition the outer metal grid that would normally cover the bait container was removed (Fig. 10 g) and a new small bait container was sited at the end of the lower chamber with an entrance behind the water container. All these changes were envisaged in Friedrich Wilmking's 1949 patent (Table 2) and, as in the case of the previous ones, were no doubt made in the interest of reducing production costs.

The commercial success of a manufactured item rests in the first instance on its design and its ability to achieve its intended function. Nevertheless such success is greatly helped by promoting the item in conjunction with a name and a symbol that can be readily identified by an intending purchaser with the known quality of the product. Mouse traps are no exception. As we already know, 'CAPITO'

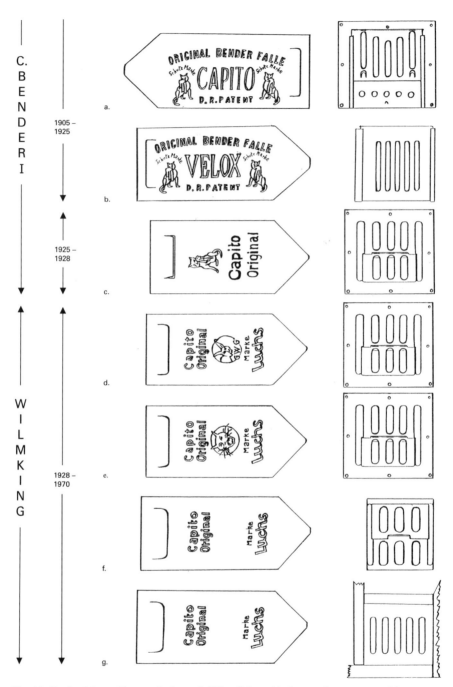

Fig. 10 Capito Mouse Traps – designs of sliding lids and bait container covers, with approximate production periods.

from the Latin 'I capture' was the name given to the Bender mouse trap. It was registered as a Brand Name in 1900[9], though of course it may have been used earlier. The symbol of the cat wiping away its tears with a handkerchief, because as a killer of mice it had been supplanted by a mere man-made inanimate object, was used earlier as it first occurs on the back of the upper chamber of a trap that had not yet been named as a Capito (Fig. 9 b).

The name Capito associated with Bender's efficient trap was particularly successful and often headed trade advertisements, even if they were advertising other manufacturers' traps. Even Wilmking continued to use it alongside his own Trade Name of Luchs, although he replaced the sobbing cat with his own Trade Mark, the head of a lynx, presumably indicating that his mouse traps, that also included small snap traps, were at least as good as large cats.

We know from advertisements and from the labels of the Bender traps that we have examined that some of the early ones were exported. Thus the one with the British patent number (Fig. 9 c) had a paper label in English with instructions for use and similarly a further one (Fig. 9 e) had instructions on the label printed in Spanish. Unfortunately large paper labels glued to the wooden fronts of traps were soon discontinued and thereafter surviving traps fail to reveal clues about their intended destination.

Capito Copies

Bender's first trap patent and the subsequent successful production of his self-setting automatic mouse trap led to considerable interest in Europe amongst trap manufacturers and inventors. Many of them attempted to devise alternative mechanisms for self-setting traps and between them they registered no less than forty patents (Table 2), but none seem to have been commercially successful. Thus it is not until after 1904, that is after Bender's patent had run its 15 year life span, that we begin to see rival manufacturers emerging many of whom used designs more or less identical to those of Bender. I have illustrated (Fig. 11) the metal covers of most of those that I have been able to examine and where known included the name of the manufacturer. C. S. Schmidt also made one for the British market called the 'Catcho'.

There are a number of other European-made Bender-type traps that were advertised, examples of which I have not discovered. These include the Cito and Venus (Germany) and the Mysto and Silent Killer (Britain). Illustrations from some of the advertisements for some of these traps, together with those of true Bender traps may be found in 'The Mouse-trap Guide'[10].

Virtually all copies of Bender traps are Capito look-alikes and vary very little from the Capito. The only notable exception that deserves further mention here was designed by Michael Jaeger of Darmstadt and patented in 1911 (Table 2; DE

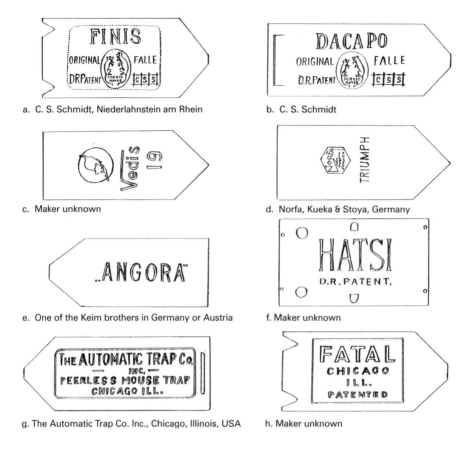

a. C. S. Schmidt, Niederlahnstein am Rhein

b. C. S. Schmidt

c. Maker unknown

d. Norfa, Kueka & Stoya, Germany

e. One of the Keim brothers in Germany or Austria

f. Maker unknown

g. The Automatic Trap Co. Inc., Chicago, Illinois, USA

h. Maker unknown

Fig. 11 Designs of lids of some copies of Bender Capito Mouse Traps and their makers.

254,432) and produced as the 'HATSI' (Fig. 11 f). Jaeger designed a trap much more compact than the Capito by placing the lower chamber beneath the drowning receptacle, by positioning the entrance to the lower chamber on the opposite side of the trap to the vertical shaft and by making the see-saw of the upper chamber tilt from side to side and not from end to end. For reasons unknown it was not a success and I have been able to examine only one incomplete surviving example.

Unfortunately for Carl Bender he took little if any notice of the potential for sales of his traps in the USA. Thus his designs were copied and even patented (Table 3) in the USA at a very early stage by a few entrepreneurial inventors and manufacturers (Figs 11 g and h). For further information on American-made Bender-type mouse traps and associated traps, that in America are called 'Tower Drowners', the reader should consult the recent articles by Ron Munro[11].

112

Acknowledgments

It gives me great pleasure to record my thanks to Reinhard Hellwig, who kindly allowed me to examine and photograph his extensive collection of Bender and Bender-type traps. Thanks are also due to Jim Koch, Bob Kwalwasser, Tom McCandless and Jac Philipsen for making available to me the Bender and other similar traps in their care.

I also extend my grateful thanks to Michael Bender, great great grandson of Carl, to Klaus Kopp, Curator of the Dotzheim Museum, and to Manfred Pult of the Hessisches Hauptstaatsarchiv, for all the material and information about Carl Bender that they so kindly provided for me.

Notes & References

1 David Drummond (1994) Colin Pullinger and his perpetual mouse trap. Sussex Industrial History, 24, 2-9; (1997) The Delusion of John Morris: a better mouse trap and its makers. Nebraska History 78(2), 64-74; (2002) The Marty Brothers and their amazing cage trap for rats and mice.To be published in French by the Société des Amis de Villefranche et de Bas-Rouergue. Final title and reference yet to be determined.

2 The sixth and last successful inventor of a multi-catch mouse trap was Austin E. Kness of Audubon, Iowa. His wind-up Ketch-all mouse trap, patented in 1930 is still being made in Albia, Iowa by the Company that he founded for its manufacture.

3 Much of the information on Carl Bender's life, as well as Figures 1, 2 and 5, have come from Ph. Dembach (1912) Dotzheim 927-1911, pp. 229-237. Druck und Verlag von Ph.Dembach, Dotzheim.

4 The buildings of the area in which Carl Bender set up his Sonnenberg workshop have since been replaced by other structures.

5 Schnegelbergers Wiesbaden Adressbuch for 1890 records Carl Bender as 'Schreinermeister und Spezerei-Handlung'.

6 The addition of the Roman numeral 'I' after Carl Bender's name arose much earlier in Sonnenberg and 'Schnegelbergers Wiesbaden Adressbuch' of 1891/95 provides the reason. At that time there were two Carl Benders in Sonnenberg; 'Bender, Carl I, Schreinermeister Mühlgasse 2' and 'Bender, Carl II Tüncherhilfe Gartenstrasse 7'. Carl Bender I evidently enjoyed the addition to his title and chose to use it even after leaving Sonnenberg.

7 The document recording the first registration of the firm 'Carl Bender I' is held in the 'Hessisches Hauptstaatsarchiv' under the 'Handelsregister' series A (HRA) Vol. 469/33 Nr. 805 Document No 2.

8 The document recording the registration of 'Carl Bender I' as a limited company (Gesellschaft mit beschränkter Haftung – GmbH) on 19 April, 1916 is held in the 'Hessisches Hauptstaatsarchiv' under the 'Handelsregister' series B (HRB)

9 Otto Haase, Rothenberg (Oder). Verzeichnis der eingetragenen Wortzeichen und Inschriften, 1894-1904.

10 Reinhard Hellwig & David Drummond (1994) The Mouse-trap Guide Published by Hellwig's Eigenverlag, 40668 Lank-Latum, Germany.

11 Ron Munro (1999) Tower Drowner Mouse Traps. American made traps only. TRAPS No 84, pp.12-14 and More on American made Tower Drowner Mouse Traps. TRAPS 85, pp.6-7. TRAPS is the official Newsletter of the North American Trap Collectors Association. NATCA PO Box 94, Galloway, Ohio, 43119, USA.

Table I. Bender Patents

1889	DE 53,299	C. Bender I in Sonnenberg bei Wiesbaden. Selbstthätige Doppelthierfalle.
1891	DE 64,102	C. Bender I in Sonnenberg bei Wiesbaden. Vorrichtung zum Halten dicker Schichten Klebmasse an Bäumen.
1896	GB 29,283	Carl Bender I of Dotzheim near Wiesbaden. A new or Improved Automatically Re-setting Trap for Vermin and the like.
	FR 262,043	M. Bender I, pour une nouvelle trappe à souris.
1897	DE101,320	Carl Bender I in Dotzheim bei Wiesbaden. Fliegenfänger.
1898	DE104,161	Carl Bender I in Dotzheim bei Wiesbaden. Fliegenfänger.
	DE 106,310	Carl Bender I in Dotzheim bei Wiesbaden. Insektenfänger.
	GB 11,144	Carl Bender I of Dotzheim near Wiesbaden. Improvements in and connected with Fly-traps and the like.
	GB 26,635	Carl Bender I of Dotzheim near Wiesbaden. An Improved Animal Trap.
1899	GB 4,728	Carl Bender I of Dotzheim near Wiesbaden. Improvements in and connected with Fly-catchers.
1904	DE 155,756	Firma Carl Bender I in Dotzheim bei Wiesbaden. Durch das gefangene Tier wieder aufstellbare Falle mit Sicherheitsklappe in dem aufsteigenden Kanal.
	DE 162,976	Firma Carl Bender I in Dotzheim bei Wiesbaden. Durch das gefangene Tier wieder aufstellbare Falle mit Sicherheitsklappe in dem aufsteigenden Kanal. Zusatz zum Patent 155,756.
1905	GB 2,576	Philipp Bender and Christiane Bender (Widow) Trading as Carl Bender I of Dotzheim near Wiesbaden. Improvements in and relating to Automatic Animal Traps.

Table 2. Patents of Europeans seeking alternatives or changes to Bender's design

ALTES, Jakob in Cappeln bei Grumbach. 1904 DE 152,417. Falle, deren Eingänge durch Drehen von Scheiben vom gefangen Tier geschlossen und geöffnet werden.
ALTFULDISCH, Alois in St. Johann, Saar. 1908 DE 208,172. Selbsttätige Sammelfalle für Nagetiere.
CALBA, Jean-Pierre, France. 1906 FR 370,031. Souricière automatique double.
DEDERDING, Rudolf in Saarbrücken. 1906 DE 190,307. Nagetierfalle mit Wiedereinstellung durch das gefangene Tier. (= 1908 FR 383,534).
DIETZ, Johann H. en Allemagne. 1907 FR 371,455. Souricière.
FEY, Carl et WEISSHAAR, Emil en Allemagne. 1905 FR 351,266. Piège pour animaux. (= 1905 GB 2,326).
GRONEMANN, F. in Boffzen, Weser. 1901 DE 121,047. Sammelfalle mit Wiederaufstellung durch das Thier für Mäuse und ähnliche Schädlinge.
HERMANNS, Anton en Allemagne.1940 FR 859,007. Ratière automatique
JAEGER, Michael in Darmstadt. 1905 DE 180,211. Durch das gefangene Tier wieder aufstellbare Falle mit drehbarer Abfallwippe.
1905 DE 180,264. Selbsttätig sich wieder aufstellende Falle für Mäuse und ähnliche Schädlinge.
1906 DE 180,751. Selbsttätig sich wieder aufstellende Falle für Mäuse und ähnliche Schädlinge.

1906 FR 367,317. Piège pour mulots et autres bêtes nuisibles se remettant automatiquement en fonction.

1909 DE 236,950. Selbsttätig sich wieder aufstellende Falle für Mäuse und andere Schädlinge.

1911 DE 254,432 Sammelfalle für Mäuse und andere Schädlinge.

1911 FR 419,656. Piège pour souris et autres bêtes nuisibles de ce genre.

1911 US 999,651. Animal-trap. (= part of FR 419,656).

1913 FR 449,724. Piège collecteur à remise automatique dans la position de prise pour souris et autres animaux nuisibles. (= 1916 US 1,172,599)

KASSEBEER, Fritz in Vesbeck bei Hope, Hannover. 1906 DE 180,985. Sammelfalle mit Wiederaufstellung durch das Tier.

LANTENOIS, André - Paul en France (Seine). 1953 FR 1,038,638. Traquenard à animaux grimpeurs nuisibles ou utiles.

LESSER, Alfred in Kassel. 1899 DE 110,186. Sammelfalle mit Wiederaufstellung durch das Thier.

1900 DE 117,257. Sammelfalle mit Wiederaufstellung durch das Thier. Zusatz zum Patente 110,186. (= 1901 US 666,279).

MARZOLF, Adam-Marcel en France (Seine). 1958 FR 1,149,959. Perfectionnement aux souricières et pièges analogues.

MINGE, Julius in Wonsowo, Posen. 1907 DE 195,621. Sich selbsttätig schließende und wieder öffnende Falle für Nagetiere.

REHBOCK, Heinrich in Hannover. 1934 DE 633,277. Sammelfalle mit Fangbehälter und Wippe und mit T-förmigen mit Sperrklappen versehenem Zulaufrohr.

REITZ, Albert in Soden i.T. 1900 DE 138,136. Zahlvorrichtung an Sammelfallen.

RHEINISCHE GESELLSCHAFT FUR METALL-INDUSTRIE GREVE, Herzberg & Co. in Köln. 1899 DE 110,007. Mausealle mit getrennten Fang- und Sammelräumen.

1899 DE 116,250. Sammelfalle mit als Fangkorb ausgebildeter Wippe.

1900 DE 124,600. Sammelfalle für Mäuse mit in dem Fangraum drehbar aufgehängtem Sperrkamm.

SCHEUERMANN, Franz in Immesheim, Rheinpfalz. 1898 DE 105,726. Thierfalle mit selbstthätiger Köderzuführung.

SCHMIDT, Firma C.S. in Niederlahnstein am Rhein. 1907 DE 212,976. Sicherung für Klappen in Tierfallen gegen Abheben durch das hinter ihr befindliche Tier.

SCHMIDT, Otto in Vohrenbach in Baden. 1906 DE 179,966.
Massenfalle für Mäuse und Ratten mit Schließung und Wiederaufstellung durch zwei vor und hinter dem Köder liegende, durch das Tier zu bewegende Klappen.

SCHNEIDER, Moritz in Fechenheim b. Frankfurt a.M. 1910 DE 237,866 Sammelfalle für Nagetiere.

SCHREIBER, Adolf en Tcheco-Slovaquie. 1922 FR 547,741. Souricière

SEIFERT, Carl in Niederbieber b. Neuwied. *1903* DE 150,079.
Sammelfalle mit Einrechtung zum Wiederaufstellen durch das gefangene Tier.

1906 DE 176,785. Selbststellende Sammelfalle fur Nagetiere u.dgl.

WEISSWEILER & KLEBURG in Köln a. Rh. 1900 DE 121,048. Sammelfalle für Mäuse und ähnliche Schädlinge.

WILMKING, Gustav in Gütersloh. 1900 DE 117,019. Sammelfalle/ für Mäuse und Ratten mit Wiederaufstellung durch das gefangene Thier.

1900 DE 118,910. Sammelfalle für Mäuse, Ratten u. dgl. mit Wiederaufstellung durch das Thier.

WILMKING, Friedrich in Gütersloh.1949 DE 802,413. Sammelfalle.

WIRTH, Moritz & VIETOR, Dr. A. in Wiesbaden. 1905 DE 174,578.
Tierfalle mit übereinander angeordneten Fang- und Tötungsräumen und mit Einrichtung zum Wiedereinstellen durch das gefangene Tier.

Table 3. Patents of Americans copying or modifying Bender's design

AVRAVOMITZ, Max of New York. 1896 US 562,879.
Trap.
CAUSEY, Stephen C. of Schenectady, NY. 1916 US 1,190,859
Animal-trap.
DUFFEK, Gottfried of Chicago, Ill. 1909 US 916,921.
Rat-trap.
FIEDLER, Carl of Chicago, Ill. 1912 US 1,015,794.
Animal-trap.
FISCHER, Henry T. G. of Indianapolis, Indiana. 1914 US 1,102,896.
Trap.
MARKSTEIN, Henry of Yonkers, New York. 1916 US 1,199,589.
Automatic Rat-trap.
MENZ, Angelo of Newport News, Virginia. 1908 US 897,761.
Animal-trap.
ONYSKOW, Sylvester of Jenkins, Kentucky. 1915 US 1,131,000.
Rat-trap.
RUCKERSBERG, Simon of San Antonio, Texas. 1899 US 638,476.
Animal-trap.
SANDKUHL, Edmund of New York, NY. 1915 US 1,124,532.
Animal-trap.
SHUMATE, Joseph H. of Minneapolis, Minnesota. 1920 US 1,354,700.
Mousetrap.
SMITH, George A. of Derry, Pennsylvania. 1896 US 567,201.
Mouse-trap.
ZARLING, William of Milwaukee, Wisconsin. 1917 US 1,245,138.
Trap.
ZIRNBAUER, Charles of San Francisco, ca. 1916 US 1,188,231.
Mouse and Rat Trap.

Adresse des Autors:

David Drummond
22 Knoll Rd.
GB – Dorking, Surrey RH4 3EP

Brunhilde Miehe

Als die langen Hosen Mode wurden

Über das Kleidungsverhalten unserer Vorfahren gibt es nur sporadische Anhaltspunkte, sobald man über hundert Jahre zurückgeht. Insbesondere verlief sich bisher das Kleidungsverhalten der Landmenschen in einem diffusen Dunkel.

Grabsteine als Kleidungsdokumente wurden bisher nur unzureichend in die Forschung einbezogen.[1] Der außergewöhnlich glückliche Umstand, daß auf dem Friedhof von Schenklengsfeld, dem Hauptort des ehemaligen Amtes Landeck, im Ostteil des Kreises Hersfeld gelegen[2], so zahlreiche Steine aus dem 18. und 19. Jahrhundert erhalten sind und diese meist nach barocker Gepflogenheit mit Reliefs der Verstorbenen und deren Angehörigen gestaltet wurden, macht es möglich, nun doch ein wenig vor Ort das diffuse Dunkel zu erhellen. Die Personenreliefs können wie wertvolle Marksteine für die Kleidungsforschung betrachtet werden. Nicht zuletzt geben die Denkmäler auch beredtes Zeugnis von der Entwicklung der Männerkleidung, und dieser soll in diesem Beitrag besondere Aufmerksamkeit geschenkt werden, und zwar mit einem verstärkten Augenmerk auf die Einführung der langen Hose.

Hose der Revolutionäre

Als Hose der Revolutionäre in Paris, die sich bewußt auch in der Kleidung vom Bisherigen abheben wollten, bestimmte die lange Röhrenhose, Pantalons genannt, bald den Modetrend. Innerhalb weniger Jahre machte dieses Kleidungsstück weit über Paris hinaus Furore.

„Die lange enge Hose konnte noch als ein Erbe aus der vornehmen Welt von ehedem gelten. Das wurde anders bei den Pantalons, den weiten langen Hosen, die getragen wurden von den Arbeitern und Seeleuten, die aus den Vororten in die Stadt eindrangen und das Bild der Straße bestimmten. Mit den Tumulten im Faubourg St. Antoine und der Plünderung der Tapeten- Fabrik Reveillon am 28. April 1789 hatte ihr Regiment angefangen und nach dem Sturm auf die Bastille waren sie der Schrecken der Stadt. Sie nannten sich Sans Culotten , um mit dieser verächtlichen Bezeichnung der Kniehose als Culotte (d.i. Bekleidung des Cul) ihren Spott auszudrücken und ihre radikale Absage an die oberen Stände, überhaupt an Glanz und Mode der vorhergehenden Zeit. Unser Korrespondent charakterisiert sie als Pöbel, der keineswegs gleichzusetzen sei mit den guten Handwerkern oder den Landleuten... Sie traten auf wie wilde Horden, die plündernd und mordend die Straßen durchzogen...

Nach den Schrecken der Septembermorde, als ’das Morden und Aufsuchen der Aristokraten kein Ende‘ hatte, durfte sich niemand mehr in gepflegter Klei-

1 Grabsteinrelief von Schenklengsfeld aus dem Jahr 1790: Mann mit Kniehose; Rock mit Knöpfen bis zum Unterleib und weiten Ärmelaufschlägen; langen Haaren und Drei-spitz.

dung auf der Straße sehen lassen: 'Jeder rechtliche Mann, er sey Aristokrat oder Demokrat, geht anjetzt schlecht gekleidet aus, um nicht Gefahr zu laufen; denn reinlich gekleidet und frisiert zu seyn und seidene Strümpfe zu tragen, ist schon hinreichend, von den Sans Culotten auf der Straße als Aristokrat angeschrien, und vom Pöbel gemißhandelt zu werden'...[3]

Unter dem Druck der Verhältnisse wird mancher gute Bürger sich ebenfalls zur weiten Röhrenhose entschlossen haben, so daß sie bald zum Kennzeichen der Revolution wurde. Hinzu kam wohl, daß die Bühne zu ihrer Verbreitung beitrug, denn in dieser Kleidung trat der Pantalone auf, der Spaßmacher, aus der italienischen Commdedia dell' Arte übernommen. Ursprünglich soll diese Hosenform zur Tracht der venezianischen Fischer und Schiffer gehört haben, die sich nach dem hl. Pantaleon, dem Schutzpatron ihrer Stadt, benannten. Beide Formen der revolutionären Beinbekleidung gingen in die Mode der Nach- Revolutionsjahre über und blieben darin bestehen, und zwar für einige Jahrzehnte die lange enge Hose, für dauernd die Röhrenhose, die Pantalons. Für diese wurde es vielleicht bedeutsam, daß auch Offiziere der National-Garde sie zur Uniform übernahmen...“[4]

In wenigen Jahren waren die Pantalons offenbar auch in Hessen zum Thema geworden. Bereits 1796 versuchte man in Hessen-Kassel seine Untertanen zu zügeln. „Durch fürstlichen Beschluß vom 2. Juli erging der Befehl an alle herrschaftlichen Diener, mit Einschluß der Advokaten und Prokuratoren, sich aller angenommenen besonderen Trachten, als Pantalons, Knotenstöcken, runden Hüten und abgestumpften Haaren zu enthalten.“[5]

Die napoleonische Besatzungszeit mag dann auch noch gewisse Innovationen begünstigt haben. Leider gibt keine Anhaltspunkte über das Kleidungsverhalten

2 Grabsteinrelief von Schenklengsfeld aus dem Jahr 1818 : Mann mit Kniehosen; Rock bis zum Nabel geknöpft, engeren Ärmelaufschlägen und höher gesetzten Taschenpatten; langen Haaren und Zweispitz. Die beiden etwa zehnjährigen Knaben sind mit Kniehosen und Jacken bekleidet.

3 Grabsteinrelief von Schenklengsfeld aus dem Jahr 1847: Mann mit Kniehosen; knopflosem Rock; langen Haaren und Zweispitz; Sohn mit Kniehosen; Rock mit Reverskragen; langen Haaren und Pelzmütze.

4 Grabsteinrelief von Schenklengsfeld aus dem Jahre aus dem Jahr 1860: Mann mit Kniehosen, letzte Dokumentation; Rock bis zum Nabel geknöpft; langen Haaren und Pelzmütze.

in unseren hessischen Städten, so daß man nur auf indirektem Wege Mutmaßungen anstellen kann.

Als 1813 der alte Kasseler Kurfürst aus dem Exil wieder nach Kassel zurückkam und z.T. zu alten Zuständen zurückkehren wollte, erregte er Unmut. „Das einprägsamste Zeichen dieser ungebesserten Rückständigkeit des Kurfürsten bleibt der Zopf, den die französische Besatzung abgeschafft hatte, den er aber seiner Truppe nun wieder anhing."[6] Die sprichwörtliche Redewendung vom alten Zopf mag übrigens wohl auf diese Zeit zurückgehen.

Offenbar war der Zeitgeist für die alte Mode vorbei, liberalere Züge spiegelten sich auch im Kleidungsverhalten wider, auch in unserer hessischen Region. Selbst mit Dekreten wird man den neuen Trend nicht haben aufhalten können. Aber man wird davon ausgehen können, daß der Modewechsel auch bei den oberen Gesellschaftsschichten nicht abrupt geschah, sondern daß über Jahrzehnte u.a. auch die Kniehosen zu bestimmten Gelegenheiten noch in Mode blieben.

Auf dem Land verhielt man sich aber noch konservativer und nahm die Innovationen noch zögernder auf.

Grabsteinreliefs als Indiz

Verfolgt man die Darstellungen auf den Grabsteinen, ergibt sich folgendes Bild: Auf zahlreichen Steinen wurden Verstorbene oder deren Angehörige mit Kniehosen reliefartig abgebildet. Im gesamten 18. Jahrhundert wurden auf den Reliefs Kniehosen auf weitgehend gleiche Weise dargestellt, während sich die Oberbekleidung veränderte – die Westen wurden immer kürzer und der Rock wurde anfangs noch bis unten durchgeknöpft. Nach 1800 hat man den Rock nur noch bis zur Mitte geknöpft und nach der Mitte des 19. Jahrhunderts sind dann bei der mantelartigen Oberbekleidung überhaupt keine Knöpfe und Taschenpatten mehr erkennbar. Selbst, daß die Ärmelaufschläge zunehmend kleiner und enger angefertigt wurden, ist den Reliefs zu entnehmen. Trotz relativer Einheitlichkeit ist auf den Grabsteinen eine stete Entwicklung im Detail nachzuvollziehen, und zwar mit einiger Retardierung zur Mode.[7] Daß sich auch die Haartracht und die Kopfbedeckung veränderte, ist ebenfalls ganz deutlich auf den Reliefs zu erkennen. Gemäß der Darstellungen muß man um 1800 u.a. vom Dreispitz zum hohen Zweispitz übergegangen sein.

Der hohe Zweispitz ist dann bis zur Mitte des 19. Jahrhunderts in Schenklengsfeld mehrfach belegt – sowohl auf Grabsteinreliefs von 1813 und 1818 als auch noch 1834 und zum letzten Mal 1849. Daneben wird man seit den zwanziger Jahren allerdings auch Schildkappen, so u.a. für 1835 belegt, und hohe Pelzmützen getragen haben. Auf dem Grabstein von 1849 ist der Vater übrigens mit Zweispitz, der Sohn dagegen mit einer hohen Pelzmütze abgebildet worden.

Auch Beuther[8] malte in den dreißiger Jahren einen Bauern von Friedewald im Festanzug mit einer dunklen Pelzmütze, an der hinten lange Bänder herunter hingen. Es könnte jedoch sein, daß ältere Männer, zumindest einige, zum Abendmahlsgang bis in die vierziger Jahre zum Rock noch den hohen Zweispitz beibehielten, die jüngeren dagegen bereits die moderneren Pelzmützen und Schildkappen aufgenommen hatten. Ob man in Schenklengsfeld neben den mehrfach belegten Schildkappen damals auch schon zylinderförmige Hüte aufgenommen hat, bleibt fraglich; letztere sind dort auf den erhaltenen Steinen zumindest nicht dokumentiert worden.

Leider gibt es aus der Zeit zwischen dem 2. und 5. Jahrzehnt des 19. Jahrhunderts aus den angrenzenden Regionen nur zwei Grabsteine, und zwar aus Obergeis – nördlich von Hersfeld gelegen – und aus Kerspenhausen – südlich von Hersfeld gelegen –, so daß ein Vergleich mit den Nachbarlandschaften nicht zweifelsfrei erbracht werden kann. Es gibt jedoch Indizien, die darauf hinweisen, daß man hier stärker mit der Mode ging. Der Obergeiser Stein, der höchstwahrscheinlich 1847 für einen Verstorbenen (1817 geb.) gesetzt wurde, zeigt die Verstorbenen, bzw. deren Angehörige bereits mit modischen knöchellangen weiten Hosen und zylinderartigen Hüten abgebildet – dieser Stein ist allerdings nicht mit Sicherheit zeitlich einzuordnen, noch sind Angaben zum Beruf oder andere wesentliche Hinweise entzifferbar. Wenn die zeitliche Datierung und auch die Herkunft des Verstorbenen aus dem bäuerlichen Milieu zutreffen, dann würde er die These unterstreichen, daß man sich in der Landecker Region konservativer kleidete.

Ebenfalls mit Pantalons, einem Mantel mit Reverskragen und mit Zylinderhut wurde auch ein Verstorbener aus Kerspenhausen abgebildet – leider ist auch hier die Beschriftung nicht zu entschlüsseln. Insofern kann dieses Relief auch nur unter Vorbehalt zum Vergleich herangezogen werden. Es kann nur belegen , daß man sich mit einem zylinderartigen Hut in Abweichung zu den Schenklengfel-

5 Grabsteinrelief von Schenklengsfeld aus dem Jahr 1847: Mann mit Stiefel; Kniehose; knopflosem Rock; langen Haaren und Pelzmütze; Knabe mit Pantalons; kurzen Haaren und Schildkappe.

122

6 Grabsteinrelief von Schenklengsfeld aus dem Jahr 1835: Mann (58 Jahre) mit Kniehosen; Rock mit doppelreihiger Knopfleiste; langen Haaren und Schildkappe.

7 Grabsteinrelief von Schenklengsfeld aus dem Jahr 1834: Mann (75 Jahre) mit Kniehosen; Rock bis zum Nabel geknöpft; langen Haaren und Zweispitz.

dern gekleidet hat, bzw. daß ein solcher Hut für die Landecker Region auf den heute noch erhaltenen Steinen nicht dokumentiert wurde.

Daß man sich auf dem Land durchaus unterschiedlich stark an der bürgerlichen Mode orientierte, beweist ein Schreiben aus Kirchheim, westlich von Hersfeld gelegen. Bereits 1828 beklagte dort Pfarrer Schmitt in einem Schreiben an den Kreisrat, „daß wohl in keiner Gemeinde des Kreises der Kleiderluxus so hoch gestiegen ist, wie in Kirchheim, wo nicht allein die Mädchen jährlich neue Moden aufbringen, sondern auch die Burschen sich gern bürgerlich kleiden."[9] Insofern wäre es durchaus denkbar, daß die beiden Grabsteine aus Obergeis und Kerspenhausen für Verstorbene aus dem bäuerlichen Milieu errichtet worden sind, und zwar in der ersten Hälfte des 19. Jahrhunderts – u.a. aufgrund der Grabsteingestaltung läßt sich jedenfalls davon ausgehen, daß beide Denkmäler in dieser Zeitspanne errichtet wurden.

Was die Kniehosen betrifft, so wurden diese in Schenklengsfeld zum letzten Mal 1860 abgebildet; ein Stein aus dem Jahre 1873 ist nur unter Vorbehalt einzubeziehen, da es sich wahrscheinlich um eine Zweitverwendung eines Steines handelt.[10]

Ein 1847 Verstorbener, der mit einem etwa zehnjährigen Knaben abgebildet wurde – da der Text nicht zweifelsfrei zu entschlüsseln ist, könnte es sich sowohl

8 Grabsteinrelief von Schenklengsfeld für verstorbene Brüder (1831–1851 und 1838–1858): Beide mit langen Hosen; Weste bis zum Nabel; knopflosem Mantel mit Reverskragen; kurzen Haaren und Schildkappe.

um zwei Brüder als auch um Vater und Sohn handeln –, wurde mit Stiefeln, Knie-hosen, modernerem Rock bzw. knopflosem Mantel, langen Haaren und hoher Pelzkappe (siehe Beuther- Gemälde) dargestellt. Der Knabe ist dagegen mit wei-ten Pantalons und Schildkappe ausstaffiert. Der Erwachsene trägt noch eine Kniehose, der Knabe ist dagegen „modern" gekleidet.

Andererseits sind ein Mann (1782–1852) wie auch sein Sohn (1809–1860) glei-chermaßen schon mit einer langen Hose, kurzen Weste, knopflosem Rock (Man-tel), kurzen Haaren, Schildkappe und somit mit der neueren Mode abgebildet.

Zwei Brüder (1831–1851 und 1838–1858) tragen schon beide lange Hosen, kurze Westen, einen ausgestellten knopflosen Mantel mit Reverskragen, hohe Schildkappen und kurze Haare.

Ein 1851 Verstorbener wurde in einem ärmellosen Umhang, langer Hose, Schildkappe und kurzen Haaren dargestellt.

Auf einem 1871 errichteten Stein, einer der letzten, der mit einem Personenre-lief ausgestattet ist und dessen Text zweifelsfrei lesbar ist, zeigt den Verstorbenen (1823 geb.) mit einem knopflosen Mantel, langen Hosen, wohl niedriger Pelz-kappe, und kurzen Haaren. Lange Hosen sind demzufolge in Schenklengsfeld erst seit den fünfziger Jahren dokumentiert.

Man kann jedoch davon ausgehen, daß die Verstorbenen seit ihrem Mannesal-ter sich im allgemeinen nicht mehr einschneidend umgekleidet haben und sich

9 Grabsteinrelief von Obergeis aus dem Jahr 1847: Beide Männer mit langen Hosen, knopflosem Mantel mit Reverskragen; langen Haaren und Zylinderhut.

schon jahrzehntelang vor ihrem Tod in dieser Art gekleidet haben. Trotz aller verhältnismäßigen Wohlhabenheit – nur die besser Gestellten werden sich überhaupt ein steinernes Denkmal haben leisten können – entsprach es der Einstellung, Kleidungsstücke über Jahre hinweg zu tragen, ja aufzutragen. Nur falls die Leibesfülle im Mannesalter extrem zunahm, mußte man sich etwas Neues zulegen, und dieses ließ man dann meist in der neuen Mode anfertigen und vererbte die alte Kluft. Insbesondere die Kirchenkleidung, und es läßt sich davon ausgehen, daß man auf den Reliefs in dieser dargestellt wurde, hat man geschont und über Jahrzehnte angezogen.

Insofern kann man annehmen, daß bereits seit den dreißiger Jahren auch in der Landecker Region die „alte Mode" zunehmend von Erneuerungen durchdrungen war. Auf den Reliefs sind jedenfalls eine große Palette von Kombinationsmöglichkeiten von älteren mit moderneren Kleidungstücken abgebildet worden. Dieses zeugt von einer steten Bewegung im Kleidungsverhalten und vielfältigen Übergangsformen sowie von weitgehender Ausrichtung an der internationalen Mode, wenn auch mit gewisser zeitlicher Verzögerung.

Daß gerade in den vierziger Jahren in der Literatur noch Hinweise zu finden sind, daß der Landecker am Althergebrachten festhält, beweist nicht, daß dieses durchgängig noch so war. Vielmehr scheint es eher so zu sein, daß man dem Vergehenden ein verstärktes Augenmerk widmete.

10 Grabsteinrelief von Schenklengsfeld aus dem Jahr 1851: Mann (68 Jahre) mit langen Hosen; Umhang; kurzen Haaren und Schildkappe. Alle Aufnahmen Brunhilde Miehe.

Gustav Georg Lange hat zwar in seinem 1850 in Darmstadt erschienen Werk „Das Kurfürstentum Hessen in malerischen Ansichten" geschrieben: „Im Hersfeldischen haben die Landecker mit den alten derben Sitten auch noch eine volkstümlichere Tracht erhalten...", G.G.Lange wird jedoch von Georg Landau „Beschreibung des Kurfürstenthums Hessen"[11], 1842 erschienen, abgeschrieben haben und wird verkürzte Floskeln aus der dortigen längeren Passage herausgenommen haben. Daß beide gleichermaßen hervorheben, daß sich die Jungfrau durch hellrote Strümpfe auszeichnet, die Frau und das gefallene Mädchen dagegen schwarze tragen, weist auf eine Übernahme hin.

Lange wie Landau schreiben jedenfalls, daß der Landecker noch seine alte Kleidertracht hat.

Insofern gehe ich davon aus, daß sich diese Aussage original auf das 1842 von Georg Landau herausgegebene Werk bezieht und so die Verhältnisse in den dreißiger Jahren beschrieben werden – bis ein so umfangreiches Werk wie die Beschreibung das Kurfürstenthums Hessen erstellt und in Druck gelegt werden kann, vergehen Jahre.

Auch die Gemälde, die Friedrich Christian Philipp Beuther von Friedewälder Trachtenträgern gemalt hat, sind in die dreißiger Jahre des 19. Jahrhunderts zu datieren – Friedewald gehört übrigens nicht zum Amt Landeck, sondern grenzt an das Landecker Amt an. Daß sich gerade der Maler in dieser Zeit diesem Metier zugewandt hat, deutet eher auf ein vergehendes Sujet hin, als daß man noch von einem einheitlichen Status quo ausgehen kann.

In den vierziger und gar fünfziger Jahren wird man verstärkt auch auf dem Landecker Amt und seinen angrenzenden Gebieten bereits zur neuen Mode übergegangen sein – die Grabsteinreliefs sprechen jedenfalls dafür. Daß man im östlichen Teil des Kreises Hersfeld –nicht nur im Amt Landeck – jedoch konservativer als in den umliegenden Landschaften war, davon läßt sich allerdings wohl ausgehen.

Aufgrund der neusten Erkenntnisse muß hier der Modewechsel jedoch auch vordatiert werden. Und: Der Wechsel wird sich über Jahrzehnte hinweg allmählich vollzogen haben. Die Reliefs geben unmißverständlich wider, daß man sich in einer breiten Palette gekleidet hat.[12]

Lange weite Hosen, die anfangs nur von den Sansculotten und von Komödianten getragen wurden, setzten sich so auf internationaler Ebene von der unteren Klasse zunächst nach oben durch und wurden dann wieder schließlich hier vor Ort allmählich von den unteren Gesellschaftsschichten, den sogenannten Bauern, aufgenommen. Und diese Entwicklung über Länder- und Gesellschaftsgrenzen hinweg vollzog sich etwa im Laufe eines halben Jahrhunderts.

Anmerkungen

1 Vgl. Brunhilde Miehe: Grabsteine als Kleidungsdokumente. In: Mein Heimatland. 1984,Bd. 31. Und: Die Trachten des Kreises Hersfeld. In: Hess. Heimat.1984, Heft 1.

2 Zu Beginn der sechziger Jahre wurden auf Initiative von Prof. Dr. Bleibaum, Vors. des Hess. Heimatbundes, dankenswerter Weise die z.T. wüst herumliegenden Steine zu einer unvergleichlichen Anlage zusammengestellt. Vgl.Traugott Classen: Der Friedhof zu Schenklengsfeld. In: Mein Heimatland. April 1965, Bd. 21. Und: Traugott Classen, Otto Bramm: Der Friedhof von Schenklengsfeld – 263 Grabsteine alter volkstümlich gestalteter Handwerkskunst. In: Hess. Heimat. 1964, Heft 1/2. Der Zahn der Zeit hat unterdessen bereits weiterhin heftig an diesen hochwertigen Kulturdenkmälern genagt, so daß leider nur noch wenige lesbar sind. Insofern war es gleichsam ein mühseliges Puzzle, an der Jahrtausendwende über die Grabsteinreliefs dieses kleine Forschungsvorhaben anzugehen. Aus der Vielzahl der vorhandenen Steine konnten nur ein gutes Dutzend Steine als Beweismittel herangezogen werden. Und auch diese Steine bedurften einer diffizilen Aufarbeitung und fototechnischen Aufnahme bzw. Wiedergabe. Letztlich überraschte jedoch, wie genau die Personen reliefartig abgebildet wurden – jeder Knopf und jede Haarsträhne sind sichtbar. Solche Details fallen allerdings erst ins Auge, wenn man mit wissendem Blick die Reliefs betrachtet.

3 Martha Bringemeier: Ein Modejournalist erlebt die Französische Revolution. Münster 1981, S. 45.

4 Vgl. Anm. 3, S. 46f.

5 Louis Demme: Chronik von Hersfeld. Hersfeld 1900, S. 98. 1789 hatte bereits der König von Preußen ein ähnliches Rundschreiben an alle Regierungsbeamte verfaßt; andererseits ging Friedrich Wilhelm III aber selbst 1797 auf der Promende von Bad Pyrmont in langen Hosen. Vgl. Gundula Wolter: Die Verpackung des männlichen Geschlechts. Marburg 1988, S. 161. Selbst der Versuch des Landgrafen von Hessen-Kassel die Pantalons dadurch verächtlich zu machen, daß er Strafgefangene, die beim Straßenbau beschäftigt waren, nach „ französischer Manier" einkleiden ließ, konnte schließlich die Verbreitung der Pantalons nicht aufhalten. Vgl. Gundula Wolter, s.o., S. 161. Die zeitliche Einordnung für diese Maßnahme läßt sowohl 1790 als auch 1799 in Frage kommen. Vgl. G. Wolter, S. 217.

6 Karl E. Demandt: Geschichte des Landes Hessen. Kassel 1980, S. 548.

7 Vgl. Eva Nienholdt: Kostümkunde. Braunschweig 1961, S. 93 f.

8 Friedrich Christian Philipp Beuther (1776-1856), Dekorations- und Bühnenmaler am kur-
   fürstlichen Hoftheater in Kassel, malte in den dreißiger Jahren drei Trachtenträger/innen aus
   Friedewald – beide Männer mit Kniehosen. Zur gleichen Zeit stellte Major von Pfister einen
   Bauern von der Oberwerra ebenfalls in Kniehosen dar. Vgl. Burkhard von Lepel: Trachten
   aus der Hersfelder Gegend vor 100 Jahren. In : Mein Heimatland 1936/37. Dem Beitrag von
   B. v. Lepel ist übrigens zu verdanken, daß diese Gemälde vor deren Zerstörung im Zweiten
   Weltkrieg nicht nur abfotografiert wurden, sondern daß auch die Farbgebung der Kleidung
   beschrieben wurde.
9 Vgl. 1200 Jahre Kircheim. Kirchheim 1983, S. 107.
10 Vgl. Karl Honikel: Zur Wiederverwendung von Grabsteinen. Vgl. Schaukasten zum historischen Friedhof von Schenklengsfeld.
11 Georg Landau: Beschreibung des Kurfürstenthums Hessen. Kassel 1842, S. 508 f. Landau
   schreibt u.a.: „... er hat noch seine alte Kleidertracht, der Mann den grünen Beidergewands-
   rock und die schwarze Pelzmütze mit langen grünen auf dem Rücken herabhängenden Bän-
   dern...“
12 In der Schwalm zog sich übrigens das Ablegen der Kniehosen nahezu über ein Jahrhundert
   hin – erst zu Beginn der neunziger Jahre des 20. Jahrhunderts nahm der letzte authentische
   Kniehosenträger diese mit ins Grab. Demzufolge wurden über viele Jahrzehnte hinweg beide Hosenarten getragen – der eine Mann blieb aus persönlichen Gründen bei Tracht und der
   andere ging mit der Mode. Selbst unter Nachbarn oder gar Familienangehörigen kleidete
   man sich nicht einheitlich.

Für freundliche Unterstützung danke ich Liesel und Karl Honikel, Schenklengsfeld, und Herrn
Dr. Siegfried Becker, Marburg, recht herzlich.

Adresse der Autorin:
Brunhilde Miehe
Gershausen, Alte Schule
36275 Kirchheim/Hessen

Berichte

József Liszka

Institut für Sozialwissenschaften „Forum" Forschungszentrum für Europäische Ethnologie

Komorn/Komárno/Komárom, Slowakei

Das Forschungszentrum für Europäische Ethnologie des Instituts für Sozialwissenschaften „Forum" wurde am 1. Oktober 1997 mit dem Ziel gegründet, den institutionellen Hintergrund für die ethnologische Forschung der ungarischen Volksgruppe in der Slowakei zu schaffen. Es geht um eine, von den jeweiligen slowakischen Regierungen unabhängige, zivile Organisation. Ihre Tätigkeit wird durch Hilfe verschiedener in- und ausländischen Stiftungen gesichert. Die Aufgaben werden von zwei festangestellten Mitarbeitern (Direktor: Dr. József Liszka, Ethnologe, und Bibliothekarin/Dokumentarin: Ilona L. Juhász) sowie von etwa anderthalb bis zwei Dutzend ehrenamtlichen Mitarbeitern wahrgenommen, die sich an den einzelnen konkreten Forschungsprojekten beteiligen.

Zielsetzungen und Aufgaben des Forschungszentrums für Europäische Ethnologie des Instituts für Sozialwissenschaften „Forum":

1. Ethnologische Erforschung der Volkskultur der ungarischen Volksgruppe in der Slowakei (Hauptschwerpunkte der wissenschaftlichen Forschungstätigkeit)

Neben der Untersuchung der traditionellen Forschungsgebiete der Volkskunde legt das Forschungszentrum für Europäische Ethnologie einen besonderen Akzent sowohl auf die Erforschung der interethnischen Beziehungen, als auch auf die Erforschung von Änderungen der (Volks)Kultur; dabei werden auch die historischen (besonders siedlungsgeschichtlichen) Aspekte berücksichtigt. Unter Berücksichtigung und Verwendung von neuesten theoretisch-methodischen Ergebnissen der Volkskunde möchte das Forschungszentrum eine moderne ungarische Werkstätte (in der Slowakei) der Europäischen Ethnologie sein. Um seine Ziele zu erreichen, erarbeitet und verwirklicht es verschiedene Forschungsprogramme, bzw. beteiligt sich an solchen (auch internationalen) Projekten. Die schon realisierten bzw. auch zur Zeit aktuellen Projekte des Forschungszentrums sind:

– Interethnische Beziehungen im nordwestlichen Teil des Karpatenbeckens
– Slowakisch-ungarisch-deutsche ethnokulturelle Beziehungen im Preßburgerland

- Ethnische Verhältnisse in Komorn im 20. Jahrhundert
- Dokumentation von sakralen Kleindenkmälern in der Süd-Slowakei
- Volkskundliche Bibliographie zur ungarischen Volksgruppe in der Slowakei
- Lokale Identität und interethnische Beziehungen in drei ausgewählten Ortschaften der Süd-Slowakei
- Die Popularkultur der ungarischen Volksgruppe in der Slowakei um die Jahrtausendwende

Schwerpunkte der wissenschaftlichen Arbeit sind:

a) Erforschung interethnischer Beziehungen

Da in der vergangenen Jahrhunderten in der südlichen Grenzzone der heutigen Slowakei, in erster Linie in Dörfern und Kleinstädten, mehr als eine halbe Million Ungarn mit anderen Ethnien (vorwiegend mit Slowaken, Deutschen, Kroaten, Ruthenen, Juden und Roma) in ständiger Wechselwirkung zusammengelebt haben, kann das Wesen der „ungarischen Volkskultur" in der Slowakei ohne die Erschließung der interethnischen Beziehungen zu diesen Ethnien nicht verstanden werden. Das Forschungszentrum für Europäische Ethnologie untersucht sowohl die historischen Wurzeln dieser Beziehungen als auch deren gegenwärtige Äußerungsformen.

b) Erforschung der Volksfrömmigkeit

Erforschung, Dokumentation und Präsentation von Andenken der Volksreligiösität in vielen Teilen Europas haben eine alte Tradition und diese funktionieren in institutionellen Rahmen; demgegenüber gibt es in Ost-Mittel-Europa keine wesentlichen Traditionen. Im ganzen ungarischen Sprachgebiet und auch in der Slowakei gibt es keine solchen Institutionen, Museen oder Organisationen, die sich mit dieser Gedenk- und Denkmalgruppe beschäftigen, obwohl sie eine große religiöse, kulturhistorische, ethnologische und kunsthistorische Bedeutung hat. Aber gerade diese Andenken und Denkmäler von Volksfrömmigkeit und privater Andacht sind am meisten bedroht; und wenn der erste Schritt nicht rechtzeitig getan wird, muß mit unersetzlichen Schäden gerechnet werden. Es geht um Hochkreuze, Kreuzbilder, Bildstöcke an den Straßen, um auf Baumstämmen befestigte Bilder (Bildbäume), um Statuen von Heiligen, um Weg- und Grabkapellen, um Grabzeichen an Friedhöfen usw. Diese Denkmäler befinden sich im Inneren der Siedlungen bzw. in der Feldmark. Mit ihrer Dokumentation und ihrem Schutz beschäftigte sich bisher auf unserem Gebiet niemand. Um dieses Forschungsdesiderat zu beheben, ist am Forschungszentrum für Europäische Ethnologie das Archiv für sakrale Kleindenkmäler gegründet worden, das zur Zeit in der Region einmalig ist. Es geht dabei um eine ständig wachsende Datenbasis, die die sakralen Kleindenkmäler der Region in ihrer Geschichtlichkeit und ihren Veränderungen umfaßt. Die auf solche Weise herausgebildete Datenbasis können sich einerseits Fachleute des Denkmalschutzes zunutze machen, z.B. wenn für Selbstverwaltungen der Region bei Siedlungserweiterung fachkundige Begutachtungen benötigt werden; anderseits kann diese Basis sowohl für Folkloreforscher oder Ethnographen als auch für Kulturhistoriker und Religionshistoriker zu einer wichtigen Quelle werden.

c) Veränderungen in der Volkskultur der ungarischen Volksgruppe in der Slowakei

Bevor die sogenannte traditionelle Volkskultur vollständig aufgelöst war, wurden die (auch) von Ungarn bewohnten ehemaligen Gebiete Oberungarns der Tschechoslowakei angegliedert (1918). Lehrreiche Ergebnisse brachten die Untersuchungen dahingehend, welche Wirkungen die Herschaftswechsel (1918, 1938, 1945, 1993), die Kollektivierung (1948–1952) bzw. die gesellschaftliche-politische Wende 1989 auf diese sich auch sonst ständig verändernde Volkskultur ausgeübt hatten. Das Forschungszentrum engagiert sich langfristig, eine solche ethnologische Zusammenfassung zustande zu bringen, die einerseits versucht, die Volkskultur der von Ungarn bewohnten Gebiete der Sowakei in den ersten Jahrzehnten des 20. Jahrhunderts zu rekonstruieren, und die andererseits diejenigen Wirkungen und Änderungen vorstellt, die in den vergangenen acht Jahrzehnten für diese Volkskultur von Bedeutung waren.

2. Dokumentation des erforschten Materials

Das Forschungszentrum für Europäische Ethnologie
a) pflegt und erweitert eine volks- und heimatkundliche Fachbibliothek,
b) pflegt und erweitert eine allgemeine ungarische volkskundliche Datensammlung (Archiv) in der Sowakei,
c) entwickelt und erweitert das Archiv für sakrale Kleindenkmäler.

3. Veröffentlichung der Ergebnisse

a) Unter dem Titel *Acta Ethnolgica Danubiana* veröffentlicht das Forschungszentrum sein Jahrbuch, nicht nur in ungarischer und slowakischer Sprache, sondern gegebenfalls auch in Weltsprachen (wie deutsch, englisch).
b) Unter dem Titel *Notitia historico-ethnologica* veröffentlicht es eine Buchreihe von Forschungergebnissen mit kürzeren, allgemeinen ethnologischen, historischen und vergleichenden Themen.
c) In der Serie *Lokale und regionale Monographien* werden die Ergebnisse der monographischen Forschungen in der Region publiziert.
d) Unter dem Titel *Interethnica* werden die Ergebnisse der interethnischen Forschungen veröffentlicht.

e) In Zusammenarbeit mit der „Bibliotheca Hungarica" werden bibliographische Serien (*Miscellanea Bibliothecae Hungaricae*) unter anderem auch über die ungarische Volkskunde in der Slowakei herausgeben.
f) Das Forschungstentrum organisiert Fachseminare und (internationale) wissenschaftliche Tagungen

Publikationen des Forschungszentrums für Europäische Ethnologie

Hírharang (10. Jahrgang). Informationsheft herausgegeben in Zusammenarbeit mit dem Verband für ungarische Volkskunde in der Slowakei. Erscheint zweimal jährlich.

Liszka, József (Hrsg. unter Mitwirkung von L. Juhász Ilona): Szolgálatban (Im Dienst. Festschrift zum 70. Geburtstag von Musikfolklorist Tibor Ág). Dunaszerdahely 1998 (= Notitia historico-ethnologica 1)

Nagy, Endre: Tardoskedd és Udvard földrajzi nevei (Flurnamen in Tardoskedd und Udvard). Dunaszerdahely 2000 (= Notitia historico-ethnologica 2)

Acta Ethnologica Danubiana. Jahrbuch des Forschungszentrum für Ethnologie 1. (1999). Dunaszerdahely 2000

Acta Ethnologica Danubiana. Jahrbuch des Forschungszentrums für Europäische Ethnologie 2-3. (2000-2001). Dunaszerdahely 2001

L. Juhász, Ilona: Szlovákiai magyar néprajzi bibliográfia – Volkskundliche Bibliographie zur ungarischen Volksgruppe in der Slowakei 1987-1988. Dunaszerdahely 1998 (= Miscellanea Bibliothecae Hungaricae 1)

L. Juhász, Ilona: Szlovákiai magyar néprajzi bibliográfia – Volkskundliche Bibliographie zur ungarischen Volksgruppe in der Slowakei 1989-1990. Dunaszerdahely 1999 (= Miscellanea Bibliothecae Hungaricae 2)

L. Juhász, Ilona: Szlovákiai magyar néprajzi bibliográfia – Volkskundliche Bibliographie zur ungarischen Volksgruppe in der Slowakei 1991-1992. Dunaszerdahely 2000 (= Miscellanea Bibliothecae Hungaricae 3)

L. Juhász, Ilona: Szlovákiai magyar néprajzi bibliográfia – Volkskundliche Bibliographie zur ungarischen Volksgruppe in der Slowakei 1993-1994. Dunaszerdahely 2000 (= Miscellanea Bibliothecae Hungaricae 4)

Viga Gyula (Hg. von): Kisgéres. A település változó népi kultúrája (Kisgéres – Malý Hореš. Die Volkskultur des Dorfes in Änderungen). Dunaszerdahely 2000 /Lokale und regionale Monographien 1.)

In Vorbereitung

Liszka, József: A szlovákiai magyarok néprajza (Die ungarische Volkskunde in der Slowakei). Budapest – Dunaszerdahely 2001

L. Juhász, Ilona: A temetkezési szokások és a temetokultúra változásai a 20. században. Rudnai példa (Die Änderungen der Begräbnisbräuche und der Friedhofskultur im 20. Jahrhundert. Beispiel Rudna). Dunaszerdahely 2001 (= Notitia historico-ethnologica 3)

L. Juhász, Ilona: Szlovákiai magyar néprajzi bibliográfia – Volkskundliche Bibliographie zur ungarischen Volksgruppe in der Slowakei 1995-1996. Dunaszerdahely 2001 (= Miscellanea Bibliothecae Hungaricae 7)

Bodnár, Mónika: Etnikai és vallási viszonyok a Felso-Bódva völgyében (Ethnische und konfessionelle Verhältnisse in Oberen Bodva-Tal). Dunaszerdahely 2001 (= Interethnica 1)

Benyovszky, Károly: Pozsonyi mondák (Sagen aus Preßburg). Dunaszerdahely 2002 (= Notitia historico-ethnologica 4)

Keményfi, Róbert: A történeti Gömör és Kis-Hont vármegyék etnikai rajza (Ethnisches Bild des historischen Komitats Gömör-Kleinhont). Dunaszerdahely 2002 (= Interethnica 2)

Tagungen

18.-21. Oktober 2000. Komorn (Slowakei): XII. Internationale Ethnokartographische Tagung (Die Referate der Tagung sind im Band Nr. 2-3 des Jahrbuchs des Forschungszentrums, Acta Ethnologica Danubiana, veröffentlicht)

Mai, 2002. Komorn (Slowakei): 16. Internationale Tagung für Kleindenkmalforschung

Institutsanschrift
Fórum inštitut – Fórum Intézet
Etnológiai Központ/Etnologické centrum
Dr. József Liszka
upná 16., P.O. Box 154
SK – 945 01 Komárno 1
e-mail: etnologia@foruminst.sk

AIMA – Generalkonferenz und Kongress CIMA XIII

24. bis 28. September 2001 in Lindlar/Deutschland

Unter dem Thema „Von der Natur zur Kulturlandschaft. Die Darstellung von Mensch und Natur im Museum" stand der diesjährige Kongress der AIMA (Association Internationale des Musées d'Agriculture), die Internationale Vereinigung der Agrar- und Freilichtmuseen. Das Thema Kulturlandschaft steht in engem Zusammenhang zum Tagungsort, dem Bergischen Freilichtmuseum für Ökologie und bäuerlich-handwerkliche Kultur in Lindlar, einer Einrichtung des Landschaftsverbandes Rheinland. Das Museum dokumentiert in besonderer Weise die Rolle, die der Mensch bei der Formung von Natur und Gestaltung der Landschaft gespielt hat.

Für einige Tage herrschte in Lindlar internationales Flair. Über 50 Museumsfachleute aus 14 Nationen trafen sich vom 24. bis zum 28. September 2001 im Bergischen Land. Eröffnet wurde die Veranstaltung vom Präsidenten der AIMA, *Dipl. Ing. Hans Haas*, Leiter des Bergischen Freilichtmuseums Lindlar. Er wies auf die Bedeutung und Verantwortung der Agrar- und Freilichtmuseen hin, die Rolle des Menschen bei der Zerstörung der Natur sichtbar zu machen und Besucher dazu anzuregen, die eigene Umwelt natürlich und ökologisch sinnvoll zu gestalten.

Dr. Klaus-Dieter Kleefeld führte in seinem Eröffnungsvortrag „Was ist Kulturlandschaft" in das Tagungsthema ein. Er erläuterte anhand von Beispielen aus Nordrhein-Westfalen den Wandel der Kulturlandschaften und stellte Projekte vor, die sich mit diesem Thema widmen. In enger Kombination steht dabei auch die Arbeit des Rheinischen Vereins für Denkmalpflege e.V., deren kulturlandschaftlichen Tätigkeiten und Projekte *Dr. Norbert Heinen* und *Dr. Thomas Otten* vorstellten. Vervollständigt wurde der Einführungsvormittag durch den Beitrag von *Pater Dr. Hermann-Josef Roth*, der die Kulturlandschaftsnutzung und -prägung der Zisterzienser in den Mittelpunkt seiner Ausführungen stellte. Die Beiträge des ersten Vormittags standen in enger Verbindung zum Projekt „Heisterbacher Tal", das den Tagungsteilnehmern und Teilnehmerinnen auch vor Ort im Siebengebirge erläutert wurde. Für die ehemalige Zisterzienser-Abtei Heisterbach wurde gerade ein kulturlandschaftliches Konzept entwickelt. Ziel ist es, die werterhaltende Nutzung und Bewahrung einer herausragenden Kulturlandschaft zu dokumentieren. Dabei geht es nicht um die Einrichtung eines „Freilichtmuseums" oder eines „Kulturlandschaftserlebnisgebiets", sondern um ein offenes, erweiterbares, gering institutionalisiertes didaktisches Konzept zur Vermittlung der historischen Dimension der Klosterlandschaft des Heisterbacher Tals.

Am Nachmittag erläuterten Beiträge aus Ungarn, Kanada, USA, Deutschland und Schweden anschaulich den internationalen Forschungsstand. Die Teilnehmer gewannen einen sehr interessanten Einblick in die Projekte der unterschiedlichen Museen. Von der Prägung der Kulturlandschaft durch den Tabakanbau in den Süd- staaten der USA bis hin zur Vorstellung der Arbeit der „Nordischen Genbanken". Eine interdisziplinäre Arbeitsgruppe, die sich um die Erhaltung von pflanzengene- tischen Materials kümmert. Involviert ist dabei maßgeblich das Schwedische Land- wirtschaftsmuseum Julita, *Dr. Else-Marie Strese* erläuterte in Ihrem Beitrag Arbeit und Projekte des wohl flächenmäßig größten Museums der Welt (2.400 ha).

Internationales Flair setzte sich am nächsten Tag fort. Wie schon bei den vor- angegangen Beiträgen wurden diese mehrsprachig simultan übersetzt. So u.a. be- richtete *Prof. Edward Hawes* (USA) über den Zusammenhang von Landschafts- pflege und Tierhaltungen. *Dr. Henryk Nowacki (Polen)* erläuterte in seinen Aus- führungen die enge Verknüpfung von Natur, Mensch und Kulturbeziehungen und wählte die dörfliche Landschaft als Spiegelbild dieser Entwicklungen. In Vorbereitung für den Besuchs des Bergischen Freilichtmuseums referierten Mu- seumsleitung sowie Mitarbeiter und Mitarbeiterinnen über die Konzeption und didaktische Vermittlung, die wiederhergestellte Kulturlandschaft und Ergebnis- se der Bauforschung. Im Anschluss daran folgte der Besuch des Museums, bei dem die Teilnehmer und Teilnehmerinnen einen detaillierten Einblick in die praktische Museumsarbeit erhielten.

Weitere Referate nahmen sich der historischen Nutzung von Kulturland- schaften an wie der Beitrag von *Prof. Hisashi Horio*, der über tradierte Wasserge- winnungssysteme in asiatischen Ländern berichtete, oder *Dr. Theo Gantner* (Schweiz), der Vergils Georgica (29. v. Chr.), das „Lehrbuch" der Landwirt- schaft in Bezug zum Thema Kulturlandschaft setzte.

Ergänzend zu den Referaten lernten die Teilnehmer zahlreiche museale Ein- richtungen der Region kennen, so das Museum „Achse, Rad und Wagen" in Wiehl, das „Museum des Oberbergischen Kreises" auf Schloss Homburg in Nüm- brecht und das „Rheinische Freilichtmuseum Kommern". Neben der Vorstellung dies Museums und Erläuterungen über die Rückzüchtungen alter Haustierrassen fand die Ausstellung „Rheinländer erobern Amerika" besonderen Anklang.

Im Rahmen des kulturellen Rahmenprogramms fand eine Fahrt auf den Dra- chenfels statt, um so einen Teil „Rheinromantik" persönlich zu erleben. Ergän- zung fand dieser Besuch bei Führungen durch die historisierte Drachenburg, wo ein Gründerzeitmuseum und das erste deutsche Naturschutzmuseum entstehen. Die Besichtigung des Kölner Biermuseum und die anschließende Einkehr im „Küppers Brauhaus" bildeten einen gelungenen Abschluss und boten Gelegen- heit die Gespräche mit Kollegen und Kolleginnen fortzusetzen.

Den Abschluss der erfolgreichen Tagung bildete die Generalversammlung der AIMA. Neuer Präsident ist der Direktor des Walachischen Freilichtmuseums in Roznov per Radhostem (Tschechien), *Dr. Vitezslav Koukal*. Dort werden die nächste AIMA – Generalversammlung und der Kongress CIMA XIV im Jahr 2004 stattfinden. Anmeldungen liegen jetzt bereits vor.

Die über 30 Tagungsbeiträge werden in der Publikationsreihe der AIMA, der AMA (Actae Museorum Agriculturae) voraussichtlich noch dieses Jahr erscheinen.

Lindlar   Petra Dittmar

10 Jahre Thüringische Vereinigung für Volkskunde e. V. (TVV)

Ein Bericht anläßlich des zehnjährigen Gründungsjubiläums des Vereins am 22.9.2001 in Erfurt

Die TVV kann im Jahr 2001 auf zehn Jahre ihres Bestehens zurückblicken. Zehn Jahre sind gemeinhin eine eher kurze Zeitspanne. Die Jahre, von denen hier die Rede ist, waren jedoch prall gefüllt mit Ereignissen, die die gesamte Gesellschaft betrafen. Sie bilden somit einen zusätzlichen Rahmen für unsere Vereinsgeschichte.

Zusammengekommen sind wir damals in schwieriger Zeit. Was ist, müssen wir uns heute fragen, seit Anfang der 90er Jahre nicht alles auf uns eingestürzt und hat sich in seinen Wertigkeiten verändert. Dazu seien nur ein paar Stichworte genannt, jeder wird dann im Geiste seine eigenen Erfahrungen hinzufügen können. In dieser Zeit, als ein Gesellschaftssystem das andere ablöste, war plötzlich alles anders: die Staatsform und mit ihr Autokennzeichen, Schul- und Besteuerungsmodelle usw. Nicht zuletzt erfuhren Arbeitskraft und Geld einen ungeahnten Wertewandel. Zu den genannten oder gedachten schwerwiegenden Veränderungen kamen aber auch neue Entfaltungsmöglichkeiten als der Demokratie innewohnende Chancen hinzu. Dazu zählten beispielsweise die Gründung von Vereinen und Verbänden ohne inhaltliche Bevormundung von staatlicher oder sonstiger Seite. In dieser Wende- und Aufbruchzeit ergriffen volkskundlich Interessierte beherzt eine solche Möglichkeit, als sie die Thüringische Vereinigung für Volkskunde begründeten.

Die Gründung eines thüringenweiten Volkskunde-Vereins war ein Novum. Anders als beispielsweise der Thüringer Geschichtsverein erblickte die TVV ohne entsprechenden regionalen Vorgänger das Licht der Welt. Der Wunsch und die Notwendigkeit, in Thüringen einen solchen Zusammenschluß zu schaffen – als Interessenvertretung sowohl der im Fach arbeitenden als auch der allgemein volkskundlich-kulturgeschichtlich Interessierten, war bereits 1990 deutlich hervorgetreten. Tagungen in Kloster Banz im Herbst 1990 sowie mit der Hessischen Vereinigung für Volkskunde in Tann/Rhön im Februar 1991 hatten den Gründungsakt gedanklich vorbereitet.

Den unmittelbaren Anstoß gab dann das in Jena angesiedelte und bis Ende 1991 bestehende Zentrum für Volkskunde/Kulturgeschichte Thüringens. Während der Konstituierungsphase des Vereins waren es vor allem Volkskundler von der Hessischen Vereinigung für Volkskunde bzw. der Universität Marburg, genauer gesagt Dr. Siegfried Becker und Dr. Andreas Bimmer, die das Gründungskommitee uneigennützig unterstützten und uns mit ihrer Arbeit bekannt machten. Damit war der Grundstein gelegt für eine, wie ich glaube, bis heute andauernde – nicht nur sehr angenehme partnerschaftliche, sondern auch inhaltlich profunde – Zusammenarbeit zwischen beiden Vereinen bzw. einzelnen Mitgliedern. Am 22.06.1991 wurde nach weiteren Vorbereitungen unter der Schirmherrschaft des Landtagspräsidenten, Herrn Dr. Gottfried Müller, die Thüringische Vereinigung für Volkskunde im Museum für Thüringer Volkskunde Erfurt gegründet. Zur ersten Vorsitzenden wurde Frau Dr. Marina Moritz gewählt, damals noch wissenschaftliche Mitarbeiterin im Wissenschaftsbereich Volkskunde/Kulturgeschichte am Institut für deutsche Geschichte, Berlin. Sie wurde 1995 für weitere vier Jahre in ihrem Amt bestätigt, und seit 1999 ist Dr. Gudrun Braune Vereinsvorsitzende.

Die Ziele und Aufgaben des Vereins, die ein breites Wirkungsspektrum eröffnen, finden sich in der Satzung. Es heißt dort u.a.: „Zweck der TVV ist die Förderung von Wissenschaft und Forschung auf dem Gebiet der Volkskunde und Kulturgeschichte in Thüringen. Die TVV setzt sich für Erhalt und Pflege von Zeugnissen der Volkskultur ein. Sie beteiligt sich überdies an der überregionalen Volksforschung sowie an der Klärung von Grundsatzfragen der Europäischen Ethnologie."[1]

Im September 1992 erfolgte die Eintragung des Vereins in das Vereinsregister des Kreisgerichtes Jena unter der Nummer 359/1. Nun gab es also einen frischgebackenen und eingetragenen Verein und es stellte sich die Frage: Wie soll der Vereinsalltag aussehen und wie die Vorstandsarbeit ausgefüllt werden? Auch darüber darf man heute einmal sprechen: Das Vereinsleben zu organisieren war besonders in den ersten Jahren für den Vorstand ein Kraftakt. (Nebenbei gesagt, ist dies heute auch nicht immer einfach.) Nicht nur die Tatsache, daß sich damals die meisten Vorstandsmitglieder, genau wie viele der Vereinsmitglieder, auf beruflich unsicherem Terrain bewegten, verkomplizierte die Arbeit. Auch, daß die Vorsitzende bis Ende 1993 eine halbe Tagesreise entfernt von Thüringen wohnte, machte vieles nicht leichter. Beinahe kurios aber mutet es aus heutiger Sicht an, daß die Geschäftsführerin zwar als solche bezeichnet wurde, aber ohne Geschäftsstelle war und in den ersten beiden Jahren telefonisch nicht erreicht werden konnte, es sei denn über ihren Mann, der am Arbeitsplatz die Telefon-Botschaften und Notrufe entgegennahm und später innerfamiliär übermittelte. Vieles mußte deshalb auch auf schriftlichem Wege geklärt werden; freilich ohne die Bequemlichkeit von Fax oder e-mail. So füllen also nicht nur die Korrespondenzen nach außen mehrere Ordner in unserem Archiv, sondern auch die Briefe, die untereinander nötig waren.

Etwas anderes machte uns ebenfalls zu schaffen, und man kommt nicht umhin, dies anzumerken. Bedauerlicherweise und aus unterschiedlichen Gründen haben es damals einige bekannte Thüringer Volkskundler nicht vermocht, von anfänglichen wohltönenden Absichtserklärungen abgesehen, uns mit Rat und Tat zur Seite zu stehen. Inzwischen sind hinterlassene Lücken jedoch längst geschlossen. Und dies u.a. auch durch die – so glaube ich sagen zu dürfen – gegenseitig fruchtbare und vertrauensvolle Zusammenarbeit mit dem Jenaer Lehrstuhl für Volkskunde. Bekanntlich steht uns Frau Prof. Dr. Christel Köhle-Hezinger seit dem Frühjahr 1999 auch als stellvertretende Vereinsvorsitzende zur Seite.

Trotz mancher Widrigkeiten war es im Laufe der ersten Jahre möglich, den Verein zu etablieren und voranzubringen. Zurückblickend läßt sich durchaus eine positive Entwicklung konstatieren. Sie war auch deshalb möglich, weil die Vereinsmitglieder, um die komplizierte Situation wissend, dem Vorstand den Rücken stärkten. Hatten sich bei Vereinsgründung 21 Personen ins Mitgliedsverzeichnis eingetragen, so zählten 1993 immerhin 61 Mitglieder dazu. Besonders Marina Moritz, die Tagungen innerhalb und außerhalb Thüringens besuchte oder mitorganisierte, warb unermüdlich um neue Mitglieder. Bei ihr lag auch der Kontakt zu Behörden, Kommissionen und Ministerien in guten Händen – nicht zuletzt im Hinblick auf die später eröffnete Volkskundliche Beratungs- und Dokumentationsstelle für Thüringen.

Nachdem Frau Moritz im Dezember 1993 die Stelle der Direktorin im Museum für Thüringer Volkskunde Erfurt angetreten hatte, wurde der Vereinssitz nach Erfurt verlegt. Daß damals eine Geschäftsstelle eröffnet werden konnte, ist ihr sowie der Stadt Erfurt zu danken. Einen geeigneten Ort für die Vereinsgeschäfte zur Verfügung zu haben, war auch deshalb dringend nötig, weil die TVV eine Zeitlang die Verantwortung des Faches in Gänze bzw. teilweise tragen mußte: Denn in Thüringen bestand keine Landesstelle für Volkskunde, das Institut für Volksmusikforschung in Weimar wurde geschlosssen, an der Universität Jena fand keine Volkskunde-Ausbildung mehr statt und die Volkskundliche Kommission für Thüringen war noch nicht gegründet bzw. erst in Ansätzen wirksam.

Diese mißliche Situation zu überwinden und die Volkskunde im Freistaat zu stärken, dafür setzte sich unser Verein nachdrücklich ein und konnte zweifellos auf diesem Weg wichtige Erfolge verzeichnen. Dazu zählen:

1. Die Gründung einer wissenschaftlichen Fachvereinigung. Diese trat im Januar 1993 als Volkskundliche Kommission für Thüringen ins Leben. Ihre Mitglieder kommen zum großen Teil aus der TVV.

2. Die Gründung des Heimatbundes Thüringen am 6.11.1993, wozu u.a. die Initiative mit von der TVV ausging.

3. Außerdem setzte sich die TVV jahrelang öffentlich für die Gründung einer Volkskundlichen Landesstelle für Thüringen ein. Im Ergebnis entstand die schon erwähnte Volkskundliche Beratungs- und Dokumentationsstelle für Thüringen, die im Mai 1997 im Museum für Thüringer Volkskunde eröffnet werden konnte.

Für die genannten Probleme fanden wir dankenswerter Weise bei Herrn Dr. Rolf Lettmann und vor allem bei Herrn Lutz Schilling vom Thüringer Ministerium für Wissenschaft, Forschung und Kunst bzw. Kultur immer ein offenes Ohr. Solange das Fach in Thüringen in vielfacher Weise unterrepräsentiert war, hatte die Vereinigung sicher eine große Verantwortung, um die Wissenschaftsdisziplin in Thüringen bewußt zu machen und zu etablieren. Den ihr zugewachsenen Aufgaben konnte sie auch deshalb nachkommen, weil es möglich war, zwei Jahre lang zwei ABM-Stellen zu besetzen.

Im Vergleich zu anderen thüringenweit agierenden Verbänden ist der Verein mit derzeit 74 Mitgliedern (davon 21 korporative) relativ klein und diese sind weit verstreut. Daher gelang und gelingt es lediglich, ein auf jährlich wenige Veranstaltungen beschränktes Pensum zu absolvieren. Die Mitglieder konnten aber darüber hinaus beispielsweise durch mehrere Aufrufe Lebenserinnerungen niederschreiben und damit in die Vereinsarbeit eingebunden werden. Auch in Zukunft sollten wir solche oder ähnliche Vorhaben anbieten. Durch Fachtagungen wurden einige wichtige volkskundliche Themenfelder bearbeitet und aktuelle Diskussionen aufgenommen. Besonders erfreulich ist in diesem Zusammenhang, daß neben Referenten aus dem Verein oder der Region solche renomierten Wissenschaftler wie Professor Hermann Bausinger oder Professor Wolfgang Brückner zur Mitarbeit gewonnen werden konnten.

Womit haben wir uns während dieser Tagungen befaßt? Im Jahre 1993 ging es um den Heimatbegriff und die Thüringen-Identität. Durchgeführt wurde die Tagung „Heimat Thüringen – kulturelle Identität im Wandel" gemeinsam mit dem Zentrum für Thüringer Landeskultur e.V. auf Schloß Elgersburg bzw. in Ilmenau. Auch in der Folge haben wir immer wieder mit bewährten Partnern unsere Kräfte bündeln können, wie zur Arbeitstagung „Trachten und Trachtenfolklorismus", die 1994 gemeinsam mit dem Heimatbund Thüringen auf Schloß Elgersburg stattfand, und die auf den Boom der Entstehung von Trachtenvereinen reagieren wollte. Die Arbeitstagung „Thüringer Handwerk als Kultur- und Wirtschaftschaftfaktor" (1995), die historische und gegenwärtige Befunde präsentierte, wurde gemeinsam mit dem Heimatbund Thüringen, dem Zentrum für Thüringer Landeskultur e.V. und der Konrad-Adenauer-Stiftung ausgerichtet. Dreimal haben wir gemeinsam mit der Volkskundlichen Kommission für Thüringen e.V. zur Festkultur in Thüringen getagt und einen speziellen Fragebogen zur Anwendung vorbereitet: Im Herbst 1996 in Erfurt im Museum für Thüringer Volkskunde, im Frühjahr 1997 im Rathaus Bad Langensalza und im Herbst des gleichen Jahres in Kammerforst. Für die Vorbereitung und Durchführung dieser Tagungen hat sich die damalige Vorsitzende der Volkskundlichen Kommission für Thüringen, Frau Dr. Helga Raschke, besonders engagiert, wofür ihr heute nochmals der Dank ausgesprochen werden soll. Im Jahr 2000 wurde die Tagung „Bestattungskultur in Thüringen" auf Schloß Elgersburg organisiert: gemeinsam mit dem Heimatbund Thüringen e.V., der Volkskundlichen Kommission für Thüringen und dem Zentralinstitut für Sepulkralkultur Kassel, unterstützt von der Volkskundlichen Beratungs- und Dokumentationsstelle für Thüringen und der Sparkassen-Kulturstiftung Hessen-Thüringen. Unsere Exkursionen, Jahreshauptversammlungen und Tagungen an wechselnden Orten haben dafür gesorgt, daß wir in den vergangenen Jahren ganz schön im Lande herumgekommen sind: Wir besuchten das Thüringer Freilichtmuseum Hohenfelden (1992), das Stadtmuseum Hildburghausen (1993), das Schloß Friedenstein in Gotha (1994), die Orte Unterlemnitz und Lobenstein (1995), das Museum für Stadtgeschichte in Gera (1996), Heinersdorf bei Sonneberg (1996), das Museum Reichenfels in Hohenleuben, Nitschareuth und das untere Schloß Greiz (1997), das Hennebergische Museum Kloster Veßra (1998), die Universitätsstadt Marburg an der Lahn sowie deren Umgebung (1998), das Heimatmuseum Thalbürgel (1999), das Heimatmuseum Heiligenstadt sowie die Burg Hanstein und das Stockmacherdorf Lindewerra im Jahr 2000. Und in diesem Jahr waren wir in Schloß Posterstein, im Knopfmuseum Schmölln und im Agrar- und Freilichtmuseum Schloß Blankenhain. Der Dank für die Unterstützung bei der Vorbereitung bzw. Durchführung der genannten Vorhaben gilt nach zeitlicher Reihenfolge Herrn Dr. Rüdiger Helmboldt, Frau Dr. Helga Raschke, Herrn Horst Zippel, Frau Adelheid Schleitz, Herrn Thomas Schwämmlein, Frau Sabine Tominski, dem Vorstand des Vogtländischen Altertumsforschenden Vereins, Herrn Thomas Witter, Herrn Dr. Siegfried Becker, Herrn Dr. Uwe Träger, Frau Elke Bautz und Herrn Jürgen Knauss. Auch die inzwischen leider verstorbene Frau Margarete Braungart hatte uns ihr Museum in Hildburghausen geöffnet.

Neben Exkursionen und Tagungen ist die Erarbeitung und Herausgabe von Publikationen das dritte Standbein unserer Vereinstätigkeit. Im Januar 1993 erschien als kostenlose Mitgliederinformation das erste Heft der TVV-Mitteilungen in der Redaktion von Marina Moritz mit einem Umfang von 24 Seiten. Ab Folge 2, Heft 2, Dezember 1994, liegt diese Verantwortlichkeit bei Gudrun Braune und Peter Fauser. Zu den reinen Informationen in diesen halbjährlich erscheinenden Blättern gesellten sich nun nach und nach kleine fachliche Beiträge. Der Umfang des einzelnen Heftes liegt jetzt zwischen 40 und 60 Seiten. Ab Februar 2000 trägt es den Untertitel: „Thüringer Volkskundliche Mitteilungen" und das Heft wird nun in erweiterter Form gemeinsam mit der Volkskundlichen Beratungs- und Dokumentationsstelle für Thüringen herausgegeben. Seitdem werden verstärkt auch Gegenstände von allgemein-volkskundlichem Interesse behandelt, die über den Vereinsrahmen hinaus gehen. Die Thüringische Vereinigung für Volkskunde hat in ihrer Reihe „Thüringer Hefte für Volkskunde" bisher allein bzw. mit der Volkskundlichen Kommission für Thüringen gemeinsam sieben Bände veröffentlicht.[2] Für die Herausgabe zuständig waren für Bd. 1 Marina Moritz, für Band 3-7 Gudrun Braune und Peter Fauser, wobei sie für Bd. 6 und 7 von Helga Raschke Unterstützung erhielten. Es läßt sich denken, daß es manchmal nicht ganz einfach ist, bei diesen Bänden die Arbeit einer Vielzahl von Autoren zügig unter einen Hut zu bringen. Der Anspruch, in Zukunft termingerecht zu publizieren, bleibt aber bestehen. In der Phase der Manuskripterarbeitung und Druckvorbereitung befindet sich momentan der Ertrag der Elgersburger Tagung 2000. Daß die Hefte überhaupt erscheinen können, ist nur möglich, weil dafür glücklicherweise Druckkostenzuschüsse vom Thüringer Ministerium für Wissenschaft, Forschung und Kunst bzw. Kultur bereit gestellt werden. Für die ersten beiden Bände hatte uns auch der Landtagspräsident Zuwendungen aus Lottomitteln gemacht. Da wir nicht über ein Vertriebssystem für die Bände verfügen, sind wir jedem dankbar, der sich als Vereinsmitglied für den Verkauf oder Schriftentausch engagiert. So wurde uns im Museum für Thüringer Volkskunde und im Thüringer Freilichtmuseum Hohenfelden die Möglichkeit eingeräumt, unsere Publikationen anzubieten. „Unter's Volk gebracht" haben die „Grünen Hefte" u.a. auch Herr Dr. Reinhard Escher, Herr Herbert Schardt und Herr Thomas Schwämmlein. Mit Unterstützung der TVV konnten außerdem Publikationen zur Regionalen Volksmusikforschung und -pflege, über die sich wandelnde kulturelle Identität und den Heimatbegriff, mit Heimat- und Volksliedern bzw. Tänzen sowie mit Erinnerungen an die Zeit zwischen 1930 und 1947 herausgegeben wurden.[3]

Wir stehen mit einer Reihe von volkskundlichen Vereinen und Institutionen im Schriftentausch, die an dieser Stelle nicht einzeln aufgeführt werden können. Hinweisen aber möchte ich unbedingt darauf, daß Sie, liebe Mitglieder, die getauschten Schriften sowie aus Projekten stammende Literatur nach Anmeldung gern einsehen können. Darunter befinden sich auch Bücher, die uns freundlicherweise Anfang der 90er Jahre durch den Bayerischen Landesheimatbund als Geschenk bzw. im Schriftentausch zur Verfügung gestellt werden konnten.

Für die Vereinsarbeit ist neben ideellen Vorraussetzungen Geld nötig. Die wenigen, zumeist aus den Mitgliedsbeiträgen stammenden Finanzen, verwaltet Dr. Peter Fauser nun schon seit zehn Jahren mit scharfem Blick und haushälterischem Geschick. Dafür sei ihm heute ebenso herzlich gedankt wie für seine umfangreiche Mitarbeit an den „Grünen Heften" und an den TVV-Mitteilungen. Auch in Zukunft wird der Verein Spielraum für Kommunikation, Dokumentation und Forschung bieten.[4] Am heutigen Tage ist es deshalb unerläßlich, die Frage nach künftigen Vorhaben zu stellen und konkrete Vorschläge zu machen. Grundsätzlich ist für jedwedes fachliche Anliegen, das sei noch einmal festgehalten, der Weg offen.

Am Beginn meiner Ausführungen habe ich auf die Stürme der 90er Jahre verwiesen. Zudem wäre es interessant, auf die Zeit davor zu sprechen zu kommen. Nicht zuletzt sollten wir uns der Dokumentation und Untersuchung des Alltagslebens zuwenden. Denn es ist falsch, die Deutungsmacht im Hinblick auf unsere eigene Thüringer Alltagsgeschichte, die zugleich vierzig Jahre lang DDR-Geschichte war, allein westlichen Kollegen zu überlassen. Und hier glaube ich mich mit den aus Hessen, Schwaben, dem Ruhrgebiet und anderen Westregionen zu uns gestoßenen Vereinsmitgliedern durchaus in fachlicher Übereinstimmung: So nötig der fremde Blick auch sein mag, die exakte Kenntnis und das eigene Interpretieren der alltäglichen historischen Zusammenhänge bleibt unerläßlich. Welche methodischen Ansätze hierfür gefunden und ausgebaut werden können, darüber läßt sich freilich noch trefflich diskutieren und streiten.

Auch der exakte Blick auf das komplexe Ganze unserer Welt – um beim Titel des in Jena stattfindenden Volkskundekongresses anzuknüpfen – ist letztendlich nur möglich, wenn er sich auf Ergebnisse stützen kann, die auf lokaler oder regionaler Ebene erhoben worden sind. Daß wir bis zum 20. Gründungsjubiläum im besten Sinne aufgeschlossen und neugierig bleiben und den Mut haben werden, auch heiße Eisen anpacken, hoffe ich. Auch, um noch besser unser Woher und Wohin verstehen zu können.

Erfurt   Gudrun Braune

Anmerkungen

1 Der gesamte Wortlaut der Satzung findet sich erneut veröffentlicht im anläßlich unseres Jahrestages herausgegebenen Sonderheft der TVV-Mitteilungen (Folge 9, Heft 1, September 2001). Herr Klaus Lindae hat dort übrigens alle bisher erschienenen TVV-Mitteilungen bibliographiert.

2 Bd. 1: Volkskunde in Thüringen. Eine Zustandsbeschreibung. Hrsg. von Marina Moritz im Auftrag der Thüringischen Vereinigung für Volkskunde e.V. Erfurt 1992; Bd. 2: Lebensweisen im Wandel. Hrsg. von Gudrun Braune und Peter Fauser im Auftrag der Thüringischen

Vereinigung für Volkskunde e.V. Erfurt 1994; Bd. 3: Trachten und Trachtenfolklorismus. Hrsg. von Gudrun Braune und Peter Fauser im Auftrag der Thüringischen Vereinigung für Volkskunde e.V. Erfurt 1995; Bd. 4: Schreiben und Erzählen. Hrsg. von Gudrun Braune und Peter Fauser im Auftrag der Thüringischen Vereinigung für Volkskunde e.V. Erfurt 1996; Bd. 5: Handwerk in Thüringen als Kultur- und Wirtschaftsfaktor. Hrsg. von Gudrun Braune und Peter Fauser im Auftrag der Volkskundlichen Kommission für Thüringen e.V. und der Thüringischen Vereinigung für Volkskunde e.V. Erfurt 1997; Bd. 6: Öffentlich feiern. Zur Festkultur in Thüringen (1). Hrsg. von Gudrun Braune, Peter Fauser und Helga Raschke im Auftrag der Volkskundlichen Kommission für Thüringen e.V. und der Thüringischen Vereinigung für Volkskunde e.V. Erfurt 1998; Bd. 7: Feste im Landkreis Gotha und Unstrut-Hainich-Kreis. Zur Festkultur in Thüringen (2). Hrsg. von Gudrun Braune, Peter Fauser und Helga Raschke im Auftrag der Volkskundlichen Kommission für Thüringen e.V. und der Thüringischen Vereinigung für Volkskunde e.V. Erfurt 2001.

3 Regionale Volksmusikforschung und -pflege. (Tagungsband). Hrsg. von Peter Fauser. Weimar 1993; Heimat Thüringen – kulturelle Identität im Wandel. Publikation zur Tagung der Thüringischen Vereinigung für Volkskunde und des Zentrums für Thüringer Landeskultur am 26.-28. März 1993. Hrsg. vom Zentrum für Thüringer Landeskultur Geraberg, o. J. TVV-Mitglieder sind als Autoren beteiligt; Wo die tiefen Täler und die Waldeshöhn. Heimatlieder und Lieder zu besonderen Anlässen aus der Bergbahnregion um Oberweißbach. Hrsg. von Torsten Sterzik und Horst Traut. Oberweißbach/Cursdorf 1995; Das Thüringer Volksliederbuch. Hrsg. von Horst Traut. Mit einer Einführung zum Volkslied und zur Volksliedforschung in Thüringen von Peter Fauser. Rudolstadt 1995; Erinnerungen an die Zeit zwischen 1930 und 1947. Hrsg. von Gudrun Braune (= Quellen zur Geschichte Thüringens, Bd. 1). Landeszentrale für politische Bildung. Erfurt 1996. Der Band basiert auf einer Dokumentation, die von der Thüringischen Vereinigung für Volkskunde e.V. und der Volkskundlichen Kommission für Thüringen e.V. getragen wurde. Dreher und Rutscher. 46 Rundtänze aus Urgroßvaters Burschenzeit. Eingerichtet für kleine C-Besetzung von Horst Traut. Hrsg.: Bayerischer Landesverein für Heimatpflege e.V./Thüringische Vereinigung für Volkskunde e.V. München und Erfurt 1996.

4 Gute Erfahrungen sind in dieser Hinsicht bereits über einige Jahre hinweg durch die Arbeitskreise „Trachtenforschung" (Leitung: Magdalena Bindmann) bzw. „Erzählforschung" (Leitung: Dr. Gudrun Braune) gemacht worden.

„Ortsbezüge. Deutsche in und aus dem Donauraum"

Jahrestagung 2000 des Johannes-Künzig-Instituts, Freiburg i. Br.

Das Johannes Künzig-Institut für ostdeutsche Volkskunde in Freiburg i. Br. hielt vom 25.–27. Oktober 2000 eine wissenschaftliche Arbeitstagung zum Thema „Ortsbezüge. Deutsche in und aus dem Donauraum" ab. Die Tagung, welche im Rahmen der mittlerweile schon zur Tradition gewordenen Jahrestagungen des Instituts stattfand, wurde vom Stellvertretenden Institutsleiter Dr. des. Hans-Werner Retterath organisiert. Sie verstand sich als eine interdisziplinäre Arbeitstagung, die insbesondere dem wissenschaftlichen Austausch mit den Fachkolleginnen und -kollegen aus dem Donauraum dienen sollte.

Nach Tagungseröffnung und Begrüßung der Teilnehmer durch den Leiter des Johannes-Künzig-Instituts Prof. Dr. Werner Mezger am Abend des 25. Oktober, folgte der öffentliche Einführungsvortrag von Dr. Siegfried Becker (Universität Marburg) unter dem Titel „Bilder aus Bosnien-Herzegowina, Mazedonien und Russisch Polen 1914–1916. Zur privaten Photographie im Krieg". Der Referent zeigte anhand von Bildern, die sein Großvater im Ersten Weltkrieg als Soldat auf dem Balkan privat gemacht hatte, den Donauraum und seine tragische Geschichte sozusagen in den Spiegelungen dieser stereotypischen „Knipseraufnahmen". Dabei ging es ihm darum, die Rolle dieser privaten Kriegsfotos, von denen Unmengen auf uns gekommen sind, aufzuzeigen, sie auch als Gegenpol der offiziellen heroisierenden Kriegsfotografie und der damit verflochtenen kriegszieltragenden Propaganda darzustellen. Erinnerung an erlebte Erfahrung, auch die private, läuft als Prozess ab. Die Fotografie kann dabei als Quelle der individuellen Auseinandersetzung mit herrschenden Wertvorstellungen dienen. Das Bild wird zum touristischen Dokument des durch es festgehaltenen schrecklichen, zeitweilig auch angenehmen Ausnahmezustands des Kriegslebens mit seiner disziplinierten Unfreiheit und seiner raffinierten übermächtigen Vernichtungstechnik; es wird zur Basis späterer Rückbesinnung. Die Fotografie ist Versuch, das im Laufe dieses Lebensausnahmezustandes Krieg zwangsläufig auftretende und mit zwischen Faszination und Angst schwankendem Gefühl wahrgenommene Fremde zu begreifen: fremdes Land, fremde Menschen, fremde eigene Situation, menschenfeindliche Technik und die darum kreisenden ambivalenten Gedanken. Das Eigene spiegelt sich im erstarrten Blick durch die Kamera zwangsläufig im erfassten Anderen. Kriegsbilder sind aber auch in die Heimat geschickte Zeichen des Überlebens in allgegenwärtiger Todesnähe. Sie sind nicht zuletzt Ausdruck der Erfahrung der Zerbrechlichkeit des Menschseins.

Das Arbeitsprogramm des 26. Oktober wurde durch den Tagungsorganisator Hans-Werner Retterath eröffnet. Dabei war vorgesehen, nach einer Gruppe von Referaten jeweils in die Diskussion des Vorgetragenen einzutreten. Da das als

Beginn des Tages vorgesehene Referat von Dr. Agnes Tóth (Komitatsarchiv Bács-Kiskun, Kecskemét/Ungarn) zum Thema „Enteignung und zwangsweise Um- und Aussiedlung der Ungarndeutschen 1945/46" nicht stattfinden konnte, begann die Vortragsreihe mit Prof. Dr. Gábor Barna (Universität Szeged/Ungarn) und seinem Referat unter dem Titel „Reale und symbolische Welten im Banat". Er ging dabei darauf ein, dass der Mensch die Objekte seiner natürlichen und künstlichen Umwelt mit Namen belegt, um sich orientieren zu können. Dieses Namensmaterial kann sich mit der Zeit aus verschiedenen Gründen ändern, spiegeln sich doch darin historische Erinnerungen, religiöse Bezüge, persönliche Erlebnisse und nicht zuletzt der Ausdruck von Zielen unterschiedlichster politischer Ideologien wieder, die, je nachdem, welche Gruppe gerade die Macht innehat, sich gegen die unterlegenen durchsetzen. Der Referent gewann seine Erkenntnisse anhand einiger von ihm durchgeführten Feldforschungsprojekte im Banat, und dort in mehrsprachigen, konfessionell gemischten Regionen des heutigen Rumänien, wo das Zusammenleben alles andere als friedlich, sondern eher von Konkurrenz geprägt war. Es liegt den Untersuchungen also eine Örtlichkeit zugrunde, wo die physische Welt mehrere sehr verschiedene Namen hat. Die Natur, so der Referent, wird durch die Namensgebung zu einem humanisierten Raum. Die in diesem Raum lebenden Menschen nehmen ihn auf diese Weise in Besitz. Durch die Benennung der an den Raum gebundenen geschichtlichen Ereignisse formt sich die vertikale Dimension der Zeit zu einer stetigen Gegenwart. Daher kommt der Bewahrung des Vergangenen durch Aufstellung von Denkmalen materieller Art und durch orale Überlieferung eine hervorragende Bedeutung zu. Durch das Gedenken wird der Raum für den Menschen zur Heimat. Gegen Ende des 19. Jahrhunderts sind die nur ortsbezogenen Erinnerungen mit Nationalem verschmolzen worden. Bloßes Festhalten lokalen Geschehens wurde ideologisiert. Dies hatte zur Folge, dass mit jedem Herrschaftswechsel des betroffenen Gebietes auch die Erinnerung umgeformt werden musste. Die konkurrierende Erinnerung wurde konsequent vernichtet. Auch heute noch, mit dem Verschwinden der marxistischen Weltauffassung, geht diese Umformung der mentalen Welt im behandelten Gebiet weiter. Mit Spannung kann verfolgt werden, mit welcher Qualität sich diesmal das Umbenennen vollziehen wird.

Anschließend sprach Elisabeth Arnold (Universität Szeged/Ungarn; Stipendiatin des Landes Baden-Württemberg) über „Das virtuelle Dorf im Banat am Beispiel des Ortes St. Anna/Rumänien". Die Referentin verstand dabei das virtuelle Dorf als eine potentielle Größe, die nur in unserem Gefühl, in unserer Erinnerung, im Gedächtnis vorhanden ist. Es kommt dort vor, wo Menschen ihre Heimat verlassen mussten und wo eine Rückkehr in das Verlassene nicht mehr möglich ist. In alle Welt zerstreute Mitglieder einer zerschlagenen Gemeinschaft versuchen ihr ursprüngliches Zusammenleben weiterhin zu pflegen, ihre verwandtschaftlichen, freundschaftlichen, nachbarschaftlichen Beziehungen, ihr religiöses Brauchtum und ihre Sprache vor dem Untergang zu retten. Sie fühlen sich auch noch in der Fremde als in Gemeinsamkeit zusammenlebend; der ehemalige Ort verbindet sie nach wie vor. Als Mittel, dieses Zusammenleben aufrecht zu erhalten, werden heute neben den gedruckten Materialien auch die elektronischen Medien, also das Internet, eingesetzt. Man darf mit Interesse verfol-

146

gen, wie lange diese virtuelle Gemeinschaft noch künstlich am Überleben gehalten werden kann.

Danach referierte die aus Ungarn stammende Csilla Schell (Universität Freiburg) unter dem Thema „Vertriebene aus Nemesnádudvar/Nadwar und ihre Kontakte zur ehemaligen Heimat" die Ergebnisse ihrer empirischen Feldforschung in Dietenheim. Dort hatten sich nach dem Zweiten Weltkrieg Heimatvertriebene aus Nemesnádudvar/Nadwar aus der ungarischen Nordbatschka niedergelassen. Die Kontakte sind vorwiegend von zwischenmenschlichen Beziehungen geprägt, die zum Teil jenseits der Verwandtschaft liegen. Dagegen ist der Bezug zum ehemaligen Besitz und eine lokale Verbundenheit nur zweitrangig.

Der Nachmittag wurde mit dem Vortrag „Die langen Schatten der Vergangenheit. Der Systemwechsel in Ungarn und die Schwaben – das Beispiel Hajós" von Dr. Thomas Schneider (Universität Mainz) eingeleitet. Der Referent ging auf die durch den politischen Systemwechsel aufgetretenen Schwierigkeiten im Schwabendorf Hajós ein, wobei er verstärkt die wirtschaftlichen Probleme des Umstrukturierungsfiaskos und die Reaktion der Bevölkerung darauf untersuchte. Diese äußert sich unter anderem nach anfangs positiven Ansichten über die freie Marktwirtschaft letztendlich, nach den gemachten schmerzlichen Erfahrungen, in einer verbreiteten Ablehnung dieser Wirtschaftsform.

Danach sprach Prof. Dr. Elisabeth Knipf (Universität Budapest) über „Verlust oder Erhalt? Die große Entscheidung der Ungarndeutschen. Zur sprachlichen Situation der Ungarndeutschen auf dem Lande an der Jahrtausendwende". Sie ging dabei auf die aktuelle sprachliche Lage der noch etwa 200.000 Ungarndeutschen ein und hier besonders auf Praxis und Folgen der Zweisprachigkeit. Für die Zukunft ist in Ungarn wohl mit einer Schmälerung der Dialektformen des Deutschen zu rechnen, während der Hochsprache, bei gewährleisteter Unterstützung durch die deutschsprachigen elektronischen Medien und ausreichender finanzieller Ausstattung der betroffenen ungarndeutschen Institutionen, die positive Motivierung der Ungarndeutschen, die deutsche Kultur zu leben immer vorausgesetzt, Chancen, weiterhin bestehen zu bleiben, eingeräumt werden können.

In seinem ausführlichen Vortrag „Die Volkskultur des Oberen Theißbeckens. Ein länderübergreifendes Forschungsprojekt" ging Dr. Hans Gehl (Institut für donauschwäbische Geschichte und Landeskunde/Tübingen) auf den Stand der in genannter Region aktuell durchgeführten oder geplanten kulturellen Projekte ein, unter anderem auf eine Feldforschung in Sathmar. Besonders hob der Referent auf die 1999 an der Universität Oradea/Großwardein abgehaltene internationale Tagung zu interethnischen Beziehungen im rumänisch-ungarisch-ukrainischen Kontaktraum ab. Dort wurden die zahlreichen Interferenzen im sozialen, linguistischen, ethnografischen und künstlerischen Bereich in der betrachteten Region behandelt. Es kam dabei zum Ausdruck, so der Referent, dass die natürliche Mehrsprachigkeit der Ethnien im Karpatenraum, das gegenseitige Kennenlernen und Akzeptieren des anderen in seiner Besonderheit zu einem entmythisierten, realistischen Image der anderssprachigen Nachbarn, die von den selben geografischen und sozialen Bedingungen geprägt sind, geführt haben und diese verschiedenen Ethnien in der Regel zu einem regen Kulturaustausch gefunden haben. Für die Zukunft wurde im Jahre 2000 mit einer Kooperationsvereinbarung zwischen Forschern aus Rumänien, Ungarn, der Ukraine und der Slowakei, bei Teilnahme von deutschen Wissenschaftlern, der Grundstein für weitere einschlägige Zusammenarbeit gelegt.

Der 27. Oktober begann mit dem Referat von Dr. des. Hans-Werner Retterath (Johannes-Künzig-Institut/Freiburg) über die „Neuansiedlung von Donauschwaben in Offenburg. Eine erzählte Erinnerung". Am Beispiel einer Erzählung von zwei 1945 vertriebenen donauschwäbischen Schwestern über die Neuansiedlung ihrer kleinen Gruppe von Donauschwaben in Offenburg in den 50er Jahren des 20. Jahrhunderts, behandelte der Referent das Problem der lebenshistorischen erzählten Erinnerung. Erkenntnisinteresse waren dabei sowohl die Erzählung der vergangenen Ereignisse wie deren spätere Verarbeitung. Es kam zum Ausdruck, dass Erinnerungen in erster Linie gegenwartsbezogene, selektive Interpretationen der Vergangenheit sind und damit nur bedingt für die Rekonstruktion historischer Abläufe herangezogen werden können. Erinnerungen, so der Referent, sagen mehr über gegenwärtige Befindlichkeiten der Erzähler aus als über die objektive Entwicklung historischer Ereignisse. Das Erinnern schwankt zwischen Wiederfinden und Wiedererfinden der Vergangenheit. Daneben spielt aber auch das Bestreben der Erzähler eine Rolle, ihr eigenes kulturelles Erbe, ihre Lebenserfahrung und die Bezeugung wichtiger lokalhistorischer Ereignisse an die Nachwelt weiterzugeben. Dennoch, so der Referent, kann man bei aufmerksamer Beachtung der Gegenwartsgebundenheit und jeweiliger Erzählmuster von Erinnerungen der historischen Wahrheit doch recht nahe kommen.

Krisztina Kaltenecker (Universität Budapest; DAAD-Stipendiatin) sprach danach über „Konzepte des Vorstands der Darmstädter Donausiedlung zur Ansiedlung und Integration". Sie untersuchte wie die als Baustelle 1949 aus dem Boden gestampfte Donausiedlung in Darmstadt nach anfänglichen Schwierigkeiten und Ablehnung durch Teile der sie umgebenden Gesellschaft, durch konsequente Eigeninitiative und wohlwollende Mithilfe eben dieser einheimischen Umgebungsgesellschaft, zu einer funktionierenden, in die soziale Umwelt integrierte Gemeinde wurde.

Den Abschluss der Tagung bildete das Referat von Henrike Hampe M.A. (Donauschwäbisches Zentralmuseum/Ulm) unter dem Titel: „Abschied von 'Juppl' und 'Kittel': Kleidungswechsel im Prozess der Integration der Flüchtlinge und Vertriebenen", worin die Vortragende die allmähliche Anpassung von Migranten an die sie umgebende Aufnahmegesellschaft anhand der Kleidung darstellte.

Mit einer Schlussdiskussion ging die Jahrestagung 2000 des Johannes Künzig-Instituts zu Ende. Die Teilnehmer konnten ein breites Spektrum von wissenschaftlich fundierten Informationen über einen heute wieder, zumindest für die westlichen Teilnehmer der Tagung, verstärkt ins Gesichtsfeld tretenden geografisch-kulturellen Raum mitnehmen, Informationen, die sozusagen als Resümee des Bisherigen durchaus wichtige Gedankenanstöße für das Zukünftige geben können.

Freiburg i. Brsg.   Günther Camill Jerg

Ludwig Bickell (1838–1901)

Am 20. Oktober 1901 ist Ludwig Bickell, der Pionier der photographischen Baudokumentation und der hessischen Denkmalpflege, im Alter von 63 Jahren in
Marburg gestorben. Von vielen, selbst seinen engeren Freunden kaum wahrgenommen, war der leidende Körper erschöpft, dem ungeduldigen, wißbegierigen
Geist nicht mehr gewachsen. Viele Einrichtungen und Organisationen haben
Grund, sich seiner zu erinnern; so richtet der Verein für hessische Geschichte
und Landeskunde, in dessen Vorstand er mitwirkte und hier manche Anregungen gab, ein Symposium aus zu seinem Andenken. Auch die HVV, im Todesjahr
Bickells erst am hoffnungsvollen Beginn ihrer Arbeit, wird sich seiner erinnern
dürfen – nicht seiner Mitwirkung, sehr wohl aber im Bewußtsein um sein weitge-
spanntes Interesse für die Kulturgeschichte Hessens, die er lange Zeit aus eige-
nem, energischem Antrieb und ohne Anerkennung von staatlicher Seite er-
forscht und vermittelt hat. Spät erst wurde sein Werk gewürdigt, das neben der
technisch wie ästhetisch professionell genutzten Photographie vor allem der
Sammlung kulturgeschichtlicher Bestände galt und damit den Grundstock für
die volkskundlichen und kulturgeschichtlichen Sammlungen des Marburger
Universitätsmuseums und des Landesmuseums in Kassel legte; spät erst wurde er
zum Bezirkskonservator für den Regierungsbezirk Kassel der preußischen Provinz Hessen-Nassau ernannt, spät erst mit der Ehrendoktorwürde der Marburger Philipps-Universität ausgezeichnet. Mit seinem umfangreichen Werk hat er
nicht nur Denkmalpflege, Bau- und Kunstgeschichte, sondern auch der Volkskunde zahlreiche Dokumente erschlossen und erhalten, und so soll der 100. To-
destag als Anlaß für eine kurze Würdigung in den *Hessischen Blättern* dienen.
Bickell, oft als Sonderling betrachtet, hat doch in unerschütterlichem Selbstbewußtsein nicht eingefahrene Geleise benutzt, sondern sich neuen und selbst-
gestellten, aber umso anspruchsvolleren Aufgaben gewidmet, Pionierarbeit geleistet da, wo noch wenig Gespür und Bewußtsein um den Erhaltungswert von
historischen Kulturgütern vorhanden war, zunächst und vor allem in der Anwendung und professionellen Weiterentwicklung der Photographie für die Dokumentation kulturgeschichtlich markanter Architektur[1]; seine Sensibilität für
das Unscheinbare, sein profundes Wissen werden deutlich in dem für die Zeit erstaunlich offenen Blick, in dem ein weitgefaßter Kulturbegriff zum Ausdruck
kommt, der ohne die Arroganz elitärer Kunstauffassung dörfliche Stallgebäude
gleichberechtigt mit herrschaftlicher und sakraler Architektur der Dokumentation wert erachtete, wenn sie nur seinem Blick für handwerkliches Können ent-
sprachen. So ist sein Kunstverständnis nicht an dem in seiner Zeit geläufigen
Denkmalverständnis orientiert gewesen, das als Huldigung an die deutsche Bil-
dungsidee den Blick auf das Deutschland der Dichter und Denker fokussierte[2],
so sind auch seine Ablichtungen der Objekte nicht von Symbolismus und Ver-
klärung gezeichnet, wie sie die piktoralistische Photographie entwickelte[3], son-

Bewegung und Vergänglichkeit: Zeitspuren im Bild. Aufnahme eines Wirtschaftsgebäudes in Kehna, Kreis Marburg, von Ludwig Bickell, zwischen 1888 und 1901. Die Schemen der Gänse im Bildvordergrund zeigen die ins Bild der „Momentaufnahme" gebannte Zeit, die Beschädigungen der Plattenbeschichtung Vergänglichkeit und Konservierungsprobleme der fotografischen Dokumentation (Bildarchiv Foto Marburg Inv.-Nr. 810.554).

150

dern auf die Leistung einer materialgerechten Formgebung und der in ihr ausgedrückten Idee gerichtet, und er wußte darum die Artefakte hoher Kunst ebenso zu schätzen wie er die Spuren von Armut und Dürftigkeit nicht ausblendete.

Ludwig Bickell, 1838 in Marburg als Sohn des Kreissekretärs Karl Bickell geboren, nahm 1860 an der Marburger Universität das Studium der Cameralien auf, das neben der eigentlichen Staatswissenschaft auch naturwissenschaftliche Fächer wie Physik, Chemie, Mineralogie und Technologie umfaßte, eine fachliche Breite vermittelte, die ihm später bei der Verwirklichung seiner Interessen zugute kommen sollte. Zwei Semester zog es ihn nach Leipzig, wo er neben Nationalökonomie, Statistik, Politik, Staatsrecht und Technologie seinen Hang zur Kunstgeschichte entdeckte und nicht nur in den Antikensammlungen und Museen zu Leipzig und Dresden, sondern auch in den sächsischen, insbesondere erzgebirgischen Kirchen vor Ort auslebte. Nach dem Tod des Vaters wurde er, selbst mit einem hartnäckigen asthmatischen Leiden geschlagen, 1865 nach bestandener Staatsprüfung zu Arbeiten bei der Marburger Provinzialregierung zugelassen und setzte seinen Vorbereitungsdienst fort, der freilich mit der Annexion Kurhessens durch Preußen 1866 abgebrochen wurde – ein Einschnitt, der seinen weiteren beruflichen und privaten Weg entscheidend geprägt hat. Wegen der Pflege seiner kränklichen Mutter an Marburg gebunden und damit an einer weiteren Karriere im Staatsdienst gehindert, gelang es ihm nicht, in der Provinzstadt eine Anstellung zu finden; stattdessen begann er, seinen Interessen wieder nachzugehen, nahm seine kunstarchäologischen Studien auf und richtete sich nach dem Tod der Mutter im Winkel des damals noch zugemauerten Kalbstores eine Klause ein, deren wichtigste Räumlichkeiten und Möblierung Werkstätten für mechanische und photographische Arbeiten sowie Magazine für seine kunsthistorischen Sammlungen waren, Grundstock für die „Sammlung hessischer Altertümer" des Marburger Zweigvereins im Vereins für hessische Geschichte und Landeskunde, der ihn 1875 zum Konservator ernannte[4].

Ein besonderes, früh ausgeprägtes Interesse, erhaben über den Vorwurf einer geschönten, der Idealisierung bäuerlicher Kultur geschuldeten romantisierenden Perspektive, hat er der hessischen Holzbaukunst gewidmet, und so ist als eines seiner Hauptwerke die Arbeit über *Hessische Holzbauten* zu nennen[5]; doch wie selbstverständlich steht daneben auch die Studie über *Die Eisenhütten des Klosters Haina*, die er wegen der Arbeiten Philipp Soldans eingehender gewürdigt hat[6]. Zum Bezirkskonservator ernannt, galt dann sein Spätwerk vor allem der Vorbereitung von Denkmaltopographien, den *Bau- und Kunstdenkmälern im Regierungsbezirk Cassel*, deren erster Band dem Kreis Gelnhausen gewidmet war und noch in seinem Todesjahr erschien[7].

Bickell, der von Jugend auf körperlich gebrechlich war und mit seinen Kräften sparsam haushalten mußte, hat mit diesen Büchern, aber auch mit seinem photographischen Nachlaß, der ein wichtiger Grundstock für das Bildarchiv Foto Marburg an der Philipps-Universität ist, ein Lebenswerk von erstaunlicher Breite geschaffen. Edward Schröder, der den Nachruf auf den Weggefährten seiner Marburger Zeit am Grabe hielt[8], hat darin den Gelehrten gewürdigt, der sich sein immenses Wissen nicht aus Bücherwissen, sondern in allererster Linie aus der Anschauung erschlossen hatte, der aus dem Sehen das Verstehen zu entwickeln wußte und dies auch weitergab an die jungen Architekten aus der Schule Carl Schäfers. Aus dieser Bedeutung des Sehens für sein empirisches Vorgehen erklärt sich denn auch die Bedeutung der Photographie als Dokumentationsmedium – ja es war ihm das in seiner Zeit ideale Medium. Darin unterschied er sich von dem mit ihm befreundeten Germanisten Ferdinand Justi, der doch, um auch die visuelle Empfindung der Farbigkeit festzuhalten, bei Zeichnung und Aquarell blieb[9].

Schröder, im Werrastädtchen Witzenhausen geboren, hatte in Straßburg und Berlin deutsche Philologie studiert und bekam dort bei Karl Müllenhoff auch die Neigung zur Volkskunde vermittelt[10], die ihm später, auch nach seiner Berufung an die Göttinger Universität 1902, eine enge Verbundenheit mit der HVV erhielt und den Hessischen Blättern manchen Artikel aus seiner Feder eintrug. 1889 war er, dreißigjährig, an die hessische Landesuniversität nach Marburg berufen worden, und während der dreizehn Marburger Jahre, die er immer wieder als die glücklichsten seines Lebens schilderte, hat er die Bekanntschaft, ja Freundschaft mit Ludwig Bickell gefunden, der ja auch einen Teil seiner Kindheit in Witzenhausen verbracht hatte, wohin sein Vater als Landrat versetzt worden war. Was beide verbunden haben mag, war ein hessisches Landesbewußtsein, ein „verhaltenes Heimathsgefühl", wie sich Schröder für seine Zeit wohltuend unpathetisch auszudrücken wußte, und eine „Andacht zum Kleinen in der Forschung", der aber doch jeder kleinliche Pedantismus fern gelegen habe; das hat der gelehrte Philologe fein reflektierend formuliert und damit jene ethnographische und philologische Methode einer Vertiefung ins Detail gestreift, die doch des Vergleichs bedurfte, um Interpretation und Analyse zu werden, ein Diskurs, der gerade eben auch in der HVV aufgenommen wurde. Schröder selbst hat im Rahmen seines germanistischen Lehrangebotes die Studierenden mit hinaus genommen in die Dörfer der Marburger Landschaft, sie aufmerksam gemacht auf die hessischen Hausinschriften und zu deren Sammlung angehalten[11]; auch darin zeigt sich eine Nähe in den Interessen beider, die in zurückhaltender, aber doch gefühlsbetonter, oft tief empfindender Anteilnahme auf die Objekte ihrer Forschung gerichtet war: „Er konnte Stunden auf die Aufnahme eines oberhessischen Hofthores verwenden", erinnerte sich Schröder, „und darum schwand die hohe Schönheit von St. Elisabeth doch nicht aus seiner Seele."

Einer der Architektur-Studenten aus der Schule Carl Schäfers, der sich später wohl auch mit dem Photoapparat, mehr aber noch mit dem Zeichenstift der hessischen Baukunst verschrieb und sie in den Stil des Heimatschutzes[12] einbrachte, widmete Ludwig Bickell zum hundertsten Geburtstag ein Buch: Karl Rumpf legte 1938 seine *Handwerkskunst am hessischen Bauernhaus*[13] vor, auch dieses als Geste innerer Verbundenheit und gemeinsamer Achtung vor dem handwerklichen Können, das in den dörflichen Werkstätten Hessens zu beachtlicher Reife entwickelt worden war. Bickell selbst hat sich keiner Schule, keiner Lehrmeinung, keiner Dogmatik gebeugt, hat mit skeptischem Temperament und unbestechlicher Nüchternheit seine eigenen Methoden gepflegt, seine eigenen, oft eigenwilligen Ansichten gehabt, ein Wissen, das „vielleicht in den letzten Jahren zu wenig gestützt und gefördert durch die Literatur" war, wie Schröder kritisch anmerkte: Aber er, der lieber Entbehrungen ertrug, sich in der Dürftigkeit eines Daseins einzurichten wußte, „dessen Form er sich zum guten Theil selbst ge-

152

schaffen, und das behaglicher zu gestalten er den Freunden eigensinnig verwehrt hat", hat in seinen Photographien auch Dokumente von eigenwilliger Ausdruckskraft geschaffen, die seine Bildsprache tragen und damit den biographischen und künstlerischen Kontext ihres Entstehens vermitteln.

Souverän die Technik des Plattenapparates beherrschend, ja sie in immer ausgefeilteren Tüfteleien perfektionierend, wird in seinen klaren und prägnanten Photographien das Bemühen erkennbar, die Bilder als Papier gewordene Augen-Blicke[14], als Erinnerungsträger im Bewußtsein um die Vergänglichkeit des Dargestellten zu fixieren; die Zeichen des Verfalls, die oft in seinen Bildern abgelichtet sind, lassen etwas von jener Wehmut ahnen, die wichtiger Antrieb seiner Dokumentationsarbeit war. Die Photographie[15], die es scheinbar ermöglichte, den Verfall aufzuhalten, das Dargestellte festzuhalten, zeigt mit den Zeitspuren des Verfalls doch gerade auch die Vergänglichkeit der Erinnerung. Damit aber wird zugleich deutlich, daß die Photographie als technisch reproduzierte Erinnerung nur vermeintlich das Vergangene und damit die Erinnerung festzuhalten vermag. Konrad Köstlin hat in seiner Auseinandersetzung mit den Thesen Walter Benjamins zur technischen Reproduzierbarkeit der Kunst zu Recht darauf hingewiesen, daß auch mit einem sich objektiv gebenden Medium, dem durch das „Objektiv" der Kamera fixierten Augen-Blick der Photographie die Erinnerung kein Depot, keine Ablage gefunden hat, sondern Prozeß bleibt und ständig neu erfunden wird[16]. Auch Bickells Photographien – als Dokumenten wie als Kunst – können wir uns also immer wieder neu nähern, sie als Quellen nutzen für eine Auseinandersetzung mit der Geschichte von Wahrnehmungsformen. Seine Bilder teilen einen Hauch des Vergehens mit, der in der bildenden Kunst seiner Zeit symbolisch gefaßt wurde und hier als Wahrnehmung des Wirklichen gestaltet ist. Das Gewordene, das der Heimatschutz wiederzubeleben suchte, das die Denkmalpflege durch Restaurierung zu erhalten trachtet, wird darin doch etwas Neues: Bickell, der den Verfall und die bewußte Zerstörung beklagte, der da, wo noch zu retten war, sich für die Rettung einsetzte, wußte aber auch darum, daß die Zeit das Vergehen unaufhaltsam bedingt; schon im Moment der Aufnahme seiner Bilder war das Dargestellte Geschichte, und so lassen sie sich auch als eine Reflexion des Zeno-Paradoxons, als eine Philosophie der Vergänglichkeit lesen und gewinnen in diesem Bewußtsein um die Unwiederbringlichkeit des Augen-Blicks an ästhetischem Reiz.

Siegfried Becker

Anmerkungen

1 Vgl. Volker Helas: Kurhessen resp. Provinz Hessen-Nassau, Regierungsbezirk Cassel. Anmerkungen zu älteren Photographien. Marburg 1987.
2 Dazu Charlotte Tacke: Denkmal im sozialen Raum. Nationale Symbole in Deutschland und Frankreich im 19. Jahrhundert. Göttingen 1995.
3 Vgl. Anne Hammond: Naturalismus und Symbolismus. Die piktoralistische Fotografie. In: Michel Frizot (Hrsg.): Neue Geschichte der Fotografie. Köln 1998, S. 293-309.

4 Zu Leben und Werk vgl. v.a. den mit Auszügen aus seiner Selbstbiographie versehenen Nachruf in: Mittheilungen an die Mitglieder des Vereins für hessische Geschichte und Landeskunde, 1901, S. 73 - 83.

5 Ludwig Bickell: Hessische Holzbauten. Marburg 1891 und 1906.

6 Ludwig Bickell: Die Eisenhütten des Klosters Haina und der dafür thätige Formschneider Philipp Soldan von Frankenberg. Marburg 1889.

7 Ludwig Bickell: Die Bau- und Kunstdenkmäler im Regierungsbezirk Cassel. Band I: Kreis Gelnhausen. Marburg 1901.

8 Dem Andenken Ludwig Bickell's. Worte am Grabe des Verstorbenen gesprochen von Prof. Edward Schröder. In: Hessenland, 1901, S. 288f.; gleichlautend in: Oberhessische Zeitung, Nr. 252, 1901, sowie in: Mittheilungen an die Mitglieder des VHG (wie Anm. 4), S. 79-83.

9 Vgl. Bilder aus oberhessischen Dörfern. Zeichnungen und Aquarelle des Marburger Orientalisten Ferdinand Justi (1837–1907). (= Schriften des Marburger Universitätsmuseums, 1, zugleich Hessische Forschungen zur geschichtlichen Landes- und Volkskunde, 15) Marburg 1987.

10 Vgl. dazu Friedrich Naumann: Edward Schröder. Gedenkrede zum hundertsten Geburtstag am 18. Mai 1958. (= Beiträge zur Geschichte der Werralandschaft und ihrer Nachbargebiete, 9) Marburg – Witzenhausen 1958.

11 Vgl. Julius Freund: Hausinschriften aus Marburgs Umgebung. Separatdruck aus dem Marburger Tageblatt. Marburg 1891; siehe dann auch Paul Bender: Hessische Hausinschriften aus der Marburger Gegend. Ein Beitrag zur Volks- und Heimatkunde. (= Wissenschaftliche Beilage zum Jahresbericht der Realschule zu Haspe i.W.) Haspe 1913.

12 Dazu Christine H. Bauer: Die Heimatschutzbewegung des frühen 20. Jahrhunderts und deren Einflüsse auf den Baualltag in Hessen. In: Denkmalpflege & Kulturgeschichte, 1/2001, S. 27-33.

13 Karl Rumpf: Handwerkskunst am hessischen Bauernhaus. Marburg 1938, 2. Aufl. 1983. Zu Rumpf vgl. Alfred Höck: Karl Rumpfs Veröffentlichungen 1961–68. In: Hess.Bll.f.Vk., 59, 1968, S. 208f.; ders.: Dr. h.c. Karl Rumpf †. In: Zeitschrift für Volkskunde, 64, 1968, S. 248f.; Ulf Leinweber: Karl Rumpf (1885–1968). Alte Handwerkskunst in dokumentarischen Zeichnungen. Mit Beiträgen von Alfred Höck. (= Staatliche Kunstsammlungen Kassel, Schriften zur Volkskunde, 4) Kassel 1989.

14 Ich verwende diesen Begriff unter Bezugnahme auf Roland Barthes, der mit dem Fixieren des Augenblicks als zum momentan geronnener Vergangenheit die Ambivalenz der Photographie angesprochen hat, an die Erinnerungsleistung des betrachtenden Subjekts gebunden zu sein und doch Bleibendes, Dauerhaftes, das Festhalten des Vorübergehenden zu suggerieren – Roland Barthes: Rhetorik des Bildes. In: Theorie der Fotografie. Hrsg. von Wolfgang Kemp. Bd. III, 1945–1980, München 1983, 138-149; vgl. dazu Barbara Naumann (Hrsg.): Vom Doppelleben der Bilder. Bildmedien und ihre Texte. (= Literatur und andere Künste) München 1993; weiterhin auch Alfredo De Paz: Überlegungen zu einer Soziologie der Fotografie. In: Fotogeschichte, 7. Jg., 1987, H. 25, S. 43-56.

15 Die alte Schreibweise sei hier verwendet, um den etymologischen Gehalt der Photo-Graphie als Licht-Bild und damit seine Bedeutung für einen epochalen Wandel der Wahrnehmung von Wirklichkeit aufzugreifen; vgl. dazu Bernd Busch: Belichtete Welt. Eine Wahrnehmungsgeschichte der Fotografie. München – Wien 1989, Tb.-Ausg. Frankfurt/Main 1995.

16 Konrad Köstlin: Photographierte Erinnerung? Bemerkungen zur Erinnerung im Zeitalter ihrer technischen Reproduzierbarkeit. In: Ursula Brunold-Bigler, Hermann Bausinger (Hrsg.): Hören Sagen Lesen Lernen. Bausteine zu einer Geschichte der kommunikativen Kultur. Festschrift für Rudolf Schenda zum 65. Geburtstag. Bern u.a. 1995, S. 395-410.

154

Karl Löber (1901–1982)

Eine Studierstube voller Bücher und Exzerptkästen, darin ausgebreitet zahlreiche Blätter mit sorgfältig angefertigten Abzeichnungen von Details mittelalterlicher Tafelmalerei – die *Aquilegia vulgaris* war es, der er nachspürte in den Paradiesgärtlein und Heiligenbildern, sein letztes großes Werk vorbereitend, dessen Erscheinen er nicht mehr erleben sollte[1]: so habe ich Karl Löber in Erinnerung. Sehr früh am Morgen schon widmete er sich dem Zeichnen, Exzerpieren und Schreiben, und in dieser disziplinierten Arbeit war ein reichhaltiges Werk entstanden – 732 Titel seiner selbständigen Schriften, Aufsätze, Zeitungsartikel und Rezensionen sind verzeichnet[2], alles neben seinem Schuldienst verfaßt und doch diesen ergänzend und belebend. Und auch das Heimatmuseum in Haiger baute er auf, aus den Erträgen seiner zahllosen Wanderungen zu den Dörfern und Landschaften des Dillkreises schöpfend. Anläßlich der großen Feier zu seinem 80. Geburtstag habe ich ihn in Haiger besucht und ihm Grüße aus Marburg und die Glückwünsche der HVV überbringen dürfen. Damals war die große Anerkennung zu spüren, die ihm zuteil wurde aus Kreis und Stadt (deren Ehrenbürger er war), und auch anläßlich seines 100. Geburtstages wurde die Erinnerung an ihn mit einer Ausstellung, einer Gedenkfeier und einem Heft des Geschichtlichen Arbeitskreises Haiger wachgehalten. Auch für die HVV besteht Grund genug, seiner zu erinnern.

In Haiger im Dillkreis geboren, hatte er das Lehrerseminar in Dillenburg besucht und zunächst eine Lehrerstelle in Hof bei Marienberg im Westerwald erhalten, dann in Rabenscheid, später in Allendorf und Haiger. Nach Krieg und Gefangenschaft kam er nach Langenaubach, und hier hatte er bis zu seiner Pensionierung 1965 die Schulleiterstelle inne[3]. Ein kleines Buch zu Heimatnatur und Heimatgeschichte ist hier entstanden[4], und diesem Heft ist anzumerken, daß er Naturwissenschaftler, Historiker, Volkskundler und Pädagoge zugleich war, der es verstand, aus der Fülle seines Wissens den Stoff anschaulich zu vermitteln und vor allem: die Wissensgebiete miteinander zu verbinden, Wahrnehmung und Nutzung der Natur in ihren historischen Veränderungen als kulturelle Aneignung des Menschen zu verstehen und begreifbar zu machen. So ist sein recht eigentliches Interessengebiet entstanden und über die Jahrzehnte hin gewachsen, die Volksbotanik, in deren Forschungsfeldern er sich Heinrich Marzell verbunden wußte[5] und sie doch eigenständig in stetiger empirischer Sammlungsarbeit und archivalischer Recherche zu Ergebnissen brachte, die für moderne ethnobotanische Fragestellungen ein kaum auszuschöpfendes und sicher nicht mehr wiederholbares Quellenmaterial bereitstellen: Seine *Pflanzen des Grenzgebietes von Westerwald und Rothaargebirge* sind ein Standardwerk[6], das weit über die Grenzen Hessens kein vergleichbares Pendant gefunden hat und finden wird. Pflanzen, ihre Benennungen, ihre Nutzung, ihre Betrachtung, sind ihm immer wichtig gewesen; er zeichnete sie in wundervollen minutiösen Studien, und er achtete die oft stillen, meist armen Menschen, die sich wie Freunds Bettche[7] eine reiche Erfahrung im Umgang mit Pflanzen angeeignet hatten. Zahlreiche kleine Aufsätze und Artikel in Tageszeitungen und Heimatkalendern zeugen von dieser Liebe zur blühenden Natur.

Als Gerhard Heilfurth 1959 den Ruf an die Philipps-Universität Marburg erhielt und mit dem Aufbau des Instituts für mitteleuropäische Volksforschung begann, entwickelte sich recht bald ein lebhafter Kontakt, der schon zuvor geknüpft worden war, als Heilfurth die Evangelische Sozialakademie in Friedewald im Westerwald aufbaute, nun aber erst volkskundliches Profil gewann[8]. Enge Zusammenarbeit pflegte Löber mit der Abteilung Hessen des Instituts, die von Alfred Höck betreut wurde; Erträge dieser Zusammenarbeit waren vor allem Löbers Mitgestaltung der Exkursionen zum Marburger DGV-Kongreß 1965 und sein großes Buch *Beharrung und Bewegung im Volksleben des Dillkreises*, mit dessen Titel er auf Riehl Bezug nahm und kulturelle Prozesse beschrieb, die gerade im industriell geprägten Dillkreis mit Mobilität und Subsistenzwirtschaft erhebliche Dynamik erfuhren. Ob der darin eingebrachten, ungemein breiten Fülle des Wissens kann dieses Buch als sein Lebenswerk angesehen werden, vorgelegt zum Abschluß seiner Dienstzeit[9]; wohlverdient wurde ihm die Ehrendoktorwürde der Marburger Universität verliehen. Sein Sohn Ulrich hat dann das Fach in Marburg studiert und seine Dissertation zu einem hessischen Thema geschrieben[10], ehe er – den klassischen Kontaktraum des Westerwaldes zur anderen Seite hin überschreitend – im Rheinland berufliche Aufgaben fand.

Und auch in der HVV brachte sich Karl Löber alsbald ein; schon zu Hepdings Zeit hatte er Kontakte nach Gießen gepflegt und in den Hessischen Blättern publiziert. Auch in den fünfziger und sechziger Jahren sind mehrere Beiträge aus seiner Feder in unserer Zeitschrift erschienen, und 1967 wurde er zum Vorsitzenden der HVV gewählt. Ganz Landschullehrer und von pädagogischem Impetus motiviert, stellte er die Arbeit der HVV und die Hessischen Blätter im Schulfunk des Hessischen Rundfunks vor[11]; zum 70. Geburtstag wurde ihm Band 62/63 der Blätter als Festgabe gewidmet[12]. Als dann im Fach Abschied vom Volksleben genommen wurde, hat er – fernab vom akademischen Getriebe – den Diskurs nicht mehr mitvollziehen können (und dies wohl auch nicht wollen); die Blätter wurden nach einigen Jahren der Stagnation 1975/76 mit neuem Konzept zur Neuen Folge umgestaltet. Dem Schullehrer hat damals, das müssen wir heute kritisch anmerken dürfen, auch Respekt und Rückhalt im akademischen Milieu gefehlt, und er hat dies selbst, gerade weil ihm die Erfahrungen und Aufgaben seines Schuldienstes so wichtig waren, wohl auch so gesehen und später mit leiser Ironie kommentiert.

Karl Löber hat seine Umwelt aufmerksam wahrgenommen, Auge und Ohr waren ihm die wichtigsten Mittel zum Verstehen von Geschichte und Gegenwart des Lebens in einer rauhen Mittelgebirgslandschaft. An ihr hat er seine Sinne geschult, hat Natur und Kultur gleichermaßen zu sehen und zu verstehen gewußt: Darin hatte er sich ein heute selten gewordenes umfassendes Wissen erworben, zentriert in der Region des Westerwald- und Rothaargebirgsrandes, die er als Heimat empfand. Und so hat er auch in der Redaktion des Heimatjahrbuches für den Dillkreis, das er lange als „Kalendermann" gestaltete, eine erfüllende Aufgabe gesehen.

Siegfried Becker

156

Anmerkungen

1 Karl Löber: Agaleia. Erscheinung und Bedeutung der Akelei in der mittelalterlichen Kunst. Köln – Wien 1988.

2 Alfred Höck: Verzeichnis der Schriften von Karl Löber (Haiger). In: Ausgewählte Beiträge zur Landes- und Volkskunde des Dill-Sieg-Gebietes von Karl Löber. Zusammengestellt aus Anlaß seines 70. Geburtstages im Namen des Vorstandes der Hessischen Vereinigung für Volkskunde. Marburg 1971, S. 81-92. Ein aktualisiertes, von seiner Frau Senta Löber zusammengestelltes Schriftenverzeichnis erschien 1981 in Dillenburg.

3 Vgl. dazu Alfred Höck: Zu Karl Löbers Werdegang und Werk. In: Ausgewählte Beiträge (wie Anm. 2), S. 9-12.

4 Karl Löber: Langenaubach. Ein Heimatbuch. Langenaubach 1961.

5 Karl Löber: Marzell-Bibliographie. In: Hessische Blätter für Volkskunde, 59, 1968, S. 212-227.

6 Karl Löber: Pflanzen des Grenzgebietes von Westerwald und Rothaar. Ihre Stellung im Volksleben und die Geschichte ihrer Erforschung. Göttingen 1972.

7 Karl Löber: Das „Bettche". Erinnerungen an ein altes Kräuterweiblein. In: Heimatjahrbuch für den Dillkreis, 5, 1962, S. 44-47.

8 Gerhard Heilfurth hat ihm dann einen persönlich gehaltenen und doch seine Verdienste um die hessische Volkskunde hervorhebenden Nachruf gewidmet: Karl Löber zum Gedenken. In: Hessische Blätter für Volks- und Kulturforschung, NF 14/15, 1982/83, S. 170f.

9 Karl Löber: Beharrung und Bewegung im Volksleben des Dillkreises. (= Veröffentlichungen des Instituts für mitteleuropäische Volksforschung an der Philipps-Universität Marburg/L., Allgemeine Reihe, 3) Marburg/Lahn 1965.

10 Ulrich Löber: Umfrage zu den dörflichen Burschenvereinigungen in den Gemeinden der „Marburger Landschaft". Marburg/Lahn 1972.

11 Karl Löber: Die „Hessische Vereinigung für Volkskunde" und ihre Zeitschrift „Hessische Blätter für Volkskunde". In: Hessischer Rundfunk, Schulfunk, 24, 1969, Januar – Juli; Heimatkunde und Gesamtunterricht, S. 3-26.

12 Vgl. Alfred Höck: Karl Löber zum Geburtstag am 20.IX.1971. In: Hessische Blätter für Volkskunde, 62/63, 1971/72, S. I-IV.

Solange der Michel steht

(48 1/2 Min., Film von Frauke Paech 1999)
Filmbesprechung mit Interview

Der 132 Meter hohe Turm von Sankt Michaelis, der sogenannte Michel, gilt als Wahrzeichen der Stadt Hamburg. In der Eingangssequenz sehen wir den Michel als Silhouette zusammen mit dem Filmtitel. Dieses Bildmotiv entwickelt sich im Verlauf des Films zu einem Leitmotiv. Welche Bedeutung der Michel allerdings für die zwei Protagonisten hat, erfährt der Zuschauer erst kurz vor dem Abspann.

Bereits zu Beginn des Filmes stehen beide Männer in getrennten Interviews zu ihrer Homosexualität. In parallelisierender Montage berichten sie aus ihrer Lebensgeschichte und über ihre ersten gleichgeschlechtlichen Kontakte. Gerhard (geb. 1929), aufgewachsen bei Königsberg, 'landete' als Flüchtling mit seinen Eltern und seiner Schwester in einem Dorf in der Nähe von Lüneburg. Die alltägliche Arbeit stand in seiner Familie im Vordergrund, die sich unter großen Mühen eine neue Existenz aufbaute – von zusätzlicher Ferkelzucht über Kartoffelanbau bis zum Hausbau. Für Gedanken an (aufkommende) Sexualität gab es damals keinen Raum, er selbst spricht von einem „Zölibat". Nach seiner Tätigkeit als Straßenbauarbeiter wechselte er zu einem Bautrupp der Deutschen Bundesbahn. Während Gleisbauarbeiten in Hamburg erfährt er durch Arbeitskollegen von einem Schwulentreff, den er später aufsucht. Ihm gelang der berufliche Wechsel zum Fernsehen nach Hamburg. Dort arbeitete er sich bis zum Kameramann hoch.

Clemens (geb. 1937) erzählt von seiner Kindheit in Varel südlich von Wilhelmshaven, von seiner Ausbildung als Schaufenstergestalter, von seinem Wechsel in die Sozialarbeit und dem Umzug nach Hamburg. Hier lernte er seinen ersten Freund kennen. Nach seiner Heimleiter-Assistenz in Hamburg war er Schüler in einem Hamburger Krankenhaus. Dort avancierte er schließlich zum stellvertretenden Stationsleiter.

Gerhard berichtet, wie sehr er sich geschämt hat, das erste Mal ein Heft der Schwulenzeitschrift „Der Weg zu Freundschaft und Toleranz" am Kiosk zu erwerben. Er lernte die Treffpunkte für Schwule kennen; Kontakte fanden nur im Freien „seitwärts in den Büschen" statt. Dies kann auch Clemens bestätigen: Es ging um „lockere Kontakte" im Freien und um „schnellen Sex" im Versteck.

Die beiden Erzählstränge treffen sich nahezu im Scheitelpunkt des Films, um dann überraschend zueinanderzugelangen – ein genuin filmisches Stilmittel. Die beiden Interviewten berichten dabei eindrucksvoll von ihrer ersten Begegnung im August 1964 im Eppendorfer Park, aus der sich die inzwischen über 35 Jahre bestehende Partnerschaft entwickelte.

Während Clemens seine Homosexualität im Berufsleben kaum bzw. nicht verheimlichte, ließ Gerhard zunächst Vorsicht walten, denn Diffamierung und

Antipathie waren allgegenwärtig. Die Vorurteile änderten sich für beide auch durch die Reform des Paragraphen 175 Ende der 60er Jahre praktisch nicht. Erst im Laufe der 80er Jahre habe sich die Atmosphäre gewandelt, wie auch Bildeinspielungen von einem öffentlichen Schwulen-Fest in Hamburg dokumentieren.

Die in den USA entstandene Regenbogenflagge gilt als Zeichen für schwule Freiheit und Solidarität. Bildgestalterisch schlüssig wirkt diese Fahne in Kombination mit dem Michel, denn der aufmerksame Beobachter erkennt sofort die leitmotivische Funktion. Clemens und Gerhard berichten auch über ihre Erfahrungen mit dem Älterwerden und äußern sich zur HIV-Problematik. Der erste Aids-Patient im Krankenhaus sei ein Schock und „eine grausame Sensation" gewesen, das Virus ein Damoklesschwert, insbesondere für die junge Generation.

Der Filmanfang zeigt ein Treppenhaus, in dem das Treppengeländer besonders ins Auge fällt. Der abschließende Filmkomplex greift dieses Bildmotiv wieder auf, denn dieses Geländer 'führt' Clemens gewissermaßen in die Wohnung von Gerhard, während die Kamera ihn begleitet. Sie wohnen im gleichen Haus, aber in unterschiedlichen Etagen. Das Geländer betont ihre partnerschaftliche Verbindung. In den letzten knapp neun Minuten sieht man – dramaturgisch folgerichtig – die beiden meist gemeinsam im Bild; sie sprechen nun abwechselnd. Gegen Schluß des Films nähern sie sich dem Michel und berichten über eine Spendenaktion für die Wiederherstellung des Turmes, bei der sich die Spender auf einer Metalltafel 'verewigen' konnten – auf diese Weise dokumentieren sie ihre Partnerschaft. Damit wird klar, welche Bedeutung dem Filmtitel zukommt. Der Michel ist Symbol ihrer Partnerschaft, ihrer Treue und ihres gemeinsamen Lebens in Hamburg.

Geschickt ausgewählte zeitgeschichtliche Dokumente, Filmausschnitte in schwarzweiß sowie farbige und schwarzweiße Zeitungs- und Zeitschriftenartikel versetzen den Zuschauer insbesondere in die Zeit der 60er Jahre. Die gelungene musikalische Gestaltung unterstützt die Atmosphäre ganz wesentlich. Der Zuschauer kann den Gesprächsleitfaden, der dem Film zugrundeliegt, klar erkennen. Billige Effekthascherei oder das Kolportieren von Klischees liegen dem Film fern; er überzeugt durch Ernsthaftigkeit und Sensibilität. Deshalb besitzt er Geltung weit über den Tag hinaus. Frauke Paech und 'ihrem' Kameramann Andree Kummerfeld ist ein emotional anrührendes und sehr einfühlsames Porträt gelungen.

Interview Frauke Paech

Die Filmautorin Frauke Paech (Hamburg) stand freundlicherweise für Auskünfte im Rahmen eines Interviews am 2. Juni 2001 zur Verfügung.

W. Dehnert: „Wie sind Sie genau zu diesem Thema gekommen?"

F. Paech: „Während des Studiums hatte ich mich mit der Verfolgung homosexueller Männer im Dritten Reich beschäftigt, und in diesem Zusammenhang ging es konkret um die Selbstzeugnisse dieser Männer. Ich brachte in Erfahrung, daß die Zahl derjenigen, die während der Adenauer-Zeit nach Paragraph 175 verurteilt wurden, quantitativ ähnlich hoch war wie während der NS-Zeit. Das hat mich sehr erschreckt. Mein erster Ansatz war: Ich möchte gerne mehr darüber erfahren von Zeitzeugen. Im Seminar zum Thema 'Generationen' bei Prof. Albrecht Lehmann am Institut für Volkskunde der Universität Hamburg ging es dann darum, inwieweit diese Männer aufgrund der Erfahrung von Verfolgung eine Teil-Generation bilden. Diese beiden Komponenten standen im Vordergrund: einmal eben ein inhaltlicher Zugang, zum anderen der verstärkte Wunsch, einen Film, einen Dokumentarfilm machen zu wollen mit der Prämisse, Interviews für sich sprechen zu lassen. Ich wollte weder meine Fragen in den Film hineinbringen noch einen Kommentar sprechen – darin bestand die Aufgabe.

Während meines Studiums hatte ich bereits ein Filmprojekt gemacht mit anderen Studierenden zusammen. Dabei ging es um das Thema 'Tod, Trauer, Bestattung' mit einem ähnlichen Vorgehen.[1] Das war uns damals, denk' ich, auch gelungen. Und das bestätigte mich, das noch mal zu probieren. Dann gab es das Problem, für die 50er/60er Jahre Zeitzeugen zu finden. Ich habe versucht, mit Plakaten, vom Hörensagen und so weiter Zeitzeugen zu finden. Das gestaltete sich sehr, sehr schwierig. Aber ich kam glücklicherweise doch noch zu meinen Interviewpartnern. In einem Aufsatzband zum Thema 'Schwule bzw. homosexuelle Männer und Altern' gab es von beiden ein Interview mit einem Photo.[2] Ich fand inhaltlich, was sie gesagt hatten, schon sehr interessant und hatte den Eindruck, daß sie schon Menschen sind, die sich Gedanken machen. Ich setzte mich mit dem Herausgeber dieses Buches in Verbindung und habe ihn gebeten, den Kontakt herzustellen. Dann schrieb ich den beiden einen Brief, um Vorgespräche zu führen."

W. Dehnert: „Wie umfangreich fielen Ihre Vorbereitungen, Recherchen und Ihr Dreh aus, und welche Vereinbarungen haben sie getroffen?"

F. Paech: „Der erste Schritt bestand aus Vorgesprächen, drei sehr intensive Abende. Es dauerte vom frühen Abend bis spät in die Nacht, das heißt über fünf, sechs Stunden. Da ging es zum einen um ein beiderseitiges Kennenlernen. Ich habe relativ allgemein Fragen gestellt, hauptsächlich zu ihrer Biographie, Herkunft und Orte, in denen sie lebten, bevor sie nach Hamburg kamen, dann auch einschlägige Orte, die sie gesucht haben, nicht so sehr Erlebnisse – das wollte ich gerne erst im gefilmten Interview erfahren, um möglichst spontane Äußerungen zu bekommen. Der nächste Schritt bestand darin, Bildmaterial in den Archiven zu recherchieren, hauptsächlich im Landesmedienzentrum Hamburg.

Die nächste sehr wesentliche Ebene betraf die Geldbeschaffung, die finanziellen Mittel für Kamera und Cassetten. Zum Einsatz kamen 12 Cassetten á eine Stunde, insgesamt 12 Stunden Material, davon sechs Stunden Interviews, mit jedem führte ich zwei Interviews und ein gemeinsames Interview. Die anderen sechs Stunden Bildmaterial bestehen aus abgefilmten Dias bis hin zu Aufnahmen vor Ort, wie etwa im Park. Die Vorgespräche fanden im November 1998 statt und Ende Januar/Anfang Februar 1999 drehten wir mit den Interviewpartnern insgesamt sechs Tage, von Freitag bis Sonntag. Dann fanden noch einmal zwei Drehtage statt ohne Interviewpartner. Natürlich lag ein Drehplan mit Drehorten vor.

Wichtig ist mir zu erwähnen, daß ich einen Kameramann an meiner Seite hatte, daß wir bei den Dreharbeiten auch zu zweit vor Ort waren und er sich auf die Kameraarbeit konzentrierte und ich die Möglichkeit hatte, mich entweder auf das Interview zu konzentrieren oder eben auch meine Ideen und Wünsche zu äußern, und das setzten wir dann zusammen um. Mit dem Kameramann Andree Kummerfeld, einem Kommilitonen von mir, arbeitete ich auch schon bei dem 'Tod-Film-Projekt' zusammen."

W. Dehnert: „Wie kamen Sie mit dem Licht zurecht?"

F. Paech: „Zwei Halogen-Scheinwerfer dienten als zusätzliche Beleuchtung."

W. Dehnert: „Gab es bestimmte Vereinbarungen?"

F. Paech: „Wir überließen nichts dem Zufall, es ist schon so, daß es von der Dramaturgie des Filmes darum ging, die beiden erst einmal getrennt voneinander vorzustellen. Da beide in Wohnungen wohnen, die identische Grundrisse und zudem eine ähnliche Einrichtung aufweisen, mußten wir das Problem lösen, sie so zu arrangieren bzw. zu setzen, daß das eben nicht auffiel. Die zweiten Interviews nahmen wir an sogenannten schwulen Hamburger Stätten auf. Es ging aber darum, daß die beiden sich in dieser Umgebung wohlfühlen sollen und daß ich eben nicht nur zu Hause die Interviews machen wollte.

Eine unausgesprochene Abmachung war, daß wir die Schlafzimmer nicht gezeigt haben. Der Titel meiner Magisterarbeit lautet 'Selbstbild und Alltagserfahrung in lebensgeschichtlichen Erzählungen zweier homosexueller Männer'. Das Selbstbild, das sie mir präsentieren, beinhaltet, daß sie mir den Zugang zum Schlafzimmer nicht gestatten, dann stellt das auch ein Ergebnis der Arbeit dar. Ich wollte ja nicht Bilder, die vielleicht diese privaten Sender und zu viele Menschen überhaupt im Kopf haben, die wollte ich ja nicht bloß bestätigen. Ich hab' ja Fragen gestellt und wollte nicht Antworten schon vorwegnehmen."

W. Dehnert: „Welche Grundüberlegungen gab es zur filmischen Dramaturgie? Man denkt bei den Aufnahmen bekanntlich auch immer an die Edition."

F. Paech: „Der Film sollte die Lebensgeschichte chronologisch erzählen, die filmische Zeit sollte mit Lebenszeit korrespondieren, d.h. die erste Hälfte ihres Lebens verbrachten sie ohne einander und die zweite Hälfte miteinander. Ein Ziel vom Filmaufbau her [bestand darin], daß er eben auch Spannung beinhaltet und nicht nur ein bloßes Wiedergeben, sondern daß es eine klassische Exposition gibt und auch einen Wendepunkt im Erzählen, außerdem am Ende das Rätsel zu lösen [gilt], warum der Film so heißt, wie er heißt. Das ist ja auch etwas, was im Verlauf des Films sich noch gar nicht deutlich abzeichnet. In unserem Film geht es um die Leitlinien ihres Erzählens, was erzählen sie, wie setzen sie ihre Schwerpunkte. Ein wichtiger Punkt in ihrem Erzählen macht die Stadt Hamburg aus als Ort, an dem sich ganz viel für sie verändert, sich eine berufliche Karriere entwickelt, sie sich kennenlernen, der Ort, an dem sie zusammen auch leben."

W. Dehnert: „Wenn Sie Ihre Idee mit Ihrem Film vergleichen – gibt es dazu Bemerkenswertes?"

F. Paech: „Die Kennenlern-Geschichte, das war mir als erste Idee im Kopf. Da bin ich sehr, sehr glücklich, daß das funktioniert hat – ohne Zwischenschnitte auszukommen, daß es möglich ist, das direkt aneinanderzuschneiden und daraus eben eine noch dichtere Geschichte erwächst, das funktionierte. Ein gravierendes Problem besteht tatsächlich darin, ohne Kommentar auszukommen und ohne die Fragen miteinzubringen, das war ein sehr großes Problem, die Interviews so zu montieren, daß sie in sich stimmig sind, daß man das Gefühl hat, man versteht, worauf sie sich beziehen, man versteht grundsätzlich, was sie da überhaupt erzählen.

W. Dehnert: „Wieviel Zeit nahm Ihr Schnitt in Anspruch?"

F. Paech: „Wir saßen am Schnitt zehn Wochen, von 10 bis 20 Uhr – eine sehr zeitintensive Sache, wobei die ersten 15 Minuten des Films die schwierigsten waren. Das merkt man dem Film an, daß er erst 'Kopfsteinpflaster' aufweist und sich dann zu einer 'asphaltierten Straße' entwickelt. Weil in den ersten Interviews das Bildmaterial nicht so reichhaltig ausfiel, das wir für die Montage zur Verfügung hatten, und auch um zu illustrieren, was die beiden erzählen. Das Schnittverhältnis beträgt knapp eins zu 15. Natürlich transskribierte ich die Interviews zunächst und erarbeitete einen Schnittplan. Und dann stellte sich beim Sichten des Materials heraus, daß dort, wo eine Pause schien, weil der Satz zu Ende war, gar keine Pause beim Sprechen gemacht wurde, daß es gar nicht möglich gewesen wäre, dort einen Schnitt anzusetzen, daß am Ende die Stimme anstatt gesenkt wieder erhoben wird. Ein großes Problem. Es wurde dann schwierig, dieses Material zu verwenden."

W. Dehnert: „Sie haben noch eine schriftliche Arbeit zum Thema angefertigt?"

F. Paech: „Es handelt sich um die erste Film-Abschlußarbeit im Studiengang Volkskunde an der Universität Hamburg. Im Rahmen dieser Magister-Arbeit erstellte ich ein sogenanntes Begleitheft von 65 Seiten. Der erste Teil beschäftigt sich mit theoretischen Aspekten, der zweite Teil behandelt die Geschichte der Entstehung des Films. Ich erhielt für meinen Film vom Fachbereich finanzielle Unterstützung, was mir sehr geholfen hat. Der Film kostete 3.000 Mark und ein Drittel Zuschuß leistete der Fachbereich. Das Equipment kam von einer Firma, leihweise. In meiner Magisterarbeit nannte ich den Film 'volkskundlich-kulturwissenschaftlichen Film'."[3]

W. Dehnert: „Eine letzte Frage. Wie ordnen Sie Ihren Film von der Gattung her ein?"

F. Paech: „Ich würde sagen, es handelt sich eher um einen Dokumentarfilm als um eine Reportage. Aber wenn wir dann die großen Namen des Dokumentarfilms im Hinterkopf haben, dann finde ich das auch wieder vermessen. Ich tue mich auch schwer, ihn Reportage zu nennen, dann ist er mir zu nah an den '24 Stunden' von SAT 1. Vielleicht wird in Zukunft noch ein neuer Begriff aufgetan."

W. Dehnert: „Dankeschön für das Gespräch."

Titel:	Solange der Michel steht. Selbstbild und Alltagserfahrungen in den lebensgeschichtlichen Erzählungen zweier homosexueller Männer
Filmlänge:	48 Min. 30 Sek.
Buch und Regie:	Frauke Paech
Kamera und Schnitt:	Andree Kummerfeld
Fertigstellung:	1999
Copyright:	Frauke Paech, Andree Kummerfeld

Bensheim (Bergstraße)   Walter Dehnert

Anmerkungen

1 „Je näher ich dran bin, desto weniger verstehe ich davon." Gespräche über den Tod. Ein Film von Frauke Paech, Andree Kummerfeld, Anne-Katrin Becker und Andreas Nebeling. 45 Min., Hamburg ©1995.

2 Hans-Georg Stümke: Älter werden wir umsonst. Schwules Leben jenseits der Dreißig. Berlin 1998.

3 Der Film lief am 21. April 2001 auf der Göttinger Fachtagung „Kulturwissenschaftlicher Film: Probleme mit dem Interview" der Filmkommission der Deutschen Gesellschaft für Volkskunde.

Rezensionen

PETRA BOHNSACK, HANS-FRIEDRICH FOLTIN (Hrsg.): *Lesekultur.*
Populäre Lesestoffe von Gutenberg bis zum Internet. (= Schriften der Universitätsbibliothek Marburg, 93) Marburg 1999, 289 S., zahlr. Schwarzweißabb.

Der *Begleitband* zur gleichnamigen Ausstellung des Instituts für Europäische
Ethnologie und Kulturforschung und der Universitätsbibliothek der Philipps-
Universität Marburg enthält 20 Studien. Man wählte diese Publikationsform an-
stelle des üblichen Ausstellungskataloges, weil man nicht nur „das Verständnis
der präsentierten Materialien fördern", sondern „auch zur weiteren Beschäftigung mit den Einzelbeispielen und der Gesamtthematik anregen" wollte (S. 6).
Letzteres wird ohne Zweifel durch die Lektüre des ansprechenden und preiswer-
ten Bandes erreicht. Die Rezensentin bedauert, daß sie die Ausstellung, die „die
Geschichte der Printmedien und ihrer Rezeption an einer Reihe von wichtigen
Stationen illustrieren" sollte (S. 5) und „sich bewußt an ein breites Publikum"
wandte (S. 6), nicht sehen konnte und deshalb nicht einzuschätzen vermag, inwieweit die im Begleitband publizierten Erkenntnisse bereits über die Ausstellung vermittelt wurden.

Auf interessante sozio-historische und -kulturelle Kontextbezüge macht Petra
Bohnsack in ihrem informativen Beitrag *Gutenberg und die Bibel. Verbreitung und
kulturelle Bedeutung* aufmerksam. Der Abschnitt „Die Bibel in der Volksfrömmigkeit" ist volkskundlich von besonderem Belang, da dokumentiert wird, wie
weit Volksglauben und offizielle Religion oft voneinander entfernt waren, zugleich
aber auch davor gewarnt wird, zwischen „abergläubischem Orakel und tiefer
Glaubenshoffnung und -zuversicht" eine allzu strikte Trennlinie zu ziehen (S. 23).

Hans-Friedrich Foltin und Britta Schirrmeister verfolgen in ihrer Studie *Zeit-
weiser, Ratgeber, Geschichtenerzähler* den *Funktionswandel des Mediums Kalender in fünf Jahrhunderten*: vom „Türkenkalender" des 15. Jahrhunderts bis
zum „Terminkalender" der Gegenwart. Die in der Regel bedeutsame Unterhal-
tungsfunktion der Kalender geriet bereits bei der Kalenderreform der Aufklärung in Gefahr, aber: „Die Menschen ließen sich den Aberglauben nicht nehmen
[...]" (S. 36). Diesbezüglich sind die elektronischen Medien des 20. Jahrhunderten ohne Zweifel eine Konkurrenz.

Unter dem einer Fibel entnommenen Motto „Koch sein ist gut, aber Soldat
sein ist besser" legt Clemens Niedenthal eine geschichtliche Betrachtung der
Schulfibel zwischen Lesen, Lernen und Lenken vor. Die Fibelliteratur wird von
1527 bis in unsere Tage kritisch aufgearbeitet, wobei verschiedenste Formen der
Indoktrinierung der Kinder angeführt werden. Abschließend wird als hoff-
nungsvoller Ausblick eine 1998 erschienene Fibel vorgeführt, in der „statt der
heilen (Fibel-)Welten und der autoritären Normen vergangener Tage die gesellschaftliche Realität ab[ge]bildet und Spielraum für die kindliche Phantasie eröffnet" wird (S. 54). Ob man zu weit geht, wenn den „Reglementarien der realen
Welt [...] mit der Aufforderung zu einem nun durchaus gewünschten Eigensinn
begegnet" (S. 54), sei dahingestellt. Aber wieviel (oft grausame) Realität kann die
kindliche Psyche ertragen?

Mit einer sehr harten Realität konfrontiert uns Petra Bohnsack in ihren Ausführungen über *Grimmelshausens 'Simplicissimus'* mit dem Untertitel *Leserfüh-*

rung und christlich-philosophische Weltanschauung. Es wird instruktiv über den Autor, seine Romanfigur, die Auflagen und die Verbreitung des Romans, seine Quellen, „Die Leserführung Grimmelshausens" und die Wirkung des Romans in Literatur, Musik und Kunst berichtet.

Unter dem Haupttitel *Robinsonade und Utopie* behandelt Alexa Heyder *Schnabels 'Wunderliche Fata einiger See-Fahrer' oder 'Insel Felsenburg'*, einen Bestseller des 18. Jahrhunderts, der allerdings auch prominente zeitgenössische Kritiker fand (Lessing, Nicolai). Die Darstellung geht auch auf die neuen Leserschichten und Lesemöglichkeiten der Zeit ein. Christopher Diehl und Hans-Friedrich Foltin wenden sich in dem Beitrag *Des einen Leid, des andern Freud* der Verbreitung und Rezeption eines anderen Bestsellers, nämlich *Goethes 'Werther'*, zu. Auch „Werther-Fieber und Werther-Mode" werden behandelt.

Mit *'Rinaldo Rinaldini der Räuber-Hauptmann'* von Christian August Vulpius wird von Hans-Friedrich Foltin und Herdis Köhler *Ein Beispiel für frühe Trivialliteratur* vorgestellt. Der Roman über den „edlen Räuber" fand auch in späterer Zeit noch Anklang, was die Autoren folgendermaßen erklären: „Sicher lassen sich auch die zweite und die dritte Konjunktur des Genres nicht nur auf das Unterhaltungsbedürfnis ganz allgemein, sondern auf spezifische Kompensationsbedürfnisse der unterschiedlichen Leserinnen und Leser zurückführen: neben den Heldentaten und Liebesabenteuern der edlen Räuber faszinierte immer noch die zumindest angedeutete anarchistische, antiautoritäre Grundhaltung." (S. 109)

Doreen Bollmann thematisiert *Deutschsprachige Kriminalliteratur im Wandel der Zeit.* Untersucht wird zunächst „Der Kriminalroman als Gattung", danach erfährt man einiges zu seiner Geschichte, und im weiteren werden „Einige deutschsprachige Krimiautoren" präsentiert. Auf die Frage, warum ein so großes Verlangen nach Kriminalromanen besteht, entgegnet die Autorin, daß die „Anregung des Intellekts, der Sieg der Gerechtigkeit, das Erleben von Spannung und die damit verbundene Flucht aus dem Alltagsleben [...] die Leser zu diesem Genre greifen" lassen (S. 123). Der Krimi ist damit mehr als nur ein Kompensationsmittel für die Monotonie, die der „Mensch der Masse" in seinem Leben erfährt.

Über *Die Kinder- und Hausmärchen der Brüder Grimm* informiert Siegfried Becker. Er erinnert daran, daß mit der 2. Auflage von 1819 „die literarische 'Gattung Grimm' geschaffen [...]" worden war, „die für das ganze 19. und frühe 20. Jahrhundert die Sammlung und Erforschung von Volkserzählungen nachhaltig bestimmte" (S. 125). In den einzelnen Abschnitten werden die KHM unter volkskundlichen und philologischen Aspekten gesichtet. Von besonderem Interesse sind die Mitteilungen zur Grimm-Familie.

„Hintertreppenromancier" oder *„Großmystiker"*? fragt Frank Pütz, der sich mit *Karl May und seine[n] Kolportageromane[n]* befaßt. Eingangs wird das „abenteuerliche" Leben des „meistgelesenen deutschsprachigen Autors" kurz umrissen, danach auf Mays Kolportageroman „Das Waldröschen" eingegangen. Zusammenfassenden Bemerkungen zum Kolportageroman des 19. Jahrhunderts folgen Hinweise auf die Leser Karl Mays sowie auf die Funkion seiner Schriften als „Gegenpol zu den restriktiven gesellschaftlichen Verhältnissen" bzw. als „Ventil für Wunscherfüllungsträume" (S. 158).

Mit einem „der meistgelesenen und bekanntesten Romane der neueren deutschen Literatur" (S. 163) beschäftigt sich Katrin Bender in dem Beitrag 'Buddenbrooks – Verfall einer Familie'. Ein Welterfolg mit Verzögerung. Nach einem kurzen Überblick über das Leben Thomas Manns sowie über die Genese und Editionsgeschichte seines Romans wendet sie sich vornehmlich der literarischen Kritik sowie der wissenschaftlichen und medialen Rezeption zu. Wichtig ist der Hinweis darauf, daß eine ideologische Bewertung des Romans, der sich „trotz seines hohen ästhetischen Anspruchs und seines gewaltigen Umfangs bei einem Millionenpublikum durchsetzen konnte" (S. 173), erst nach dem Zweiten Weltkrieg relevant wird, als sich unterschiedliche Haltungen zu Thomas Mann in Ost und West abzeichnen. Ähnliches gilt auch für die Einschätzung des Romans „Im Westen nichts Neues" von Erich Maria Remarque. Imke Harjes informiert in seiner Studie „Im Westen nichts Neues". Bestseller und politischer Skandal über den Autor, die Verbreitung und Rezeption des Bestsellers, die zeitgenössische Rezeption u.a. Für die Zeit nach 1945 wird festgestellt, daß „das Schaffen des Autors in der neuen Bundesrepublik weitgehend ignoriert" wurde und keine Anerkennung erfuhr (S. 186). Heute gehört der Roman allerdings „in den Kanon der Literatur, die in der Schule gelesen wird, und gilt als der Anti-Kriegsroman schlechthin" (S.186f.).

Andreas C. Bimmer untersucht Taschenbücher der Nachkriegszeit, wobei er auch Vorläufer[n] und Entwicklungstendenzen von ca. 1770 bis zum Ende des 19. Jahrhunderts nachgeht. Anschaulich werden Form, Inhalt und Herstellung der über Europa hinausreichenden Buchgattung beschrieben. Gesonderte Abschnitte behandeln die 1946 etablierten „Rowohlts-Rotations-Romane: Taschenbücher im Zeitungsformat" und „Eine Leserumfrage aus den Jahren 1946/47". In bezug auf „Die weitere Entwicklung des Taschenbuches in der Bundesrepublik" wird konstatiert, „daß das Taschenbuch als solches zu einem Bestseller wurde" (S. 200).

Bevor sich Anke Muth in ihrem Beitrag „Balsam für die Seele". Der Kitschroman 'Kleine Mutti' ausführlicher mit der Wochenschrift Kleine Mutti befaßt, ist sie um eine Erklärung des Begriffes Kitsch bemüht. Von Bedeutung ist, daß dabei nicht vom Objekt als solchem, sondern vom „Kitscherleben" ausgegangen wird, das bestimmte psychische Dispositionen voraussetzt, aufgrund deren jeder „zum 'Kitsch-Menschen' werden kann, wenn auch meist nur vorübergehend" (S. 203). Hans-Friedrich Foltin und Florian Mundhenke untersuchen die Heftroman-Reihen 'Jerry Cotton' und 'Perry Rhodan' als Zwei Dauerbrenner. Während erstgenannte der Kriminalliteratur zugehört und einen „edlen reinen Helden, zu dem man aufblicken kann", präsentiert (S. 222), ist letztere in der Science-Fiction-Tradition angesiedelt, allerdings durch die zusätzliche Beigabe realer Daten und Texte wissenschaftlich verbrämt. Als gefährlich wird der „potentielle Realitätsverlust bei einem (kleinen) Teil der Leserschaft" angesehen, weil es der Lektüre gelingt, den Leser „nicht nur von seinen Alltagsproblemen abzulenken, sondern ihn weitgehend vom realen Leben zu entfernen" (S. 229).

Robert Kiefner bestimmt in seinem Beitrag Comics. „Meisterstücke der sequentiellen Kunst"? das Medium als „eine Sonderform der Literatur" mit Illustrationen als wesentlicher Grundlage. Er schildert Herkunft, Gestaltung und

Entwicklung der Gattung und konstatiert, daß „Triviales, Kitschiges und eindeutig Kommerzielles" dominiert (S. 233) und meist amerikanische Werte propagiert werden. Im weiteren werden „Deutsche Comics – drei historische Beispiele" betrachtet. Letztlich wird betont, daß der Comic „die demokratischste aller Kunstformen" ist, weil seine Zielgruppe immer die „Masse" war (S. 245).

Heidemarie Eckardt kommt in ihrer Studie *Das Hörbuch. Mehr als Lektüreersatz* zu dem Schluß, „daß sich Hörbücher auch in Deutschland als anspruchsvolle Ergänzung bzw. Alternative neben den herkömmlichen Printmedien durchsetzen werden" (S. 255), wobei Hörbuch hier „als Ergebnis einer Umsetzung unveränderter geschriebener Texte in gesprochene Sprache" verstanden wird (S. 248). Es erhebe sich zudem die Frage, „ob das *Hörbuch* zu einer Verbesserung der mündlichen Tradierung literarischer Texte im allgemeinen führen wird" (S. 256). Mit der „Netzliteratur" beschäftigt sich Tanja Zobeley in dem Beitrag *Links oder Linearität. Literatur im Internet.* Sie plädiert dafür zu untersuchen, ob „durch diese Netzliteratur eine neue Form des Lesens entsteht" (S. 257), und vermerkt: „Das momentan zugängliche literarische Material bietet nur Ansätze dessen, wie das Gesamtkunstwerk aussehen kann und beweist, daß das Stadium des Experimentierens noch nicht überwunden ist. [...] Welche künstlerische und soziale Relevanz der Internetliteratur zukommt und wie ihr Potential realisiert wird, wird die Zukunft zeigen." (S. 267) Anke Oldewage versucht in ihren Ausführungen zum Thema *SoftBook, Rocket eBook und Everybook. Elektronische Bücher auf dem Vormarsch?*, die „Chancen der electronic books" (S. 273) einzuschätzen. Sie ist der Ansicht, daß diese „die alten Medien nie ganz vom Markt verdrängen, mit ihren technischen Errungenschaften aber das Informationsangebot und seine Nutzungsmöglichkeiten nochmals stark erweitern" werden (S. 277), und zwar vor allem im wissenschaftlichen und technischen Bereich.

Am Schluß des Bandes legen Hans-Friedrich Foltin und Anke Oldewage eine Art Resümee vor: *Lesekultur heute und morgen. Fakten und Perpektiven.* Obwohl eine große Anzahl von Fragen z.Zt. noch nicht zu beantworten ist, halten sie es für „legitim und notwendig, über die Perspektiven der Medienkultur nachzudenken" (S. 280). Als Fazit registrieren sie „im Übergang von der Printkultur zu einer von elektronischen Medien dominierten Informationskultur mehr Nach als Vorteile [...], trotz der neuen Möglichkeiten aktiver Informationsgestaltung und Kreativität, die der PC seinen Besitzern bietet" (S. 285). An der weiteren Durchsetzung der elektronischen Informationskultur wird allerdings nicht gezweifelt.

Der mit großem Engagement und wissenschaftlicher Verantwortlichkeit zusammengestellte Band ist grundsätzlich zu empfehlen. Bei einer solchen Publikation ist es zweifellos legitim, aus zweiter Quelle zu zitieren, wenn die originale nicht verfügbar ist. Offenbar hat aber der Zeitdruck bei der Ausstellungs- und Begleitbanderarbeitung darüber hinaus zu einigen Fehlern in den Anmerkungen geführt, die im Einzelfall sogar inhaltliche Mißverständnisse auslösen können. Auch die Titel der Beiträge sind in Inhaltsverzeichnis und Text nicht immer identisch.

Dresden   Brigitte Emmrich

ANDREA ZINNECKER: *Romantik, Rock und Kamisol. Volkskunde auf dem Weg ins Dritte Reich – die Riehl-Rezeption.* Waxmann Verlag. Münster/New York 1996, 389 Seiten

Diese Augsburger Dissertation geht in sehr anregender und erhellender Weise der Geschichte der Riehl-Rezeption in Deutschland zwischen 1860 und 1960 nach. Es handelt sich um eine Rezeptionsanalyse, in deren Mittelpunkt die Fragen stehen: Von wem ist Riehl überhaupt gelesen worden? Wie ist sein Werk aufgenommen und verstanden worden? Welche Aspekte seines Werkes sind zu welcher Zeit herausgestellt und welche sind vernachlässigt worden? Diese Fragen beantwortet die Autorin, indem sie zunächst unterschiedliche Epochen und Phasen der Riehl-Rezeption chronologisch, bibliographisch und statistisch aufgliedert und für diese typischen Lesarten dann jeweils spezifische Strukturen herausarbeitet. Im Hauptteil werden diese Strukturen dann an zahlreichen inhaltlichen Beispielen verifiziert. In diesem Teil ist zu erfahren, was in den einzelnen Phasen etwa über Riehls Gedanken zur Familie, zum Ganzen Haus, zur bürgerlichen Gesellschaft, zu Stand und Sitte etc. gesagt und nach welchen Mustern darüber nachgedacht worden ist. Für ihre Analyse hat Frau Zinnecker alle bekannten Publikationen über Riehl durchgesehen und zusätzlich eine enorme Reihe von Titeln wiederentdeckt und für die Volkskunde neu erschlossen. Das betrifft vor allem Beiträge aus Zeitschriften und Zeitungen, die mit immensem Fleiß im Hinblick auf Riehl-Rezipienten gesichtet worden sind. Das Buch bietet also neben der eigentlichen Rezeptionsanalyse außerdem eine umfassende Bibliographie zur Literatur über Riehl. Insgesamt sind annähernd 600 Titel aufgeführt und verarbeitet.

Das erklärte Ziel der Arbeit ist ein ideologiekritisches, nämlich aufzuzeigen, wann, wie und warum aus einer zunächst offenen Riehl-Lesart allmählich „ein zum Topos erstarrtes und auf bestimmte Interpretationslinien und Partialströmungen reduziertes Riehl-Bild" entstanden ist. Die Autorin begreift die Geschichte der Riehl-Rezeption mithin als eine in Phasen verlaufende Konstruktion eines bestimmten Riehl-Bildes, das aus Versatzstücken des Riehlschen Werkes willkürlich zusammengesetzt worden ist. So hat sich allmählich jene reaktionäre Riehl-Lesart formiert, die den Blick auf diesen Mann noch heute prägt, und sei es aus Gründen der strikten Abgrenzung. Gestützt auf die jüngere Riehl-Debatte in der Volkskunde führt die Autorin zunächst diejenigen Stellen des Riehlschen Werkes vor, die sich für deutschtümelnde, nationalpolitische bis hin zu völkischen Zwecken besonders gut verwerten ließen. Das sind in erster Linie Riehls Vorstellungen von Volk, Nation, Organismus, Stand, Stamm, Ganzes Haus, Heimat, Bauerntum etc. Die anschließende quantitative Rezeptionsanalyse zeigt, welche Zitate in welcher Phase hauptsächlich aufgegriffen worden sind. Dieses Verfahren eignet sich m. E. exzellent für Zwecke der Ideologiekritik, weil es den ideologischen Dunst der betreffenden Texte mit nüchternen Zahlen konterkariert, so daß das Brimborium um Riehl sich auf statistische Größen reduziert. Wenn man aus so einer statistischen Verteilung beispielsweise abliest, wann und wie oft etwa die Rock- und Kamisol-Floskel zum besten gegeben worden ist, dann ist das Staunen groß und es schwindet die Neigung, derart Abgedroschenes selbst je wieder zu zitieren.

Die Autorin rekonstruiert auf diese Weise schließlich fünf Phasen der Riehl-Rezeption: 1860-1898, 1899-1918, 1919-1933, 1934-1945, 1945-1960. Die erste Phase, die noch in die Lebenszeit Riehls fällt, ist geprägt von einer ausgewogenen, kaum ideologischen, zum Teil kritischen Auseinandersetzung mit Riehl. Erst in der zweiten Phase, die durch den deutschen Imperialismus und die Heimatschutzbewegung geprägt ist, bilden sich die typisch reaktionären Riehl-Klischees heraus. Nun wird der deutsche und germanische Charakter des Mannes und seines Werkes betont und seine Soziallehre mehr und mehr zum politischen Leitbild stilisiert. Aber erst die dritte Phase führt zu einer umfassenden Riehl-Renaissance. An der ideologischen Ausbeutung des Riehlschen Werkes beteiligen sich allerdings weniger Volkskundler, als vielmehr deutsch-völkische Kreise, die Riehl nun gegen die Republik und die Demokratie in Stellung bringen. Im Nationalsozialismus (Phase 4) wird diese stereotype Lesart verfestigt und sozusagen automatisiert. Die Autorin spricht zutreffend ironisch von einer posthumen Gleichschaltung Riehls im Sinne des Rassismus, der Lebensraumphrase, der Bauerntümelei und anderer faschistischer Theoreme. Nach 1945 (Phase 5) bleibt diese Lesart weitgehend erhalten, das heißt, die nationalsozialistischen Interpretationsmuster werden unkritisch übernommen und weitergeführt, wie die Autorin überzeugend am Beispiel von Viktor von Geramb nachweist.

Detailliert geht Frau Zinnecker schließlich zahlreiche Musterbeispiele durch, welche die Pathogenese der Riehl-Rezeption anschaulich vor Augen führen. Mit großer Akribie werden die einschlägigen Zitate vorgeführt, sortiert und zu Typen zusammengestellt. Ob die Verbindungen immer stimmen? Auf jeden Fall aber handelt es sich um eine hochinteressante Zusammenstellung. Als pars pro toto mag das Rezeptions-Stereotyp „Deutsche Arbeit" genügen. Noch Heinrich von Treitschke (Repräsentant der Phase 1) steht diesem Werk Riehls äußerst skeptisch gegenüber: Es sei unerhört, weil es auf lediglich „zwei Seiten die Fabrikarbeiter behandelt" und diesen Arbeitstypus außerhalb der nationalen Arbeit stelle (1897). Spätestens aber in der Phase 3 findet die „Deutsche Arbeit" sich zu einem Vorbild nationaler Ökonomie stilisiert. Kurt Schönfeld sieht in dem Werk den entscheidenden theoretischen Wurf im „Kampf um einen ständisch gegliederten, also einen Staat deutschen Gepräges" (1924). Im Nationalsozialismus (Phase 4) heißt es schließlich, Riehl singe mit diesem Buch „das hohe Lied der deutschen Arbeit" (Adolf Geck 1934); und noch 1954 (Phase 5) weiß Viktor von Geramb in seiner Riehl-Biographie, dieser Mann vertrete „grunddeutsche, ewig gültige sittliche und soziale Ideen". Und so steigt die Spannung von Beispiel zu Beispiel, und am Ende erweist sich das Buch von Andrea Zinnecker als eine Art Gruselgeschichte von der ideologischen Ausschlachtung des Riehlschen Werkes. – Frau Zinnecker hat eine überaus interessante Arbeit vorgelegt, die durchweg hält, was sie verspricht, nämlich Rezeptions-Klischees zu typisieren und auf diese Weise zur Entzauberung eines reaktionären Mythos beizutragen.

Marburg   Harm-Peer Zimmermann

VERA DEISSNER: *Die Volkskunde und ihre Methoden. Perspektiven auf die Geschichte einer „tastend-schreitenden Wissenschaft" bis 1945* (= Studien zur Volkskultur in Rheinland-Pfalz 21), Mainz 1997, 312 S.

Vera Deißner hat eine durchweg ketzerische Dissertation (in Mainz bei Herbert Schwedt) geschrieben, die jetzt als Buchveröffentlichung vorliegt. Entgegen allen bisherigen Darstellungen zur Wissenschaftsgeschichte der Volkskunde behauptet Frau Deißner, daß so herausragende Figuren wie J. Grimm, Riehl, Mannhardt, Lazarus, Steinthal und andere keineswegs zum Kreis der Volkskundler gehören, ja nicht einmal recht als Vorläufer für das Fach reklamiert werden können. Die Volkskunde beginnt demnach erst in den 1890er Jahren. Alle Versuche, die Volkskunde auf romantische oder aufklärerische oder noch frühere Ursprünge zurückzuführen, sind nicht nur problematisch, sondern schlechthin irrig, weil sie keinen exakten Begriff von der Volkskunde als Wissenschaft zugrunde legen. Exakt und brauchbar aber ist in erster Linie der Wissenschaftsbegriff von Thomas Kuhn („Die Struktur wissenschaftlicher Revolutionen", 1962), dazu kommt ergänzend die Diskurstheorie Michel Foucaults („Archäologie des Wissens", 1969). Die Autorin geht also sehr selbstbewußt und urteilskräftig zu Werke, indem sie die etablierten Lesarten zur Wissenschaftsgeschichte der Volkskunde, insbesondere diejenigen von Jacobeit, Weber-Kellermann, Sievers, Bausinger und Brückner, fundamental kritisiert. Derartige Ketzerei und Keckheit muß mit Widerspruch rechnen, aber auch an Zuspruch für eine mutige und außergewöhnliche Arbeit soll es nicht fehlen.

Frau Deißner verfolgt einen anerkennenswerten innovativen Ansatz. Sie stellt die Wissenschaftsgeschichtsschreibung der Volkskunde auf den Prüfstand einer der bedeutendsten und einflußreichsten Wissenschaftstheorien, nämlich derjenigen Kuhns (Foucault fließt nur sporadisch ein, hier bleibt die Autorin hinter ihrem eigenen Anspruch zurück). Nach Kuhn kann von einer Wissenschaft erst dann gesprochen werden, wenn sich ein vollständiges Paradigma, das heißt, ein fester Kreis von Theorien, Methoden, Institutionen und Organen herausgebildet hat, der unter einem gemeinsamen Namen firmiert. Solch eine paradigmatische Kontur, die sich unter der Fachbezeichnung „Volkskunde" erfassen läßt, hat sich erst spät, erst nach 1890 herausgebildet. Daran besteht übrigens auch in den bisherigen Darstellungen kein Zweifel. Frau Deißner weist somit noch einmal nach, was ohnehin schon Konsens ist, allerdings tut sie es grundsätzlicher und konsequenter, als es bisher geschehen ist. Sie unterscheidet zwei Entstehungsphasen einer paradigmatischen Volkskunde: Die erste Phase (1890-1919) ist geprägt von den programmatischen und organisatorischen Bemühungen Karl Weinholds und der nachfolgenden Volkskundler-Generation, darunter herausragend Eduard Hoffmann-Krayer. In dieser Phase werden die Grundstrukturen des Faches gelegt (Vereine, Verbände, Zeitschriften) und die thematischen Schwerpunkte gesetzt (geistige Kultur, Sachkultur, vulgus in populo) und von anderen Fächern und außerwissenschaftlichen Intentionen (Folkloristik) abgegrenzt. Erst in der zweiten Phase (1919-1934) kommt es zur akademischen Verankerung sowie zur theoretischen und methodologischen Verfestigung des volkskundlichen Paradigmas. Als zentral stellt die Autorin Hans Naumanns Buch über die „Primitive

Gemeinschaftskultur" (1921) heraus, dessen provokante Thesen eine tiefgreifende theoretische Diskussion herausgefordert haben. Als methodischer Durchbruch werden das HDA und der ADV gewürdigt. Die Zeit des Nationalsozialismus wird abschließend als Phase der „Entwissenschaftlichung der Volkskunde" dargestellt.

Die Kapitel über die Zeit von 1890 bis 1934 bilden das Zentrum der Arbeit und deren starke Seite. Die sichere Handhabung des Kuhnschen Instrumentariums erlaubt es der Autorin, die volkskundlichen Diskurse jener Zeit präzise und stringent zusammenzufassen. Sie entwickelt ein zweifellos zutreffendes und lehrreiches Bild von der Entstehung einer neuen wissenschaftlichen Disziplin, von den Umständen und Schwierigkeiten, die Volkskunde gegen andere, gefestigte und konkurrierende Richtungen wie Germanistik, Altertumskunde, Mythologie, Geographie und Geschichtswissenschaft abzugrenzen und an den Universitäten sowie in der weiteren Öffentlichkeit zu plazieren. In diesen Punkten ist die Lektüre der Arbeit inspirierend und erhellend, mitunter sogar spannend. Schwierigkeiten entstehen jedoch insofern, als die Autorin nahezu vasallentreu den Vorgaben Kuhns folgt und kaum zureichend begründet, warum nicht auch andere und neuere Wissenschaftskonzepte in Frage kommen, etwa systemtheoretische oder konstruktivistische. Zudem wird ignoriert, daß Kuhn sein Konzept für die Naturwissenschaften entwickelt hat, so daß diskutiert werden müßte, ob und wie eine Übertragung auf die Kulturwissenschaften überhaupt zu rechtfertigen ist. Hier hätte manche Antwort bei Historikern wie Rüsen und Blanke eingeholt werden können. Bei diesen Autoren findet sich auch eine zentrale Kritik an Kuhn, die somit ebenfalls Frau Deißners Arbeit betrifft: Kuhn denkt unhistorisch. Die Entstehung von Wissenschaften oder auch von neuen Richtungen innerhalb einer Disziplin erklärt er als eine Art Sprung, als „Revolution". Eine neue Idee taucht auf wie aus dem Nichts; sie hat im Grunde genommen keine inhaltlich relevante Vorgeschichte. Auf diese fragwürdige Konzeption wissenschaftlicher Kreativität stützt sich Vera Deißner, wenn sie Grimm und Riehl und andere aus der Wissenschaftsgeschichte der Volkskunde hinausdrängt. Weinhold ist der originäre Ideengeber, der paradigmatische Weizen, alles andere ist Spreu.

Die Autorin legt Kuhns Vorstellung „wissenschaftlicher Revolutionen" äußerst eng aus und weist alle wissenschaftsgeschichtliche Kontinuität prinzipiell zurück. Diese Position halte ich für Unsinn; denn sogar im Sinne Kuhns müßte es gängige Strategie eines wissenschaftlichen Paradigmas sein, sich eine möglichst lange und bedeutsame Vorgeschichte heranzuziehen, um die eigene Richtung zu legitimieren und zu stabilisieren. Wissenschaftsgeschichte ist, so gesehen, immer eine nachträgliche Konstruktion aufgrund einer paradigmatischen Perspektive der Gegenwart. Außerdem ist Frau Deißners Position epistemologisch unhaltbar, denn sie leugnet in der Konsequenz alle kontinuierlichen Voraussetzungen und Bedingungen des Denkens, zumal die gesellschaftlichen, historischen und ideengeschichtlichen. Darüber hinaus erlaubt dieses Konzept keine Antwort auf die Frage, warum zahlreiche Volkskundler zentrale Anregungen aus der Aufklärung und Romantik bezogen haben. Das könnte keineswegs geschehen sein, wenn etwa Grimm und Riehl thematisch, theoretisch und methodisch auf einem ganz anderen Stern angesiedelt wären.

Vera Deißner gebührt das Verdienst, die Institutionen- und Methodenge-
schichte der Volkskunde zwischen 1890 und 1934 konzis und übersichtlich dargestellt zu haben, auch hat sie den wissenschaftsgeschichtlichen Blick für die Unterschiede zwischen einer vorparadigmatischen und einer paradigmatischen
Volkskunde geschärft, aber ihre wissenschaftstheoretischen Überlegungen sind
einseitig und ihre Schlußfolgerungen im Hinblick auf volkskundliche Ansätze
vor 1890 sind nicht überzeugend.

Marburg   Harm-Peer Zimmermann

IMRE GRÁFIK: *Zeichen und Tradition. Ethnosemiotische Studien.* Savaria University Press, Szombathely 1998.

In einer Publikationsreihe ethnographischer Publikationen erschienen in diesem
Buch dreizehn Studien. Als Einleitung befaßte sich der Autor mit seiner Klassifizierung der Zeichen der Volkskultur. Die Studien spannen einen Bogen über
rund 20 Jahre: die meisten verfaßte er schon in den 70er Jahren, als Ungarn die
Blütezeit der Semiotik erlebte. Im Unterschied zu anderen Wissenschaftlern
hörte Imre Gráfik mit der Auseinandersetzung mit dieser Thematik nie auf und
vergaß auch seine früheren Forschungen nicht: in den jüngsten Schriften setzt er
die Forschung nach der selbst ausgearbeiteten Methode fort. Der Verfasser war
immer Volkskundler und Museologe, der sich gleichermaßen mit lokalen Themen (vorrangig mit dem Leben der Einwohner der Donauinsel Szentendre), lan-
desweit gültigen Fragen (Transport, Grundstückverhältnisse) befaßt. Sein Ausgangspunkt sind immer die Gegenstände, die seiner Meinung nach die sichersten
Quellen ethnographischer Kenntnisse sind, die er allerdings nicht isoliert unter
die Lupe nimmt. Er mag die absolut präzisen Analysen: schier alle Studien enthalten auch Graphiken, Diagramme und Verbreitungstabellen. Das Verhältnis
der Zeichen zueinander (Entstehung, Veränderung, „Entwicklung") drückt er
mit modernen rechentechnischen Methoden aus. Auf dem Schwerpunkt-Dia-
gramm stellt er sogar in prozentual errechneten Anteilen dar, wohin und wie oft
der ungarische Bauer auf dem Hof und im Haus geht. Alles ist einzigartig präzis
(obzwar die angewandte Mathematik nicht nur für den Laien, sondern auch die
meisten Ethnographen zu hoch, unverständlich ist).
    Wie bekannt, verbreitete sich die Lehre von den Zeichen, die Semiotik, in Un-
garn erst Ende der 60er Jahre, gewissermaßen als Gegenstück zu den „gesell-
schaftshistorischen" Forschungsmethoden, als deren „freie" Alternative. Ausländische Literaturwissenschaftler, Linguisten und Philosophen übernahmen die
neuen Ideen, dann auch die Leitung der semiotischen Forschungen. In Ungarn
wurden diese Gedanken – sozusagen einsam und ohne den Einbezug anderer
Wissenschaften – im Rahmen der ethnographischen und bildungsgeschichtli-
chen Analysen der Volkskultur formuliert. Die weltweite Spitzenposition der
ungarischen Ethnosemiotik hält sich seither felsenfest. Wir betonen immer wieder (manchmal taten es auch andere), daß die „ethnosemiotische" Konzeption in

Ungarn nicht als eine, sondern zwei Auffassungen formuliert wurde. Demnach ergibt die Analyse jedes Phänomens der Volkskultur, das als Zeichen funktioniert (aber auch alle anderen irgendwo entstandenen Zeichen, die in die Volkskultur gelangen) das Hoheitsgebiet einer weitläufig gedeuteten „ethnographischen Zeichenlehre oder zeichenwissenschaftlichen Ethnographie" (Ethnosemiotik). Gráfik hält sich an diese Folgerung und meint, daß eigentlich jedes Objekt in der Volkskultur als Zeichen funktioniert. Er hat Recht. Nicht nur die von allen bewunderten „Motive" der Volkskunst mit übertragener Bedeutung, sondern auch die gesamte Wohnungseinrichtung, die Gesamtheit der Trachten können so gedeutet werden.

Die beiden spezifischen Forschungsgebiete Imre Gráfiks sind die eigentlichen Zeichen und die Deutung bestimmter räumlicher Bewegungsformen. Er untersucht die Hausmarken, das ganze System der Runen, Eigentumszeichen mit Buchstaben. Als Tugend muß Gráfik angerechnet werden, daß er ein umfangreiches Material prüft, jedes Beispiel klassifiziert, nach gleichen Gesichtspunkten analysiert. Dieser Gesichtspunkt ist bei ihm die in mathematischem Sinn verstandene Informationstheorie. Er ist auf die Aussage von in Tiere eingebrannten Eigentumszeichen, in Familien und von Generation zu Generation weiterlebenden, Tamga-ähnlichen Zeichen neugierig. In der einschlägigen internationalen Fachliteratur ist er bewandert. Läßt er in vorliegendem Band etwas aus (z. B. in Tierohren geritzte Marken), dann kennt er sie trotzdem und hat schon anderswo darüber geschrieben. Ich selbst mag die theoretische, sogar philosophische Semiotik. Trotzdem sind einige Studien von Gráfik für mich die realere Lektüre als etwa eine Anwendung der semiotischen Vierecke des französischen (litauischen) Semiotikers A. J. Greimas über z.B. Ärger, Geneigtheit, Hass, Liebe. Die Kerbzeichen, Ohrmarken, Eigentumszeichen werden nämlich (mit den Vermögenswerten) ge- und vererbt, so daß sich die Söhne die auch nach dem Tod des Vaters in die gemeinsame Dorfherde getriebenen Tiere auf recht einfallsreiche Weise teilen müssen, schließlich haben diese nun mehrere, andere Herren. Dieser alltägliche Zeichengebrauch, das gesamte Zeichenuniversum interessiert die meisten über alles erhabenen Semiotiker nicht, obzwar wohl kaum die deduktive Definition der Stufentheorie Porphyrios zu den Beschäftigungen der Ursemiotiker gehörte. Er tat, was auch Gráfik sagte. Unterwegs durch den Wald kerbte er sein Zeichen in die Baumrinde, wo er in der Baumhöhle einen wilden Bienenschwarm entdeckt hatte. Damit erklärte er die Bienen zu seinem Besitz. Gebildetere schwedische Bauern (in der Neuzeit) nagelten im selben Fall ein unterschriebenes Papier an den Baum. (Schon in Gráfiks Quellen wird notiert, daß diese Methode nur so lange angewendet werden kann, bis die jeweilige Gemeinschaft primitiv ehrlich bleibt.) Mein dazu bestimmter lohnender Vorschlag wäre, die auf der Straße parkenden Autos und Parkplatzmarkierungen zu beschreiben, oder aber auch den gegenwärtigen Visitenkartengebrauch. Alle entpuppen sich nur als späte, neue Formen der Zeichen vom Typ Tamga. Das Zeichen weist darauf hin, daß der markierte Gegenstand oder das gekennzeichnete Territorium oder die Identität mir und den meinen gehören. Keiner rühre sie an (auch wenn man das tun könnte).

„Ich habe das rechtwinklige hölzerne Dreieck verloren, das meine Mutter beschlagnahmt hatte, weil die Eltern und sonstige Verwandtschaft eines Mitschülers den Steueranteil am von ihnen (leider) gekauften Haus nicht zahlen wollten. Mit echter Tinte und echter Stahlfeder stand auf dem braun gewordenen, aber intakten Lineal: „Gottes Auge sieht, auch wenn du mein Lineal stiehlst!" (Gabriella Schüsler, Schül. in Kl. 2/b) Dies ist die Zeichenwelt, mit der sich Imre Gráfik befaßt, und jene in höheren Sphären schwebenden Semiotik-Philosophen können mir nur leid tun, die die alltäglichen Zeichen nur verwenden, ohne zu bemerken, daß sie existieren. Wer Symbole mag, dem sei erwähnt, daß das Dreieck-Lineal aus der Schule nicht nur das Zeichen der Freimaurer ist, sondern auch viele Kirchen des Barocks und die Fassade ungarischer Bauernhäuser in den Südregionen des historischen Ungarns (heute Serbien, Jugoslawien) schmückt: vom aus Holz geschnitzten Dachgiebel und Tor blickt einen „Gottes Auge"–oculus Dei–an, und das sieht alles. Ergo, auch die besonders vornehmen Zeichenforscher hätten einiges zu studieren. Imre Gráfik siedelt diese Grundzeichen im Interessenbereich von Information und Kommunikation an. Und auch dabei hat er Recht. Wer meint, die Welt werde nur heute von der Presse und CNN um den Finger gewickelt, der irrt. Es waren schon immer die Meldungen, die Neuigkeiten, die alles in Bewegung setzten, und das auch in den traditionellsten Gesellschaften. Als Gráfik die bäuerlich-ländliche Lebensweise aufgrund der Informationstheorie kennzeichnete und analysierte, traf er den Nagel wieder auf den Kopf. (Weiß der werte Leser, worauf sich dieser Ausdruck bezieht? Auch er hat seine Semiotik.) Eigentlich wissen wir viel zu wenig über die Informationsordnung auf dem Lande, die auch von den Volkskundlern nicht richtig beschrieben wurde. Es liegt aber auf der Hand (und das bedeutet, daß noch immer nicht genügend einschlägige Daten zur Verfügung stehen), daß man mit einer Jahrtausende alten Praxis rechnen muß. Niemand verwendete anno Imre Gráfiks manuelle Rechenmaschinen, trotzdem handelt es sich um so ein System. Nicht die Zeitungen und TV-Shows der Gegenwart, sondern das einfache Volk der landnehmenden Magyaren brachte sein Zeichensystem mit. Was es mitbrachte? Das wissen Ethnographen-Semiotiker wie Imre Gráfik noch immer am besten. Imre Gráfik interessierte sich außerdem für die „Raumnutzung des Volkes", was er im zweiten Teil seines Buches „die Bedeutungen des Raumes" nennt. Auf diesem Forschungsgebiet ist er der Fels in der Brandung, mit diesen Fragen beschäftigt sich kaum jemand in Ungarn bzw. weltweit. Gráfik zufolge wird der Raum zeichenmäßig genutzt, wenn man etwas baut und darin sich betätigt. Schon das Bauwerk hat Zeichen-, Symbolcharakter (die Fassade ist nichts anderes als ein zum Zeichen gewordener Teil der Konstruktion). Zeichenverhältnisse bestimmen den Alltag der Gemeinschaft (Gemeinde, Siedlung). Auch eine gut abgrenzbare landschaftliche Einheit ist ein Zeichen: Kommt man dort an, wird man sich bewußt, anderswo zu sein. Auch die dort Lebenden merken, daß sie eine Einheit bilden. Selbstverständlich prägt alles die minder oder mehr (so und nicht umgekehrt!) bewußten Zeichen.

Zuletzt hätte ich noch einiges zum unmittelbaren Themenkreis des Volkskundler-Museologen, zu den Gegenständen, zur „Botschaft der Gegenstände", wie sich Gráfik ausdrückt, zu sagen. Im vorliegenden Buch behandelt er nur eine Frage dieses thematischen Bereiches. Auf der Suche nach historischen Quellen (Hinweise in Archiven, Nachlaßlisten, Inventaren usw.) stößt man auf die wichtigsten Angaben über das Vorleben der in heutigen ethnographischen Ausstellungen präsentierten Objekte. Schon mehrere Wissenschaftler nutzten diese Quellen für Untersuchungen auf dem Gebiet der Objektgeschichte, neuerdings auch der Geschichte der Lebensweise. Eines entdeckte allerdings nur Imre Gráfik, daß noch oder schon auch in diesen Quellen bestimmte Objektgruppen voneinander getrennt wurden: Werte und deren Wandel, die Kennzeichnung einzelner Objekte durch „attributive Konstruktionen" (so wird eine Objektgruppe mit Hinweis auf deren Material, Form, Maße, Farbe, Verwendung usw. gekennzeichnet). Die veschiedenen Attribute werden manchmal auch aneinander gereiht. Für die hervorragende Beobachtungsfähigkeit Gráfiks spricht, daß er in auf den ersten Blick banalen Bezeichnungen (z.B. „vier alte, verschlissene Backtücher" in einem Inventurtext) die unterschiedlichen Merkmale entdeckt, daß jene, die diese Gegenstände verwenden, die Eigentümer, besagte Objekte der binären Opposition entsprechend beschreiben. Hier erschließt sich der ethnographisch-bildungsgeschichtlichen Semiotik ein ganz neues, noch zu erforschendes Gebiet.

Ich muß gestehen, daß ich erst jetzt, als ich den Band nochmals gelesen habe, erkannte, wie konsequent und selbständig das System von Gráfiks Semiotik ist. Sowohl andere als auch ich wiesen immer wieder darauf hin, daß es in Ungarn mindestens zwei ethnosemiotische Überlegungen gibt, die auch international anerkannt werden: die rituell-mythologische (auf der Suche nach Symbolen befindliche) Semiotik Mihály Hoppáls sowie mein kulturtheoretischer, bildungshistorischer der Semiotiktheorie angeglichener Vorschlag. (Von der Selbständigkeit nicht weit entfernt ist allerdings auch die visuelle Semiotik des Miskolcer Ethnographen Ernö Kunt, mit der man sich an anderer Stelle ausführlich befassen sollte.) Außer diesen Auffassungen nahm Gráfiks informationstheoretische Ethnosemiotik der Eigendynamik gehorchend Gestalt an, die nicht auf die nur schwer ergründbaren Bedeutungen von Texten und Aberglauben, sondern die Qualifizierung von Zeichen, die Klassifizierung von Objekten als Zeichen baut. Die Entdeckung dieses Phänomens, seine konsequente und zuverlässige Erforschung eröffnete der ungarischen ethnographischen Forschung genauso neue Perspektiven wie z. B. Zsuzsanna Erdélyis Entdeckung der apokryphen Gebete, Ilona Nagys Forschungen auf dem Gebiet der parabiblischen Folklore („Bauernbibel"), Olga Nagys einfühlsame Präsentation der Erlebniswelt von „Bauernchronisten". Oft gilt als Merkmal der echten wissenschaftlichen Forschung, ob der Autor ein neues, bisher von anderen nicht bemerktes Forschungsgebiet erschlossen hat. Imre Gráfik konturierte nicht nur die eigene Ethnosemiotik, sondern analysierte die entdeckten Fakten und Kontexte nach von Kollegen abweichenden Kriterien (besagte Kollegen pflegen neue analytische Perspektiven zu formulieren, überlassen die Analyse aber anderen und hüllen sich in Schweigen). Ich bin überzeugt, daß dieser Studienband zu den profundesten ungarischen semiotischen wissenschaftlichen Arbeiten gehört (auf dem Gebiet der Ethnographie ist er das überhaupt einzige ernsthafte Ergebnis). Es ist bekannt, daß Gráfik viele seiner früheren Schriften erst gar nicht in den vorliegenden Band eingliederte, bzw. an anderen Themen gerade arbeitet. Jeder kann die Studien lesen, die die neue Richtung in der ungarischen Volkskunde durchsetzten. Und so hoffen wir, daß die ausländische Öffentlichkeit sich informieren kann bzw. daß die internationale Wissenschaftlerriege Imre Gráfiks Schaffen genauso hoch einschätzen wird wie wir. Endlich ist wieder etwas Schönes, Neues und Vernünftiges bei uns entstanden.

Mit einer kritischen und einer lobenden Bemerkung möchte ich diesen Beitrag beenden. Manchmal klammert sich Gráfik zu sehr an die Vorgänger. Als Beispiel seien die Angaben über die Kerbschrift erwähnt. Dank seiner Gesichtspunkte konnten die nicht einwandfreien Ansichten von (sagen wir) Gyula Sebestyén vom Anfang des Jahrhunderts überwunden werden. Nach Einbezug der neueren Runen-Literatur wäre der Autor zu einer entscheidenden Aussage fähig gewesen. Wir bitten ihn, er möge auch diese formulieren. Das Lob bezieht sich auf die Konsequenz des Verfassers, die mir wieder aufgefallen ist. Er schickt seinen trokkenen, auf ganz bestimmte Fachfragen reduzierten Studien belletristische Mottos voraus. Vor den absolut objektiven Kapiteln des Bandes steht so z. B. die Meinung Thomas Manns über das beredte oder aber stumme Sein von Zeichen und Wort (die selten zitierten Zeilen aus Joseph und seine Brüder). Gyula Illyés zitiert er vor dem Kapitel über die Häuserordnung der Pusztavölker. Und noch unerwarteter ist die Beschreibung der Arbeitszimmer aus Gontscharows Oblomow, auf deren spanische Wände „in der Natur nicht vorkommende Vögel und Früchte gestickt wurden", und die Spiegel „dienten nicht der Wiedergabe der Objekte, sondern (dank des angesetzten Staubes) als Schriftunterlage für Zeichen, die an etwas erinnern sollten". In allem und allen leben zwei Seelen. Sogar in den detailliertesten, staubtrocken wirkenden, sich mit dem Gerümpel der Volkskultur auseinandersetzenden Arbeiten gelangen die Kunst, Lebensweise und der persönliche Stil zum Zuge. Auch in diese Richtung ermöglicht Imre Gráfik einen Ausblick, dessen Werk für die ungarische Semiotik genauso als Gewinn zu bezeichnen ist wie für die Ethnographie. Es ist ein überzeugender Band mit dem Anspruch, eine neue Schule zu gründen.

Budapest   Vilmos Voigt

REINHARD JOHLER: *Die Formierung eines Brauches. Der Funken- und Holepfannsonntag* (Veröffentlichungen des Instituts für Europäische Ethnologie der Universität Wien, Band 19). Wien 2000, 286 S.

„Brauchforschung tut not." Reinhard Johler, langjähriger Mitarbeiter des Instituts für Europäische Ethnologie an der Universiät Wien und neuerdings Lehrstuhlinhaber am Ludwig-Uhland-Institut in Tübingen, stellt diese Worte an den Anfang seiner im vergangenen Jahr und mit einiger Verspätung erschienenen Dissertationsschrift – ein Zitat von Wolfgang Brückner, das Johler als Appell verstanden wissen will.

Mehr noch als um die Brauchforschung allerdings, geht es dem gebürtigen Vorarlberger um eine Revision und Neubestimmung derselben. Ein Sachverhalt, den Reinhard Johler bereits in der schlicht „Bräuche" betitelten Einleitung derart offensiv hervorhebt, als würde er sich vor diesbezüglichen Mißverständnissen fürchten. Sämtliche Albträume der volkskundlichen und kulturwissenschaftlichen Brauchforschung werden da von ihm aufs Tableau gehoben: Die Laienforscher etwa, „die sich", so Johler, „in waghalsigen Ursprungsvermutungen ergehen." Oder die (Lokal-)Presse, deren wenig progressive Perspektiven auf lokale Bräuche der Autor dieser Rezension als langjähriger Mitarbeiter einer oberhessischen Tageszeitung nur zu gut kennt.

Was also schon im programmatischen Titel der Dissertation angelegt ist, manifestiert sich während der Lektüre der ersten Seiten. Mit „Die Formierung des Brauches" ist eine dekonstruktivistische Lesart auch in der Brauchforschung angekommen. „Er (der rituelle Ablauf einer 'Brauchhandlung', Anm. CN) ist das Ergebnis einer sozialen Disziplinierung und Modulierung, durch die bestimmte Verhaltensweisen als 'passend' und andere als 'falsch' definiert wurden", heißt es da an einer Stelle, „und so hat die Volkskunde in perpetuierender Beschreibung auch Realität in die Welt gesetzt, in dem sie das 'richtige' Verhalten während einer Brauchausübung genormt und eingefordert (...) hat", an einer anderen.

Oft und tief steigt Reinhard Johler also in den (manchmal dunklen) Keller der nicht nur östereichischen Fachgeschichte herab. Ein Weg, der zwar längst keinem Vatermord mehr gleich kommt. Aber doch ein Weg, den gerade der in Österreich so präsente Typus eines semi-wissenschaftlichen Regionalforschers noch kaum eingeschlagen hat. Auch das will „Die Formierung eines Brauches" also leisten: Die Reformation der Heimatforschung durch eine zeitgemäße Volkskunde.

Johler entsagt einer sich wissenschaftlich suggerierenden „Erfindung von Tradition" („invention of tradition", wie es bei ihm heißt). Er folgt derweil viel lieber jenem Eigensinn, mit dem die Individuen Brauchausübungen immer wieder moduliert, angeeignet und mit subversiven oder zumindest gegen-hegemoniellen Inhalten besetzt haben. „Befreiende Spontanität" anstelle einer disziplinierenden und vorgeblich identitätsstiftenden Ordnung, die den Ablauf einer Brauchhandlung reglementiert.

Forschungsgegenstand für Reinhard Johlers grundlegende und doch um seine eigene Ausschnitthaftigkeit wissende Arbeit ist der Funken- und Holepfannsonntag. Dessen (konstruierte) Geschichte und (gleichsam konstruierte) Gegen-

wart, dessen wissenschaftliche und weniger wissenschaftliche Rezeption sowie
dessen identitätsstiftende oder auch restaurative Funktion werden von ihm an
Beispielen aus Tirol und Vorarlberg abgebildet. Johler greift dabei teilweise auf
Forschungs-Erlebnisse aus der eigenen Studienzeit in den frühen achtziger Jahren zurück.

Bleibt abschließend nurmehr die Frage, warum sich Reinhard Johler in „Die
Formierung des Brauches" so vorwiegend auf deutschsprachige Autoren bezieht, ist er doch ansonsten für seine engagierten Plädoyers hinsichtlich einer Europäischen Ethnologie jenseits nationaler Schubladen bekannt. Gerade Claude
Lévi-Strauss' Kategorie der Bricolage – die sich allerdings über das ganz ähnlich
gelagerte Liminalitätskonzept Victor Turners in Johlers Arbeit schleicht – oder
aber Pierre Bourdieus frühe ethnologische Arbeiten hätten einiges über Formierung von Bräuchen sagen können. Aber dieser Sachverhalt ist wohl zumindest
teilweise mit der zeitverzögerten Veröffentlichung der bereits 1994 abgeschlossenen Dissertation zu erklären.

Marburg/Lahn   Clemens Niedenthal

ALBRECHT LEHMANN: *Von Menschen und Bäumen. Die Deutschen und
ihr Wald.* Rowohlt, Reinbek bei Hamburg 1999, 350 S., Abb. sw

Der Wald ist für die Deutschen seit alten Zeiten ein lebenswichtiges Thema gewesen. Im Wald haben sie immer einen weiten Spielraum gefunden, um nationale
Identitäten, politische Freiheiträume, sowohl körperliche als auch geistige Gesundheitsertüchtigung zu suchen, ökologische Harmonien und wirtschaftliche
Bedürfnisse zu verwirklichen. In dem Buch „Von Menschen und Bäumen" hat
der Hamburger Volkskundler Albrecht Lehmann eine ganze Reihe dieser Bedeutungen beschrieben und interpretiert. Sein Material stammt aus einem größeren Forschungsprojekt, das er zusammen mit Klaus Schriewer und Helga Stachow im Institut für Volkskunde in Hamburg durchgeführt hat. 126 Informanten, die aus Gruppen mit unterschiedlichen Erfahrungen mit dem Wald ausgewählt wurden, haben an einer Befragung teilgenommen und von ihren Auffassungen über den Wald erzählt. Kein Fragebogen ist hier benutzt worden, um die
Antworten zu standardisieren, und darum ist auch eine gute Grundlage dafür
aufgebaut worden, um ein farbenreiches und lebendiges Bild der vielfältigen Bedeutungen des Waldes für die Deutschen zu zeichnen.

Die Darstellung des Buches ist thematisch geordnet, obwohl sie historische
Entwicklungslinien und Änderungen über lange Zeiträume, teils über Jahrhunderte und durch mehrere unterschiedliche Zeitphasen behandelt. Von einem historisch-analytischen Blickwinkel aus gesehen, provoziert die Darstellung dieser
Änderungen (oder richtiger: Kontinuitäten) auf mehrere Weisen zu kritischen
Einwänden. Darauf kommen wir später zurück. Die thematische Breite des Buches ist imponierend. Es umfaßt eine Reihe von unterschiedlichen Ebenen und
Bereichen, auf und in denen Menschen etwas mit dem Wald zu tun gehabt haben:

Eines der Hauptthemen, die das Buch umfassend behandelt, ist, wie der Wald in Erzählungen und Sagen mythologisiert wurde. Viele solcher Auffassungen, die gewöhnlich mit traditionellen oder vormodernen Denkweisen verknüpft werden, zeigen sich oft noch im Leben unserer eigenen Zeit. Das gilt sowohl für die Träume vom Wald als Raum der Freiheit, als auch für die Vorstellungen vom Wald, die mit Angst verbunden sind. Frühe Bedeutungen des Waldes als Symbol germanischer Identität und Eigenart sind auch später in mehreren Epochen in immer neuen Varianten aufgetaucht, als Thema nationalistischer Ideologien, in denen der Wald als Sinnbild deutscher Charakterzüge benutzt wurde. Das Deutsche wurde dann sowohl im romantischen Wanderwald als im geordneten Kulturwald gesucht. Diese Mehrdeutigkeit scheint ein wichtiger Grund der metaphorischen Kraft des Waldes gewesen zu sein, in ihm haben Romantiker und Ideologen eine Welt gefunden, in der Freiheit und Ordnung zusammen und gleichzeitig zu herrschen schienen. In mehreren Zusammenhängen wurden mehrdeutige Bilder aus dem Wald geholt, und nicht zu vergessen: in ihn hineinprojiziert – Zivilisation und Wildnis, Heimat und Fremderlebnis, Natur und (Ursprung der) Kultur. Der Wald als Raum der Räuber ist in unterschiedlichen Epochen ein teils romantisiertes Thema, das durch folklorisierte Robin Hood-Erzählungen vermittelt worden ist, aber auch ein Angst-Thema, denn viele Wälder haben „ihre Mörder", über die die schrecklichsten Geschichten erzählt worden sind.

Obwohl sich die Darstellung des Buches durch mehrhunderjährige Epochen bewegt, die durch große Veränderungen geprägt wurden, erhärtet sich zusehends der Haupteindruck: die Gefühle und Beziehungen, die die Deutschen zu ihrem Wald unterhalten und gepflegt haben, sind nur wenig verändert worden. Dies scheint auf vielen Ebenen eine völlig glaubwürdige These zu sein, und sie wird durch eine Vielfalt von Zitaten aus unterschiedlichen Epochen untermauert. Die Informanten von heute reden vom Wald als ihrer romantischen Seelenlandschaft, und ihre Liebe zum Wald scheint sich wenig von früheren Zeiten zu unterscheiden. Gleichzeitig werden die Waldliebhaber aber auch als unterschiedliche Menschen präsentiert, vom vormodernen mythischen Erzähler bis zum modernen Mountainbiker. Ab und zu stellt sich dem Leser darum die Frage, ob sich „dieselben" Gedanken und Gefühle in so unterschiedlichen Kontexten, von Menschen mit so unterschiedlichen Erfahrungen, mit denselben Bedeutungen und Meinungsinhalten denken und erleben lassen. Gibt es hinter dem hier gründlich gezeichneten Bild von Kontinuität und hinter dem oft wiederholten „immer noch" nicht doch weit mehr Unterschiede, Spannungen und Distinktionen zwischen den Bedeutungen, als wir hier erzählt bekommen?

Das Ziel des Projektes ist es freilich nicht, eine historische Analyse vorzunehmen, sondern eine kulturwissenschaftliche Analyse der Gegenwart, die „nach deren historischer Entstehung" fragt (wenn man das als zwei unterschiedliche Verfahrensweisen und Perspektiven unterscheiden darf – und ohne Risiko unterscheiden sollte?). Vor allem handelt es sich in allen Kapiteln des Buches darum, eine lange Reihe unterschiedlicher Themen von den mentalen und subjektiven Auffassungen vom Wald zu präsentieren, die in unserer Zeit „immer noch" als wichtig gelten. Innerhalb der Darstellungen dieser Themen wird gleichzeitig viel Platz den historischen Rückblicken gewidmet. Das bedeutet, daß die meisten Themen mit ihren

Wurzeln in der Vergangenheit vorgestellt werden, die damit zu zeigen scheinen, woher die Themen kommen – „ursprünglich". In diesen historischen Rückblicken wird jedoch nicht so sehr nach Spuren von Änderungen gesucht, sondern mehr nach Hintergrundbeispielen, in denen die historische Tiefe der Themen deutlich werden soll. Oft erhält man daher den Eindruck, daß man mit analogen Erscheinungen in der Vergangenheit gleichzeitig auch kausale und historische Zusammenhänge gefunden hat, die erklären können, warum es sich in der Gegenwart auf eine bestimmte Weise so und nicht anders verhält. Das gilt sowohl in der Erklärung von Auffassungen bei den einzelnen Informanten, die ihre Ursachen in vergangenen Erfahrungen haben, als auch auf einer allgemeineren Ebene, wenn etwa heutiges Waldbewußtsein mit Hinweisen auf „Traditionen" auch seine „Erklärung" gefunden hat. Auf dieser Ebene gibt es viele Probleme, die in einer so explizit historisch orientierten Darstellung (und wenn es sich um historische Zusammenhänge handelt) zu wenig kritisch diskutiert werden. Wenn „dieselben" Haltungen zum Walde in unterschiedlichen Zeiten und Kontexten existiert haben, bedeutet das nicht ohne weiteres, daß es eine „Wirkung" der Vergangenheit sei. Und wenn man solche Analogien historisch analysieren will, sollte man sich auch öfter fragen, ob „dasselbe" in unterschiedlichen Kontexten wirklich das selbe ist.

Häufig vermisst der Leser hier die analytische Schritte von einer bloßen Zusammenstellung von Beispielen und Textauszügen zur analytischen Reflektion der Zusammenhänge und Bedeutungen, seien sie von kausaler oder von anderer Art. Das zeigt sich auch, wenn das eigene Material des Projektes, die Interviews also, oft als Illustrationen von bereits bekannten und teils stereotypen Kategorien benutzt wird. Der Eindruck liegt nahe, sich zu fragen, ob die Möglichkeiten des Materials hier nur teilweise ausgeschöpft worden sind. Denn mit dem Material, das hier präsentiert wird, sollte man durchaus mehr auch davon erfahren können: wie dieselben, scheinbar „stabilen" Liebesäußerungen zum Wald auch für Deutsche mit unterschiedlichen Erfahrungen in konkreten historischen Kontexten verknüpft gewesen sind. Wenn eine Informantin unserer Zeit mit einer waldromantischen Aussage zitiert wird, ist es selbstverständlich interessant festzustellen, daß sie eine mehrhundertjährige deutsche Waldesliebe vertritt; mit einer intensiveren Interpretation wäre hier aber viel mehr herauszuholen. Die Entscheidung des Verfassers ist hier offensichtlich gewesen, die Themenauswahl weit gespannt und umfassend zu machen, freilich auf Kosten der kulturanalytischen Tiefe. Von meiner Seite ist dies aber weniger als negative Kritik gemeint denn als Rat und Aufforderung zu weiteren Analysen. Auf seiner eigenen Grundlage, als populärer Überblick über einen Themenbereich, ist dies ein Buch, das seine Leser über wichtige Seiten deutscher Identität und Ideologie informiert. Das Buch präsentiert eine breite und farbenreiche Vielfalt von Aspekten des deutschen Waldes, die es – in abgegrenzteren und viel interpretationsintensiveren Forschungsprojekten – gilt, näher zu untersuchen. Dann können wir auch davon erfahren, wie sie als Elemente historischer Prozesse konstituiert wurden (und würden dann auch leichter auf ihre historisch spezifizierbaren Bedeutungen und Meinungsinhalten zu interpretieren sein).

Trondheim/Norwegen   Ingar Kaldal

RALF KLAUSNITZER: *Blaue Blume unterm Hakenkreuz. Die Rezeption der deutschen literarischen Romantik im Dritten Reich.* Diss. Humboldt-Univ. Berlin 1998, Verlag Ferdinand Schöningh, Paderborn/München/Wien/Zürich 1999, 709 S.

Zum Verständnis des seit ca. 20 Jahren ablaufenden Paradigmenwechsels bei der Sicht der Romantik ist der Blick auf frühere Rezeptionsmuster, etwa wie sie jetzt Ralf Klausnitzer für die Zeit des Dritten Reiches herausgearbeitet hat, hilfreich. Besonders für Volkskundler rechtfertigt sich die Befassung mit der Romantik aus fachgeschichtlichen Gründen, da in dieser Zeit nicht nur der Begriff „Volk" geprägt wurde, sondern auch die in dessen Dunstkreis gehandelten Termini bis in die ersten Nachkriegsjahrzehnte für das Fach „Volkskunde" bestimmend blieben. Wegen dieser zentralen Bedeutung ist der Blick über die Fachgrenzen, nicht zuletzt in die Germanistik, zwingend. Mit ihr gab es nicht nur inhaltliche, sondern auch personelle Gemeinsamkeiten.

Die höchst voluminöse Dissertation Klausnitzers aus dem Bereich der neugermanistischen Literaturwissenschaft, die von der Konrad-Adenauer-Stiftung gefördert wurde, gliedert sich in drei Themenbereiche. Der erste behandelt die Forschung zur romantischen Literatur durch inner- und außeruniversitäre Germanisten. Der zweite stellt die Adaption romantischer Theoreme und Begriffe in weltanschaulich-ideologischen und wissenschaftstheoretischen Diskursen dar und beleuchtet die aus den unterschiedlichen Instrumentalisierungen der Romantik resultierenden Konflikte. Der letzte Teil handelt über die Vermittlung der Romantik im schulischen Deutschunterricht und in der kulturellen Öffentlichkeit.

Dem ersten Teil nähert sich Klausnitzer über eine „Mehrfachperspektivierung", die nach Jürgen Fohrmann die Thematisierung von Wissen, Organisation und Leistung meint. Theoretisch geht Klausnitzer von Wilhelm Voßkamps Kontinuitätsthese aus. Anhand von Niklas Luhmanns These vom Eigensinn des Wissenschaftssystems und Pierre Bourdieus Modell des kulturellen Feldes überprüft Klausnitzer die Hineinnahme wissenschaftsexterner Faktoren in die Forschung. Im zweiten Bereich faßt er das NS-Ideenkonglomerat unter theoretischem Rückgriff auf Kurt Lenk als Ausdrucksideologie auf, die er anhand der „Konzeptschlagworte" „Volkstum", seiner Derivate und dem „Organischen" eingehender behandelt. Beim dritten Teil läßt sich Klausnitzer von Uwe K. Ketelsens Ansatz einer "nicht-instrumentalistischen", sondern sozial funktionalen Interpretation der NS-Kulturpolitik leiten, wobei Klausnitzer flankierend mit dem von Jürgen Habermas entwickelten Begriff der vermachteten Öffentlichkeit operiert.

Als Ergebnis revidiert Klausnitzer das von ideologiekritischen Übersichten angeblich gezeichnete Bild einer reibungslosen Anpassung der Romantikforschung, indem er hervorhebt, daß die Vorgaben der NS-Politik die Selbststeuerung und den Eigensinn des Wissenschaftssystems nur partiell aufgehoben hätten. Insgesamt sei die Forschung durch Kontinuitäten und Brüche gekennzeichnet.

Die Differenzen zwischen wissenschaftlichen Geltungsansprüchen und politischen Imperativen erwuchsen nach Klausnitzer einerseits aus der Distanz der bürgerlich-humanistisch sozialisierten Gelehrten gegenüber der eklektischen NS-Ideologie und andererseits noch stärker aus der systemimmanenten Resistenz einer Wissenschaftsentwicklung, die das institutionelle Beharrungsvermögen und die fehlende stringente NS-Forschungspolitik nutzend, ihren Eigensinn wenigstens teilweise beizuhalten verstand.

Spricht Klausnitzer eingangs seines Werkes noch von der „'Selbstgleichschaltung' der Neueren deutschen Literaturwissenschaft im Jahre 1933" (S. 34), so läuft seine weitere Argumentation auf deren Minimierung hinaus. Wenn er auch gewisse Freiräume nicht als Folge bewußter Widerstandsleistungen verklärt und von der „Bereitschaft von Fachvertretern" (S. 335) zur Anpassung und eventuell wissenschaftlichen Legitimierung der NS-Gesellschaft schreibt, so sehr suggeriert er die Unschuld der Germanistik als Wissenschaftsfach. Er überbetont den verbreiteten Konservatismus der Gelehrten und läßt deren Nationalismus außen vor. Parteimitgliedschaften exkulpiert er als äußere Verbeugung vor dem Regime, um die wissenschaftliche Unabhängigkeit zu erhalten. Für den Eigensinn des Fachs führt Klausnitzer z.B. die Berufungspolitik an, bei der Chancen weder durch Anpassung an die NS-Rhetorik noch durch eine Parteimitgliedschaft hätten wesentlich gesteigert werden können. Als weiteren Punkt betont er, daß besonders nationalsozialistische Professoren am Rande des Faches verblieben seien.

Ferner seien innerfachliche Entwicklungen aus der Zeit vor 1933 fortentwickelt worden. Man sei weiter „von der philologischen Analyse zur Synthese, von der Forschung zur Darstellung, von der Arbeit am Detail zur Produktion von Sinnzusammenhängen" (S. 354) übergegangen. Gerade zu letzterem bemerkt Klausnitzer, daß keine Edition des Werkes eines Romantikers begonnen und nur zwei Editionen fortgesetzt wurden. Die Forschungen zu dem „Volkstumserlebnis der Romantik" und die Orientierung an „Volkstum" und „Volksgeist" seien nicht nur eine Anpassung an politische Vorgaben, sondern auch das Resultat fachinterner Bewegungen aus der Zeit vor 1933 gewesen.

In den romantikbezogenen weltanschaulich-ideologischen und wissenschaftstheoretischen (nicht nur literaturwissenschaftlichen) Diskursen arbeitet Klausnitzer heraus, daß sich die konkurrierenden Staats- und Gesellschaftsvorstellungen sowie die später einsetzenden naturwissenschaftlichen Auffassungen unterschiedlich auf die Romantik bezogen und ihre Inhalte dabei bejahten oder zurückwiesen. Als Gründe für die Bedeutungspluralität nennt Klausnitzer neben der Polykratie des Nationalsozialismus die Haltungen zu den unterschiedlichen Differenzierungsleistungen der Moderne in der NS-Zeit. Der Nationalsozialismus sei mit Jeffrey Herf nicht als Ablehnung der Moderne, sondern als reaktionärer Modernismus zu begreifen. Errungenschaften der Moderne seien, wie Klausnitzer etwa beim Goebbelsschen Propagandawort „stählerne Romantik" oder der Begriffskombination „organische Ganzheit" aufgezeigt, in der Sphäre des politischen Pluralismus und der Individualrechte nur teilweise abgelehnt worden. Darüber hinaus hätten die Technikbegeisterung und die Ästhetisierung der Arbeits- und Lebenswelt in NS-Deutschland eindeutig Züge eines modernen Staates aufgewiesen.

Diskutiert Klausnitzer auf fast 80 Seiten die Metapher des Organischen als den wohl zentralsten Begriff des NS-Ideologie, so erläutert er eindrucksvoll anhand der von Joseph Goebbels bereits 1933 geprägten Floskel von der „stählernen Romantik" den zwiespältigen Umgang mit der Moderne. Meinte „Romantik" ein emotional verinnerlichtes Weltempfinden und die Opposition gegen Hergebrachtes, so zielte „stählern" auf die Potenzen technisch-industrieller Naturbeherrschung und militärischer und wirtschaftlicher Macht. Mit dieser Floskel hätten die Romantiker der Gegenwart, nämlich die Konservativen Revolutionäre, mit modernen Versatzstücken der NS-Ideologie versöhnt werden sollen. So hätte der Nationalsozialismus beansprucht, daß er es geschafft habe, die Technik zu beseelen, so daß daraus eine beseelte „deutsche Technik" entstanden sei. Weiter interpretiert Klausnitzer „stählerne Romantik" als Kampfansage an Alfred Rosenbergs „artverwandte Romantik".

Letztlich sei die Rezeption romantischer Theoreme in weltanschaulich-ideologischen Ergüssen selektiv und funktional orientiert gewesen. Sie hätten als nicht zu hinterfragende Berufungsinstanzen oder abzulehnende Gegenbilder gedient. So seien denn Interpretationen romantischer Texte sowohl im weltanschaulich-ideologischen als auch in wissenschaftlichen Diskursen fast ganz ausgeblieben. Auch literaturwissenschaftliche Bemühungen seien bei der romantischen Entdeckung "organischer Gemeinschaftformen" (Volk, Staat, Geschichte) nicht über Schlagworte hinausgekommen.

Im nichtwissenschaftlichen Sektor, also in der kulturellen Öffentlichkeit, konnte nach Klausnitzer ein hegemonialer Diskurs ohne große Aktivitäten der kulturpolitischen Administration (zumindest in den sogenannten Friedensjahren der NS-Zeit) weitgehend durchgesetzt werden. Der Diskurs habe sich durch vereinnahmende Instrumentalisierung und Funktionalisierung ausgezeichnet. Aus dem Kontext herausgetrennt sei die romantische Überlieferung zur Legitimierung des Nationalsozialismus eingesetzt worden. Der bildungsbürgerliche Kern dieser Öffentlichkeit habe zwischen der Bedienung von nationalsozialistischen Klischees und der Verinnerlichung geschwankt. Auch als Konsequenz dieser Haltung sei der Romantik im Deutschunterricht nur eine randständige Existenz zugekommen und im Kriege hätten NS-Technokraten etwa die Eichendorff-Pflege für den Grenzlandkampf instrumentalisieren können.

Klausnitzer hat mit seiner Dissertation eine ungeheure Fleißarbeit geleistet. Im Grunde genommen hat er eine und zwei halbe Dissertationen vorgelegt. In den mehr als ausführlichen Fußnoten listet er auch zu eher abseitigen Aspekten die neueste Literatur auf. Leider finden sich außer vereinzelten Angaben zum wissenschaftlichen Werdegang keine biographischen Daten von führenden Wissenschaftlern. Ferner stört, daß Klausnitzer häufig aus Sekundärquellen und nicht aus Originalen zitiert. Orthographische Fehler halten sich angesichts der hohen Seitenzahl sehr in Grenzen. Der fast 90seitige bibliographische Anhang ist gut gegliedert, entbehrt allerdings bei mehrmaligen Auflagen des ersten Erscheinungsjahrs, wodurch der falsche Eindruck der fast ausschließlichen Verwendung neuerer Sekundärliteratur vermittelt wird. Zu einem wahren Manko gerät angesichts der Textfülle das fehlende Namensverzeichnis. Da wundert es nicht, daß der Autor auf die zeitintensivere Erstellung eines Sachregisters verzichtet hat. Das höchst ausführliche Inhaltsverzeichnis (4 kleinbeschriebene Seiten) entschädigt hierfür nur ansatzweise.

Problematisch ist in dieser Arbeit die enge Anlehnung an die Luhmannsche Systemtheorie, nach der "die Eigensinnigkeit des Wissenschaftssystems unter den Bedingungen politischer Repression zwar beeinträchtigt, doch nicht aufgehoben werden kann, wenn Wissenschaft als Wissenschaft weiterbestehen und nicht in Ideologie aufgehen soll". "In einer funktional ausdifferenzierten Gesellschaft [...] können sich Wissenschaft und Politik nicht wechselseitig lenken, sondern nur irritieren"; alle darüber hinausgehenden Eingriffe würden unweigerlich zur Auflösung des gelenkten Systems führen (alle Zitate S. 29). Mit dem Rückgriff auf die systemtheoretische Beschreibung, die Systemhierarchien ausschließt und wechselseitige Beeinflußungen der Systeme untereinander vernachlässigt, ist weitgehend schon das Ergebnis von Klausnitzers Arbeit vorgezeichnet. Die Frage kann nur noch lauten: Blieb die neugermanistische Literaturforschung als wissenschaftliches System erhalten oder wurde sie durch das politische System aufgelöst? Letztere Antwort unterstellt er pauschal ideologiekritischen Ansätzen.

Als Resultat suggeriert Klausnitzer, daß sich in der Germanistik der NS-Zeit noch überwiegend eine polyparadigmatische Konstellation und damit demokratische Elemente im Gegensatz zur Gesellschaft erhalten hätten. Die störende Tatsache, daß es einige dem Nationalsozialismus engverbundene Germanisten gegeben hat, umgeht er mit ihrer Qualifizierung als Außenseiter im Fach. Etwaige Bezüge von anderen Germanisten auf die NS-Ideologie, etwa in Vorworten, wertet er vorschnell als reine rhetorische Gefälligkeiten oder Notwendigkeiten. Wenn auch Klausnitzer die neugermanistische Literaturwissenschaft der NS-Zeit kaum als wissenschaftsdemokratische und noch weniger als allgemeindemokratische Hochburg bezeichnet, so sorgt doch seine Arbeit dafür, daß das "Nest" im Grunde „unbeschmutzt" bleibt. Obwohl Klausnitzer ideologiekritische Ansätze vorschnell verwirft (er spricht von "bisherigen ideologiekritischen Vor-Urteilen"), ist es sein Verdienst, den Blick vor allem auf die Relevanz wissenschaftsinterner Faktoren gelenkt zu haben.

Freiburg i. Brsg.   Hans-Werner Retterath

DIRK WINKELMANN: *Selbstbeschreibungen der Vormoderne. Theorietypologien und ästhetische Reflexionen gesellschaftlicher Ausdifferenzierung bei Schiller, Novalis, Forster und Marx.* (Forschungen zur Literatur- und Kulturgeschichte; Bd. 68), Verlag Peter Lang GmbH, Europäischer Verlag der Wissenschaften, Frankfurt/M./Berlin/Bern/Bruxelles/New York/Oxford/Wien 2000, 294 S.

Die 1998 an der Universität Freiburg angenommene und nun publizierte Dissertation legt ihr Hauptaugenmerk auf das ausgehende 18. Jahrhundert, die Vormoderne, als eine der Schlüsselphasen der Modernisierung unserer Gesellschaft. Der Autor beleuchtet die Theoriesysteme verschiedener zeitgenössischer Autoren, die diesen Modernisierungs-Umbruch zu erklären versuchen. Beginnend mit einer kritischen Reflexion des Schiller'schen Verstehenskonzepts der vormodernen Gesellschaft, versucht Winkelmann über die geschichtsphilosophischen Ausführungen von Novalis, Forster und Marx die unterschiedlichen, ja zum Teil gegensätzlichen Theorietypen aufzuzeigen. Grundsätzlich leitet ihn dabei die Frage nach dem Verhältnis von Erkenntnistheorie und empirischer Beobachtbarkeit, die er auf einem außerordentlich hohen Abstraktionsniveau zu beantworten sucht. Die ausgebildete Opposition der zwei Kulturen – gemeint ist die technisch-ökonomisch-naturwissenschaftliche und die literarisch-philosophische Kultur – ist angesichts der Ausdifferenzierung der modernen Gesellschaft keineswegs selbstverständlich, noch ist es ihr andauernder Status (S. 7), so seine These. Die im 18. Jahrhundert stattfindenden Differenzierungsprozesse in den Wissenschaften, die Ausdifferenzierungen wissenschaftlicher Disziplinen, habe beispielsweise bei Novalis dazu geführt, daß dieser, durch eine praxisorientierte, innovativ und interdisziplinär ausgerichtete Ausbildung die Rolle eines Naturwissenschaftlers, Betriebsprüfers, ökonomischen Analysten, Kameralisten und die eines Personalentwicklungsmanagers einnehmen konnte. Es folgt nun die Bedeutung Georg Forsters der im Rahmen der Untersuchung divergierenden Selbstbeschreibungskonzepte einer sich ausdifferenzierenden Gesellschaft im ausgehenden 18. Jahrhundert. Forster begreift der Autor als Vermittler, insbesondere aufgrund seiner Bedeutung als Reiseschriftsteller, „da er durch ästhetisch-literarische Darstellung die geradezu notwendig erscheinende gesellschaftlich-entwickelnde Bedeutung der Wissenschaften, des Handels und der demokratischen Prozesse durch den erweiterten Erfahrungshorizont europäischer und außereuropäischer Kulturen einem deutschen Publikum nahezubringen versucht" (S. 169). Am Beispiel von Forsters „Ansichten vom Niederrhein", legt Winkelmann dessen radikal-aufklärerisches Konzept dar, ein Konzept, zu dem die Entdeckungen neuer Länder ebenso gehört wie der Austausch von Waren und Ideen zum Prozeß der Menschwerdung selbst. Basis und Verlaufsform dieser Expansion ist im Denken Forsters der Handel. Handel und Freiheit bedingen einander. Überall da, wo Lage und günstige Umstände den „Handlungstrieb" förderten, sei dieser mit der „Entwicklung bürgerlicher Freiheit" verbunden. Ohne Handel, so läßt sich folgern, ist kein Gattungsfortschritt möglich. Wo indes der Handel sich entwickeln kann und wo der Freiheit der Betätigung der Bürger keine engen Grenzen gesetzt sind, entsteht jene Art von höherer Kultur, die sowohl der „moralischen Beschaffenheit" der Individuen als auch der recht- und gesetzmäßigen Verfaßtheit des Gemeinwesens förderlich und die selbst wiederum Voraussetzung für eine erneute Erweiterung des Gesichtskreises und eine weitergehende Erforschung der Welt ist. Über Forsters Handelsbetrachtungen gelangt Winkelmann zur politökonomischen Kritik bei Karl Marx. „Für Marx ist der Tauschvorgang des Produktes als Ware Resultat und Zeichen gesellschaftlicher Abstraktion, für Forster hingegen ein Transmitter aufgespeicherter Informationen, der gesellschaftliche Entwicklungspotentiale und damit einhergehende Strukturen aufbaut" (S. 233). Es folgt das Marx'sche Modell der politischen Ökonomie, das dieser in einem Beziehungsdreieck von Maschinerie, Kapital und industrieller Revolution ausweitete. Mit diesem Paradigma interpretierte Marx die zukünftige Entwicklung als eine soziale Polarisierung zwischen Kapital und Lohnarbeit.

Mit Marx beendet der Autor seinen Versuch, divergierende Verstehenszugänge zum Problem der Kontingenz sich dynamisierender vormoderner Gesellschaften auszuformulieren. Das hohe Abstraktionsniveau seiner Darlegungen macht es nicht gerade leicht, seine erkenntnistheoretischen Ausführungen abschließend zu bewerten. Festzuhalten bleibt, daß Winkelmann am Beispiel von vier Kulturtheoretikern des ausgehenden 18. Jahrhunderts (mit Ausnahme von Karl Marx, der meiner Meinung nach eindeutig ins 19. Jahrhundert gehört) verschiedene Modernisierungstheorien von Gesellschaft vorlegt und einander kontrastiert. Es ist die Leistung der Studie, Wissens- und Verstehenskonzepte der Umbruchszeit um 1800 dargelegt zu haben – ob sie einem breiten Publikum jedoch verständlich gemacht wurden, muß dahingestellt bleiben. Mir scheint sich das Buch auch an keinen breiten Leserkreis zu richten, um sich vielmehr einer ganz spezifischen wissenschaftlichen Elite zu empfehlen.

Marburg   Marita Metz-Becker

Ullrich AMLUNG: *Adolf Reichwein. 1898–1944. Ein Lebensbild des Reformpädagogen, Volkskundlers und Widerstandskämpfers.* Frankfurt/Main: dipa-Verlag, 1999. 632 S., Abb.

Ullrich Amlung legte 1991 mit seiner umfassenden Doktorarbeit „Adolf Reichwein (1898-1944). Ein Lebensbild des politischen Pädagogen, Volkskundlers und Widerstandkämpfers", die als Bände 12 und 13 der Sozialhistorischen Untersuchungen zur Reformpädagogik und Erwachsenenbildung in Frankfurt erschien, das Standardwerk der biografischen und werkgeschichtlichen Forschungen über Adolf Reichwein vor. Die Resonanz war sowohl in wissenschaftlichen Kreisen als auch in der breiteren Öffentlichkeit groß. Positive Besprechungen erschienen in pädagogischen, historischen und volkskundlichen Fachzeitschriften, darunter auch die von Tina Peschel in den Hessischen Blättern für Volks- und Kulturforschung NF 29 (1992), S. 249-250. Etliche Tages- und Wochenzeitungen nahmen sich Amlungs Reichwein-Biografie an und lobten sie in der Regel überschwänglich. Wissenschaftlichen und nicht-wissenschaftlichen RezensentInnen gemein war stets der Wunsch, dass die Arbeit den Auftakt zu einer kontinuierlichen Befassung mit der Person und dem Wirken Adolf Reichweins bilden sollte.
      Nach nicht einmal zehn Jahren ließ sich feststellen, dass der Wunsch in Erfüllung gegangen war, „eine sich ständig erweiternde und gleichzeitig intensivierende wie differenzierende Reichwein-Rezeption" (S. 17) neue Forschungsergebnisse hervorgebracht und die wissenschaftliche Diskussion enorm beflügelt hatte – nicht zuletzt auch aufgrund der veränderten politischen Situation in Deutschland, die umfassendere Archivstudien in ehemaligen DDR-Beständen nun erleichterte beziehungsweise zum Teil auch erst ermöglichte. Auf Gedenkveranstaltungen (anlässlich des 50. Todestages 1994 und des 100. Geburtstages 1998), in Dokumentarfilmen, auf Fachtagungen und in wissenschaftlichen Ausstellungen standen Leben und Werk Adolf Reichweins im Zentrum allgemeinen und

wissenschaftlichen Interesses. Neu-Editionen der pädagogischen Hauptwerke von Adolf Reichwein erschienen ebenso wie Bücher und Aufsätze über ihn – Ullrich Amlung verzeichnet in seinem Literaturverzeichnis nahezu 40 nach 1991 erschienene Sekundärschriften (vgl. S. 576-578).

Ullrich Amlung trug dem Forschungsaufschwung Rechnung, indem er seine Reichwein-Biografie, deren Erstauflage bereits zwei Jahre nach Erscheinen vergriffen war, überarbeitete, aktualisierte und mit leicht verändertem Titel nun in einem Band publizierte. Die Gliederung behielt er bei. Der Einleitung (S.11-18) folgen sechs Kapitel: 1. Kindheit, Jugend- und Schulzeit im deutschen Kaiserreich Wilhelms II. und Erster Weltkrieg (1898-1918), S. 19-96; 2. Studienzeit und erstes Engagement in der Erwachsenenbildung in der krisenhaften Anfangsphase der Weimarer Republik (1918/19-1923), S. 97-168; 3. Von der Volkshochschularbeit zur Arbeiterbildung in Thüringen in der Phase relativer Stabilisierung der Weimarer Republik (1923-1929), S. 169-221; 4.Volksschullehrerbildung in Berlin und Halle/Saale und politisches Engagement in der Phase der Auflösung und Zerstörung der Weimarer Republik (1929-1933), S. 223-275; 5. Schulpädagogik in Tiefensee/Mark Brandenburg in der Zeit des Nationalsozialismus und Formen öffentlichen Widerstands gegen das NS-Regime (1933-1939), S. 277-357; 6. Museumspädagogik in Berlin während der Kriegsjahre und aktiver Widerstand gegen das NS-Regime (1939-1944), S. 359-486. Abbildungen, die Adolf Reichwein zwischen etwa 1910 und 1944 zeigen (S. 487-492), ein umfangreicher Anmerkungsapparat (S. 493-563), das in sich nochmals untergliederte, umfangreich ergänzte Quellen- und Literaturverzeichnis (S.565-615), das Verzeichnis der Abkürzungen (S. 617-618) sowie ein Personenregister (S. 619-632) beschließen das Buch, zu dem Wolfgang Klafki ein Geleitwort (S. 7-9) beisteuerte.

Die Zweitauflage von Ullrich Amlungs Reichwein-Biografie unterscheidet sich – was die Wertschätzung betrifft – nicht von der Erstauflage; sie wird der wichtigste Beitrag zur Lebens- und Werkgeschichte Reichweins bleiben.

Zwei Kritikpunkte seien dennoch vermerkt. Tina Peschel hatte sich 1992 in ihrer Rezension unter anderem „eine übersichtliche Zusammenfassung der Lebensdaten im Anhang" (a.a.O., S. 250) gewünscht. Die fehlt leider immer noch. Und warum der dipa-Verlag das vorliegende Buch ohne weiteren Hinweis als Erstauflage bezeichnet, bleibt sein Geheimnis. Nur dem Geleitwort von Wolfgang Klafki (vgl. S. 8) und der Einleitung von Ullrich Amlung (vgl. S.17) ist zu entnehmen, dass es sich bei der vorliegenden Publikation trotz des leicht veränderten Titels um die zweite, vollständig überarbeitete und aktualisierte Auflage des zweibändigen Werks von 1991 handelt.

Münster   Gitta Böth

Folklore in 2000. Voces Amicorum Guilhelmo Voigt Sexagenario. Budapest 2000, 551. S., Abb.

Aus Anlass seines 60. Geburtstages ehrten FachkollegInnen den ungarischen Volkskundler, Folkloristen und Ethnologen Vilmos Voigt mit der vorliegenden Festschrift. Bereits die Internationalität der AutorInnen und das interdisziplinäre kulturwissenschaftlich ausgerichtete Fächerspektrum sind Zeugnis für die überragende Reputation des Geehrten: 40 WissenschaftlerInnen aus 17 Ländern bearbeiteten in deutscher, englischer, französischer, italienischer oder russischer Sprache unter dem Rahmenthema „Die Folklore im zweiten Millennium" spezifische Fragestellungen aus verschiedenen kulturwissenschaftlichen Teilgebieten, die die HerausgeberInnen in die folgenden acht Hauptkapitel einordneten: 1. Questions, theories and some classification, 2. Tradition bearers: how do they do it? 3. Investigators of tradition: how did they do it? 4. Tracing folklore elements in the past, 5. Finno-ugric, Baltic peoples: where are the similarities? 6. Paremiology, 7. Folklore survival, folklore today, 8. World of objects, symbols of culture.

Aus hessischer Sicht fallen drei Aufsätze ins Auge, die in unterschiedlicher Weise die Beziehung zwischen Hessen und Ungarn herzustellen vermögen. Siegfried Becker, Marburg, befasst sich im vierten Kapitel mit den „Rosen der Elisabeth" (S. 182-205). József Liszka aus dem slowakischen Komorn, 1997 Forschungsstipendiat am Institut für Europäische Ethnologie und Kulturforschung an der Philipps-Universität Marburg, beschreibt im siebten Kapitel einen modernen „Baumkult" in Marburg (S. 417-426). Andreas C. Bimmer, Marburg, der eine Vielzahl von Lehraufträgen an südosteuropäischen Universitäten, darunter auch verschiedene Male in Ungarn, wahrgenommen hat, macht sich im letzten Kapitel unter der Themenstellung „Müll oder Museum"„Gedanken zu gegenwärtigen Dingen" (S. 510-520).

Sowohl Siegfried Becker als auch József Liszka stellen die Verbindung zwischen Marburg und Ungarn anhand der Heiligen Elisabeth her, „deren Verehrung in Hessen wie in Ungarn bis in die Gegenwart reicht" (Becker, S. 182). József Liszka beschreibt die Entstehung eines (nur kurzlebigen) Baumkultes: Den ausgebrannten Baumstumpf der mit der Heiligen Elisabeth in Verbindung gebrachten „Heiligen Eiche" auf den Lahnbergen bei Marburg versahen 1997 SchülerInnen sowie eine junge Frau mit schriftlichen Genesungswünschen.

Siegfried Becker betrachtet verschiedene Deutungen des Rosenwunders in den jeweiligen kulturellen und politischen Kontexten. Seine für die Interpretation des Rosensymbols herangezogenen Beispiele reichen vom 12. Jahrhundert bis ins 20. Jahrhundert. Er beschließt seinen Beitrag mit dem zeitlich jüngsten Beispiel aus den 1990er Jahren über eine der von den Massenmedien produzierten und reproduzierten „Ikonen der Moderne", die ihre Entstehung auch der Anwendung der „ikonographischen Programme der Heiligenverehrung" (S. 205) verdankt: der englischen „Rose" Prinzessin Diana, deren Leben nach ihrem Tod in einer Weise mystifiziert wurde, die emotionale Bedürfnisse und mentale Befindlichkeiten funktionalisierte und die durch die Kompensierung der Diskrepanz zwischen Oben und Unten zu einer Etablierung der gesellschaftlichen Machtverhältnisse beitrug.

Anhand hessischer und ungarischer Beispiel fragt Andreas C. Bimmer, bezogen auf die Massengüter der Gegenwart, nach der Sammlungspraxis und -ethik und fordert von Wissenschaft und Kulturpolitik die Entwicklung neuer „Kriterien für die Auswahl und den Erhaltung kultureller Objektivationen [...], die neben der Vermeidung des nur ʼzufälligen Sammelnʻ (weil bedingt durch individuellen Impetus) auch den Wandel musealer Sammlungsparadigmen berücksichtigen können." (S. 519)

Die Tabula Gratulatoria, ein Grußwort von Ilona Nagy sowie zwei Kurzbiografien – die eine in englischer, die andere in deutscher Sprache – runden den Aufsatzteil dieser Festschrift ab.

Münster   Gitta Böth

Folklore als Tatsachenbericht. Hrsg. von Jürgen Beyer und Reet Hiiemäe. - Tartu: Sektion für Folkloristik des Estnischen Literaturmuseums 2001. 209 S.

In diesem Band werden die Druckfassungen der Vorträge einer Tagung vorgelegt, die unter dem Titel „Folklore als Tatsachenbericht" im September 2000 in Dorpat (Tartu/Estland) stattfand. Sie „war Geschichten gewidmet, die mit dem Anspruch auf Faktizität erzählt werden, die für den Forscher aber als Folklore (d.h. tradierte Erzählungen, bei denen es zu Variantenbildung gekommen ist) erkennbar sind" – so die Herausgeber *Jürgen Beyer* und *Reet Hiiemäe* (beide Tartu) im Vorwort (S. 7). „Tatsachenbericht" bezeichnet dabei selbstverständlich den stilistischen Zugriff des Erzählens, nicht das nachprüfbare realistische Kriterium (Isidor Levin, S. 137).

Zwölf Aufsätze von Autoren aus dem gastgebenden Estland und aus Deutschland, Rußland, der Schweiz sowie den Niederlanden und Frankreich umkreisen dieses Thema, manchmal stärker, manchmal weniger an Fallbeispielen orientiert. Der von der Robert-Bosch-Stiftung und der Stiftung Eesti Kultuurkapital geförderte Band erinnert gleichzeitig an *Walter Anderson* (1885–1962), der seit 1920 in Dorpat estnische und vergleichende Folkloristik lehrte und später an den Universitäten Königsberg/Pr. und Kiel die Volkskunde vertrat. Die Erinnerung mag zum Teil dem Genius Loci geschuldet sein; doch der „Programmatiker der geographisch-historischen Methode"[1] hat zum Tagungsthema auch unmittelbaren Bezug, wie *Isidor Levin* in seinem schönen, den Duktus des mündlichen Vortrags bewahrenden Beitrag „Folklore als Tatsachenbericht" (S. 127-140) mit einiger Vehemenz dartut. Levin, mit damals 81 Jahren der ehrwürdigste Teilnehmer des Kolloquiums, ist ein Mann der großen Zusammenhänge; er spannt den Bogen von der antiken Romulus-Erzählung über die „Tatsachenberichte" des Pentateuch bis zu den Zeitungsausschnittsammlungen der Gegenwart.[2] Er steht damit nicht allein, gibt aber doch nicht den Ton an. Die motiv- und fallbezogenen Darstellungen überwiegen: Trampergeschichten (Reet Hiiemäe), medizinische Berichte über Scheintote (Ines Köhler-Zülch), für wahr gehaltene Schutzengel- und Werwolfsagen (Fred van Lieburg, Marili Metsvaki) sowie ein auf den Tagungsort bezogener und keineswegs feuilletonistischer Beitrag über Erzählungen von Geistererscheinungen im Altbau des Estnischen Literaturmuseums, der auch die volkskundlichen Sammlungen beherbergt (Eda Kalmre). Bei aller disparaten Motivik ist den Texten, auf die sich diese Beiträge jeweils beziehen, gemeinsam das Oszillieren zwischen kolloquialem Tatsachenbericht und bewußt geformter Erzählung.

Eine knappe Zusammenfassung der französischen Forschungspositionen zum Thema „Rumeurs, bruits, fausses-nouvelles, on-dit" bietet Alfred Messerli (Zürich, S. 163-174). Auf wenigen Seiten gelingt es ihm nicht nur, die neueren polydisziplinären Ansätze in Frankreich zu kennzeichnen, als welche sich – außer auf „Folkloristen" und Psychologen – auf sozialhistorische, wirtschafts- und kommunikationswissenschaftliche Untersuchungen sowie ethnologische Feldforschungen verteilen; er geht überdies auf von der französischen Forschung selbst lange vernachlässigte Vorläufer zurück, besonders Bernard de Fontenelle und Marc Bloch. Von ersterem werden die Abhandlung „De l'origine des fables" (1691–94), die „Histoire des oracles" (1686) und „Sur l'histoire" (um 1720) ausführlich vorgestellt; von Bloch die „Réflexions d'un historien sur les fausses nouvelles de la guerre" (1921), fortgeführt in der „Apologie pour l'histoire ou métier d'historien" (postum 1948). Der Einbezug dieser und anderer, in unserem Zusammenhang bisher eher übersehener Autoren hat die neuere französische Forschung wesentlich bereichert.

Von der einfachen Falldarstellung weit entfernt ist auch der Beitrag „Oral traditions and historical realities among ethnic groups in the West African Savannah" von Rüdiger Schott (S. 185-209), der, wie bei diesem Autor nicht anders zu erwarten, religionswissenschaftliche und ethnologische Befunde souverän zu einem Gesamtbild der Erzähltraditionen der *Bulsa* (Nord-Ghana) zusammenschließt.

Der Titel ruft die „Geistesbeschäftigung mit dem Tatsächlichen" in Erinnerung, die „Sprachgebärde als Konkretisierung des Tatsächlichen im Bericht", die *André Jolles Memorabile* genannt hat. Von Jolles' „einfachen Formen" hat gerade diese bisher wenig Aufmerksamkeit erregt; sie kommt auch in *Kurt Rankes* zusammenfassendem Aufsatz „Einfache Formen" von 1965 zu kurz, und die hier versammelten Autoren haben sich nirgends unmittelbar darauf bezogen.[3] Warum, wird bei Durchsicht der Einzelaufsätze deutlich. Nicht die *Form* der Erzählung, sofern sie durch eine Geistesbeschäftigung veranlaßt ist, steht im Mittelpunkt der Untersuchung, sondern ihre *Funktion*, und zwar zunächst ihre gesellschaftliche. Beispiele dafür bieten die Aufsätze von *Risto Järv* über AT 1920 B[4] und von *Helmut Fischer* über eine Wiedergängergeschichte. Daß sich in der Erzählforschung allgemein von einem Koordinatensystem sprechen läßt, in dem Prosaerzählungen zwischen „wahr" und „fabuliert" angesiedelt werden, läßt sich wohl voraussetzen; ebenso die längst zur Selbstverständlichkeit gewordene Kenntnis der auf C. v. Sydow zurückgehenden Benennungen *Memorat, Fabulat, Fikt*, die der terminologischen Klarheit dienen und sich nicht zuletzt deshalb durchgesetzt haben, weil sie nicht auf eine ihrerseits wieder erläuterungsbedürftige „Geistesbeschäftigung" rekurrieren.[5]

Die „Geistesbeschäftigung mit dem Tatsächlichen" führt fast zwangsläufig auf die Zeitungssage und die medialen Formen von Erzählung. Durch die schriftliche Aufzeichnung, wieviel mehr noch durch Druck und Film wird die letzte erzählte Fassung der Geschichte „angehalten", sie bleibt nun unverändert; zu dieser Überlegung gelangt *Helmut Fischer* (S. 18). Die Medienvolkskunde nimmt sich dann der Fortsetzung an, der erzählerischen Verarbeitung des Gedruckten und in Kino oder Fernsehen Wahrgenommenen. So bezieht die Geschichte der Geistererscheinungen im Museums-Altbau zu Dorpat die Berichterstattung in der Tagespresse, in Illustrierten und weiteren Medien mit ein (S. 85-106). Die verwendeten Formen orientieren sich dabei – was die Dorpater Tagung nicht thematisiert hat – allerdings an den Bedürfnissen des jeweiligen Mediums.

Nun wird aber ohnehin der Kontinuität volkskundlicher Wissenschaftsvorstellungen eine Absage erteilt: „Was die Konzepte Folklore, Volkserzählung und Volkskultur angeht, so befinden sich diese eher in der Defensive, seit der romantische Mythos vom Volk und auch das jüngere Konzept von der eigenständigen Volkskultur ... verabschiedet werden mußte", befindet Klaus Graf. Gefordert wird ein „interdisziplinäres Großunternehmen", dem modernere Konzepte zugrundeliegen: Narrativik, Fiktionalität, Diskurs, Phantasie (S. 34-36). Graf hat „Erzählmotive in frühneuzeitlichen Kriminalquellen" ausgewertet (S. 21-36) und wünscht sich vollmundig eine „kontextualisierte, historisierte Erzählforschung, die sich von den ahistorischen Kompilationen der Nachschlagewerke ... glaubwürdig distanzieren kann" (S. 35). Man wird gespannt sein dürfen, zu welchen Ergebnissen die interdisziplinäre Methodik führt, ob die angestrebte Bündelung der Kräfte gelingt und ob uns die Phänomene anschließend deutlicher werden.

Ein Gegengewicht bildet etwa der – keineswegs naiv daherkommende – Beitrag von Mall Hiiermäe „Geschichten von Waldtieren als Tatsachenberichte." Hier wird der „Folklorisierungsprozeß" in seinen einzelnen Phasen aufgezeigt und der Weg vom Ereignis zur Volkserzählung anhand von Beispielen nachgezeichnet. Die Grenzen der volkskundlichen Textsorten verschwimmen, und die Traditionsträger selbst erscheinen, je näher man der Gegenwart kommt, um so unsicherer, was die Wirklichkeitsbeziehung ihrer Geschichten betrifft (M. Hiiermäe, S. 52 u. 43). Zweifellos sind andererseits beim Sammeln und Archivieren nach traditionellen Methoden Erzählungen übersehen worden, weil man sie für „wahre Geschichten" hielt und Erinnerungserzählungen nicht als stereotyp empfunden wurden (R. Järv, S.81).

Den Medieneinfluß auf den Erzähler erläutert *Eda Kalmre* anhand von Geistergeschichten (S. 86-105). Der Erlebnisbericht wird unter den Auspizien der Kulturindustrie zum folkloristischen Unterhaltungstext, und das Repertoire des Erzählers, der ja gleichzeitig Konsument von Medien ist, wird durch Themen bestimmt, die diese vorgeben: aus der Populärkultur, der Literatur, aus Kunst und alternativen Religionen. Kalmre nennt diese vier, aber die Liste läßt sich verlängern; die Vorstellung impliziert ein „Folklore"-System, das Teil des kulturellen Kontextes ist und vom Erzähler als eine Quelle neben anderen herangezogen wird (Kalmre, S. 85-86). Wie lange der Stoff der jeweiligen Geschichte in diesem Umfeld überlebt, hängt, wie die Autorin meint, von seiner Fähigkeit ab, sich unterschiedlichen Formen anzupassen: Erlebnisbericht, Memorat, Erzählung, Gerücht, Märchen, Sage, ein Witz oder bloßer Gegenstand der Unterhaltung (S. 96).

„Folkloristik ist ja die Wissenschaft ... von der *Varianz*, die im Laufe der Rezeption eines beliebigen volkskundlichen Phänomens, z.B. eines Wortgut-Stoffes (der irgendwo, irgendwann, von irgendwem erschaffen wurde), und in der Überlieferung dokumentiert ist" (I. Levin, S.127/128). Die Überführung eines Märchens oder einer Anekdote in die Art eines Tatsachenberichtes vermöge die Überlieferung zu aktualisieren und zu verlängern (ders., S. 137). Levin nennt das Ergebnis „Schwundstufe" – was sich wohl nur rechtfertigt, wenn dem jeweiligen Stoff eine der Formen optimal entspräche. Andernfalls geraten wir in die Grauzone der *Gattungsdämmerung*, in der jede Form zugunsten der Kontextualität zerflattert.[6]

Der Band erlaubt dem Leser, der Volkserzählung *von der erzählten Wirklichkeit her* verstehen möchte, nicht zuletzt anhand einleuchtender Falldarstellungen einen ersten Überblick über die Materie zu gewinnen. Die Herausgeber beklagen, daß es für den Gesamtkomplex noch keine vergleichende Darstellung gebe: „...das Thema sollte eigentlich für Folkloristen eine zentrale Bedeutung haben ... Es handelt sich dabei häufig um Erzählstoffe, die ein hohes Alter aufweisen, die aber aufgrund ihrer Tradierung als Tatsachenberichte über Neuigkeiten ständig den sich ändernden gesellschaftlichen Bedingungen angepaßt wurden" (Vorwort, S. 8). Diese Gesamtdarstellung ist unser Tagungsband nicht und kann es auch nicht sein. Manche Sachauskünfte müssen noch ohne ausreichenden Rückhalt gegeben werden wie beispielsweise die Behauptung, daß „ein wesentlicher Teil der Folklore in dieser Form tradiert" werde (ebd.). Ohne zeitliche und gesellschaftliche Differenzierung wird man einen solchen Satz wohl eher abwartend betrachten.

Die Herausgeber schließen – unter Berufung auf Rudolf Schenda – aus den Ergebnissen der bisherigen Forschungen in diesem Bereich, „daß wir es bei den Tatsachenberichten offenbar mit der ältesten Form von Folklore zu tun haben. Die Blütezeit der sogenannten klassischen Gattungen der Volksdichtungen (wie Märchen und Sage) im späten 19. und frühen 20. Jahrhundert scheint nur ein Zwischenspiel in der Entwicklung gewesen zu sein" (S. 9). Ob und wie weit eine derartige *Entwicklung* postuliert werden kann, mag nicht jedem Leser sofort deutlich werden; auf den ersten Blick scheint ein polyphones Nebeneinander unterschiedlicher Formen und Geisteshaltungen – oder, um mit Jolles zu reden: „Sprachgebärden" – denselben heuristischen Dienst zu tun. Daß die von der traditionellen Erzählforschung bevorzugten Formen allein der Wirklichkeit des Erzählens weder formal noch funktional gerecht werden können, das ist allerdings eine eher geläufige Wahrheit.

Ein Tagungsband ist kein Lehrbuch. Manche, auch grundsätzliche Fragen müssen offen bleiben. Das gilt beispielsweise für terminologische Probleme, die auf internationaler Ebene nicht nur besonders schwierig zu lösen sind, sondern bei durchschnittlicher Fremdsprachenkenntnis oft auch kaum bemerkt werden. So verwenden Autoren und Herausgeber undefiniert, wenn auch vermutlich nicht unreflektiert, die Benennungen *Folklore, Folkloristik* und ihre Ableitungen. Für den englischsprachigen und skandinavisch-baltischen Bereich ist die terminologische Einheitlichkeit in diesem Punkt gegeben, aber die Übertragung ins Deutsche ist nicht problemlos. *Andreas C. Bimmer* hat bei diesem Begriffsfeld von „volkskundlich-babylonischer Sprachverwirrung" gesprochen.[7]

Von den zwölf Aufsätzen des Bandes erscheinen zehn in Deutsch und zwei auf Englisch. Für einen Band, der eine internationale Tagung dokumentiert, ist das nicht die Regel. Einer der Herausgeber hatte zudem in einer Internet-Diskussion über die Fremdsprachenkenntnisse von Volkskunde-Studenten darauf hingewiesen, daß auch in Estland die meisten Studenten es vorzögen, „Literatur in ihrer Muttersprache zu lesen, und, da die Auswahl doch ziemlich beschränkt ist, auf Englisch".[8] – „Wie sollen neue Generationen denn Teil der breiteren 'scientific community' werden, wenn sie sich fachlich nur in ihrer Muttersprache zurechtfinden, und wenn ihr Horizont von Fragen, die es sich zu stellen lohnt, durch den Mangel und sprachlichen Horizont mit eingeschränkt bleibt?" fragte *Regina Bendix* vor demselben Forum. Für die angesprochenen estnischen Studenten könnte der Band ein Sprachproblem darstellen – Deutsch kann nicht mehr als die Verkehrssprache der Volkskunde gelten, trotz seiner beträchtlichen internationalen Bedeutung in der Vergangenheit unseres Faches. Die Notwendigkeit von Sprachkenntnissen in der vergleichenden Erzählforschung ist unbestritten. Doch wird derzeit noch wenig Gewicht auf die Schwierigkeiten gelegt, die aus dem Fehlen einer internationalen Terminologie erwachsen. Die allgemeine Akzeptanz des Englischen allein kann die Angleichung nationaler terminologischer Systeme nicht sicherstellen. Wo bleibt das vergleichende Wörterbuch der internationalen Erzählforschung in wichtigeren Sprachen?[9] Die Frage geht über den Rahmen dieser Rezension hinaus und wird so schnell wohl keine Antwort finden.

Rodenäs/Nordfriesland   Willi Höfig

Anmerkungen

1 Kurt Ranke: Anderson, Walter. In: Enzyklopädie des Märchens (EM), Bd. 1, Berlin 1977, Sp. 493.
2 Evgenij A. Kostjuchin: Levin, Isidor. In: EM, Bd. 8, Berlin 1996, Sp. 997.
3 In: Das Fischer-Lexikon, Literatur II/1, Frankfurt a.M. 1965, S. 184-200; wieder abgedruckt in: Kurt Ranke: Die Welt der Einfachen Formen, Berlin 1978, S. 32-46.
4 „The one says, *I Have not Time to Lie* and yet lies".
5 Vgl. Lutz Röhrich: Erzählforschung. In: Grundriß der Volkskunde. Hrsg. von Rolf W. Brednich. 3. Aufl., Berlin 2001, S. 524.
6 Vgl. die Rez. von Sabine Wienker-Piepho zu Helmut Fischer: Erzählen – Schreiben – Deuten (Münster 2001) in: Märchenspiegel Jg. 13.2002, H. 1, S.31-32.
7 Andreas C. Bimmer: Brauchforschung. In: Grundriß der Volkskunde. Hrsg. von Rolf W. Brednich. 3. Aufl., Berlin 2001, S. 456.
8 Jürgen Beyer in der Volkskunde-Liste des Internet: kv@rzaix52.rrz.uni-hamburg.de.
9 Auf die terminologische Arbeit der International Standards Organisation (ISO) kann nicht gewartet werden. Auf einem benachbarten Feld, der Information und Dokumentation, wurde die Arbeit der ISO ebenso wie in den entsprechenden deutschen (DIN-)Gremien eingestellt.

OLAF BOCKHORN, GUNTER DIMT, EDITH HÖRANDNER (Hg.):
Urbane Welten. Referate der Österreichischen Volkskundetagung in Linz
(= Buchreihe der Österreichischen Zeitschrift für Volkskunde, N.S., Band 16).
Wien 1999, 484 S., ca. 30 Abb.

Allen 28 Beiträgen in der vorzustellenden Publikation ist eines gemeinsam: Mit
diesem Band, der die Referate der 1998 in Linz stattgefundenen Österreichischen
Volkskundetagung zum Thema „Urbane Welten" vereint, wird eine Lücke gefüllt, die einige Autorinnen und Autoren nicht müde werden zu beklagen. Es
handelt sich um die Klage über die mit bekannten Defiziten behaftete volkskundliche Stadt- und Urbanitätsforschung.
    Die Wissenschaftlerinnen und Wissenschaftler behandeln unterschiedlichste
Aspekte der modernen Urbanitätsforschung: Zur volkskundlichen Stadtgeschichtsforschung äußern sich Thomas Hengartner, Gertraud Liesenfeld und
Herbert Nikitsch, zur kroatischen Stadtforschung Sanja Kalapos und zur spani-
schen Waltraud Müllauer-Seichter. Einen methodischen Zugang zum Thema suchen Wolfgang Slapansky und Klara Löffler; Norbert Fischer und Claudia Pe-
schel-Wacha stellen Beispiele aus der Stadtteil- und Gemeindeforschung vor.
Minderheiten in der Stadt sind Thema bei Ursula Hemetek und Bernhard Fuchs.
Aus historischer Perspektive nähern sich Gunter Dimt, Bernd Wedemeyer und
Burkhard Pöttler dem Forschungsgegenstand. Christian Stadelmann und Helga
Maria Wolf widmen sich dem Bereich Frömmigkeit (Fronleichnam; religiöse Rituale), Susanne Breuss und Gudrun Silberzahn-Jandt dem der Hygiene (Saube-
res Heim; Krankenanstalten). Andrea Euler beschäftigt sich mit städtischem Eß-
verhalten, Marita Metz-Becker mit Gedenktafeln, Margot Schindler mit dem
Verhältnis von Museen und Großstadt und Michael Prosser mit dem Phänomen
Fußballbegeisterung. Gerlinde Haid untersucht Volkslieder und Nikola Lang-
reiter alpine Reiseliteratur. Mit städtischen Lebensstilen beschäftigt sich Elisabeth Katschnig-Fasch. Das Autorenkollektiv Susanne Blaimschein, Christa
Höllhumer, Judith Laister, Manfred Omahna stellt Stadterfahrungen in den Mittelpunkt ihres Aufsatzes und mit Stadtimaginationen beschäftigt sich Kaspar
Maase.
    Fachtagungen können als Seismographen aktueller wissenschaftlicher Ten-
denzen betrachtet werden, wobei die Begleitpublikationen später nicht selten als
Meilensteine der Fachgeschichte gehandelt werden. Die in diesem Band versammelten vielfach höchst anregenden Aufsätze dürfen in diese positive Tradition
eingereiht werden.

Stuttgart   Saskia Frank

Faszination Bild. Kultur Kontakte Europa. Ausstellungskatalog zum Pilotprojekt (= Schriftenreihe des Museums Europäischer Kulturen, Band 1). Berlin 1999, 423 S., zahlr. Abb.

Der „Faszination Bild" widmet sich vorliegender Katalog, der als Begleitband zum gleichnamigen Ausstellungsprojekt des Museums Europäischer Kulturen erschienen ist. Das neugegründete Museum vereinigt die Sammlungen des ehemaligen Museums für Volkskunde und die europäischen Sammlungen des Museums für Völkerkunde; der erste Abschnitt des Museums wurde 1999 in Berlin eröffnet und ist seither vielfach kritisch diskutiert worden[1]. 11 Aufsätze nähern sich der Funtkion von Bildern in Europa aus unterschiedlichen Perspektiven. Einleitend berichten Erika Karasek und Elisabeth Tietmeyer über die Entstehung, den jetzigen Zustand und die Zukunft des Museums Europäischer Kulturen. In den drei Aufsätzen werden folgende Objekte der Berliner Sammlungen in ihren kulturhistorischen Zusammenhängen erläutert: Uwe Claassen stellt eine reich bemalte Stube des 19. Jahrhunderts aus einem niederländischen Kapitänshaus vor; Erika Karasek untersucht 'Fleckelteppiche' aus dem 18. Jahrhundert mit Bildern aus der Passionsgeschichte, die wohl von Militärschneidern aus Tuchresten genäht wurden; Katharina Bieler und Annemarie Gronover beschäftigen sich mit einer karikaturistischen Darstellung Napoleons, die vermutlich zu Beginn des 19. Jahrhunderts von einem englischen Taschentuch auf eine schlesische Blaudrucktischdecke „wanderte" (S. 63).

In einem ausführlichen Sammlungsportrait beschreibt Konrad Vanja die populärgraphischen Sammlungen des ehemaligen Museums für Volkskunde auf ihrem „Weg nach Europa" (S. 75). Irene Ziehe beschäftigt sich mit dem Phänomen des Knipsers und stellt einige Foto-Nachlässe vor, die das Museum für Volkskunde in seine Sammlungen übernommen hat.

Die übrigen Artikel haben ausgewählte Aspekte des gesellschaftlichen und individuellen Umgangs mit dem Medium Bild zum Thema. Jane Redlin zeigt das Bildverständnis der Herrnhuter Brüdergemeinde auf; Uwe Claassen beleuchtet Bilder von ländlichen Interieurs um 1900; Dagmar Neuland-Kitzerow untersucht Markenbilder von Persil und Nivea. Abschließend widmet sich der Beitrag von Elisabeth Tietmeyer unter dem Obertitel „Fremde auf Bildern – Fremdbilder" dem Maler Wilhelm Kiesewetter, der Mitte des 19. Jahrhunderts viele Jahre durch Skandinavien und weite Teile Rußlands reiste und seine Eindrücke auf zahlreichen Bildern festhielt.

In dem einführenden Artikel von Karasek und Tietmeyer wird programmatisch die Wahl der Themen begründet: „Der Titel 'Faszination Bild' gilt nicht ausgewählten einzelnen Kunstwerken, sondern zielt auf das kulturelle Phänomen, auf die Funktionen und die Nutzung von Bildern im täglichen Leben zur Information, Belehrung, Werbung oder zur Kommunikation und non-verbalen Verständigung", wobei das Thema Bild gewählt wurde, „weil an ihm zahlreiche kulturelle Verflechtungen in Europa sichtbar gemacht werden können." (S. 23 und 25) Europa ist ein ganz zentraler Begriff bei diesem Projekt, denn „Europa soll zusammenwachsen, und die Museumspolitik muß im Rahmen des Möglichen ihren Teil dazu beitragen." (S. 13)

Wissenschaftliche Sammlungen in Museen können Auskunft über Motive geben, welche Dinge zu bestimmten Zeiten für wert befunden wurde, sie zu sammeln und sich mit ihnen zu beschäftigen. In diesem Fall werden die Bilder mit der europäischen Brille betrachtet. Daß dabei die Objekte zugunsten eines politischen Anliegens zurücktreten müssen, wird hier leider nicht reflektiert.

Den Autorinnen und Autoren gebührt große Anerkennung: Die Texte sind gut lesbar und verständlich, und der Katalog erweist sich als höchst interessant und informativ.

Stuttgart   Saskia Frank

1   Vgl. etwa Zeitschrift für Volkskunde 96/2000, S. 50-77.

Hamburger Platt: Mitteilungen aus dem Institut für Volkskunde Hamburg. – Hamburg: Universität, Inst. f. Volkskunde 1991ff.

„Hamburger Platt" ist halbjährlich zu Semesterbeginn von 1991 bis 1998 erschienen. Die Inhaltsverzeichnisse und ein Teil der enthaltenen Aufsätze sind auch im Internet zu finden (http://www.uni-hamburg.de/Wiss/FB/09/Volkskul/index.html). „Das Konzept dieser Publikation ist, allen Studierenden und Magistranden bzw. Doktoranden einen Ort zu bieten, ihre Interessen und Arbeiten öffentlich darzustellen. Redaktionell gilt hier "laissez faire", denn erstes Ziel ist es, den Studierenden Schreiberfahrung zu ermöglichen," erklärt die Redakteurin, Leonie Koch-Schwarzer, in der Internet-Einführung. Das hier anzuzeigende Heft 2 aus Jahrgang 7 (1997) enthält Arbeitsberichte zu autobiographischen Untersuchungen bei rußlanddeutschen Einwanderern (Klaus Brake) und zur Elbfischerei im Landkreis Harburg (Nils Kagel); Hinweise auf den Maler Louis Gurlitt sowie zur amerikanischen Ausstellungstechnik (Uwe Claassen), Vorlesungsverzeichnis und Kurzinformationen. Auch heute noch von Interesse ist die 27seitige Zusammenstellung „Katrin ist die Beste – oder wie präsentieren sich die Institute gegenüber dem gemeinen Volk – ein Vergleich" von Sibylle Gerhard und Urs Keller. Verglichen werden die Selbstdarstellungen der (mit unterschiedlichen Wissenschaftsbezeichnungen firmierenden) volkskundlichen Universitätsinstitute in Basel, Berlin, Frankfurt/Main, Hamburg, Marburg, München, Tübingen und Wien, eingeleitet und ausgeläutet durch die Fragen „Immer noch Volkskunde?" und „Quo vadis, Katrin?", wobei „Katrin" auf eine Fernsehserie deuten soll, an der ein Tübinger Volkskundler beteiligt war – was vier Jahre später keinem Leser mehr auffällt. Eine Aktualisierung des Vergleichs, in den möglichst auch die hier nicht berücksichtigten Institute einbezogen werden sollten, wäre nützlich. Da ließe sich am praktischen Objekt demonstrieren und dokumentieren, was von der immer wieder aufflammenden Theoriediskussion tatsächlich in die Lehre vor Ort eingegangen ist und noch eingeht. Zumal die Autoren zu dem Schluß kommen, wirklich trennende Unterschiede im Fachverständnis gäbe es nicht.

Rodenäs   Willi Höfig

WENZEL MÜLLER: *Leben in der Platte. Alltagskultur der DDR der 70er und 80er Jahre.* (= Kataloge des Österreichischen Museums für Volkskunde, 73) Selbstverlag des Österreichischen Museums für Volkskunde, Wien 1999, 144 S., Abb. farb. u. sw.

40 Jahre lang war die DDR fest in die 'sozialistische Staatengemeinschaft' verankert, bei der sich die Sowjetunion in allen Bereichen des öffentlichen Lebens präsentierte. Das enge Bündnis mündete nach der Gründung der Deutschen Demokratischen Republik am 7. Oktober 1949 unter dem System der Staatssicherheit in den Beginn des Mauerbaus am 13. August 1961. Weltpolitische Veränderungen überstürzten sich am 9. November 1989 durch den Fall der Mauer in Berlin, und mit dem Ende der Volksdemokratie trat eine Historisierung des Staates sowie der individuellen Lebensläufe der Menschen ein.

Die Beziehung zwischen Kultur und Alltag unterliegt gesamtgesellschaftlichen Wandlungsprozessen, da neben der 'subjektiven Lebenswelt' des Alltäglichen, in die der Mensch durch Vermittlung seines Lebens einwirkt, sich der Raum von Politik und Wirtschaft manifestiert. Alltags- sowie kulturgeschichtliche Befunde in Form von Objekten des täglichen Lebens der DDR-Bürger sind Zeugnisse einer vergangenen Zeit und belegen historisch die Epoche des Sozialismus. In einer retrospektiven Schau versucht das Österreichische Museum für Volkskunde in Wien an die DDR zu erinnern. Begleitend zur Ausstellung erscheint unter Leitung des Kurators Wenzel Müller der Katalog zur *Alltagskultur der DDR der 70er Jahre und 80er Jahre 'Leben in der Platte'.* In der inhaltlichen Gliederung finden sich, eingebunden in einen gesellschaftlich-politischen Hintergrund, die einzelnen Themenbereiche des Alltagslebens, und anhand des Grundrisses einer 3-Raum-Wohnung vom Typ P2 werden die einzelnen Wohnbereiche der Bürger erläutert. Die rund 600 Exponate des täglichen Bedarfs sind, vom 'Dokumentationszentrum Alltagskultur der DDR' in Eisenhüttenstadt zur Verfügung gestellt, den Räumen thematisch zugeordnet. Mit dem *Vorraum* erfolgt eine Darstellung des Wohnbauprogrammes, das als Teil der zentralen Planwirtschaft die staatliche Ideologie im Sinne eines Modernisierungsphänomens versinnbildlicht. Unter zentralen Vorgaben der effektiven Standardisierung und Normierung wurden ab 1966 Wohnkomplexe gebaut. In der als Nischengesellschaft betitelten DDR diente das *Wohnzimmer* der Privatheit zur Erholung abseits des Arbeitskollektivs und der Forderung nach gesellschaftlicher Aktivität. Die *Küche* war Funktionsraum zur Versorgung und Hausarbeit. Um die Küchenarbeit zur Emanzipation der Frau zu erleichtern, existierten Halb- und Ganzfertiggerichte für eine schnelle Zubereitung. Frauen in der

DDR waren durch ihre Berufstätigkeit und Hausarbeit einer ständigen Doppelbelastung ausgesetzt. Das *Badezimmer* als Metapher für Schönheit und Mode der Frau verdeutlicht die offizielle Doktrin: Nicht ihr Aussehen, sondern das Können war entscheidend. Als gegenständlich-kultureller Ausdruck einer sozialistischen Lebensweise äußert sich die Mode in einer klassischen Uniformität. Das *Schlafzimmer*, Ort für Ehe und Sexualität, hebt die pragmatischen Gründe für eine Heirat hervor. Neben der Liebe als einzige Basis war die bevorzugte Behandlung bei der Wohnungsvergabe ausschlaggebend. Das *Kinderzimmer* spiegelt den Erziehungsplan zu Disziplin und Verantwortung für die Gemeinschaft wieder, nach dem Heranwachsende durch festgelegte Werte zu einer 'allseitig und harmonisch entwickelten sozialistischen Persönlichkeit' geformt werden sollten.

Es wird die Feststellung getroffen, daß bei 'Ösis und Ossis' der Westdeutsche nicht beliebt ist. In dieser Hinsicht finden die Beziehungen zwischen der DDR und Österreich eine besondere Betrachtung, und es wird auf die Gründung der Freundschaftsgesellschaft DDR-Österreich im Jahre 1971 hingewiesen. Staatsbesuche mit 'Dammbruchfunktion' halfen der DDR, ihre außenpolitische Isolierung zu durchbrechen. Aus Sicht der österreichischen Bundesregierung wird die DDR als ein souveräner Staat hervorgehoben, zu dem Österreich 'normale Beziehungen' zu unterhalten bestrebt war. In dieser gegenseitigen Übereinstimmung und Abgrenzung zu anderen westlichen Ländern läßt sich Andreas Ludwig vom 'Dokumentationszentrum' in Eisenhüttenstadt von der Vorstellung leiten, wie sich die Entwicklung von Österreich unter dem Besatzungsregime der Alliierten Siegermächte vollzogen hätte. Dennoch wird das DDR-Leben als verteidigungswürdige Vergangenheit dargestellt, in welcher Erzählungen über den Alltag von Rückständigkeit und diktatorischer Bevormundung der Menschen berichten. Die mental unterschiedlich geprägte Ost-West-Differenz kommt zum Tragen, denn eingebunden in die 'subjektive Welt' des Patriotismus ist eine wertfreie Darstellung des Alltagslebens der DDR nicht möglich.

Marburg   Alexandra Schmidt-Eul

Roßdorf um 1950. Bilder des Roßdörfer Fotografen Helmut Laube mit einer Einführung von Altbürgermeister Heinrich Kloß. Texte von Horst und Erika Wilhelm. Hrsg. vom Kulturhistorischen Verein Roßdorf e.V. Roßdorf 2000, 120 S., 110 sw-Abb.

Der Ort Roßdorf bei Darmstadt, im westlichen Teil der Dieburger Bucht gelegen, erlangte Bekanntheit in der hessischen Historiographie durch Georg Wilhem Justin Wagner (1793–1874). Der Geometer, Statistiker und Großherzogliche Hofrat Wagner lebte seit 1819 in Roßdorf. Dort übte er einige Jahre das Amt des Bürgermeisters aus. Sein wichtigstes Werk, die „Statistisch-topographisch-historische Beschreibung des Großherzogthums Hessen" erschien im Druck von 1829 bis 1831. Die „Historisch-topographischen Schriften des Landrathsbezirks Reinheim" legte er im Jahre 1827 vor und publizierte zur Ortsgeschichte von Roßdorf im Jahre 1845.

Der sehr aktive Kulturhistorische Verein Roßdorf mit seinen mehr als fünfhundert Mitgliedern handelt gewiß im Sinne des Historikers Wagner, wenn er der Öffentlichkeit einen Bildband über die frühe Nachkriegszeit in Roßdorf vorlegt. Grundlage dieser Publikation bildet das im Vereinsbesitz befindliche Photoarchiv des in Görlitz geborenen Helmut Laube (1908–1997). Es umfaßt 350 Negativfilme und einen 16mm-Film. Helmut Laube, seit 1945 in Roßdorf ansässig, betrieb dort von 1946 bis 1980 ein Photogeschäft mit dem schönen Namen „Foto-Dienst Laube". In seinem Vorwort betont Horst Wilhelm den Stellenwert dieser Überlieferung, der weit über die Roßdörfer Orts- und Familiengeschichte hinausgeht. Laube bewies nicht nur beim Photographieren sein Können, sondern züchtete auch erfolgreich Kakteen und Fische. Als kontemplativer Mensch fühlte er sich der Natur sehr verbunden.

Der Beitrag von Altbürgermeister Heinrich Kloß widmet sich der Entwicklung der Gemeinde Roßdorf nach 1945. Ausgehend von der bedrückenden Wohnungsnot schildert er die vielfältigen Herausforderungen und die infrastrukturellen Leistungen der Kommune in den 50er, 60er und 70er Jahren des 20. Jahrhunderts. Der Bau der wichtigen Umgehungsstraße 1969/70 verdeutlicht das wachsende Problem des Individualverkehrs. Dieser Beitrag rückt die Modernisierung und den „Fortschritt" in den Mittelpunkt. Die Verwirklichung zahlreicher Projekte wie Schulneubauten, Kläranlage, Bürgerhaus und Sportzentrum scheinen heutzutage nahezu selbstverständlich.

Der facettenreiche Bildband zeigt Ansichten von Roßdorf, eindrucksvolle Aufnahmen vom Kirchturm auf die Dachlandschaft, verfallene Fachwerkbauten, Abriß historischer Fachwerkbauten, eine damals hochmoderne Tankstelle aus dem Jahre 1955, Schulhausneubauten 1955, Rathausneubau 1958 mit Innenaufnahme, Szenen aus der Landwirtschaft und der Basaltabbau am Roßberg. Einen weiteren Schwerpunkt bilden Freizeit und die zahlreichen sportlichen Aktivitäten wie Basketball, Turnen, Ringen, Fußball, Rad- und Moto-Cross-Sport, aber auch lebensgeschichtliche Zäsuren wie Kindergarten, Schulanfang und Konfirmation. Diverse öffentliche Feierlichkeiten wie die Glockenweihe von 1949, die Einweihung des neuen Rathauses oder die Fastnacht, Kirchweih, Umzüge und das Vereinsleben nimmt Laube ebenso auf wie eine Roßdörfer Modenschau aus dem Jahr 1955 oder Szenen aus dem Alltagleben, zum Beispiel Einkaufen im Konsum-Geschäft, Eisverkauf vom Handwagen, Radiotransport mit dem Fahrrad und das Zurichten des Brennholzes an der fahrbaren Sägemaschine. Alle Abbildungen sind mit einem informativen Kommentar versehen. Else Kaffenberger und Marie Laube halfen wesentlich bei der Identifizierung von Personen und Örtlichkeiten. Die Erinnerung von Marie Laube an die Tätigkeit ihres verstorbenen Mannes dürfte dabei einen entscheidenden Anteil haben.

Dieser Bildband weckt viele Erinnerungen bei Zeitzeugen und vermittelt die Aufbruchstimmung der 50er Jahre. So liegt ein kleiner Roßdörfer Bub 1949 in Stricksachen auf einem weißen „Bärenfell", während am Weihnachtsfest 1950 ein Mädchen vor ihrer Puppenstube sitzt und ihr kleinerer Bruder auf seinem Schaukelpferd aus Holz reitet – dies spiegelt den Zeitgeist jener Jahre trefflich. Die behutsame Inszenierung Laubes beweist sein Gespür für Situationen und einen wachen Blick auf Roßdorf und seine Bewohner.

Bensheim (Bergstraße)   Walter Dehnert

MICHAELA FENSKE: *Ein Dorf in Unruhe. Waake im 18. Jahrhundert.* In: Hannoversche Schriften zur Regional- und Lokalgeschichte, Band 13. Bielefeld 1999.

Bisher beschäftigte sich die volkskundliche Forschung über Widerstandsbewegungen und Aufstände vorwiegend mit der Protestbewegung von Arbeitern, bürgerlichen und unterbürgerlichen Schichten. Die Autorin der vorliegenden Publikation stellt mit ihrer Mikrostudie über die Unruhe in Waake im 18. Jahrhundert eine eher unübliche Konstellation der Konfliktparteien dar. Die Waaker Bevölkerung, die größtenteils in der Landwirtschaft ihr Auskommen hatte, ging beinahe geschlossen und mit allen Mitteln gegen den vom Gutsherrn von Wangenheim eingesetzten Pächter und Gerichtsverwalter Wegener und damit auch gegen von Wangenheim vor. Das bedeutete für die Konfliktparteien einen Widerstand der bäuerlichen Schicht gegen einen bürgerlichen Pächter.
Durch den finanziell bedingten Verkauf des Gutes Waake der bisherigen Lehnsherren von Uslar an den neuen Lehnsherrn von Wangenheim im März 1700 begann für die Waaker eine Zeit der Veränderungen. Durch die ständig wechselnde Einflußnahme verschiedener Herren bzw. Pächter auf das Dorfleben und die nur bedingt mögliche Kontrolle ihrer Untertanen durch den regen Herrschaftswechsel ordnete sich die Dorfbevölkerung auch nur bedingt unter. Nach außen hin richteten sich die Waaker wohl weitgehend nach den Vorgaben der Gutsherren, waren aber Meister der Steuerhinterziehung und verstanden es, jede sich bietende Gelegenheit zu ihren Gunsten zu nutzen. Sie bewahrten sich nicht immer nur im Stillen ihr eigenes Recht, was diverse Prozesse gegen die Gutsbesitzer bezeugten. Während sie vor 1700 relativ unbehelligt von der Obrigkeit ihr dörfliches Leben führen konnten, kehrten mit dem neuen Gutsbesitzer von Wangenheim und dem Pächter Wegener Veränderungen ein, die die Waaker so nicht hinnehmen wollten. Ihrem Traditionsbewußtsein standen die Intensivierung der herrschaftlichen Einflußnahme und besonders die Modernisierungen in der Ökonomie des Gutes entgegen, die zunächst mit neuen Vermessungen der von den Waaker Bauern bewirtschafteten Ländereien und einer Erfassung der Gesamtsituation des Dorfes einherging. Gerade die Vermessung förderte Unstimmigkeiten zutage, da die Bauern zum Teil erheblich weniger Landbesitz angegeben hatten, als tatsächlich vorhanden war. Auch die Pflichten und Rechte beider Parteien mußten neu festgelegt werden, da einerseits von Wangenheims Vorgänger keine aussagekräftigen Aufzeichnungen hinterlassen hatten, und andererseits die Dorfbewohner unterschiedliche Meinungen vertraten.

Der Pächter Wegener als Repräsentant des neu entstehenden Bürgertums verfolgte nicht nur das Ziel, sich ein Auskommen zu sichern, sondern bemühte sich um eine effektive Bewirtschaftung des Gutes. Die damit einhergehenden Modifikationen, die einen Eingriff in das bäuerliche Leben bedeuteten, veranlaßte die Waaker zu vermehrten Widerstandsaktionen, vornehmlich gegen die Herrschaftstreuen, letztendlich zur Klageerhebung, um sich ihre Rechte zu erhalten. Nach der Klageabweisung von hannoverscher Seite aus wurde der Anführer der Aufständischen verhaftet, konnte aber mit Hilfe seiner Frau und einiger Dorfbewohner in benachbarte Ländereien fliehen. Im Gegenzug wählte die Gemeide den „Zwölfer-Rat", womit die herrschaftstreue Dorfverwaltung abgesetzt und der dörfliche Widerstand organisiert wurde, während er vorher vorwiegend auf Einzelaktionen beruhte. Herrschaftliche Anweisungen wurden überprüft und gegebenenfalls verweigert oder rückgängig gemacht. Die Dorfbewohner suchten nun beim König in London Hilfe, der ihnen aber rechtlich nicht beistehen konnte. Unverrichteterdinge kehrten sie nun wieder heim. Wegener hatte mittlerweile den Gutsherrn um Hilfe gegen die Aufständischen gebeten, die er in Form von 22 Dragonern auch erhielt. Die Waaker wurden aus ihren Betten gerissen und direkt vor Gericht gestellt. Die Kosten dieser militärischen Intervention sollten die Rädelsführer der Unruhe tragen. Diese Aktion stärkte den Kampfgeist der Dorfbewohner. Sie fügten ihrer Klage neue Punkte hinzu. Die zunehmenden Aggressionen der Waaker gegen die Herrschaft äußerten sich in Handgreiflichkeiten gegen Wegeners Gefolgsleute bis hin zu blutigen Auseinandersetzungen. Wegener selbst wurde nicht angegriffen. Nach dem weitgehend negativen Urteil der Justizkanzlei gegenüber der Klage legten die Waaker Revision ein, sahen aber von weiteren Protestaktionen ab. Auch Wegener legte Revision ein, da er mit dem Urteil gleichermaßen unzufrieden war. Nach siebzehn Jahren in Waake und einer erneuten Klage gab Wegener auf. Die endgültige Entscheidung über die Klage erfolgte erst dreizehn Jahre später, wobei die Waaker zwar nur in einigen Punkten Recht bekamen, aber damit trotzdem einen beachtlichen Erfolg erzielten.

Mit dieser detailliert recherchierten Studie eines jahrzehntelang dauernden Konfliktes zwischen bäuerlichen und herrschaftlichen Interessen legt die Autorin eine Publikation vor, die dem Leser durch die Verwendung zahlreicher Quellenzitate und die Art der Darstellung ein anschauliches Bild vermittelt. Die äußerst lebendig gezeichneten Personen, Umstände und Hintergründe dieser Mikrostudie verdrängen jedoch keinesfalls die wissenschaftlichen Aspekte. Vielmehr hat die Autorin es verstanden, dem Leser nicht nur präzise Informationen an die Hand zu geben, sondern diese auch in einem ganz eigenen Stil und mit viel Charme zu formulieren, daß es dem Leser ein Genuß ist.

Marburg   Julia Mädrich

FRIEDHELM BRUSNIAK, DIETMAR KLENKE (Hg.): *Volksschullehrer und außerschulische Musikkultur.* Tagungsbericht Feuchtwangen 1997. (= Feuchtwanger Beiträge zur Musikforschung, Bd. 2). Augsburg 1998; 300 Seiten

Der Band versammelt Beiträge von Musikwissenschaftlern, -pädagogen, Erziehungswissenschaftlern und Historikern, die auf einem 1997 veranstalteten Symposion im bayerischen Feuchtwangen zum Thema „Der Lehrer als musikalischer Kulturträger im 19. und 20. Jahrhundert" die „außerschulischen Aktivitäten der Lehrerschaft im vorpolitischen Raum" aus ihrer je eigenen fachspezifischen Sicht beleuchten. Leider bleiben die Herausgeber Auskünfte darüber, welcher der insgesamt zehn Autoren (darunter nicht eine einzige Autorin!) welcher Disziplin verbunden ist, schuldig. Ein Autor(inn)enverzeichnis sollte doch zum Mindeststandard eines jeden Sammelwerkes gehören!

So unterschiedlich die Problemstellungen, denen sich die einzelnen Aufsätze widmen, auch sind, ihnen allen gemeinsam ist die Überzeugung, dass es kaum eine Berufsgruppe gibt, die vom frühen 19. Jahrhundert an bis in die bundesrepublikanische Nachkriegszeit so nachhaltig auf das kulturelle Leben in Deutschland eingewirkt hat wie die (Volksschul-)Lehrerschaft. Fast ebenso einmütig beklagt zumindest ein Teil der Autoren den seit geraumer Zeit zu beobachtenden Rückzug der Lehrer aus der außerschulischen Jugendmusikbildung. Das dort entstehende „Vakuum" werde, wie die Herausgebereinführung in den Band menetekelt, u.a. durch die „Rockmusik der rechtsextremen Skinhead-Szene" ausgefüllt (S. 13). Diesen „aktuellen Fehlentwicklungen im Bereich Pop-und Rockmusik" gelte es, „seelische Orientierungsalternativen und sozial-moralische Gegengewichte" entgegenzustellen" (ebd.). Und ganz im Stil der Kulturkritik des 19. Jahrhunderts wird das „Versagen der überkommenen demokratischen Erziehungs- und Integrationsinstanzen" eingeklagt mit dem fast beschwörenden Appell an die Lehrerschaft, sich doch wieder stärker im außerschulischen Bereich zu engagieren.

Aus den Beiträgen zu diesem Sammelband, die im einzelnen zu würdigen an dieser Stelle nicht möglich ist, ragen in meinen Augen vor allem diejenigen von Eckhard Nolte, Dietmar Klenke und Max Liedtke heraus. Aufbauend auf z.T. eigene musikpädagogische Untersuchungen verfolgt Nolte die über die Seminaristenausbildung im 19. und frühen 20. Jahrhundert vermittelte Entwicklung der außerschulischen musikalischen Aktivitäten des Volksschullehrers in seiner Doppeleigenschaft als Schulmann und Kirchenmusiker bis zur Neuordnung der Lehrerbildung in der Weimarer Republik. Klenke untersucht die Beziehungen zwischen Volksschullehrer und Gesangverein in der Zeit vom Kaiserreich bis in die 1980er Jahre. Diente der Gesangverein zunächst den Volksschullehrern, die ein besonderes soziales Geltungs- und Prestigebedürfnis gegenüber den Akademikern hatten, als Profilierungsfeld, auf dem sie zugleich ihre Loyalität gegenüber Kaiser und Vaterland bekunden konnten, ist seit der Akademisierung der Volksschullehrerbildung in den späten 20er Jahren, vor allem aber seit dem Ende des Zweiten Weltkrieges eine zunehmende Entfremdung zwischen Lehrer und Vereinskultur zu beobachten.

Allein schon in quantitativer Hinsicht mit einem Umfang von 50 Seiten, aber auch qualitativ, wenn der Hinweis auf die knapp 300 Anmerkungen als Beleg für diese Behauptung genügt, erreicht die Studie des Erziehungswissenschaftlers Max Liedtke zur Geschichte der 1878 gegründeten Lehrergesangvereins in Nürnberg nahezu monographische Dimensionen. Die auf breiter Quellenbasis angelegte Einzelfallstudie konkretisiert viele der in den Überblicksdarstellungen von Nolte und Klenke dargestellten Phänomene und Entwicklungsformen im Mikrokosmos lokaler bzw. regionaler Geschichte. Durch die Konzentration auf spezifische berufsständische Aspekte des Nürnberger Lehrergesangvereins leistet Liedtke einen wichtigen Beitrag zu einer differenzierten Vereinsforschung.

Lassen sich die Schwierigkeiten des Auffindens inhaltlicher Affinitäten zum konzeptionellen Rahmen des Bandes bei dem ansonsten sehr lesenswerten Artikel von Edwin Dillmann zur gesellschaftlichen Bedeutung der „Kulturarbeit" von Lehrern im 19. Jahrhundert schon nicht leugnen, so sträubt sich der Schlussaufsatz von Stefan Illig zur Geschichte der bayerischen Turnbewegung im 19. Jahrhundert selbst gegen wohlwollende Versuche einer Subsumierung unter das übergreifende Thema der außerschulischen Musikkultur; er steht solitär.

Eine wertvolle Erweiterung der Quellenbasis für weitere musikhistorische Spezialstudien stellt der von Friedrich Brusniak eingeleitete und auf 20 Seiten abgedruckte Reprint des von Cyrill Kistler im Jahre 1887 in 3. Aufl. erschienenen „Volksschullehrer-Tonkünstler-Lexikons" dar. Als bisher einziges Lexikon dieser Art enthält es eine Aufzählung von mehr als 250 bedeutenden zeitgenössischen Musikern, „welche aus dem Lehrerstande hervorgegangen sind oder demselben noch angehören".

Ein typisches Sammelwerk mit Beiträgen ganz unterschiedlichen Niveaus, thematisch z.T. etwas überspannt wirkend.

Rauschenberg   Ullrich Amlung

KLAUS GUTH, EVA GROISS-LAU (Hrsg.): *Jüdisches Leben auf dem Dorf. Annäherungen an die verlorene Heimat Franken.* Mit Beiträgen von Elisabeth Eckel, Eva Groiss-Lau, Regina Schade und Josef Motschmann (Landjudentum in Oberfranken. Geschichte und Volkskultur, Bd. 3, hrsg. Von Klaus Guth), Petersberg 1999, 317 S., 134 Schwarzweißabbildungen, 23 Farbabbildungen.

Ein Hochglanz-Schutzumschlag und die zahlreichen Abbildungen in hervorragender Qualität machen diese Veröffentlichung zunächst zu einem Bilderbuch, das zum Durchblättern einlädt: Die Betrachtenden verweilen dann beim Anblick von Karten und Plänen, von Architekturfotografien, alten Porträts und Gruppenaufnahmen, bevor sich das Augenmerk auf die Grabsteine richtet, von denen zwei Teile des Buches im wesentlichen handeln.

Klaus Guth schreibt im Vorwort (S. 10), die hier veröffentlichten Texte sollten „anregen, durch 'aufklärenden' Diskurs Versöhnungsarbeit zum deutschen Judentum an seinem Ort zu leisten", und dieser Ort in Oberfranken wird den Lesenden in diesem Fall von unterschiedlichen Seiten her vertraut gemacht: So führt Eva Groiss-Lau zunächst historisch in „Die jüdischen Landgemeinden

Zeckendorf-Demmelsdorf" ein, bevor Regina Schade „Formen jüdischer Ansiedlungen und Bauten" in den beiden Gemeinden – beispielsweise der Synago-
gengebäude – erläutert. Das folgende Kapitel von Elisabeth Eckel über den jüdischen Friedhof von Zeckendorf-Demmelsdorf leitet dann über in einen am Pri-
vatleben orientierten Teil, der (von Eckel, Groiss-Lau und Schade gemeinsam re-
cherchiert und geschrieben) „Ausgewählte Familiengeschichten" der Dörfer erzählt; Josef Motschmann porträtiert im Anschluß dann noch zwei „bedeutende
Persönlichkeiten", die im 19. Jahrhundert über Bremen bzw. Hamburg in die
USA ausgewandert sind. An ihren Geschichten wird deutlich, warum Cincinatti
auch „Jerusalem am Ohio" genannt wird. Beschlossen wird das Ganze von einer
umfangreichen und methodisch vorbildlichen Friedhofsdokumentation und einem Anhang mit ausführlichen Registern.

Auf diese Weise ergibt sich einerseits der Eindruck, drei Jahrhunderte Dorfgeschichte an Einzelschicksalen mitverfolgt zu haben, andererseits wird auch sehr
deutlich, daß hier nur der Teil dokumentiert werden kann, der sich in Archivalien, Dokumenten und einigen wenigen Zeitzeugenaussagen wieder einfangen
läßt: So wird die im Vorwort erwähnte Berührung mit der christlichen Dorfbevölkerung und deren unterschiedlich ausgeprägter Antisemitismus nur dort zum
Thema, wo es die lapidaren Hinweise auf den Holocaust gibt: „Im April 1942
wurden 18 Juden aus Zeckendorf in das Vernichtungslager Izbica bei Lublin de-
portiert. Auch von den Demmelsdorfer Juden fanden zahlreiche bis zuletzt keine
Möglichkeit zur Auswanderung. Sie wurden ebenso Opfer des NS-Terrors."
(Klaus Guth im Vorwort, S. 22/23). Aber gerade diese nüchterne Sprache, die
sich durch alle Aufsätze zieht, verstärkt die Wirkung solcher Erzählungen. Über
ein Foto heißt es schlicht im Text (S. 115): „Die hell gekleideten Mädchen sind die
Schwestern Alice und Ilse. Beide wurden ermordet." Das zu den Grabsteinen erstellte Totenregister im Anhang nimmt diese Ermordeten jedoch nicht mit auf.
Es ergänzt lediglich sehr übersichtlich die Friedhofsdokumentation, die jedem
der numerierten und fotografierten Steine eine Abschrift der Inschrift und deren
deutsche Übersetzung aus dem Hebräischen zur Seite stellt, dazu sind Maße,
Material, Zustand, Schrift und Gestaltung erfaßt. Zum weiteren Verständnis dienen Erläuterungen hebräischer Abkürzungen und Monatsnamen, und ein 4-sei-
tiges Glossar erklärt überdies Begriffe der jüdischen Kultur, wie das Chanukka-
Fest, die Sabbatlampe oder den Talmud. So erlaubt dieses Buch trotz seiner Be-
grenzung auf den scheinbar engen Raum der kleinen Gemeinden einen tieferen
Blick in eine Kultur, deren Ausrottung eben dadurch noch um so ungeheuer-
licher erscheint, als sie hier im dörflich-ländlichen Rückblick noch so selbstverständlich wirkt.

Marburg   Kathrin Bonacker

HEINRICH NUHN (Hrsg.): *Hier geht es wieder drüber und drunter – mit Äxten die ganze Nacht. Rotenburg 1848: Schauplatz antijüdischer Exzesse.* Rotenburg an der Fulda: Verlag AG Spurensuche, 1998; 80 Seiten m. zahlreichen sw. Abb. und einer Multimedia CD-ROM „Rotenburg in der Revolution 1848". Schauplatz antijüdischer Exzesse. Rotenburg an der Fulda: Verlag AG Spurensuche, 1999.

„Spurensuche" als lokalhistorische Projektarbeit ist seit den frühen 1980er Jahren in vielen deutschen Schulen eine der Formen des handlungsorientierten Unterrichts, die der sonst so textbezogenen Vermittlung historischer Kenntnisse eine sinnliche Ebene zu geben vermag. Jahr für Jahr wandelt eine stetig steigende Zahl von Schülern und Lehrern – animiert von diversen Schülerwettbewerben, u.a. dem „Preis des Bundespräsidenten", den es bereits seit mehr als 20 Jahren gibt – auf methodisch-didaktisch neuen Pfaden, um – ähnlich wie die „Geschichtswerkstätten" – den Recherchespaten dort anzusetzen und nach Quellen zu graben, wo die Instrumente der etablierten Fachwissenschaft häufig noch nicht hingereicht haben.

Um ein wahres Spitzenprodukt eines Schülerwettbewerbs handelt es sich bei der o.a. Studie der „Arbeitsgruppe Spurensuche" an der Jakob-Grimm-Schule in Rotenburg an der Fulda. Mit ihrem Beitrag zu dem von einer hessisch-niedersächsischen Regionalzeitung ausgeschriebenen Schülerwettbewerb „Aufbruch zur Freiheit" – „Was ereignete sich 1848 in meiner Heimatregion?" errangen die 16 Rotenburger Schülerinnen und Schüler der Jahrgangsstufe 12 gemeinsam mit ihrem Lehrer, dem Oberstudienrat Dr. Heinrich Nuhn, 1998 den ersten Preis. Auf höherer Ebene wurden sie vom Bundesverband der Deutschen Zeitungsverleger unter 3000 teilnehmenden Schulen mit einem Sonderpreis ausgezeichnet.

In ihrer Dokumentation der lokalen Ereignisse vor 150 Jahren weisen die jugendlichen Historiker nach, dass es im hessischen Städtchen Rotenburg im Jahre 1848 nicht um den vielbeschworenen „Aufbruch zur Freiheit" ging: hier erhob sich kein Protest gegen die Obrigkeit; vielmehr offenbarte sich vor Ort die hässliche „Kehrseite der Revolution" in Gestalt des „bürgerlichen Antisemitismus" in der Mitte des 19. Jahrhunderts: war es doch die jüdische Minderheit, gegen die sich der Volkszorn in Rotenburg richtete. In einem Brief, dem auch der Titel des Readers entnommen ist, berichtet ein empörter Rotenburger Pfarrer seinem in Hersfeld lebenden Sohn, dass der Pöbel „den Juden die Häuser zerschlagen und gänzlich ausgeräumt"hatte. „Wahrscheinlich", so fürchtete der Geistliche, „kommt Militär hierher, denn ohne dies gibt es Mord." Und tatsächlich konnten erst durch massiven Militäreinsatz die über 3 Monate dauernden antijüdischen Ausschreitungen in dem damals 3000-Seelen-Städtchen unterbunden werden.

Dass es in dem kurhessischen Rotenburg im Revolutionsjahr so dramatisch zuging, das ruft die AG Spurensuche ins Gedächtnis – mit ihrer verdienstvollen Dokumentation, aber auch mit einer 1999 vorgelegten CD-ROM, auf der die Rotenburger Geschehnisse in Anlehnung an den Reader durch Texte, Dokumente, Grafiken, Karten, Zeichnungen und Comics, Bilder, Fotos, Videoclips und Animationen dargestellt werden.

An der Rolle der Juden und der Haltung ihnen gegenüber lassen sich die Grenzen der 1848er Emanzipationsbewegung deutlich herausarbeiten. Während Parlamentarier in der Paulskirche die rechtliche und politische Gleichstellung der Juden auf staatsrechtlicher Ebene vorbereiteten, reagierte die Gesellschaft mit einer breiten Abwehr, die von antijüdischen Äußerungen bis hin zu gewalttätigen Ausschreitungen gegen Juden, denen sie die wirtschaftliche Misere und ihre eigene Not in erster Linie und unmittelbar anlastete, reichte. So geschehen in Rotenburg an der Fulda, aber auch andernorts, vor allem im Südwesten Deutschlands.

Rauschenberg   Ullrich Amlung

MICHAEL BRODHAECKER: *Menschen zwischen Hoffnung und Verzweiflung. Der Alltag jüdischer Mitmenschen in Rheinhessen, Mainz und Worms während des „Dritten Reiches"* (Studien zur Volkskultur in Rheinland-Pfalz im Auftrag der Gesellschaft für Volkskunde in Rheinland-Pfalz hrsg. Von Herbert Schwedt, Bd. 26). Mainz 1999, 426 S., 55 Abbildungen.

Diese engagierte Mainzer Dissertation von Michael Brodhaecker ist ein weiterer Beitrag zur lokal- oder regionalgeschichtlichen Aufarbeitung des Nationalsozialismus und seiner Folgen in Deutschland in der Zeit zwischen 1933 und 1945. Während er in den ersten drei Kapiteln des Buches allgemein und kundig in die zeitgenössischen politischen Verhältnisse einführt (nämlich den nationalsozialistischen Polizeiapparat, die Organisation des deutschen Judentums und die Nationalsozialistische Judenpolitik), demonstriert der Autor in den folgenden drei Kapiteln deren Auswirkungen auf das Gebiet Rheinhessen, also Mainz, Worms und kleinere Gemeinden. Den Kern der zugrundeliegenden Archivalien bildet der Nachlaß des Mainzer Verbindungsmannes Michel Oppenheim zwischen Gestapo und jüdischer Gemeinde, der zum Beispiel Auswandererlisten anfertigen mußte. Darüber hinaus sind Brodhaeckers Quellen sehr breit gestreut. Er zitiert aus Zeitungen, privaten Briefen, Polizeiberichten und Gerichtsprotokollen, dabei bleibt der Text flüssig, und die trockenen Daten werden immer wieder in größere Zusammenhänge eingebunden. So stehen Görings Anweisungen an die Gestapo den Berichten von Zeitzeugen gegenüber, deren Wohnungen zerstört, deren Angehörige verschleppt und ermordet wurden, und so entwickelt der Autor Verbindungslinien zwischen Wahlergebnissen und Karnevalstexten (u.a. von 1934, S. 299):

„Bis endlich, mich hatt's froh gepackt
Aach unser Dom hot braun geflaggt."

Gerade diese Alltäglichkeiten präsentiert Brodhaecker eindrücklich auch in den sorgfältig ausgewählten Abbildungen, die beispielsweise (Abb. 18, S. 217) die Verhaftung eines Regime-Gegners in Worms zeigen, der mit verbundenen Augen und erhobenen Armen durch eine Straße geführt wird, zwischen Passanten, die einem solchen Vorfall offenbar nicht das erste Mal zusehen. Oder er zeigt (Abb. 40, S. 303) einen Rosenmontagszug-Motivwagen von 1938 mit einem überdimensional großen stereotypisierten Judenkopf.

208

Dem gesamten Buch ist das Entsetzen des Autors angesichts der von ihm nachvollzogenen Vorgänge anzumerken, nicht nur die vielen Ausrufezeichen künden von seiner inneren Beteiligung. Immer wieder verweist er in den Fußnoten auf die wenigen rechtlichen Konsequenzen, die sich für die maßgeblichen Nationalsozialisten der Region in den Nachkriegsprozessen ergeben haben, oder auf die Selbstmorde der Bedrohten und Gequälten. Er schließt mit den Worten „Sachor! Erinnere Dich!", und es wird deutlich, daß diese Dissertation von einem Anliegen motiviert wurde, das es in sympathischer Weise möglich macht, dem Autor über 400 Seiten Schreckensgeschichte zu folgen. Die jeweils kommentierten Einzelschicksale aus Rheinhessen, die sich in Freilassungsgesuchen oder eidesstattlichen Erklärungen vor Gericht spiegeln, verlebendigen die Zitate aus den Programmen und Gesetzen zur Judenverfolgung der Nationalsozialisten im ersten Teil des Buches, deren reale Durchführungsabsichten ja immer nur ex post zu glauben sind. So ist Brodhaeckers Arbeit ein Beitrag zur Aufarbeitung der Faschismusgeschichte, der die allumfassenden Konsequenzen menschenverachtender Politik und deren Herrschaftsstrukturen am regionalen Beispiel eindringlich zu zeigen vermag.

Marburg   Kathrin Bonacker

AMBERGER, EVA-MARIA: *Ohne Pferde ging nichts. Haltung, Nutzung und Brauchtum des ländlichen Arbeitspferdes um 1900* (= Damals bei uns in Westfalen. Bilder und Berichte zur Volkskunde und Volkskultur). Münster-Hiltrup ²1998, 171 S.

Eva-Maria Amberger hat mit ihrer Publikation „Ohne Pferde ging nichts." eine der wenigen neueren volkskundlichen Arbeiten zum Pferd vorgelegt. Das Material fußt unter anderem auf der Auswertung einer Frageliste 32 zur ländlichen Pferdehaltung, die in den fünfziger Jahren von der Volkskundlichen Kommission Westfalen in Münster durchgeführt worden war. Zahlreiche Selbstzeugnisse der Befragten und vor allem höchst aufschlußreiche zeitgenössische Fotografien vermitteln ein sorgfältig zusammengestelltes Ensemble der ländlichen Lebenswelt aus dem historischen Pferdealltag in Westfalen.
    Die Autorin gliedert ihre Arbeit in die Kapitel: Zucht und Kauf, Stall, Fütterung und Pflege, Pferdearbeit, Krankheiten und Behandlung, Reiten und Reitervereine, Brauchtum und abschließend Geschichten und Sprichwörter. Dem Anhang werden Anmerkungen, die Frageliste 32 sowie eine Literaturliste beigegeben.
    Der großformatige Band richtet sich vor allem an eine breitere Öffentlichkeit, eingebettet in die mehrbändige Reihe 'Damals bei uns in Westfalen. Bilder und Berichte zur Volkskunde und Volkskultur' überzeugt er vor allem durch seine großzügige und qualitativ ausgezeichnete Bebilderung. Dadurch eröffnen sich dem Leser auch visuell Einblicke in einen Lebensbereich um die Jahrhundertwende, dem er sich heute bestenfalls durch folkloristische Vorführungen mit Pferden nähern kann, wenn man z.B. an das Thema Pferdearbeit denkt.

Sachvolkskundlich, vor allem was Geräte, Geschirre und Anspannungen betrifft, hat die Autorin Erhebliches zusammengetragen das sie dem auch nicht-volkskundlich versierten Leser sehr anschaulich und verständlich präsentiert.

In ihrem Vorwort beklagt Frau Amberger die 'recht dürftige Literaturlage zu diesem Thema' (S. 5), womit sie, vor allem auf Monographien bezogen, durchaus recht hat, allerdings gilt dies nur bedingt, denn für Teilbereiche, etwa Pferd und Brauch sind sehr wohl profunde Arbeiten zu verzeichnen (z.B. Kretzenbacher, Rattelmüller oder Dundes).

Insgesamt ist Frau Amberger mit der Studie mit dem treffenden Titel „Ohne Pferde ging nichts" ein sehr anschauliches, interessantes und informatives Buch gelungen.

Marburg   Andreas C. Bimmer

THOMAS SCHNEIDER: *Landwirtschaft in Hajós. Agrarhistorie und sozialer Wandel in einem ungarndeutschen Dorf.* (= Studien zur Volkskultur, 27) Gesellschaft für Volkskunde in Rheinland-Pfalz e.V., Mainz 2000, 350 S., 20 Abb. sw, Tabn.

Die in Mainz als Dissertation bei Herbert Schwedt vorgelegte Studie, hervorgegangen aus mehreren großen, seit 1988 durchgeführten Feldforschungsprojekten des Mainzer Seminars in Nemesnádudvar und Hajós, ist ein Musterbeispiel modernen volkskundlichen Arbeitens – eine Gemeindestudie, die methodisch sowohl auf intensiven Erhebungen der Feldforschung basiert als auch einen breiten historischen Hintergrund aufweist, vergleichend angelegt ist und damit, obwohl nicht primär beabsichtigt, auch die interethnischen Beziehungen der schwäbischen Bevölkerung in Hajós zu ihren Nachbarn aufzeigt.

Im Fokus der Betrachtung stehen der Wandel der Agrarwirtschaft in Hajós und seine sozialkulturellen Auswirkungen von den Siedlungsbewegungen des 18. Jahrhunderts über die Agrarreformen des 19. Jahrhunderts, die demographischen Veränderungen während und in Folge des Pauperismus, die politischen Veränderungen und wirtschaftlichen Auswirkungen in der Zwischenkriegszeit und die Kollektivierung zwischen 1949 und 1962 bis hin zum „sozialistischen Dorf" 1968 bis 1989 und zu den Brüchen und Prozessen nach 1989. Chronologisch nachgezeichnet ist damit der Verlauf der agrarwirtschaftlichen Veränderungen, doch ist die Notwendigkeit zur Berücksichtigung weiter zurückliegender Epochen aus den empirischen Erhebungen erwachsen, die Thomas Schneider zur Bewältigung und Verarbeitung der Umbruchsituation nach der politischen Wende 1989 vorgenommen hatte: Schnell wurde deutlich, daß sich rezente sozioökonomische Probleme nicht ohne den Rückblick auf historische Prozesse und Zäsuren erklären lassen und damit auch Auswirkungen berührt werden, die aus teils weit zurückliegenden Epochen herzuleiten sind. Zudem mußte auch in dieser Gemeindestudie die allgemeine Entwicklung der ungarischen Wirtschafts- und Sozialgeschichte umfassend berücksichtigt werden, so daß das vermeintlich überschaubare Forschungsfeld in sehr viel weiteren räumlichen und zeitlichen Dimensionen einzubetten war.

Thomas Schneider hat dies als Anreiz und Herausforderung angenommen, und so ist eine aus komparativer Übersicht und vertiefender Feldstudie erwachsene Untersuchung entstanden, die eindrücklich den agrarstrukturellen Wandel der letzten dreihundert Jahre als dem prägenden Hintergrund alltäglichen Handelns, der Wert- und Denkmuster der Menschen im Dorf Hajós analysiert. Grundherrschaftliche Abhängigkeiten und Einschränkungen von Nutzung und Erweiterung der Flur durch den erzbischöflichen Waldbesitz, die Ausdehnung des bäuerlichen Landes durch Bauernbefreiung und Weizenkonjunktur im Ungarn des 19. Jahrhunderts, die Auswirkungen der im Vergleich zu benachbarten Dörfern schlechteren Bodenqualität und die Bedeutung des Weinbaus auf diesen sandigen Böden werden ausführlich dargestellt. Aussiedlung und Bodenreform, Kollektivierung und die Gründung eines Staatsgutes auf den ehemals erzbischöflichen Latifundien hatten in Hajós besondere Ausprägungen, vor allem verlief die Kollektivierung schneller und nachhaltiger als in anderen Dörfern, und daß die agrarwirtschaftlichen Maßnahmen der Regierung in den sechziger und siebziger Jahren vergleichsweise ohne nennenswerten Widerstand umgesetzt wurden, ja daß aus Hajós ein sozialistisches Musterdorf geformt werden konnte, stellt Schneider auch in den mentalitätsgeschichtlichen Kontext einer Entrechtung der schwäbischen Bevölkerung nach dem Zweiten Weltkrieg.

Die Studie nimmt auf und setzt fort, was an wichtigen Akzenten, Forschungsrichtungen und Forschungstraditionen in Mainz aufgebaut wurde; sie steht methodisch gut fundiert sowohl in der Gemeindeforschung (und hier besonders in der empirischen Forschung in ungarischen Dörfern) als auch in den Untersuchungen zum kulturellen Wandel in der Region, im ländlichen Raum. Sie thematisiert damit ein Forschungsfeld, das in manchen modernen kulturwissenschaftlichen Ansätzen des Faches aus dem Blick zu geraten droht und doch so ungemein wichtig ist, wenn wir über alle Aufmerksamkeit gegenüber der großstädtischen, multinationalen Welt, ihren sozialen Disharmonien und institutionellen Vergänglichkeiten als Grunderfahrungen der Moderne die Verlierer von Modernisierungsprozessen nicht vergessen wollen.

SB

Polen, Deutsche und Kaschuben...: Alltag, Brauchtum und Volkskultur auf dem Gut Hochpaleschken in Westpreußen um 1900. Hrsg. u. bearb. von Bernhard Lauer u. Hanna Nogossek. – Kassel: Brüder Grimm-Ges., 1997. – 112 S. (Ausstellungen im Brüder-Grimm-Museum: Große Reihe; 4)

Es handelt sich um den Katalog einer Bildausstellung, die 1997 im Brüder-Grimm-Museum Kassel, im Rathaus der Stadt Marburg und im Deutschen Historischen Institut Warschau gezeigt wurde; die ausgestellten Photographien stammen aus dem Bildarchiv des Herder-Instituts in Marburg. Die Ausstellung wurde als gemeinsames Projekt vom Herder-Institut und dem Brüder-Grimm-Museum erarbeitet und realisiert. Sie ist dem historischen Westpreußen gewidmet, einer interessanten, aber auch problematischen Region Ostmitteleuropas. Die beiden Herausgeber stehen für die beteiligten Institutionen: Bernhard Lauer leitet das Brüder-Grimm-Museum; Hanna Nogossek ist Leiterin des Bildarchivs im Herder-Institut Marburg, ihr Arbeitsbereich sind die Kunstgeschichte Ostmitteleuropas und seiner historischen Regionen sowie die kulturellen Beziehungen innerhalb dieses Raumes. Ihre letzten Veröffentlichungen sind bequem im Internet zu finden (URL: www.uni-marburg.de/herder-institut/allgemein/personal/nogossek.html) und betreffen eben diesen Bereich.

Der Band bietet jedoch wesentlich mehr als die bloße Ausstellungsinformation: in acht Aufsätzen wird dem Leser ein Bild von der Geschichte Westpreußens insgesamt und insbesondere vom mittleren Pomerellen vermittelt, das im Kaiserreich die preußischen Landkreise Neustadt, Karthaus und Berent umfaßte und für das sich – unabhängig von der ethnischen Zusammensetzung der Bevölkerung – im deutschen Sprachraum die Bezeichnung „Kaschubei" herausgebildet hatte. Die Region galt selbst innerhalb Westpreußens als gesellschaftlich und wirtschaftlich rückständig und war auch verkehrstechnisch unzureichend erschlossen; die ungünstigen Bodenverhältnisse ließen nur geringe Agrarerträge zu und führten damit zu häufigem Wechsel in den Besitzverhältnissen der Güter. Die Kaschuben, autochthoner Rest der altslawischen Pomeranen und sprachlich, gesellschaftlich und geographisch zwischen Polen und Deutschen eingezwängt, bildeten die Mehrheit der landwirtschaftlichen Arbeitskräfte. Ob das Kaschubische eine eigenständige slawische Sprache oder einen Dialekt des Polnischen darstellt, wird auch heute noch unterschiedlich beurteilt. Die durch kirchliche, nationale und sprachliche Grenzen bestimmte ethnische Selbstbesinnung der Kaschuben scheint – zumindest während des preußischen Regiments – eine staatliche Eigenständigkeit nicht angestrebt zu haben.

Dieser Hintergrund wird zunächst ausführlich und lesenswert dargestellt. Georg *Michels*, Leipzig, informiert über die „Geschichte Westpreußens im Aufriß"; Stefan *Hartmann*, Berlin, über „Bevölkerungsverhältnisse in Westpreußen um 1900"; Hans-Jürgen *Bömelburg*, Warschau, gibt einen Überblick über „Westpreußische Gutsbesitzer 'auf der Höhe'" (das ist der hier angesprochene geographische Bereich); und Ulrich *Steltner*, Jena, sowie Jerzy *Knyba*, Berent/Koscierzyna, berichten über die Sprache und Literatur beziehungsweise die materielle Kultur der Kaschuben. Die Aufsätze sind jeweils acht bis zehn Seiten lang und blättern in ihrer Gesamtheit das Panorama einer Zeit und einer Region auf, über die – einhundert Jahre später – der durchschnittliche Ausstellungsbesucher, aber auch der Volkskundler und Historiker in Deutschland gemeinhin eher vage Vorstellungen hat, von Spezialisten abgesehen.

Die übrigen Aufsätze wenden sich den Photographien selbst zu. Die beiden Herausgeber berichten über das Gut Hochpaleschken und seinen Besitzer Alexander Treichel; Lucyna *Partyka* (Bromberg/Bydgoszcz) gibt eine auch bibliographisch interessante Zusammenfassung der Leistungen Treichels für die kaschubische und polnische Volkskunde, und Thomas *Wiegand*, Kassel, legt eine allgemein gehaltene Interpretation der 89 ausgestellten und hier sämtlich abgedruckten Photographien vor, die allerdings nur eine – die Herausgeber betonen: repräsentative – Auswahl aus dem gesamten Material darstellen.

„Die mehrfach wechselnde staatlich-politische Zugehörigkeit seit dem Mittelalter bis in unsere Zeit, die ethnische, nationale und kulturelle (sprachliche, konfessionelle) Vielschichtigkeit machen diese Region 'zwischen Deutschen und Polen' gerade zu einem Paradigma der komplizierten deutsch-polnischen Beziehungen", betonen die Herausgeber plakativ zu Beginn ihrer Einführung (S. 7). Ausstellung und Buch, von der Anlage her als übergreifendes deutsch-polnisches Projekt angelegt, sollen in der Gegenwart „zu einer gemeinsamen Herangehensweise und einem neuen Verhältnis zwischen Deutschen und Polen beitragen helfen" (Vorwort, S. 5).

In der Tat kann der Leser bei kursorischer Lektüre den Eindruck gewinnen, daß das zu kommentierende Bildmaterial eher der – willkommene – Anlaß dafür war, deutsche und polnische Fachleute zu einer facettierten Darstellung der Kaschubei zusammenzuführen. Dem Interessenten wird im Ergebnis mit eindrucksvoller Materialfülle eine bisher wenig bearbeitete Welt vorgestellt – wie spärlich sich sonst, auch bibliographisch, unsere Kenntnis dieses Bereichs darstellt, läßt sich im Internet unter entsprechenden Adressen einsehen (z.B. www.charly.ping.de/kaschuben/kaschub-v.htm – ausdrücklich keine Wertung beabsichtigt!). Die Bilder stehen bei der Anlage des Bandes absichtlich nicht im Mittelpunkt; sie „werden im Katalog im einzelnen nicht aus der Sicht der Volkskunde kommentiert und interpretiert. Es erschien uns wichtiger, sie im Kontext ihrer Zeit und im Hinblick auf die Person Alexander Treichels durch Aufsätze zur Geschichte und Kultur Westpreußens verständlicher zu machen" (Einführung, S. 7). „Im Gegensatz zur suggestiven Kraft der Bilder sind uns heute das Land und die Umstände ihrer Entstehung weitaus ferner als die dargestellten ethnographischen Informationen." Kein Zweifel, die Kaschubei liegt uns fern – aber für das Verständnis der zeitgenössischen Photos genügt nach Auffassung des Rezensenten allein weder das unabhängig von den Bildern gelieferte faktitive Material noch die angenommene optische Suggestion der Bildwiedergaben. Wiegand unterrichtet uns in seinem Aufsatz zunächst über Herkunft und Entstehung der Bildsammlung, die aus dem Besitze der Nachkommen Alexander Treichels stammt, welcher das Familiengut Hochpaleschken seit 1876 bewirtschaftete. Er hat die Aufnahmen höchstwahrscheinlich nicht selbst angefertigt, denn fast immer ist er auf ihnen zu sehen. Wiegand nimmt an, daß die Bekanntschaft des vielseitig interessierten Gutsherrn mit den Berliner Volkskundlern um Rudolf Virchow zur Anlage der Photosammlung führte, die sich denn auch wenig von ähnlichen Sammlungen unterscheidet, die von der Berliner *Gesellschaft für Anthropologie, Ethnologie und Urgeschichte* zusammengetragen und teilweise im volkskundlichen Museum archiviert wurden. Das Material umfaßt Bilder der Familie Treichel, die Umgebung des Gutes Hochpaleschken sowie eine „volkskundliche" Bildgruppe, die aus Aufnahmen benachbarter Dörfer, Landschaftsbildern und Serien mit bäuerlichen und häuslichen Tätigkeiten besteht („Felder bestellen, Ernten, Schafe waschen, Torf stechen, Betreuung des Viehs, Waschen..." – S. 61). All dies ist stets inszeniert. Schnappschüsse kommen nicht vor, schon aus Gründen der noch recht umständlichen Technik. Treichel liebte offenbar Bildwitze und kroch für ein Photo schon mal in eine leere Tonne (S. 100).

Was uns heute als Dokumentation erscheint, ist somit keineswegs realistische Wiedergabe der Alltagswelt. Wir befinden uns im Grenzbereich zwischen professioneller und Amateurphotographie. Stilistisch zieht Wiegand eine Linie zu den Genreszenen, die von Atelierphotographen arrangiert und als volkstümliche oder humoristische Postkarten verkauft wurden. Obgleich sie zunächst nicht dokumentarisch gemeint sind, beginnen mit ihnen die Bildsammlungen der volkskundlichen Museen. Von hier geht die Verbindung zur „Heimatphotographie"in den ersten Jahrzehnten des letzten Jahrhunderts. Man denke etwa an den an der Unterweser wirkenden Hans Müller-Brauel, Leiter des Väterkundemuseums an der Böttcherstraße in Bremen, dessen inszenierte Photographien der Grenze zur Bildfälschung schon nach Meinung von Zeitgenossen manchmal ziemlich nahekamen. Ausgelöst durch den Wunsch, aussterbende Phänomene des Volkstums wie Brauchtum, Trachten, von Verfall oder Abriß bedrohte Bauten zu dokumentieren und das Bild der sich durch Industrialisierung und Urbanisierung verändernden Landschaft festzuhalten, entstehen unter diesen Auspizien Bilder, deren manifeste und latente Inhalte sich zwar unterscheiden, für den heutigen Betrachter aber kaum zu trennen sind. Wiegand beendet seine Ausführungen mit dem Urteil, die Bilder seien trotz mancher origineller Arrangements und der geradezu naiven Direktheit des Blicks vor allem private Erinnerungsbilder. „Weder ein volkskundlich-dokumentierender noch ein künstlerischer Anspruch wurde über die gesamte Serie ... durchgehalten". Auch wenn die Bildwirklichkeit deutlich als Inszenierung zu erkennen sei, werde das Leben und Arbeiten in der westpreußischen Provinz eindrucksvoll vor Augen geführt (S. 62).

Für den heutigen Betrachter besteht bei einer Reihe von Bildern, insbesondere der „volkskundlichen" Kategorie, zweifellos Erklärungsbedarf. Das beginnt bei den Trachten, über die man gern Genaueres wüßte: Wieweit handelt es sich um Sonntagstrachten? Wieviel Authentizität können die Bilder vom Dreschen (S. 82) und Schafscheren (S. 83) beanspruchen? Welche Funktion haben beispielsweise die rätselhaften, im Vordergrund ausgelegten Tücher bei dem „Gartenarbeit" betitelten Bild Nr. 49 (S. 91)? Für welche Tätigkeiten wurde die Lokomobile (S. 92) benötigt? Das Bild „Männer beim Mähen" (Nr. 56, S. 95) stellt gewiß keine realistische „Feldaufnahme" dar, während die – nicht weniger inszenierte – Darstellung des „Bindens"von Gutsherrn und Gutsherrin bei der Kornernte (S. 96f.) den tatsächlichen Verhältnissen entsprechen könnte. Welche Funktion schließlich kam den Erdhütten auf S. 108 und 110 zu? Die Reihe der Fragen läßt sich fast beliebig fortsetzen. Die Kaschubei liegt dem heutigen Betrachter in der Tat ziemlich fern.

Dennoch ist den Herausgebern zuzustimmen, wenn sie den Weg der Detailanalyse nicht beschritten haben. Das mag daran liegen, daß der heuristische Wert der erschlossenen Informationen sich denn doch einigermaßen in Grenzen halten dürfte. Das Material vermittelt aber in seiner Gänze etwas, das der Text als „die suggestive Kraft der Bilder" bezeichnet und das man auch ästhetischen Gesamteindruck nennen könnte. Als ob das vergessene Hochpaleschken hinfort zu unseren eigenen Familienerinnerungen gehörte.

Der Band ist sauber und fehlerfrei gedruckt und enthält zusätzlich eine nützliche deutsch-polnische Ortsnamenkonkordanz.

Rodenäs   Willi Höfig

HERMANN HEIDRICH, RALF HEIMRATH, OTTO KETTEMANN, MARTIN ORTMEIER, ARIANE WEIDLICH (Hg.): *Fremde auf dem Land* (= Schriften Süddeutscher Freilichtmuseen 1). Bad Windsheim: Fränkisches Freilandmuseum 2000. 279 S. m. zahlr. Abb.

Dem Thema „Fremde auf dem Land" widmete sich das zweite gemeinsame Projekt eines lockeren Zusammenschlusses süddeutscher Freilichtmuseen. Die Ergebnisse der beteiligten Institutionen (Oberpfälzer Freilichtmuseum Neusath-Perschen, Schwäbisches Bauernhofmuseum Illerbeuern, Freilichtmuseum Finsterau, Fränkisches Freilandmuseum Bad Windsheim, Freilichtmuseum des Bezirks Oberbayern an der Glentleiten) sind nun mit dem vorliegenden Begleitband zur gleichnamigen Wanderausstellung der Öffentlichkeit zugänglich gemacht worden.

Passend zur aktuellen Diskussion über die Rolle Deutschlands als Einwanderungsland zeigt der Band die über Jahrhunderte hinweg verlaufenden Migrationsbewegungen nach und innerhalb Deutschlands auf.

Die zehn Autoren bearbeiten in den elf Fallstudien aus verschiedenen Gebieten Bayerns Themen wie Arbeitsimmigranten aus Italien und Osteuropa, Flüchtlingen und Heimatvertriebenen, Zwangs- bzw. Fremdarbeiter in der Landwirtschaft, Wandermusikanten und Kinderarbeit. Dabei betrachten sie u.a. die Gründe für das Verlassen der Heimat, die Anpassungsschwierigkeiten, das Fremdsein, das Alltags- und Arbeitsleben, das Einbringen von eigener „fremder" Kultur und Wissen in die neue/vorübergehende Heimat sowie die Reaktionen der Einheimischen auf die Fremden. Die Beiträge behandeln einen Zeitraum von über vier Jahrhunderten (16.–20. Jahrhundert). Als verbindendes Element zeichnet sich der Ansatz, mit möglichst biografischen Materialien und anhand konkreter Beispiele zu arbeiten, ab. Dies wird allerdings aufgrund der unterschiedlichen Quellenlage sehr unterschiedlich realisiert.

Hermann Heidrich verweist in der Einleitung zunächst auf die jüngste Debatte über ausländische „Spezialisten", und gibt dann einen Überblick über die Tradition der Wanderungsbewegungen in der Geschichte unseres Landes. Anschließend erläutert er die Überlegungen, die zu diesem Forschungsprojekt führten, und stellt die Beiträge in Kurzfassung vor.

Der Band beginnt mit dem Beitrag *Um 1700: Seltsame Dorfgenossen aus der Türkei. Minderheitenbeobachtungen in Franken, Kurbayern und Schwaben* von Hartmut Heller. Heller zeigt anhand von Kirchenbüchern die Geschichte der im Gefolge der Türkenkriege des 16. und 17. Jahrhunderts nach Bayern verschleppten Türken auf. Da biografisches Material fehlt, erfährt der Leser zwar nichts über persönliche Empfindungen, dafür jedoch über die Integration der Türken und ihren weiteren, wenn auch sehr fragmentarischen Lebensweg in der Fremde. Interessant sind die von Heller dargestellten Einzelschicksale in ausgewählten Ortsbeispielen.

Ralf Heimrath untersucht die Herkunft, die Kultur und das Verhalten von *Wandermusikanten*, die zum größten Teil in einem begrenzten Radius innerhalb ihrer Region umherzogen, um auf Jahrmärkten, Festen und Hochzeiten aufzuspielen. Bis zu ihrem Verschwinden aufgrund der Gründung von Tanzkapellen und der Erfindung des Radios und des Grammophons waren sie nach Heimrath „wichtige Kulturträger und Kulturvermittlung, was die Musik aus dem Volk und für das Volk betrifft". (S. 153)

Insgesamt vier Beiträge behandeln die Situation italienischer Arbeitsimigranten. Während Ernst Höntze den *Wanderer zwischen zwei Welten. Der italienische Pfannenflicker Pietro Zannantonio in Starnberg*, Herbert May die *„Terrazzieri" in Franken. Italienische Terrazzoleger und der Import eines vielseitigen Baustoffes* und Martin Ortmeier *Das allernächste Bayern. Ziegler aus Friaul in Niederbayern* bearbeiten, widmet sich Siegfried Laferton dem Thema *Schwabengänger. Kinderarbeit in der Fremde*. Bis zum Zweiten Weltkrieg zogen acht- bis zwölfjährige Jungen und Mädchen bspw. aus Tirol nach Schwaben um dort für einige Monate zum Lebensunterhalt der Familie beizutragen. Über die Lebenssituationen dieser „Schwabengänger" in zwei Welten wird anhand von in Dialektform wiedergegebenen Einzelerzählungen berichtet. So erfährt man auf sehr anschauliche Weise etwas vom Heimweh der Kinder, von ihrer Behandlung auf den fremden Höfen, von ihrer Arbeit und auch von der Rückkehr in die Heimat, in der sie sich schon allein wegen ihrer Kleidung von den daheimgebliebenen Kindern unterschieden.

Herbert May widmet sich in einem zweiten Beitrag den *Fremdarbeiter im ländlichen Unterfranken während des Zweiten Weltkrieges* und greift bei der Bearbeitung dieses von der Wissenschaft bislang stark vernachlässigten Themas der Fremdarbeiter in der Landwirtschaft hauptsächlich auf Gestapo-Akten des Würzburger Staatsarchives zurück. Da die Quellen jedoch ausschließlich die Sicht der damals Herrschenden widerspiegeln, setzt May ergänzend auf die Befragung eines Zeitzeugen. So erhält der Leser Informationen über das Ausmaß der Arbeitseinsätze, die verschiedenen Arbeitsbereiche, die Unterbringung und Verpflegung, die Be- und Misshandlungen seitens der ‚Arbeitgeber', die Kontakte mit der einheimischen Bevölkerung bzw. mit einheimischen Frauen, den vereinzelten Widerstand und die Situation der Fremdarbeiter nach Beendigung des Krieges in Deutschland und in ihren Heimatländern.

Der Zeit nach 1945 und den infolge des Krieges entstandenen Flüchtlingsströmen von Ost nach West widmen sich zwei Autoren in diesem Band. Zum einen Sibylle Scharrenberg mit dem Beitrag *Ungebetene Gäste. Die Aufnahme von Flüchtlingen und Heimatvertriebenen am Beispiel einer Oberpfälzer Gemeinde* und zum anderen Albert A. Feiber mit „*...ist uns die Fremde zur Heimat geworden."* *Flüchtlinge und Heimatvertriebene als Fremde auf dem Dorf.* Während Scharrenberg die Beziehung und die Erwartungen beider Gruppen anhand einer Gewährsperson aus dem untersuchten Ort Edelsdorf beschreibt, gibt Feiber einen allgemeinen Überblick über den Integrationsprozess. 1946 ermittelten die Alliierten insgesamt 9,5 Millionen geflüchtete und heimatvertriebene Deutsche. 1,7 Millionen von ihnen lebten in Bayern, das zu diesem Zeitpunkt 7 Millionen Einwohner hatte. Untergebracht waren die Flüchtlinge zumeist in vom Krieg weniger betroffenen ländlichen Regionen. Mit der Schaffung eines eigenen Heimes, der sprachliche Anpassung der sog. zweiten Generation, der Mitarbeit in den örtlichen Vereinen und den zustandegekommenen Mischehen war der Prozess der Integration innerhalb eines Jahrzehnts mehr oder weniger erfolgreich abgeschlossen. Die Geschichte der Hopfenzupfer in der Hallertau, die bis zur Anschaffung von Pflückmaschinen in die 1960er Jahre hineinreicht, widmet sich der Beitrag *Fremde, flinke Hände für die Ernte. Hopfenzupfer in der Hallertau* von Maria-Luise Segl.

Maria Bruckbauer schildert im letzten Beitrag des Bandes *Gemüseanbau in Niederbayern: Fremde Hände für Gurken ohne Ende* die aktuelle Arbeitssituation osteuropäischer Saisonarbeiter. Nach einem allgemeinen Überblick über die Geschichte des Gemüseanbaus in Niederbayern, die Mitte der 1960er Jahre begann, zeigt Maria Bruckbauer anhand von ausgewerteten Gesprächen, die sie mit einem Landwirt und den bei ihm beschäftigten Saisonarbeitern führte, die Arbeitsbedingungen der Arbeitnehmer auf. Anwerbung, Arbeitszeit, Bezahlung, Unterbringung und Beweggründe, die osteuropäische Saisonarbeiter dazu veranlassen, teilweise über 1000 km für einen durchschnittlichen Stundenlohn von 9,25 DM Brutto zurückzulegen, werden ebenso thematisiert wie das Verhältnis der Arbeitnehmer zu ihrem Arbeitgeber und umgekehrt.

Alle Beiträge sind mit zahlreichen sw. Abbildungen in guter Qualität und blauen Unterschriften versehen. In derselben Farbe sind auch die Kapitelüberschriften gehalten, wodurch sich eine übersichtliche Gliederung ergibt. Insgesamt ist das äußere Erscheinungsbild dieses Bandes sehr ansprechend.

Leider finden sich am Ende der Beiträge nur vereinzelt Literaturhinweise. Trotz der den einzelnen Beiträgen angefügten umfangreichen Anmerkungsverzeichnisse wäre ein abschließendes allgemeines Literaturverzeichnis zum Thema wünschenswert gewesen. Nichtsdestotrotz ist mit dem vorliegenden Buch das Ziel des Projektes, eine breite Öffentlichkeit über das Thema „Fremdsein" zu informieren und zum Nachdenken anzuregen, meines Erachtens erreicht worden. Es bleibt zu hoffen, dass der von Hermann Heidrich in der Einleitung geäußerte Wunsch, die Beiträge mögen „vielleicht Anstoß für andere ... sein, in diese Richtung weiterzuforschen" (S. 15), in Erfüllung geht.

Münster   Christine Gottschalk

HELMUT EBERHART, JOHANN VERHOVSEK (Hrsg.): *Fremdenfeind-lichkeit als gesellschaftliches Problem* (= Grazer Beiträge zur europäischen Ethnologie, Bd. 8). Frankfurt/M. u.a.: Peter Lang, 1999; 266 Seiten

Der Sammelband geht zurück auf eine 1996 von Vertretern des Instituts für Volkskunde der Karl-Franzens-Universität Graz veranstaltete Ringvorlesung zum Thema „Ausländerfeindlichkeit". Hintergrund für die Veranstaltung war die in den 90er Jahren im vereinigten Europa wahrnehmbare und in Statistiken nachgewiesene gegenläufige Tendenz ständig steigender latenter und offener Fremdenfeindlichkeit einerseits (Briefbombenserie in Österreich zwischen 1993 und 1996!) und das gleichzeitig sinkende Interesse der Bevölkerung am Kampf gegen den Rassismus andererseits. Daraus folgte für die seinerzeitigen Initiatoren der Ringvorlesung, darunter auch der damalige Universitätsrektor Helmut Konrad, und jetzigen Herausgeber des Sammelwerks die gesellschaftspolitische Absicht, „das Schweigen aufzubrechen und die Wahrnehmung der Problemlagen zu verbessern" (Vorwort, S. 5).

Der Band versammelt Beiträger aus verschiedenen kultur- und sozialwissenschaftlichen Disziplinen, die sich mit dem Thema „Fremdsein", vor allem mit dem Phänomen der sozialen Konstruktion des Fremden („Fremd sein bestimmt sich nicht durch sich selbst", Uli Bielefeld 1991) und seiner gesellschaftspolitischen Brisanz, auseinandersetzen.

Konrad Köstlin, Leiter des Volkskunde-Instituts an der Universität Wien, zeigt in seinem Beitrag „Fremdes im eigenen Land: Strategien zwischen Angst und Bereicherung" an zahlreichen Beispielen aus dem gesellschaftlichen Alltag, wie nah Fremdes anderswo und bei uns, Exotik und Binnenexotik häufig beieinander liegen und kaum noch zu unterscheiden sind.

Der Frankfurter Sozialpsychologe Hans-Jürgen Heinrichs diskutiert aus der Sicht der Ethnopsychoanalyse positive Ansätze für das Fremdverstehen, um daraus visionäre Kräfte zur konstruktiven Gestaltung einer anderen, besseren Gesellschaft zu entwickeln.

Der Grazer Jura-Professor Wolfgang Benedek beleuchtet das Problem der Fremdenfeindlichkeit im globalen Zusammenhang und versucht zu zeigen, wie mit Hilfe des internationalen Völkerrechts und seiner Umsetzung auf nationaler Ebene aktiv gegen Rassismus vorgegangen werden kann und gleichzeitig ethnische und religiöse Minderheiten geschützt werden können.

Bernd Matouschek, Presse- und PR-Referent der Universität Wien, stellt in seinem Beitrag Theorien und Methoden linguistischer Vorurteilsuntersuchungen vor, die sprachliche Formen von Rassismus im öffentlichen Flüchtlings- und Migrationsdiskurs Österreichs über osteuropäische Flüchtlinge nach der politischen Wende von 1989 analysieren.

In einem historischen Rück- und Überblick thematisiert Heinz Fassmann, Professor für angewandte Geographie in München, Binnenwanderungs-, Zu- und Auswanderungsbewegungen am Beispiel der österreich-ungarischen Monarchie in den Jahren 1880 bis 1910. Sein Resümee: „Migration war und ist Bestandteil der gesellschaftlichen Realität" (S. 114), sie ist so gesehen „ein Stück Normalität", „ein Stück Identität", ja: „ein Charakteristikum moderner und offener Gesellschaften"(S. 116), was auch österreichische Politiker akzeptieren müssten.

In dem Beitrag des Wiener Politologen Rainer Bauböck geht es um das Phänomen der Grenzüberschreitung und -verwischung in modernen Industriegesellschaften durch internationale Migration und ihre Herausforderung für soziale und politische Theorie. Liberale Demokratien sollten auf diese Herausforderung mit einer Öffnung ihrer Staatsbürgerschaft und Nationalkultur antworten.

Während sich Karl Kaser, Historiker an der Universität Graz, unter dem Thema „Zuwanderer aus Südosteuropa" mit der Gast- bzw. Fremdenfreundlichkeit in deren Herkunftsländern auf dem Balkan beschäftigt, betrachtet Peter A. Ulram, Politologe in Wien, die steile Karriere des Ausländerthemas in Österreich in den 1990er Jahren im Spiegel von Demoskopien und erläutert österreichische Sonderfaktoren im Zusammenhang von Ethnozentrismus und Xenophobie.

Cecile Huber, Sprachwissenschaftlerin an der Universität Graz, geht der Frage nach, wie Identität(en) im Spannungsfeld zwischen Fremdenfeindlichkeit und soziokultureller Ökologie entsteht (entstehen).

Die beiden Grazer Volkskundler Johann Verhovsek und Helmut Eberhart hinterfragen den Begriff der „Integration", eines der am häufigsten strapazierten Schlagwörter in der öffentlichen Diskussion zum Thema „Ausländer", auf Anspruch und Wirklichkeit in einer Gesellschaft, in der der Rekurs von Kulturwissenschaftlern auf kulturelle Differenzen, auf den besonderen Wert von Kulturkontakten und -konflikten leicht für rassistische Aussagen missbraucht werden kann. Sie beschließen mit ihren beiden Beiträgen einen Sammelband, der gerade in der interdisziplinären Herangehens- und mehrperspektivischen Betrachtungsweise nicht nur die Vielschichtigkeit des Phänomens „Fremdenfeindlichkeit" frei legt, sondern der zugleich konstruktive gesellschafts- und kulturpolitische Perspektiven für eine positive Problemlösung zur Diskussion stellt.

Rauschenberg   Ullrich Amlung

REGINA SEIBEL-ERDT, AYSEL-AYDIN SÖHRET: *Nicht ganz hier und nicht mehr zu Hause. Gespräche mit Türkinnen und Türken der ersten Generation.* Waxmann Verlag, Münster, New York, München, Berlin 1999, 180 S.

Regina Seibel-Erdt und Aysel-Aydin Söhret untersuchen die Lebenssituation türkischer Migrantinnen und Migranten der ersten Generation. Die Autorinnen haben sich mit ihrem Blick auf die älteren Stadtallendorfer türkischer Herkunft ein nicht gerade einfaches, ein wichtiges Thema gewählt: das Alter und Altern von Migrantinnen und Migranten ist zwar eine historische, aber immer noch nicht genügend im Bewußtsein der Öffentlichkeit verankerte Folge der in den Aufschwungjahren der Bundesrepublik angeworbenen Gastarbeiter. Wissenschaft und Gesellschaft haben hier eine Verantwortung zu tragen, und so ist es sehr begrüßenswert, daß mit der Arbeit von Regina Seibel-Erdt und Aysel-Aydin Söhret eine detaillierte Fallstudie vorliegt, die nicht nur mit allgemeinen gesellschaftlichen Daten und Fakten zur Migrations- und Alternsproblematik versehen ist, sondern konkrete Einblicke in die Lebensverhältnisse der Befragten erlaubt.

Am Beginn der Ausführungen steht ein „Theoretischer Teil", der die „Determinanten der Arbeitsmigration von der Türkei in die Bundesrepublik Deutschland" sowie das „Altwerden von türkischen Migrantinnen und Migranten" behandelt und den Untersuchungsort der Studie vorstellt. Es folgt der Hauptteil der Arbeit, überschrieben mit dem knappen Worten: „Empirischer Teil".

Die Interviews (angewendet wurde das problemorientierte Interviewverfahren nach Witzel) wurden in Stadtallendorf in der Sozialberatungsstelle der Arbeiterwohlfahrt durchgeführt. Frau Söhret konnte durch ihre dortige praktische Arbeit Kontakte zu türkischen Frauen und Männern herstellen, die – so die Kriterien der Auswahl – „jahrelang gearbeitet hatten", zum Zeitpunkt der Erhebung im Mai 1996 „ihre erwerbliche Tätigkeit aufgegeben hatten und älter als 45 Jahre waren" (S. 47). Hervorzuheben sind die Überlegungen der Autorinnen zur Gestaltung der Interviewsituation: die Gespräche wurden überwiegend in türkischer Sprache geführt, die Interviewpartner und -partnerinnen antworteten immer auf türkisch, aber zwischen den Interviewerinnen bestand eine Rollenaufteilung, die die deutsche Sprache durch den 'spontanen' Wechsel zwischen Türkisch und Deutsch fast spielerisch mit einfließen ließ. Frau Söhret war nicht nur als Interviewerin, sondern auch als Übersetzerin tätig, so daß Frau Seibel-Erdt in die Erhebung einbezogen werden konnte.

Die beiden Autorinnen schildern in ihrer Fallstudie, die sie in der hessischen Industriestadt Stadtallendorf ansiedeln, zunächst die Motive, Hoffnungen und die Gegebenheiten der Ausreise, die familiäre Situation und die Arbeitsbedingungen der Türkinnen und Türken. Wir erfahren ein Stück häufig verborgener und versteckter Alltagsgeschichte, wenn die Interviewpartner von ihren Arbeitsbedingungen erzählen: vom „schwarzen" Speichel ist die Rede, von der Staublunge, von Hörproblemen und von giftigen Dämpfen, die bei der Herstellung von Motorblöcken uns bekannter und vertrauter Automarken anfielen und zu gesundheitlichen Beeinträchtigungen der Arbeiter führten. Weitere wichtige Aspekte der Studie beziehen sich auf die aktuelle „Gestaltung des Tagesablaufs", die „Konzepte der 'Heimat'" sowie die „Vorstellungen vom Altwerden und von der Zukunft". Die Autorinnen enthalten sich zunächst möglichst weitgehend ihres eigenen Kommentars, sie folgen den Gedanken und Argumenten der Befragten. Regina Seibel-Erdt und Aysel-Aydin Söhret lassen die einzelnen Befragten in fester Reihenfolge zu Wort kommen. Diese Aufzählung ist gewöhnungsbedürftig, da sie recht schematisch wirkt. Gleichwohl: es entsteht ein immer dichter werdendes Bild von den physischen und psychischen, den sozialen, gesundheitlichen und familiären Problemen der älteren türkischen Migrantinnen und Migranten.

Die empirische Detailstudie ist nicht nur sehr informativ, sondern auch in bemerkenswerter Weise 'offen'. Gemeint ist die Offenheit der Befragten, die über ihre Fremdheitsgefühle und den Neid in der Türkei gegenüber vermeintlich wohlhabenden Türken aus Deutschland ebenso erzählen wie über Schuldgefühle, die etwa bei Frau Konak deutlich werden, wenn sie beschreibt, daß sie ihre knapp 3jährige Tochter täglich eineinhalb Stunden eingesperrt habe, weil sie zur Schichtarbeit gehen mußte und die Schichtarbeit ihres Mannes noch nicht beendet war.

Ein Problem, das häufig mit der Migration auftritt, betrifft die Veränderungen des familiären Zusammenlebens. So können die Eltern damit konfrontiert werden, daß ihre Kinder sich nicht an traditionellen türkischen Werten orientieren oder auch nicht mehr selbstverständlich die Pflege der Eltern übernehmen, wenn diese hilfsbedürftig werden.

Es würde der Vielschichtigkeit der in der Arbeit beschriebenen Lebensverläufe nicht gerecht werden, wollte man ein Ergebnis formulieren. Die Autorinnen selbst versuchen es anhand der „Zusammenfassung", die jedoch in ihrer Darstellung leicht holprig und unausgegoren wirkt. Der Leser oder die Leserin sollte sich daher nicht mit der Zusammenfassung begnügen, sondern sich die Zeit nehmen und sich auf die Sichtweisen, Erlebnisse und Erfahrungen der Befragten einlassen. Die detaillierte Behandlung konkreter Lebensgeschichte weitet den Blick und macht die Vielschichtigkeit der Veränderungen und Umbrüche im Leben älterer Stadtallendorfer türkischer Herkunft – und auch das ist ein Ergebnis des umfassenden gesamtgesellschaftlichen Modernisierungsprozesses – sichtbar.

Bleibt noch nachzutragen, daß es sich bei der zur Lektüre empfohlenen Studie um eine Abschlußarbeit, eine Diplomarbeit handelt, die 1997 am Institut für Erziehungswissenschaft an der Philipps-Universität Marburg entstanden ist. Das Buch von Regina Seibel-Erdt und Aysel-Aydin Söhret ist ein gelungenes Beispiel dafür, daß es sich lohnen kann, eine Diplom- oder Magisterarbeit zu veröffentlichen. Studierende sollten diesen Aspekt bei der Erstellung ihrer Arbeiten also durchaus berücksichtigen!

Kiel   Jutta Buchner-Fuhs

HERMANN HEIDRICH (Hg.): *Frauenwelten. Arbeit, Leben. Politik und Perspektiven auf dem Land* (= Arbeit und Leben auf dem Lande. Eine kulturwissenschaftliche Schriftenreihe der Museen Bad Windsheim, Cloppenburg, Kiekeberg, Schleswig; Band 7). Bad Windsheim 1999, 390 S., zahlr. Abb.

Daß die 'Lebenswelten' von Frauen ein wesentliches kulturwissenschaftlich-volkskundliches Thema sind, ist spätestens seit der aktiven Frauenforschung der 1980er Jahre etabliert. Dem Leben und Arbeiten von Frauen auf dem Land widmet sich vorliegende Publikation, die auch Begleitband zur gleichnamigen Ausstellung ist. Als Band 7 reiht sie sich in die Veröffentlichungen des Ausstellungsverbundes „Arbeiten und Leben auf dem Lande" ein, dem das Fränkische Freilandmuseum Bad Windsheim, das Niedersächsische Freilichtmuseum – Museumsdorf Cloppenburg, das Freilichtmuseum Kiekeberg und die Stiftung Schleswig-Holsteinische Landesmuseen – Volkskundliche Sammlungen, Schleswig, angeschlossen sind. Die sechs anderen Bände tragen die Titel „Die Kartoffel", „Landarbeit und Kinderwelt", „Vom Klepper zum Schlepper", „Die

Milch", „Bettgeschichte(n)" und „Stein auf Stein". Alle Publikationen sind in der „kulturwissenschaftlichen Schriftenreihe" des Ausstellungsverbundes erschienen. Der Begriff Kulturwissenschaft wird in diesem Zusammenhang offenbar als Rahmen verstanden, unter dem unterschiedlichste Themen zusammengefaßt werden können.

Wissenschaftlicher Ansatz der hier anzuzeigenden Publikation ist, wie Hermann Heidrich als Herausgeber in der Einleitung formuliert, „Frauen als handelnde Subjekte zu sehen, Eigenwertigkeit und Eigenständigkeit weiblichen Verhaltens zu betonen, das auch als etwas sich Veränderndes und auch als veränderbar und als verändernd begriffen wird" (S. 7). Da die Publikation nicht den Anspruch erheben möchte, „eine zusammenhängende Geschichte der Frauen im ländlichen Raum" (ebd.) vorzulegen, liegt der konzeptionelle Schwerpunkt des Bandes auf der Darstellung von Fall- und Regionalstudien. Den Studien sind allgemeine und überregionale Beiträge vorangestellt, die „Frauenwelten" aus historischer Perspektive vorstellen: Heide Inhetveen beschreibt die Rolle von Frauen als Innovatorinnen in der Landwirtschaft, Eva-Maria Klein beschäftigt sich mit der Darstellung von Landfrauen in der bildenden Kunst vom 16. bis zum 19. Jahrhundert, Andrea Hauser analysiert „Mythos und Wirklichkeit" der Aussteuer, Günter Wiegelmann arbeitet regionale Unterschiede der bäuerlichen Arbeitsteilung heraus, Beate Krieg untersucht den Wandel in der Landfrauenbewegung, Ortrud Wörner-Heil stellt die Anfänge des ländlich-hauswirtschaftlichen Bildungswesens vor, und der erste Teil der Publikation endet schließlich mit einem Beitrag von Gudrun Silberzahn-Jandt über die Situation von Frauen im Nationalsozialismus auf dem Land.

Während der erste Teil mit sieben Aufsätzen einen inhaltlichen Rahmen absteckt, bietet der zweite Teil eine Vielzahl von Untersuchungen, die dem 'Subjekt Frau' nachspüren wollen. So werden in biographischen Einzelstudien das Leben und Arbeiten einer Landlehrerin (Aufsatz von Marita A. Panzer), einer Gemeindeschwester (Gudrun Silberzahn-Jandt) und einer Gemeinderätin (Elisabeth Plößl) vorgestellt, sowie türkische Frauen in der fischverarbeitenden Industrie (Marion Bejschowetz-Iserhoht), Feuerwehrfrauen (Wolfgang Ott) und Wanderarbeiterinnen aus dem Hessischen Hinterland (Kerstin Werner). Im weiteren stehen eine Müllermeisterin (Sabine Fechter) und die letzte Tiroler Landhebamme (Daphne Schlorhaufer) im Mittelpunkt, anschließend wird eine Kampagne zur Bekämpfung der Säuglingsterblichkeit (Christine Cantauw) vorgestellt. Religiöse Aspekte werden unter den Themen „Katholische Frauen auf dem Lande" (Christine Aka), „Herkunft und das Selbstverständnis von Diakonissen" (Andrea K. Thurnwald) und den sogenannten „Muttersegen" (Christine Cantauw) behandelt. Die folgenden Beiträge sind den Themen „Weibliche Lehrlinge in der ländlichen Hauswirtschaft" (Britta Oehlke), „Auswirkungen des Ersten Weltkrieges und der frühen Nachkriegszeit auf die Arbeit und berufliche Identität von Frauen" (Doris Tillmann) und Auto- und Schlepperfahren von Frauen in den 50er und 60er Jahren gewidmet (Jutta Buchner-Fuhs). Die nächsten drei Abhandlungen beschäftigen sich mit dem Kleidungsverhalten im Lingener Land (Annette Rüther), einer Fotografin, die vorzugsweise Festtagskleidung abbildete (Petra Strauß) und der Einführung der Arbeitshose „Lotte" (Beate Krieg). Vier

Aufsätze mit den Themen Frauenturnen (Hilde Heidelmann), Altersversorgung (Andrea Heinzeller), Bio-Bäuerinnen (Dagmar Neuland-Kitzerow) und „Wer wird Landfrau – heute?" (Christel Köhle-Hezinger) runden die Publikation ab.

Anhand dieser Aufzählung ist zu erkennen, daß ein breites Spektrum abgedeckt wird. Die Texte lösen die Aufgabe, das 'Subjekt Frau' zu erforschen, sehr umfassend ein. Viele Aufsätze zeichnen sich durch einen interessanten Zugang zum Thema aus, wobei sich einige durch besonders anregende Interpretationen der Materialien empfehlen.

Unklar bleibt jedoch, warum sich die Konzeption des Bandes gerade auf die genannten Schwerpunkte konzentriert. Die Aufsätze wirken aneinandergereiht, und eine stärkere inhaltliche Strukturierung hätte gerade dem zweiten Teil zum Vorteil gereicht. Darüber hinaus bleibt zu fragen, warum die inzwischen vielfach geforderte Kategorie Geschlecht keinen expliziten Raum in der Publikation findet. In einem Band einer solchen kulturwissenschaftlichen Reihe wäre es sicherlich angebracht gewesen, in diesem Sinne das „Arbeiten und Leben dem Lande" zu befragen. Insgesamt wirkt der Band wissenschaftlich fundiert und die detailreichen Studien geben gute Einblicke in die „Frauenwelten" auf dem Land.

Stuttgart   Saskia Frank

BRIGITTE STUCKI: Frauen in der Landwirtschaft heute. Bäuerinnen im Kanton Zürich zwischen Lebenswelt und Berufsdenken (Zürcher Beiträge zur Alltagskultur, 6). Zürich 1998. 303 S.

Brigitte Stucki greift mit ihrer Studie „Frauen in der Landwirtschaft heute" in mehrfacher Hinsicht ein wichtiges und aktuelles Thema auf. Es geht um die Landwirtschaft in unserer modernen Lebenswelt, um die Umbruchsituation in der schweizerischen Landwirtschaft, um traditionelle Einstellungen und Werthaltungen sowie um die aktuelle Bedeutung einer ökologischen Bewirtschaftungsweise. Im Zuge der Maßnahmen, die durch das internationale Zoll- und Handelsabkommen (GATT/WTO) erfüllt werden müssen, ist das landwirtschaftliche Stützungs- und Lenkungssystem in der Schweiz in einem Veränderungsprozeß begriffen. Eine Revision des Landwirtschaftsgesetzes führte dazu, daß seit 1993 Direktzahlungen an die Landwirte bezahlt werden, die sich auf die bewirtschaftete Fläche und auf ökologische Leistungen beziehen. „War es bisher selbstverständlich, dass ein Landwirt für seine Produkte entlöhnt wurde, so bekommt nun jeder Betrieb ein gewisses, auf die Betriebsgrösse bezogenes, Grundeinkommen, unabhängig davon, was auf dieser Fläche produziert wird. Erstmals sind auch ökologische Standards in der Betriebsführung Thema der offiziellen Landwirtschaftspolitik" (S. 11). Ein Volksentscheid vom Juni 1996 hatte ebenfalls eine „verbindlichere Ökologisierung der Landwirtschaft"(S. 12) zum Ziel. Direktvermarktungen und Innovationen auf den Betrieben kommen in dieser Situation zunehmende Bedeutung zu.

Im Kontext dieser tiefgreifenden ökonomischen Veränderungsprozesse ist die Studie von Brigitte Stucki zu sehen. Die Verfasserin richtet ihren Blick auf die

Frauen, die heutzutage in der Landwirtschaft tätig sind. „Verfügen die Frauen in der Landwirtschaft", so wird zum Beispiel gefragt, „über die persönlichen und fachlichen Voraussetzungen, um Innovationen auf dem Betrieb zu realisieren? Sind sie gegenüber den neuen Forderungen nach mehr Ökologie offener als ihre Männer und näher bei einer nachfrageorientierten Marktproduktion?" (S. 16).

Die Stärke einer volkskundlichen Untersuchung wie der vorliegenden liegt darin, nicht nach schnell erhobenen und einfach strukturierten Antworten zu suchen, sondern in differenzierter Weise sowohl nach den Einstellungen und Werthaltungen als auch nach den konkreten Bedingungen des Alltags in der Landwirtschaft zu fragen. Wie sieht eigentlich die Arbeitswelt für heutige Bäuerinnen aus? Welche Bedeutung kommt der Familie, der Kindererziehung, aber auch der Freizeitgestaltung zu? Wie gestaltet sich das Verhältnis zur nichtbäuerlichen Bevölkerung? Selbst- und Fremdbilder gilt es daher zu thematisieren, wenn wir – kulturanalytisch und gesellschaftspolitisch gedacht – die veränderte Arbeits- und Lebenssituation in der Landwirtschaft verstehen wollen.

Bäuerinnen werden in Untersuchungen zur Landwirtschaft nur wenig, zu wenig berücksichtigt. Der Forschungsüberblick, den die Verfasserin zu Beginn ihrer Studie gibt und der neben Arbeiten aus der Schweiz auch deutsche Untersuchungen aufführt, gestaltet sich folglich sehr kurz. Er nimmt nur zweieinhalb Seiten an, was bereits einen ersten Eindruck davon vermittelt, daß hier Forschungsbedarf besteht. Brigitte Stucki hat es sich daher zur Aufgabe gemacht „Forschungslücken" zu schließen (S. 21).

Fokus der Studie ist der Kanton Zürich. Die Situation – mit dem Begriff Strukturwandel umschrieben – ist angespannt und für viele bedrohlich: „In den letzten 35 Jahren", so die Verfasserin, „wurden in diesem Kanton durchschnittlich jede Woche vier Betriebe aufgegeben" (S. 9). Jenseits der individuellen Folgen und Konsequenzen für die betroffenen Familien führt die Marginalisierung, die die Landwirte und Landwirtinnen erfahren, dazu, daß die bäuerliche Lebenswelt für den Großteil der Bevölkerung zunehmend fremder wird. Einher geht die bewußte Inszenierung und Aufwertung des Bäuerlichen, die zum Beispiel in städtischen Räumen vorzufinden ist. Bauernstuben, auch wenn sie an stark befahrenen Straßen anzutreffen sind, stehen für Gemütlichkeit und Gastlichkeit; das rustikale Bauernbrot kennen wir alle; und Bäuerinnen in Tracht, bei den Landfrauen organisiert, gestalten nicht selten Feste, zu denen die Städter in Scharen kommen. Die Bäuerinnen, die sich in ihrem Alltag bekannterweise nur noch in seltenen Fällen für die Tracht entscheiden, leben mit diesen Widersprüchen und Ambivalenzen. „Wieweit", so fragt sich die Verfasserin zurecht, „ist die Landfrauen-Vereinigung noch Repräsentantin der Bäuerinnen im Kanton Zürich?" Das Wechselspiel von Innovation und Tradition steht zur Disposition.

Stucki wählt für ihre empirische Untersuchung verschiedene Zugänge, indem sie qualitatives und quantitatives Arbeiten kombiniert. Mit 16 Bäuerinnen im Kanton Zürich wurden Gespräche geführt, die die Verfasserin methodisch der interpretativen Sozialforschung zuordnet. Die wissenschaftlichen Bezüge werden jedoch nicht vertieft, sondern verbleiben zu sehr an der Oberfläche. Eine Reflexion der Interviewführung und Auswertung wird leider nicht vorgenommen.

Auch für die quantitative Befragung gilt, daß sie hinter den Erwartungen, die an eine statistische Untersuchung gestellt werden können, deutlich zurückbleibt. Einfache Häufigkeitsverteilungen werden gebildet, die den komplexen Themenstellungen nicht gerecht werden.

Die quantitativen Befragung richtete sich an die landwirtschaftlichen Betriebe im Kanton Zürich, „die eine Grösse von mehr als 5 Hektaren aufweisen und/oder mehr als 10 Grossvieheinheiten besitzen" (S. 22). Insgesamt ergeben sich nach Stucki 1568 Fälle, die für die Untersuchung ausgewertet werden: 962 Männer und 569 Frauen (was allerdings einer Gesamtzahl von 1531 entspricht). Die Verfasserin teilt das Datenmaterial in eine Hauptstichprobe (jüngere Generation der hauptberuflich tätigen Bäuerinnen und Bauern, die zum Zeitpunkt der Befragung höchstens 54 Jahre alt waren) und zwei Kontraststichproben. Kontraststichprobe 1 umfaßt die Nebenerwerbstätigen, die nicht älter als Jahrgang 1940 sind. Kontraststichprobe 2 wird von der älteren Generation gebildet, die über 54 Jahre alt sind.

Bereits dieser Einblick in den Aufbau der Untersuchung macht ersichtlich, daß die Bäuerinnen-Studie Geschlechter- und Generationenbezüge enthält. Zur Methodik ist noch zu erwähnen, daß Stucki für ihre Arbeit auch Gespräche mit landwirtschaftliche Fachleuten aus dem Bereich Beratung und Schulung geführt sowie veröffentlichte Materialien hinzugezogen hat.

Zu Beginn der Studie werden die befragten Bäuerinnen in Kurzporträts vorgestellt, was einen ersten Einblick in die Lebensverhältnisse der Interviewten erlaubt. Behandelt werden die folgenden Kapitel: „Die Familie", „Die Arbeitswelt", „Soziale Beziehungen und individuelle Freizeitgestaltung", „Das Verhältnis zur nichtbäuerlichen Gesellschaft" und „Das Verhältnis zu Umweltfragen". Eingearbeitet ist ein Exkurs zum Thema „Die 'Landfrauen'". Im abschließenden Kapitel „Schlussfolgerungen" wird das Verhältnis von Tradition und Moderne, von traditionalen und modernen Einstellungen und Werthaltungen reflektiert.

Von den heutigen Bäuerinnen im Kanton Zürich, die schriftlich befragt worden sind, haben 65 % einen nichtbäuerlichen Beruf erlernt. Der Einstieg in die bäuerliche Arbeitswelt ist für die heutigen Bäuerinnen also nicht einfach: „Der feste Lohn, eine geregelte Freizeit und bezahlte Ferien fallen weg" (S. 87). Auch die familiäre Eingliederung in die Familie des Mannes, die in der Regel den künftigen Lebens- und Arbeitsort für die frisch verheirateten Bäuerin bildet, fällt nicht immer leicht. „Im ersten Jahr kann sie, selbst nach dem Besuch einer Bäuerinnenschule, den Garten nicht so perfekt gestalten wie die Schwiegermutter, die schon 30 Jahre Praxis hat" (ebd.). Konflikte liegen auf der Hand, die individuell bewältigt sein wollen. Das Verhältnis zur Schwiegermutter ist in besonderem Maße konfliktträchtig. Alltägliche Situationen werden zur Belastungsprobe: „Nicht selten demonstrieren die älteren Bäuerinnen den jungen Frauen ihre unermüdliche Tüchtigkeit und ihren Arbeitseinsatz rund um die Uhr, wischen hinter der Schwiegertochter her, kritisieren ihren Garten oder ihre Einkaufsgewohnheiten, sparen nicht an Bemerkungen über ihre modische Kleidung und vieles mehr" (S. 51). Die Arbeit der jüngeren und älteren Bäuerinnen gilt es aufzuteilen. Stucki stellt fest, daß zum Beispiel Gewohnheiten wie der gemeinsame Mittagstisch von Jung und Alt aufgegeben werden. Die bäuerlichen Familien leben meist in der Form der

Kernfamilie. Die ältere Generation führt einen eigenen Haushalt. Charakteristisch für den Familienverband und für die Einbeziehung der Schwiegereltern in den Betrieb ist, daß neue Organisationsformen gefunden werden müssen.

Veränderungen der Lebenswelt betreffen auch die heutigen Kinder. „Die von Ulrich Planck in den 60er Jahren beschriebene Stellung der Kinder in Bauernfamilien als potentielle Arbeitskräfte, die mit einer wenig reflektierten Einstellung der Bauern gegenüber dem Kind gepaart gewesen sein soll, ist in der Gegenwart kaum mehr anzutreffen" (S. 57). Schule und Hausaufgaben seien die wichtigsten Tätigkeiten der Kinder.

Die jungen Bäuerinnen, die ihren Einstieg in die bäuerliche Arbeitswelt gefunden haben, identifizieren sich mit ihrer Tätigkeit: „Die Arbeit in der Natur, die Pflege und Gestaltung der Landschaft wie auch die Produktion von Nahrungsmitteln werden von fast allen Befragten als wichtige oder sogar sehr wichtige Aspekte ihres Arbeitsalltags bezeichnet" (S. 90). Für die Bäuerinnen gehören im Unterschied zur öffentlichen Diskussion Landschaftspflege und Nahrungsmittelproduktion zusammen, was das Unverständnis erkläre, „das viele Frauen [...] in der Landwirtschaft den neuen agrarpolitischen Forderungen entgegenbringen" (ebd.). Ein wichtiges Ergebnis der Untersuchung von Brigitte Stucki bezieht sich auf den Themenkomplex der Ökologisierung des eigenen Betriebs. Bäuerinnen mit modernen Werthaltungen, so stellt sie fest, „haben allgemein (aber nicht auf den eigenen Betrieb oder die Landwirtschaft generell bezogen) ein höheres Ökologie-Bewusstsein als diejenigen, die primär traditionelle bäuerliche Werthaltungen vertreten" (S. 262). Die modern eingestellten Bäuerinnen sind jedoch sehr wenig in die Arbeit des Betriebes einbezogen. Sie haben keine eigenen Bereiche, in denen sie marktorientiert und ökologisch handeln könnten.

Bäuerinnen mit traditionellen Werthaltungen, die z.T. Direktvermarktungen betreiben, lehnen eine Ökologisierung des eigenen Betriebs in der Regel ab. Diese Ablehnung korrespondiere „mit einem Gefühl geringer Wertschätzung seitens nichtlandwirtschaftlicher Kreise" (ebd.). Bei dem Bild, das Bäuerinnen im Unterschied zu den Männern offener für die Ökologisierung seien, daß sie über ein verschüttetes Erfahrungswissen verfügten, handele es sich um „eine Projektion auf die in der Landwirtschaft praktisch Tätigen" (S. 263f.). Die alltägliche Praxis sehe anders aus. Beratung und Schulung seien wichtig. Nicht nur die Landwirte und Landwirtinnen seien heutzutage gefordert, sondern auch die Angehörigen der übrigen Gesellschaft.

Es ließen sich noch viele weitere Aspekte aus dem Alltag heutiger Bäuerinnen anführen, die zeigen sollen, daß sich die Lektüre dieser Studie lohnt. Deutlich wird, daß das Leben in der Landwirtschaft vielfachen Änderungen und Wandlungen unterworfen ist. Fundiert und kenntnisreich wird den Lesern und Leserinnen nahe gebracht, daß es eine „geschlossene bäuerliche Welt" nicht gibt. Wie sich die Zukunft der Betriebe gestalten wird, ist unklar. Die Studie von Brigitte Stucki jedenfalls macht die Bäuerinnen im Kanton Zürich sichtbar, rückt sie ins Bewußtsein. Ein Buch, das zwar leider methodische Mängel aufweist, dem man aber eine breite Leserschaft wünscht.

Kiel   Jutta Buchner-Fuhs

Produkt Muttertag. Zur rituellen Inszenierung eines Festtages. Hg. vom Österreichischen Museum für Volkskunde. Alexander Boesch, Hartwig Knack. Wien 2001. 258 S.

Bereits der Titel „Produkt Muttertag" und die oben angegebene Seitenzahl lassen erahnen, daß uns hier ein Buch vorliegt, das den Festtag zu Ehren der Mütter möglichst umfassend und facetenreich behandelt wissen will. Leserinnen und Leser, die das gesamte Begleitbuch zur gleichnamigen Ausstellung lesen möchten, werden 'rund um den Muttertag' informiert. Zu Beginn erfahren sie in einem Dreischritt die historischen Anfänge dieses denkwürdigen Tages: Hartwig Knack befaßt sich mit der „Kooperation von Blumenhändlern und Volkserziehern", Alexander Boesch folgt mit seinem Beitrag „Das Muttertagsreden. Einführung in den Muttertag und das Muttertagsreden des politischen Katholizismuses in Österreich" und abschließend setzt Hartwig Knack seine Ausführungen fort, indem er in einem Rückblick auf „Die amerikanische Provenienz des Muttertages" eingeht.

In Deutschland hat das Bündnis des Verbandes der Deutschen Blumengeschäftsinhaber und der Arbeitsgemeinschaft für Volksgesundung die Grundlage dafür geschaffen, daß der Muttertag sich in kurzer Zeit von einem unbekannten und zunächst erfolglosen zu einem erfolgreichen Projekt entwickeln konnte. Rudolf Knauer, der 1923 Geschäftsführer des Verbandes der Deutschen Blumengeschäftsinhaber wurde, hatte eine stille Feier, einen besinnlichen Tag im familiären Kreis vor Augen, der „ein trefflicher Bundesgenosse im Kampf gegen Verrohung und Verflachung, gegen Unmoral und Genußsucht" (S. 14) sein sollte. Amerikanische kommerzialisierte Muttertagsfeiern, die mit großem Aufwand betrieben wurden, lehnte er ab; Vorbild sollten die schlichten Feierlichkeiten in Norwegen sein. Die Blumengeschäftsinhaber in Deutschland sahen in der Einführung des neuen Festtages eine Möglichkeit, ihren Gewinn in einer Zeit zu steigern, in der sich der Verkauf von Blumen infolge der angespannten wirtschaftlichen Situation sehr schwierig gestaltete. Das finanzielle Interesse aber sollte im Unterschied zum propagierten ideellen Wert der Mutterverehrung nicht offenkundig werden. Wichtiger Motor zur Etablierung des Muttertags war die Arbeitsgemeinschaft für Volksgesundung, die neben Fachausschüssen wie „Gesundheitspflege, Körperkultur und Alkoholfragen" oder „Bekämpfung von Schmutz und Schund" auch einen „Vorbereitenden Ausschuß für den Deutschen Muttertag" bildete. Eine bunte Schar kam zur ersten Mitgliederversammlung 1926 in Berlin zusammen, zum Beispiel der „Deutsche Ärzte- und Volksbund für Sexual- und Gesellschaftsethik", der „Reichsausschuß für Hygienische Volksbelehrung", der „Reichsbund der Kinderreichen" oder auch kirchliche Frauenverbände. Die Arbeitsgemeinschaft setzte sich in der Öffentlichkeit für „bevölkerungs- und rassenpolitische Standpunkte" (S. 21) ein, kritisierte den damaligen Geburtenrückgang, die Abtreibungen, trat für „Rassenhygiene" und „sexuelle Hygiene" ein und pries die Mutterschaft, insbesondere die Mütter der kinderreichen Familien.

Die Anfänge des Muttertags werden hier recht ausführlich dargestellt, da sie die Grundlagen des Festes, also das Spannungsverhältnis zwischen gesellschaftspolitischen Zielsetzungen, ökonomischen und religiösen Interessen und der einzelnen zu ehrenden Mutter bei der Inszenierung eines neuen Festtages deutlich benennen. (Die Marienverehrung in Österreich als Anknüpfungspunkt zur Mutterehrung wäre noch gesondert zu erwähnen.) Diese Muttertagsszenerie paßte zu der sich wandelnden politischen Gemengelage der folgenden Jahre, und zwar sowohl in Deutschland als auch in Österreich, wo 1924 der Versuch unternommen worden war, den Muttertag einzuführen. Detailliert geben die Aufsätze von Irene Bandhauer-Schöffmann „Das große Mutteropfer. Muttertagsfeiern im 'christlichen Ständestaat'", Irmgard Weyrather „Der nationalsozialistische Mutterkult" und Hartwig Knack „Das 'Ehrenkreuz der Deutschen Mutter'" Auskunft.

Hervorzuheben ist, daß neben den historischen Zugängen zum Muttertag (Karin Hausen hatte diesbezüglich in zwei Aufsätzen grundlegende Basisarbeit geleistet!) auch die subjektive Seite von Töchtern und Söhnen, die ihre Mütter zum Muttertag überraschten und beschenkten und die Wahrnehmungen und Stimmungen von Müttern zur Sprache kommen. 33 Gespräche mit Frauen und Männern „unterschiedlicher sozialer Herkunft und aus verschiedenen Generationen" (S. 111) wurden geführt, die Doris Ingrisch kommentierend zusammengestellt hat.

Die Tatsache, daß Mütter die Kindererziehung vielfach mit einer Berufstätigkeit vereinen, läßt die Frage nach der Erwerbstätigkeit von Frauen und Müttern aufkommen, die Birgit Bolognese-Leuchtenmüller in ihrem Rückblick auf die Erwerbsstruktur im 20. Jahrhundert fundiert behandelt. Auch auf den Beitrag von Andrea Griesebner soll noch hingewiesen werden, die sich mit einer Reflexion der sozialgeschichtlichen versus einer kulturgeschichtlichen Perspektive unter der Thematik „Geschichtswissenschaft und Muttertag. Muttertag als Baustein einer dichotomen Geschlechterordnung" befaßt. Griesebner fordert: „Um die Muttertagsinszenierungen als Baustein einer dichotomen Geschlechterordnung zu verstehen, ist es notwendig, die komplexen und oft widersprüchlichen Wechselbeziehungen zwischen der Herstellung des Mutter-Kultes und den Alltagspraktiken, mit und durch denen dieser wirksam werden konnte, zu analysieren. Erst in einer solchen Perspektive, die die verschiedenen Dimensionen von Muttertag auszuloten vermag, wird der Muttertag zu einem spannenden Forschungsgegenstand" (S. 185). Aus volkskundlich-kulturwissenschaftlicher Perspektive läßt sich hier nur zustimmen, was zeigt, wie nah innovative kulturgeschichtliche Forderungen, die die Autorin durch ihren Hinweis auf die cultural studies stellt und begründet, und bereits erprobte volkskundlich-kulturwissenschaftliche Arbeits- und Denkweisen zusammenliegen.

Welchen Gesamteindruck hinterläßt nun dieses Muttertagsbuch? Bereits das Blättern macht neugierig: viele Abbildungen begleiten die Texte, farbige Darstellungen, Exponate sind am Ende des Buches zu finden. Gerne hätte man die Ausstellung vom Österreichischen Museum für Volkskunde gesehen. Die einzelnen Buchbeiträge sind für sich betrachtet anregend und informativ. In der Gesamtschau des Buches fehlt jedoch die innere Durcharbeit der Aufsätze. Es ist kein in sich geschlossenes Buch entstanden, sondern eine Sammlung einzelner Beiträge. Wiederholungen treten auf, wenn zum Beispiel das Geschäftsinteresse der Blumenhändler mehrfach thematisiert wird, und Argumentationslinien wie sie zum Mutterbild, zur aufopfernden und selbstlosen Mutter geliefert werden, bergen auch keine großen Überraschungen. Die Autorinnen und Autoren stehen für sich, innere Bezüge, die das Lesen des Gesamttextes erfreulicher gestalten würden, fehlen. Wer wie die Rezensentin also das gesamte Buch liest, dem fehlen insbesondere Einleitungen, Überleitungen sowie Straffungen des Textes. War die Ausstellung bestimmt nicht ermüdend zu betrachten, so stellt sich beim Lesen des gesamten Buches eine gewisse Müdigkeit ein.

Hinzu kommt, daß die einzelnen Buchbeiträge wie ein stetes und immer wieder neu aufflackerndes Ringen um die angemessene Haltung zu diesem besonderen Tag wirken. „20 Millionen Blumen werden in Österreich zum Muttertag verschenkt" (S. 101). Es sei der Hauptkampftag der Blumengeschäfte. Soll man den Muttertag, wenn man sich mit der Geschichte und der Inszenierung dieses Festtages befaßt hat, noch feiern? Die Autorinnen und Autoren wollten sicherlich keine eindeutige Antwort geben. Distanziertes wissenschaftliches Interesse und individuelle Handlungspraktiken, die ganz konkret am zweiten Sonntag im Mai vollzogen oder auch verweigert werden können, kommen zusammen. Die Leserinnen und Leser treffen ihre Entscheidungen – Anregungen liefert der vorliegende Band genug.

Kiel   Jutta Buchner-Fuhs

MARIA-LUISE REITZ-TÖLLER: *Die Putzmacherin – ein weibliches Handwerk* (= Studien zur Volkskultur in Rheinland-Pfalz Bd. 24). Mainz 1998, 216 S., 37 Abb. sw.

Einen „Überblick über die gesamte Breite des Putzmacherhandwerks" (S. 2) soll die vorliegende Studie von Maria-Luise Reitz-Töller liefern (zugl. Diss. a. d. Johannes-Gutenberg-Universität Mainz, 1995). Die Autorin stellt den bereits 1741 in Zedlers „Universal-Lexicon aller Wissenschaften und Künste" verzeichneten und seit Beginn des 20. Jahrhunderts mit festen Organisationsformen ausgestatteten „Frauenberuf" in seiner Geschichte, seinen Anforderungen und Möglichkeiten vor. Sie beschreibt und bebildert Produktionsabläufe und Arbeitsplatzausstattungen und setzt sich mit den Modistinnen selbst, ihren Erwartungen, Hoffnungen und Wahrnehmungen auseinander. Als Material dienen dabei einerseits historische und gegenwärtige Fachliteratur, andererseits durch Befragung noch tätiger oder bereits aus dem aktiven Berufsleben ausgeschiedener Hutmacherinnen gewonnene Erkenntnisse. Da die Autorin speziell am Aspekt selbständiger Arbeit interessiert ist (warum dieser Fokus gewählt wurde, ist der Rezensentin allerdings nicht deutlich geworden), hat sie der Wahl ihrer mehr als 20 Interviewpartnerinnen das Kriterium „Besitz eines Meisterbriefes" zugrundegelegt.

Einleitend liefert Reitz-Töller knappe Bemerkungen zum Themenkomplex „Mode und Handwerk" sowie einen „Streifzug durch die Geschichte des Hutes"

(S.13), bei dem leider gerade das ertragreiche Feld der Funktionen und symbolischen Dimensionen von Kopfbedeckungen in Siebenmeilenstiefeln durchschritten wird. Wenigstens punktuelle Vertiefungen und deutlichere Akzentuierungen im Hinblick auf die eigene Fragestellung wären hier wünschenswert gewesen.

Die eigentliche Abhandlung ist in zwei Hauptblöcke gegliedert. Im ersten Teil (Kap. IV bis VI) werden allgemeine historische Entwicklungslinien des Berufes nachgezeichnet sowie spezielle Kenntnisse und Fertigkeiten erläutert. Der zweite Teil (Kap. VII) beschäftigt sich mit den Arbeitsbiographien der befragten Hutmacherinnen und versucht Gemeinsamkeiten und Differenzen in „über sechzig Jahren Modistenhandwerk" (S. 2) nachzuspüren. Dabei scheint ein Berufsbild auf, dem ein „Hauch von Exklusivität" (S. 199) anhaftet, das aber gemeinsam mit seinem Produkt – dem Hut – stark an gesellschaftlicher Bedeutung verloren hat. Präsentiert wird so anschaulich, detailreich und übersichtlich strukturiert ein aussterbendes Handwerk in den Äußerungen seiner letzten Vertreterinnen.

Bedauerlicherweise erschweren an einigen Stellen sprachlich-stilistische Unsicherheiten die Rezeption. Übergänge zwischen den Kapiteln sind zum Teil wenig lesefreundlich. Zu häufig ersetzen darüber hinaus Wendungen wie „es ist wichtig" (S. 35) oder „es empfahl sich aber" (S. 119) fehlende Begründungen für konkrete Vorgehensweisen im Forschungsprozess. Die Rezensentin hätte sich einen etwas höheren Reflexions- und Abstraktionsgrad der Abhandlung gewünscht. So würde sich eine kulturwissenschaftliche Auseinandersetzung mit materialeigenen Auffälligkeiten und möglichen Implikationen anbieten (genannt sei nur die von fast allen Gesprächspartnerinnen geradezu phrasenhaft herausgestellte Phantasie bzw. Kreativität als unabdingbare Berufsvoraussetzung). Vielleicht gerade durch ihren Anspruch auf umfassende Darstellung liest sich die Arbeit jedoch über weite Strecken wie eine Mischung aus Jubiläumsband der Hutmacherinnen-Innung und Broschüre aus dem Berufsinformationszentrum. Eine engere Fragestellung und daran anschließend die Zuspitzung der Interpretation sowie eine konsequentere theoretische Einbettung hätten dem Werk sicherlich gut getan.

Marburg/Lahn   Sonja Windmüller

KARL MANHERZ: *Volkstrachten der Ungarndeutschen.* Germanistisches Institut, Pytheas Verlag, Budapest 2000.

Mit vorliegendem Band erhält der Leser ein Werk über die Volkstrachten der Ungarndeutschen. Es wurde als ansprechendes Album herausgegeben, das außer den deutschen Beschreibungen auch eine ungarische Zusammenfassung enthält.

Das aufgearbeitete Material basiert auf der von Emilia Papp-Grynaeus (1901-1972) von 1956 bis 1959 durchgeführten Sammeltätigkeit. Frau Grynaeus, bildende Künstlerin und Volkskundlerin, forschte vor Ort, d.h. in den von Deutschen bewohnten Ortschaften Ungarns. Sie zeichnete und beschrieb die Trachten in 32 Gemeinden von 14 Komitaten. Dieser Dokumentation fügte sie Photographien aus 34 älteren Familienalben bei. Die Forschungsarbeit rundete sie mit 36 Aquarellen, 41 Teilzeichnungen und 347 Blatt Textbeschreibung ab.

Karl Manherz, der kompetente Erforscher des Lebens der Ungarndeutschen, war bereit, dieses schöne und abwechslungsreiche Material einer breiten Öffentlichkeit zugänglich zu machen, wobei ihm Marietta Boross zur Seite stand.

Das einleitende Kapitel geht kurz auf die Geschichte der Ansiedlung der Deutschen in Ungarn ein. In ein paar Sätzen werden die Hauptrichtungen der Forschungsarbeit skizziert, wobei die trachtenhistorischen Aspekte in den Vordergrund gerückt werden.

Im zweiten Kapitel werden aufgrund des vorhandenen schriftlichen und Bildmaterials die vielfältigen Trachten der aus verschiedenen Regionen Deutschlands nach Ungarn eingewanderten Gruppen beschrieben. Schon hier konturiert sich die Absicht, die sich dann wie ein roter Faden durch das ganze Werk zieht, unvoreingenommen die Trachtenmerkmale bewusst zu machen, die darauf hinweisen, dass die angesiedelten Deutschen, die sich in die Wahlheimat eingliedern wollten, und dabei nicht krampfhaft an den besonderen Stücken ihrer Kleidung festhielten, sondern sich bemühten, wenn auch nur in Maßen, die Kleidung der Ungarn nachzuahmen.

Der historisch bedeutendste Teil des Bandes befasst sich mit der auch zeichnerisch dargestellten Entwicklung der ungarndeutschen Männer- und Frauentrachten vom 19. Jahrhundert an bis ungefähr in die 60er Jahre deds 20. Jahrhunderts. Das Unterfangen war schwierig, weil kein nach einheitlichen Gesichtspunkten gesammeltes und für alle Trachtengruppen aufgearbeitetes Datenmaterial zur Verfügung stand. So versuchte der Verfasser erst gar nicht, die regionalen Merkmale der Trachtentypen zu benennen. Er entschied sich für eine Bestandsaufnahme der Männer- und Frauentrachten nach Technik und Material. Dabei beschrieb er die einzelnen Teile und unterstrich die deutschen Merkmale bzw. verdeutlichte die unter ungarischem Einfluss erfolgten Veränderungen, sich dabei jedes Mal auf konkrete Beispiele stützend.

Die Illustration mit Angaben aus schriftlichen Quellen, Photographien und den strukturellen Zeichnungen der Trachten verleiht den Argumentationen Dokumentarwert, so dass man deren Authentizität nicht anzweifeln kann. Prinzipiell besteht die Gefahr, dass aufgrund der Variationen zu Einzelbeispielen voreilig verallgemeinert wird, Karl Manherz weicht dieser Gefahr allerdings elegant aus. Das tut er, indem er seine Aussage in den Kontext bildungs- und trachtengeschichtlicher Entwicklungen in Ungarn einbettet, die den einzelnen konkreten „schwäbischen" Trachtenteilen die zuverlässige Perspektive verleiht. So sagt er z.B., dass die Männer unter den deutschen Ansiedlern lange Haare trugen, allerdings sich keinen Bart wachsen ließen. Nach 1848 begannen die Männer, Ungarn und Deutsche gleichermaßen, sich die Haare kurz zu schneiden. Ebenfalls nach der Revolution wurde es den Leibeigenen auf dem Lande möglich, sich Bart und Oberlippenbart wachsen zu lassen. Diese Mode verbreitete sich überwiegend unter den Ungarn. Unter den Deutschen befolgten sie nur jene, die zum Richter gewählt wurden. Legte ein Richter sein Amt nieder, dann rasierte er sich auch den Schnauzbart wieder ab. Der Brauch hielt sich bis in die 20er Jahre des 20. Jahrhunderts, allerdings ließen sich auch die Kaufleute deutscher Herkunft früher als die deutschen Bauern einen Oberlippenbart wachsen.

Mit diesem konkreten Beispiel sollte die Auseinandersetzung Karl Manherz'
mit der Materie veranschaulicht werden, dann derer aus der Vielfalt der Details
genau die unterscheidenden Züge mit sicherem Instinkt hervorgehoben wurden.
Seine Kategorien für die Trachtenmerkmale sind:

Männertrachten	*Frauentrachten*
Haartracht, Tragen von	Haar- und Kopftrachten
Oberlippenbart, Bart;	
Kopfbedeckung und deren	Kopfbinden;
Schmuck, Bänder, Sträußchen;	
Halsbänder, -tücher;	Kopftücher;
Schuhwerk: Strümpfe,	Schuhwerk;
Hausschuhe, Stiefel, Schuhe;	
Lederkleidung;	
Mäntel aus Tuchfilz;	
Weißwäsche: Hemden;	Weißwäsche: Hemden, Unterröcke,
Hosen;	Hüftpolster;
Tuch- und Stoffkleidung;	
Westen, Mäntel, Hosen, Schürzen;	Westen;
	Kleider mit Ärmeln;
	Röcke;
	Schürzen;
	Schultertücher;
	Lederkleidung;
	Festkleidung für Mädchen
	und Frauen;

Die Behandlung der einzelnen Kleidungsteile hält sich an das allgemeine Vorbild
bei Trachtenbeschreibungen, nur der Platz der sogenannten weißen Kleidung, der
Weißwäsche, ist nicht eindeutig begründet. Bei den Männertrachten fragt man
sich, weshalb nach Tuchkleidung und Mänteln nicht weitere Kleidungsteile aus
Tuch folgen. Bei der Gliederung der Frauenkleidung stellt sich die Frage, weshalb
die Lederkleidung nicht dort angegeben wird, woe die der Männer genannt wird.
Festkleidung von Frauen wird erwähnt, die der Männer nicht. Weshalb wohl?
    Nach dem Text folgen 36 Farbtafeln mit ausgesprochen gründlichen Beschrei-
bungen der Farbaufnahmen von Frau Grynaeus. Mit einer kurzen ungarischen
Zusammenfassung wird der Band beendet.
    Eine gut ausgewählte Bibliographie ergänzt die Studie. Auch die zahlreichen
Photographien aus der Photosammlung des Ethnographischen Museums Budapest, die das Werk weiter abrunden, sollten nicht vergessen werden.
    Dieser Band ist weit mehr als nur ein Trachtenalbum. Die Angaben und die ab-
wechslungsreiche Bilddokumentation geben hilfreiche Auskunft über viele Ein-
zelheiten. Der von Karl Manherz schwungvoll geschriebene Überblick fasziniert
und informiert.

Budapest   Kincsö Verebélyi

RENATE MÜLLER: *Ideal und Leidenschaft. Sexuelle Sozialisation der akademischen Jugend im Biedermeier* (=Lebensformen. Veröffentlichungen des Instituts für Volkskunde der Universität Hamburg, Bd. 14). Berlin, Hamburg: Dietrich Reimer Verlag, 1999; 440 Seiten

Vorliegende wissenschaftliche Arbeit wurde 1998 vom Fachbereich Kulturgeschichte und Kulturkunde der Universität Hamburg als Dissertation angenommen. Im Mittelpunkt der materialreichen Studie stehen die Liebeserfahrungen, d.h. die Entwicklung von Freundschaft und sexueller Intimität von Gymnasiasten und Studenten in den Jahren zwischen 1815 und 1848, in einer Zeit mithin, die zwischen Restauration und Reform oszillierte, die unter der Oberfläche romantisch anheimelnder Idylle von tiefgreifenden gesellschaftlichen Veränderungen und Spannungen, durch Pauperismus im sozialen und zunehmende Protesten gegen die Obrigkeit (u.a. „Göttinger Sieben", 1837) im politischen Bereich geprägt war und für deren Charakterisierung die Historiographie das gegensätzliche Epochenbezeichnungspaar „Biedermeier" und „Vormärz" bereit hält. Als gemeinsames Charakteristikum der zeitgenössischen (bildungs-)bürgerlichen Mentalität gilt die nahezu uneingeschränkte Bereitschaft zur leidenschaftlichen, euphorischen Idealisierung von Liebe und Geliebter und ihre emotional-affektive Überhöhung und Sublimation in der Vaterlandsliebe.

Auf der Basis von 170 publizierten Autobiographien, 10 Tagebüchern und der Korrespondenz von 15 Briefautoren entwirft die Autorin in Anlehnung an Konzepte der Historischen Sozialisationsforschung ein gleichermaßen anschauliches wie detailliert konturiertes Bild vom Liebeserleben und vom Lebenshintergrund der gebildeten männlichen Jugendlichen in dieser spannungsreichen Epoche.

Die Arbeit ist in ihrer Gesamtanlage in zwei Hauptabschnitte gegliedert, in denen die Gymnasial- und Studienzeit je für sich gesondert dargestellt werden, ein Verfahren, das es ermöglicht, Veränderungen innerhalb der Jugendphase deutlicher aufzuzeigen. (Hier wäre bei der Strukturierung des Textes aus Gründen einer besseren Übersichtlichkeit und Transparenz das gemischte Gliederungsschema mit Ziffern und Buchstaben sicherlich besser gewesen als das tatsächlich angewandte Dezimalsystem!) Dabei sind beide Teile der Untersuchung in ihrem jeweiligen Aufbau identisch: Zunächst werden die Rahmenbedingungen der Sozialisation und der Lebenshintergrund des Gymnasiasten (Kap. 2) bzw. Studenten (Kap. 5) vorgestellt, etwa die materiellen Verhältnisse, der soziale Status, die physische und psychische Entwicklung sowie die jeweiligen Beziehungen zu relevanten Sozialisationsagenturen. In den Kap. 3 bzw. 6 geht es jeweils unter dem Titel „Entwicklung zur Intimität" um Fragen der Vermittlung und Aneignung von Sozialisationsinhalten in den Bereichen Liebe und Sexualität, gefolgt von den beiden zentralen Kapiteln der Arbeit, „Gymnasiastenliebe" (Kap. 4) und „Studentenliebe" (Kap. 7), in denen die verschiedenen freundschaftlichen und amourösen Beziehungen der Jugendlichen zu Frauen unterschiedlicher sozialer Herkunft untersucht werden. Es folgt eine abschließende Betrachtung der lebensgeschichtlichen Bedeutung der Sozialisationserfahrungen für Ehe, Familie und Beruf des erwachsenen Bildungsbürgers (Kap. 8). Ergänzt wird die Studie durch eine Zusammenstellung relevanter biographischer

Hintergrundinformationen zu den zur Auswertung herangezogenen Autobiographen.

In ihrem Resümee (Kap. 9) entfaltet die Verfasserin, gestützt auf die Zwischenergebnisse am Ende der beiden Hauptkapitel, eine differenzierte, deskriptive Typologie der Liebeserfahrungen der akademischen Jugend im Biedermeier, die von der zumeist unglücklichen ersten Schülerliebe über die Galanterie des renommiersüchtigen Schülers/Studenten bis hin zum Poussieren und zur Liebschaft des Studenten und zur (Liebes-)Heirat des schließlich Berufstätigen reichte. Idealisierung und Leidenschaft mischten sich gleichermaßen in den Prozess der sexuellen Sozialisation von Schülern und Studenten. Die langjährige, heimliche und schwärmerisch-phantastische erste Liebe des Gymnasiasten war bestimmt von einem völlig überhöhten Bild von der idealisierten Geliebten, das zudem häufig mit einem extrem negativen Selbstbild des Verliebten korrespondierte, ein Konflikt, der als solcher wohl Teil einer umfassenderen Pubertätsproblematik war. Die erste tatsächliche Liebe des Gymnasiasten war die homoerotische Zweierbeziehung zwischen ihm und dem besten Freund, eine Art Institution, die sich durch gemeinsame Schwärmerei und Identifikation mit literarischen Idolen besonderer Wertschätzung unter den pubertierenden Jugendlichen erfreute.

Während der Studienzeit als eines etwa dreijährigen Moratoriums wurde die homoerotische Paarbeziehung der Pennäler von Freundschaftsbünden unter den Studenten etwa in Gestalt von sog. Freundeskleeblättern oder literarischen Kränzchen als Kommunikationsforen abgelöst. In dieser ambivalenten Lebensphase zwischen Freiheit und Selbstbestimmung auf der einen und pekuniärer Abhängigkeit vom Elternhaus auf der anderen Seite stellte die „Überhöhung der Geliebten zum Ideal und die Selbstherabsetzung zum unwürdigen Vasallen [...] nur ein Variante der Neigung zur leidenschaftlichen Idealisierung" (S. 393) dar. Das männlichkeitsbetonte Studentenleben des Vormärz bot nur wenig Raum für Geselligkeit zwischen den Geschlechtern und hing wesentlich von der je persönlichen Einstellung und dem eigenen Beziehungsnetzwerk ab. Gelegenheiten zu Kontakten mit Frauen aus unterschiedlichsten sozialen Schichten ergaben sich auf Vorstadttanzböden oder ländlichen Festen sowie in Gasthäusern, wo vor allem Kellnerinnen häufig unter den sexistischen Übergriffen der angetrunkenen Studenten zu leiden hatten. Neben der kollektiv praktizierten Galanterie, die zum Renommiergehabe der Studenten vor zumeist jungen Kleinbürgerinnen gehörte, zählen das mehr oberflächliche Poussieren und die eher anrüchigen flüchtigen Liebschaften zu den gängigsten Varianten der Studentenliebe. Bevorzugte Partnerinnen eines sexuellen Verhältnisses waren neben (Gelegenheits-)Prostituierten häufig Schauspielerinnen, Näherinnen, Witwen oder andere materiell abgesicherte Frauen. Der Umgang der Studenten mit den amourösen und sexuellen Angeboten war, das zeigt sich in der Mehrheit der ausgewerteten Autobiographien, ganz entscheidend geprägt durch die vorherrschende (bildungs-)bürgerliche Erziehung zu Strebsamkeit und Tugend durch Eltern und Lehrer, und so verwundert es nicht, dass viele Studenten in sexuellen Dingen noch völlig unerfahren und deshalb unsicher waren und ihre Angst vor den Annäherungen eines lebenslustigen Mädchens oftmals hinter asketischer Strenge verbargen.

Mehr als die Hälfte der Autobiographen kannte die zukünftige Ehefrau bereits während des Studiums. Die Heiratskandidatin des Studenten, häufig durch heimliche Verlobung gegen das Verdikt eines Studentenliebchens geschützt, war in der Regel erheblich jünger: Nur ihr konnte die lange Wartezeit bis zur Hochzeit, wenn die materiellen Voraussetzungen durch eine feste Anstellung des Bräutigams erfüllt waren, zugemutet werden, zum anderen hatte der Altersunterschied für nicht wenige der zukünftigen Ehemänner den Vorzug, die umworbene, häufig noch pubertierende Kindfrau analog seinem Frauenbild vom süßen Fratz, guten Engel oder von der Gemütvollen systematisch zu erziehen, so dass der im Bildungsbürgertum des Biedermeier vorherrschenden Liebesheirat nichts mehr im Wege stand.

Die von Renate Müller erarbeitete Typologie der vorehelichen Liebe von Gymnasiasten und Studenten im Vormärz – hier auf engem Raum nur holzschnittartig wiedergegeben – wird sowohl durch ein Querschnittsverfahren als auch durch Einzelbeispiele exemplifiziert. Während das Querschnittsverfahren die Äußerungen verschiedener Autoren einander gegenüberstellt und den Vorteil einer Darstellbarkeit eines breiten Spektrums von Varianten bietet, können durch das Einzelbeispiel komplexe Beziehungen und Handlungsverläufe wiedergegeben werden. Gleichzeitig dient die Verschränkung beider Verfahren sowie die Hinzuziehung weiterer Quellengruppen der wechselseitigen Überprüfung der Ergebnisse, die die über Passagen hinweg dichte Darstellung in den Rang einer durchaus beachtlichen wissenschaftlichen Arbeit erhebt.

Rauschenberg   Ullrich Amlung

ANGELIKA IWITZKI: *Europäische Freiheitskämpfe. Das merkwürdige Jahr 1848. Eine neue Bilderzeitung von Gustav Kühn in Neuruppin.* Redaktion: Theodor Kohlmann und Irene Ziehe (= Schriften des Museums für Volkskunde, Bd. 19). Berlin: Reimer Verlag, 1994; 207 Seiten mit zahlreichen Abb.

Zu den populärsten Druckerzeugnissen des 19. Jahrhunderts gehörten die Bilderbögen aus der Offizin der Firma Gustav Kühn in Neuruppin/Brandenburg, die jährlich wohl mehrere Millionen Bilder verkaufte. Bei aller Anspruchslosigkeit und Schnelllebigkeit ist diese Form populärer Lesestoffe ein Unterhaltungs- und Informationsmittel gewesen, das die Mentalitäten breiter Bevölkerungsschichten stark mitgeprägt hat. Das gilt insbesondere für die oft in hohen Auflagen erschienenen Aktualitätenbilderbögen, die als Vorläufer der Illustrierten Zeitungen und letztlich der heutigen Massenmedien gelten. Schon in der Frühphase dieses neuen Mediums wurden Motive der Bilderbögen international ausgetauscht.

Bilderbögen, ursprünglich einfache Gebrauchsgrafik, sind heute begehrte Sammelobjekte. Zumeist auf billigem Papier gedruckt, haben trotz hoher Auflagen nur verhältnismäßig wenige die Zeiten überdauert. Viele sind gar nicht mehr nachzuweisen. Ihre Herstellung war bis in die zweite Hälfte des 19. Jahrhunderts hinein reiner Manufakturbetrieb, wo Zeichner, Lithographen und Kolorierer sich die Arbeit teilten. Gerade beim Kolorieren mit Hilfe von Schablonen wurden wegen des geringeren Lohns vorzugsweise Kinder beschäftigt. So auch bei dem Großindustriellen Gustav Kühn.

Mit dem 19. Band seiner Schriftenreihe legte das ehemalige Museum für Volkskunde der Staatlichen Museen zu Berlin – Preußischer Kulturbesitz 1994 eine von Angelika Iwitzki zusammengetragene und kommentierte Dokumentation der Bilderbogenserie „Europäische Freiheitskämpfe. Das merkwürdige Jahr 1848. Eine neue Bilderzeitung von Gustav Kühn in Neuruppin" vor. Der Band ist 1993 als Buchhandelsausgabe und ein Jahr später im selben Verlag als Katalog zu einer Wanderausstellung der Neuruppiner Bilderbogenserie erschienen. Auf diese Weise sollte gezielt ein interessiertes und kaufbereites Publikum angesprochen werden, damit die hohen Druckkosten für die etwa 170 großformatigen und qualitativ hochwertigen Farbbilder wenigstens teilweise finanziert werden konnten.

In langjähriger mühsamer Kärrnerarbeit ist es Frau Iwitzki gelungen, die Bilderbogenserie des Neuruppiners Gustav Kühn zu den europäischen Revolutionsereignissen der Jahre 1848 bis 1850 aus z.T. weit verstreuten Quellen „fast vollständig nachzuweisen und zahlreiche Belege für die Bildmotive und die Bilderbogentexte aufzuspüren", wie der seinerzeitige Direktor des Berliner Museums für Volkskunde, Theodor Kohlmann, in seinem Vorwort anerkennend resümiert. Und tatsächlich: Man kann Angelika Iwitzki nur dankbar sein für ihre langwierigen Recherchen, wenn man mit dem Gefühl lustvollen Kenntnisgewinns die von ihr zusammengetragenen und im einzelnen mit Verlagsnummer und Standort nachgewiesenen 81 von insgesamt 97 vermuteten Bilderbögen der Serie betrachtet. Sie setzen ein mit der Erstürmung der Tuilerien in Paris am 23. Februar 1848 und enden mit dem Sturmangriff der Schleswig-Hosteiner auf das von den Dänen besetzte Friedrichstadt am 4. Oktober 1850.

Größtenteils aus zeitgenössischen Quellen unter gelegentlicher Hinzuziehung neuerer Sekundärliteratur hat Frau Iwitzki bis ins kleinste Detail minutiös recherchierte Hintergrundinformationen gesammelt und zu gut lesbaren Bildkommentaren zur Erhellung des historischen Kontextes zusammengestellt. Gelegentlich wird die Kühnsche Bild- und Textproduktion kontrastiert mit der fast gleichzeitig veröffentlichten Bilderbogenserie zu den Revolutionsereignissen der Jahre 1848 bis 1850 aus der Offizin der Neuruppiner Konkurrenzfirma Oehmigke & Riemschneider. Anders als Oehmigke & Riemschneider, deren Bilderbogen (im Anhang ebenfalls mit Titel, Verlagsnummer und Standort einzeln nachgewiesen) sich offen für die fortschrittlichen Ziele der Revolution engagieren, hat Kühn mit der Wahl der Themen und Bilder und der Art seiner Berichterstattung kein Hehl aus seiner Sympathie für das preußische Königshaus gemacht. Sein Credo: „Ruhe und Ordnung ist die erste Bürgerpflicht".

Trotz der offenkundig monarchistischen und preußischen, antiliberalen Gesinnung seines Schöpfers scheint die schon unter den Zeitgenossen enorme Popularität der Kühnschen Bilderbögen bis heute ungebrochen und wird dank des vorliegenden, vorzüglich bearbeiteten und ausgestatteten Bandes wohl auch weiter fortwirken.

Rauschberg   Ullrich Amlung

MANFRED BECKER-HUBERTI: *Lexikon der Bräuche und Feste.* Herder Verlag. Freiburg im Breisgau, Basel, Wien 2000, 480 S., mit zahlr. Abb., gebunden.

Nach allgemeinem Volksverständnis und wissenschaftlich kaum angefochten bedeutet „Brauchtum" das Tun einer Gemeinschaft – sei es Familie, Sippe, Nachbarschaft, Zunft, Bruderschaft oder Dorf – das durch Herkommen bestimmt oder gewertet, in diesem Kreis als weitgehend verpflichtend angesehen wird. Schon im ausgehenden Mittelalter verstand man darunter soviel wie Sitte, Gewohnheit, Überlieferung oder festgelegtes Verfahren für Riten. Viele unserer Bräuche und Feste sind dabei ihrer Entstehung nach kaum mehr historisch exakt erfassbar und zeitlich eng fixierbar. Gleichzeitig lässt sich beobachten, wie rasch in manchen Brauchtumsbereichen trotz vielfältiger Bemühungen verschiedenster Institutionen und interessierter brauchtumsbewahrenden Gruppen laufend bewährtes und noch bis in unsere Tage bewahrtes Volksbrauchtum verloren geht oder – ohne den Sinn mehr zu kennen oder zu hinterfragen – umfunktioniert und so unverstanden „gebraucht" wird. In dem Maße, wie in den letzten Jahre Bräuche wieder stärker populär wurden, sucht manch einer auch nach den Quellen bräuchlichen Tuns, will wissen, was er da eigentlich tut und warum es so geschieht, wie es geschieht. Warum verschenken wir „Weckmänner"? Woher kommt eigentlich der Osterhase? Warum müssen beim Geburtstag alle Kerzen auf einmal ausgeblasen werden? Wer weiß schon, was der deutsche Michel mit dem Erzengel Michael zu tun hat? Und dass der Weihnachtsmann erst im 19. Jahrhundert aus den Vereinigten Staaten zu uns kam und seine rote Kleidung mit dem weißen Pelzbesatz eine Erfindung von Coca Cola ist? Eine Vielzahl solcher ungewöhnlichen Informationen enthält das von Manfred Becker-Huberti vorgelegte „Lexikon der Bräuche und Feste". Sein Buch versteht er als Brückenschlag zwischen Fragen und Antworten, die sich in einer schier unüberschaubaren Fülle von Literatur, vielfach älteren und vergriffenen Büchern und Aufsätzen, aber auch in neuerer Fachliteratur finden.

Nach Ansicht des Autors, promovierter Theologe und Pressesprecher eines großen Bistums (Köln), braucht die Welt Bräuche. Von daher hält er einleitend fest: „Bräuche bilden und stärken eine Gemeinschaft, vereinen zu gemeinsamen Tun. Religiöse Bräuche tragen Sinn in den Alltag, machen Glauben bräuchlich. Jahrzehntelang schienen sie verschollen, eingegraben in einer Festung, zu der es keinen Zugang gab, weil Aufklärung und wechselnde Ideologien bis zum kritischen 68er-Bewusstsein wie ein breiter Festungsgraben das Symboldenken isolierten" (S. 6). Inzwischen rege sich wieder Neugier und Interesse. Eine neue Generation sei herangewachsen. Das Grafitto aus den 70ern „Es muss mehr als alles geben" dürfe in einer saturierten Gesellschaft wieder ausgesprochen werden. „Der Mensch lebt nicht vom Brot allein", hätten die Alten schon gewusst.

Der mit zahlreichen Abbildungen illustrierte Band enthält rund 3.000 Stichwörter aus dem deutschen Sprachgebiet, die von A („Aba Noel") bis Z („Zwölf Zwiebelschalen") rasche, gründliche und manchmal überraschende Auskünfte mit vielen Tipps und Hintergründen über Bräuche und Feste bieten, die mit dem christlichen Jahreszyklus zusammenhängen. Insofern ist der Titel des Lexikons irreführend, denn es werden nicht ausnahmslos alle Feste im Jahreskreis aufgeführt, sondern nur solche, die christliche Bezüge haben. Von daher wird man die Stichworte „Beltane" oder „Samhain" – Jahreszeitenfeste bei den Kelten - vergebens suchen. Immerhin findet sich das „Julfest", das in seiner Entwicklung christlich überlagert wurde. Ehrlicherweise muss aber gesagt werden, dass wiederholt auf heidnische beziehungsweise vorchristliche Hintergründe mancher Feste verwiesen wird. Aufschlussreich sind die Hinweise auf regionale oder nationale Ausprägungen der Feste in den europäischen Ländern. Die Stichworte sind reich mit Querverweisen versehen, so dass man schnell über größere Zusammenhänge informieren kann. So wird beispielsweise auf „Nazi-Weihnacht" und „Sozialistische Weihnacht" verwiesen, zwei schöne Beispiele, in denen an die Versuche erinnert wird, ein Brauch beziehungsweise ein Fest zu einer bestimmten Zeit ideologisch umzufunktionieren.

Ergänzt wird die Darstellung durch einen Jahreskalender der katholischen Christen, der die sogenannten Herren- und Marienfeste sowie die gebotenen und die nicht gebotenen Fest- und Gedenktage der Heiligen nach dem römischen Generalkalender benennt. Dieser macht sogleich die Grundorientierung von Manfred Becker-Huberti deutlich, auch wenn in den Stichworten auf protestantische Feste und deren Ausformungen eingegangen wird. Für alle die in die Welt des Brauchtums tiefer einsteigen möchten, findet sich am Ende des Buches umfangreiche Literaturhinweise. Insgesamt handelt es sich bei dem Lexikon um ein unterhaltsames Nachschlagewerk, von dem vor allem eine breite Öffentlichkeit sowie Schüler und Studenten profitieren können.

Hubert Kolling   Staffelstein

LOTHAR BRANDT, ACHIM HILZHEIMER, HANS JOACHIM WAGNER: *Sitten und Bräuche in Deutschland, Teil I: Winterbräuche.* (= Lindenblätter) Bildungsverein für Volkskunde in Deutschland DIE LINDE e.V., Berlin 1998, 183 S., Abb. sw.

Die Publikation „Winterbräuche in Deutschland" ist die erste Veröffentlichung eines vom Bildungsverein für Volkskunde in Deutschland DIE LINDE e.V. herausgegebenen Projektes über Sitten und Bräuche in Deutschland. Dieser Band der Autoren L. Brandt, A. Hilzheimer und H.-J. Wagner behandelt die Zeitspanne vom Martinstag (10. oder 11. November), als Wechseltermin vom Herbst zum Winter, bis hin zum endgültigen Frühlingsbeginn am Mariä Verkündung (25. März). Die Inhaltsanordnung der kalendarischen Jahresbräuche ist nicht nach dem Kenntnisinteresse aufgeführt, sondern chronologisch geordnet. Die zeitlich gegliederte Darstellung ist der Zugriff der Verfasser bei der Zusammenstellung der Bräuche und vermittelt einen ausführlichen Überblick von alten und neuen Bräuchen. Das Überdauern mythologischer Interpretationen wird durch geschichtliche Rückblicke bei einzelnen Tagen deutlich, die sich von den ersten Jahrhunderten bis in die heutige Zeit erstrecken. Tiefere Kenntnisse versuchen die Autoren durch das Erfassen des Sinnes sowie der Pflege der Bräuche zu verdeutlichen, womit sie einen Zugang zu vergangenen Generationen mit dem Verständnis für die Fortsetzung der Brauchtumspflege schaffen. Legenden, Symbole und Sitten in einzelnen Bundesländern, in verschiedenen Regionen und in einzelnen Städten manifestierten sich im (Dorf-)Leben der Menschen und lassen, teils in abgewandelter Form, die Bräuche heute erscheinen. Als Beispiel für die Selbstverständlichkeit, mit der Legenden im Volksglauben ritualisiert und befolgt werden, findet sich unter anderem eine ausführliche Beschreibung der Feste Weihnachten, Advent und Neujahr; die Fastnacht als Vorfrühlingsfest und fünfte Jahreszeit ist der Publikation beigefügt.

Marburg   Alexandra Schmidt-Eul

SIGRID NAGY: *Der Adventsbaum.* (= Veröffentlichungen zur Volkskunde und Kulturgeschichte 67) Würzburg 1998.

Aufhänger für diese Publikation über den Brauch des Adventsbaumes stellte für die Autorin Sigrid Nagy der Fund eines Christbaumanhängers aus gestanztem Papier in Weinblattform dar, der sich im Berliner Volkskundemuseum fand.

Die Untersuchungen der Autorin über den Adventsbaumbrauch bestätigen im Prinzip die Ergebnisse zu anderen Forschungen über die Lichterkrone, den Adventskranz sowie den Adventskalender. Die Erkenntnis, daß der Brauch des Adventsbaums eng verknüpft ist mit dem des Adventskranzes ist also nicht neu. Ebenso, daß deren Entstehungsgeschichte im Zusammenhang mit Johann Wicherns Einrichtung, dem Rauhen Haus in Hamburg, und der Übernahme der Bräuche in anderen evangelischen Anstalten der Inneren Mission zu sehen ist. Dort wurden bei der Weihnachtsandacht die verschiedenen Adventsbräuche nebeneinander ausgeübt. Wohingegen es bereits einige Untersuchungen zum Adventskranz gibt, wurde dem Lichterbaum oder dem Adventsbaum keine besondere Erforschung zuteil.

Es ist daher um so bedauerlicher, daß Frau Nagy nicht in einer Einleitung eine übergeordnete Fragestellung oder ihr Erkenntnisinteresse formuliert und dem Leser ihren analytischen Zugriff auf das Thema nicht offenbart. In den Mittelpunkt ihrer Betrachtungen stellt die Autorin von evangelischen Pastoren erstellte Schriften, die eine große regionale und überregionale Verbreitung besaßen. Diesen Quellen wurde in der bisherigen Forschung keine Beachtung geschenkt, weshalb daraus ein zusätzlicher Erkenntnisgewinn erwartet werden konnte. Außerdem bezieht sich Sigrid Nagy auf den vom „Atlas der Deutschen Volkskunde" 1932 entworfenen Fragebogen, der nach dem Adventskranz fragte, wobei sich aber 115 Spontanantworten dabei auf den Adventsbaum bezogen. Die Ergebnisse wurden ohne Kommentar als Karte Nr. 36 veröffentlicht. Nagy wertet diese nun nach ihrer regionalen und quantitativen Verbreitung aus und beschreibt die unterschiedlichen Erscheinungsformen des Brauchelements und ihr zeitliches Auftreten. Somit stellte sich heraus, daß die meisten Antworten aus

Pommern und der Provinz Ostpreußen stammen. Im Anhang werden die entsprechenden Orte mit ihren Landkreisangaben aufgelistet. Unabdingbar wäre jedoch eine vorangestellte Quellenkritik gewesen, oder zumindest der Verweis auf Bausinger 1977, wo eine ausführliche Auseinandersetzung im Bezug auf den Fragebogen stattgefunden hat. Gerade im Hinblick auf Forschungsstand und -geschichte wurde viel zu wenig auf die grundlegenden Forschungen – besonders in Bezug auf die Methodik – zum Adventskranz von Bausinger verwiesen.

Den Hauptbestandteil der Arbeit bildet die Quellensammlung evangelischer Schriften, wobei die Aussagen zumeist von Leitern, Lehrern oder Mitarbeitern der Anstalten der Inneren Mission stammen. Auch Kindheitserinnerungen von den „Zöglingen", wie z.B. der Lina Lejeune, vervollständigen die Einblicknahme in diesen speziellen Brauch. Dabei scheint sich abzuzeichnen, daß Adventsbaum und -kranz ihren gemeinsamen Vorläufer in der Lichterkrone finden. Sein frühester Beleg findet sich 1838 im Rauhen Haus. Es handelt sich um einen Kronleuchter, der mit Tannen geschmückt wurden. Jeden Tag wurde eine neue Kerze angezündet und eine bestimmte Bibelstelle verlesen. So war der Kronleuchter an Weihnachten hell erleuchtet. Später wurden die vier Adventssonntage durch die Verwendung größerer Kerzen besonders hervorgehoben. Hiermit wird der Vorläufercharakter zum Adventskranz schon deutlich. Auf den Adventsbaum verweist das Brauchelement, jeden Tag eine Prophezeiung zu verlesen, was begleitet wird durch das Entzünden eines Lichtes. Nagy zieht Quellen heran, die die Intention des Auswendiglernens der Prophezeiungen erklären. Zusätzlich konnten die Bibelsprüche aufgeschrieben werden. Das führte schließlich zur Herstellung z.T. aufwendig geschmückter Anhänger, die am Adventsbaum aufgehangen wurden. Damit ist das Zustandekommen und der Ursprung dieses Brauchelements und des Christbaumanhängers, der im Museum in Berlin gefunden wurde, aufgedeckt.

Hinweise für das erstmalige Aufstellen eines Adventsbaums finden sich 1846 im Rettungshaus für Knaben in der „Rheinischen Pastoralgehülfen-Anstalt zu Duisburg", das unter der Leitung von Theodor Fliedner stand. Daraufhin erfolgte die Übernahme des Brauches durch andere Diakonissen-Mutterhäuser und Brüderhäuser der Inneren Mission sehr rasch. Als Belege für die verschiedenen zeitgleich existierenden Adventsbräuche führt Nagy Quellen aus verschiedenen Anstalten an, wo die Feierlichkeiten zur Adventszeit genauer geschildert werden bzw. bekannt sind. In einem gesonderten Kapitel wird auf verschiedene andere Brauchvarianten, wie z.B. Adventsbrücke, -krone oder -pforte, eingegangen. Wobei hier jedoch die Frage nach einem zeitlichen Ablauf oder einer zeitlichen Aufeinanderfolge der Bräuche nicht im Vordergrund des Interesses stand, da eine synchrone Betrachtungsweise gewählt wurde. Diese Herangehensweise ist etwas irritierend, weil im Bezug auf die anderen Adventsbräuche der chronologische Ablauf berücksichtigt wurde. Angefangen von den Vorläufern über die ersten Belege bis hin zur Ausbreitung zur Zeit der Industrialisierung.

In diesem Zusammenhang ist es schade, daß Nagy nicht intensiver auf die sozialen Bezüge des Adventsbaumbrauches eingegangen ist. So hat nämlich schon Bausinger 1977 herausstellen können, daß z.B. der Adventskranzbrauch in stark industrialisierten Gebieten üblicher war als in ländlichen Regionen. Worin aber liegen die Gründe, die zu dieser verstärkten Rezeption führten? So fand Bausinger heraus, daß auch Katholiken in Industriegebieten eher diesem Brauch aufgeschlossen waren. Wobei man sich auch hier wieder fragen muß, warum dort der Brauch über die verschiedenen Konfessionen hinweg ausgeübt wurde, wo doch sonst die genannten Adventsbräuche von einer sozial gehobeneren Schicht von Protestanten praktiziert wurde. Was waren die Bedingungen oder Voraussetzungen für diese Verbreitung?

Dazu wirft sich beim Lesen die Frage auf, warum nach einer Phase der offenbaren Ausbreitung, die in einem eigenen Kapitel behandelt wird, ein Niedergang des Brauches erfolgte, wie aus dem Titel des vorletzten Kapitels „Neues Bemühen um den Adventsbrauch" zu schließen ist. Hierin kommt u.a. doch zum Ausdruck, daß der rote Faden in der Herleitung, Darstellung und Ausbreitung des Brauches sowie der Argumentation und Präsentation der Forschungsergebnisse nicht immer eindeutig aufzufinden ist. Es wäre wünschenswert gewesen die neuen Ergebnisse, u.a. auch die zunehmende Vervollständigung der Verbreitungskarte, wo auch die Orte aufgenommen wurden, in denen nach den evangelischen Quellen der Adventsbaum bekannt war, pointierter herauszustellen und in einem eigenen Kapitel nochmals zu betonen.

Marburg   Petra Eisenach

ESTER GAJEK, IRENE GÖTZ: *Studentenfutter*. Was StudentInnen einkaufen und wie sie (miteinander) kochen und essen. (= Münchner Beiträge zur Volkskunde. Sonderhefte, 1) München 1993.

„Studentenfutter" ist als Ausstellungskatalog zur gleichnamigen Ausstellung am Institut für deutsche und vergleichende Volkskunde im Sommersemester 1992 in München erschienen. Die empirische Untersuchung, die der Ausstellung vorausging, gliederten die Studentinnen in fünf Bereiche auf, wobei kein Anspruch auf Repräsentativität erhoben wurde. Die erste Einheit umfaßte die Untersuchung des Lebensmitteleinkaufs Münchner StudentInnen auf geschlechtsspezifische Unterschiede. Die Auswertung der Fragebögen zeigte Gemeinsamkeiten im Einkauf von Grundnahrungsmitteln auf; Schwerpunkte setzten die Studenten zum Beispiel in der bevorzugten Wahl von Chips, Konserven und Einwegverpackungen gegenüber den Studentinnen, die Schokolade, Obst und Gemüse und umweltfreundliche Verpackungen bevorzugten. Bei der Untersuchung der zweiten Einheit der studentischen Kochbücher auf Klischees stellten die Studentinnen fest, daß das Bild des Studenten/der Studentin mit wenig Geld und Zeit sowie allgemeiner Kochunlust vorherrscht. In Teil drei wurden die Kühlschränke auf verschiedene „Eßtypen" untersucht, die jedoch kein Ergebnis in dieser Hinsicht brachten. Der Vergleich des Eßalltags von Büroangestellten und Studentinnen war der Inhalt des vierten Untersuchungsbereichs. Den Unterschieden, die das Ergebnis aufzeigte, lagen der unregelmäßige Alltag der StudentInnen und der geregelte Tagesablauf der Büroangestellten zugrunde. Den Abschluß der Untersuchungen stellte die Erfassung von Kochgewohnheiten im Studentenwohnheim dar. Das gemeinsame Kochen und Essen wurde meist von Studentinnen initiiert; männliche Kommilitonen trugen weniger dazu bei.

Marburg   Julia Mädrich

HERMANN KAISER: *Der große Durst. Von Biernot und Branntweinfeinden – rotem Bordeaux und schwarzem Kaffee. Trinken und Getränke zwischen Weser und Ems im 18./19. Jahrhundert.* (= Materialien und Studien zur Alltagsgeschichte Niedersachsens, Heft 23) Cloppenburg 1995, 254 S., Abb.

Mit der vorliegenden Publikation macht Hermann Kaiser es den interessierten Lesern möglich, sich einen umfassenden Überblick über die Trinkkultur in Niedersachsen und den angrenzenden Gebieten im 18. und 19. Jahrhundert zu verschaffen, beginnend mit dem Stellenwert von Wasser bis hin zur Bedeutung der verschiedenen Getränke im Zusammenhang mit ihrem Genuß.

Wasser zu trinken galt in dieser Zeit als Zeichen bitterer Armut. Gerade in den nördlichen Gegenden Deutschlands war das Wasser oft ungenießbar und beherbergte nicht selten Krankheitserreger, denn die Brunnen wurden aus praktischen Gründen häufig dicht neben Viehställen oder Misthaufen angelegt. Zudem fehlte es in vielen Fällen an einer angemessenen Abdeckung des Brunnenschachts und an einer adäquaten Auskleidung der Brunnenwände. Eine Alternative zum oft unbekömmlichen Wasser war das Bier, das einfach herzustellen und für seine keimtötende Wirkung durch den Alkoholgehalt bekannt war.

Mit einem erweiterten Brauvorgang konnten bald auch ärmere Menschen, die bisher mit Bier oder Wasser vorlieb nehmen mußten, in den Genuß von Branntwein kommen; es entstand der Kornbranntwein, der im Gegensatz zu echtem Branntwein, dessen Grundlage teurer Wein war, für jeden erschwinglich war. Die noch günstigere Kartoffelbrennerei konnte sich gegen den Kornbranntwein allerdings nicht behaupten, wahrscheinlich des Geschmacks wegen.

Während schon das Bier nicht nur als Nahrungs-, sondern auch als Genußmittel gebraucht wurde, traten mit dem Genuß des wesentlich stärkeren Kornbranntweins auch Probleme wie die Trunksucht deutlich zutage. Um dem entgegenzuwirken, wurden Steuern erhoben, Brennverbote ausgesprochen und Brennlizenzen vergeben.

Mit dem Entstehen der Mäßigkeitsbewegung wurde auch eine Rückkehr zum Bier als Alltagsgetränk gefordert. Ein Erfolg in der Bekämpfung des übermäßigen Alkoholgenusses konnte zwar verzeichnet werden, doch mit der verbesserten Trinkwasserqualität und der dadurch zunehmenden Verbreitung von Kaffee und Tee ging der Konsum von Bier als *dem* Durstlöscher zurück. Da echter Kaffee für die unteren Schichten nur bedingt erschwinglich war, wurden zunehmend Roggen oder Zichorie zu Ersatzkaffee verarbeitet oder echtem Kaffee beigemengt. Durch den Import von Kaffee wanderte viel Geld in die Taschen ausländischer Kaufleute anstatt in die eigenen Staatskassen, so daß die Regierungen mit der Erhebung von Steuern und Zöllen intervenierten. Der Rückgang des Bierkonsums lag aber nicht nur daran, daß nun Branntwein als Rauschmittel und Wasser bzw. Kaffee als Alltagsgetränk das Bier ersetzten, sondern immer noch an der oft schlechten Bierqualität und seiner geringen Lagerfähigkeit, die es schnell sauer werden ließ. Auch der Bestand von Brauereien hatte stark abgenommen. Eine Qualitätsverbesserung der hergestellten Biere und eine Überprüfung der Brauereien durch die verschiedenen Ämter wurde nun angestrebt. Einen Aufschwung erfuhr die Bierindustrie durch das Brauen nach „baierischem" Rezept.

Dieses helle, untergärige Bier war zwar teurer in der Herstellung und auf Kühlung angewiesen, aber durchaus eine Konkurrenz für die bisher gebrauten dunklen, obergärigen Biere. Auch der Genuß von Wein darf nicht unerwähnt bleiben, der mit dem Import von günstigen französischen gegenüber den teuren rheinischen Weinen auch in ländlichen Gegenden zunahm; allerdings wurde den Bauern der Weinkonsum größtenteils verwehrt, obwohl auch sie ihn zu feierlichen Gelegenheiten schätzten.

Mit dem sich immer weiter verbreitenden Konsum all dieser Getränke wurde auch der Gebrauch der zu ihrer Herstellung benötigten Utensilien wie Brenngerätschaften oder Röstvorrichtungen alltäglich. Auch auf dem Gebiet des Ausschanks waren nicht wenige Entwicklungen zu verzeichnen, sei es in der Abfüllung von Bier in Flaschen oder in der Kranenkanne für den Kaffee, die mit dem Wasserkessel weitläufig verwandt war.

Zu einer volkskundlichen Betrachtung gehören aber nicht nur die Untersuchung und Einordnung von alltäglichen Gütern, sondern auch die Umstände ihrer Verwendung. Durch die Einbeziehung von zeitgenössischen Reiseberichten, bildlichen Darstellungen etc. gelang es Kaiser, dem Leser eine Vorstellung von der Trinkkultur jener Zeit anschaulich zu vermitteln. Die Verwendung von zahlreichen Quellenzitaten und Abbildungen im Text zeigt die Vielfältigkeit dieses bisher noch eher wenig erforschten Gebietes der Nahrungskultur auf.

Der Autor geht bei der Darstellung seiner Forschungen auf viele Bereiche der niedersächsischen Trinkkultur des 18./19. Jahrhunderts ein, so unter anderem auf den Anbau und die Verwendung der unterschiedlichen Getreidesorten, der Verbreitung von Weingläsern, die jeweiligen gesetzlichen Rahmenbedingungen und die Qualitätsanalysen der Getränke, um nur einen Bruchteil zu nennen. Trotz der breiten Palette der in ihr angesprochenen Bereiche wurde mit dieser Publikation keine oberflächliche Arbeit vorgelegt, sondern eine ansprechende Darstellung eines Gebietes der Volkskunde, das durchaus noch weitere Forschungsmöglichkeiten erkennen läßt.

Marburg   Julia Mädrich

2000: Zeiten/Übergänge. Zur Konstruktion der Jahrtausendwende. Begleitpublikation zur Ausstellung: 2000: Zeiten/Übergänge. Die Ausstellung zur Jahrtausendwende. 3. Dezember 1999 bis 13. Februar 2000. Österreichisches Museum für Volkskunde. Wien 1999. Selbstverlag. (= Kataloge des Österreichischen Museums für Volkskunde, Bd. 74), 95 Seiten, zahlreiche Abbildungen.

Der Jahreswechsel 1999/2000 ist vielfältig zum Anlaß für Veranstaltungen, Ausstellungen, Seminare etc. genommen worden. Dieser Ausstellungskatalog des Österreichischen Museums für Volkskunde stellt somit selbst ein besonderes Zeitdokument dar, nämlich ein exemplarisches Beispiel für volkskundliche Reflexionen und Präsentationen zum Millenniumsproblem. Für das Konzept, die wissenschaftliche Bearbeitung, Organisation und Durchführung der Ausstellung sowie für die Ausarbeitung des Begleitbandes zeichnen Birgit Johler, Kathrin Pallestrang und Birgit Rauter verantwortlich.

Ziel der Wiener Ausstellung ist die Vergegenwärtigung und Veranschaulichung der Frage, „wieso das Jahr 2000 eine derartige magische Wirkung ausübt". Drei Themengebiete kommen zur näheren Darstellung: 1. Zeitrechnung und Zeitmessung (bearbeitet von Kathrin Pallestrang), 2. historische Entwicklungen und kulturelle Prägungen des Silvesterfestes (bearbeitet von Birgit Johler), 3. Endzeitvisionen, insbesondere Weltuntergangsstimmungen und apokalyptische Prophezeiungen (bearbeitet von Brigitte Rauter). Zahlreiche, zum Teil hochinteressante und selten im Zusammenhang gesehene Exponate haben die Austellungsmacherinnen zusammengetragen und im Katalog dokumentiert. Das Heft ist außerordentlich sorgfältig redigiert, schön und aufwendig illustriert, und es gibt durchweg kompetente Überblicke und Hintergrundinformationen zum Millenniumsproblem. Zur theoretischen Rahmung haben sich die Autorinnen auf Arnold van Genneps Lehre von den Übergangsriten geeinigt, auf deren Basis überzeugend gezeigt werden kann, „daß die allseits bekannten Handlungsabläufe" an Silvester wie Feuerwerk, Bleigießen, Schweinskopfessen „allgemeinen kultur-anthropolischen Mustern folgen", wie sie sich stets in Übergangsphasen zeigen.

Zunächst widmen sich Ausstellung und Katalog unterschiedlichen Systemen der „Berechnung und Bemessung der Zeit" seit der Antike bis heute (S. 10-35). Natürliche Voraussetzungen werden geklärt (Sonnen-, Mond- und Sternenzyklen etc.), griechische und römische, jüdische und christliche Modelle vorgestellt, schließlich werden kulturelle Konflikte erörtert, die sich aus der Umstellung des julianischen auf den gregorianischen Kalender ergeben haben. Volkskundlich besonders interessant sind außerdem die Ausführungen zu Kalendern und Almanachs seit dem Mittelalter, die sich überdies ansprechend abgebildet finden. Themenschwerpunkte sind Astronomie, Astrologie, Medizin, Landwirtschaft, Unterhaltung und natürlich Termine im Jahreslauf (Jahrmärkte, Aussaat, Ernte etc.).

Der zweite Teil, der kulturhistorische Rückblick auf Riten zum Jahreswechsel (S. 36-73), entfaltet ein differenziertes Bild eines städtisch-bürgerlichen Festes und seiner Vorläufer. Im Gegensatz zur älteren, altertumskundlichen und mythologischen Deutung als Relikt heidnischer Götter-, Dämonen- oder Fruchtbarkeitskulte wird zu Recht herausgestellt, daß Übergangsriten zur Winterzeit vor allem christlich geprägt sind und daß ihre kulturelle und soziale Bedeutung darin liegt, Gemeinschaften zu stärken und Ängste zu kompensieren. Franz Grieshofer vertieft diese Darstellung in einem Exkurs am Beispiel der „Perchten – Maskengestalten der Mittwinterzeit" (S. 46-58). Das Silvesterfest heute analysiert Birgit Johler dann trefflich mit van Gennep als Übergangsritus in drei Phasen: 1. Trennung und Vorbereitung (Rückschau, Gottesdienst), 2. Schwelle (Lärm, Alkohol, Glückwünsche), 3. Angliederung ans Neue (Katerstimmung, Neujahrskonzert, Verwandtenbesuche). Einzelne Brauchelemente werden vorgestellt und mittels reizvoller Ausstellungsstücke veranschaulicht. Ein weiterer Aspekt ist das „Making of 2000", die Inszenierung des Jahrtausendwechsels insbesondere durch die Konsumindustrie.

Den dritten Teil und Abschluß bildet die Darstellung von Endzeitvisionen (S. 74-94). Brigitte Rauter konzentriert sich auf die Apokalypse des Johannes. Geschichtliche Voraussetzungen bei Hesiod, Zarathustra und Sibylle werden ebenso bedacht und veranschaulicht wie die Wirkungen dieser Endzeitvision in der christlichen Kulturgeschichte Europas. Einzelne Motive wie die Mondsichelmadonna, der Erzengel Gabriel, das Jüngste Gericht sind eindrucksvoll dokumentiert. – Insgesamt handelt es sich um einen rundum gelungenen volkskundlichen Beitrag zum Jahrtausendwechsel.

Marburg   Harm-Peer Zimmermann

GUDRUN M. KÖNIG: *Eine Kulturgeschichte des Spazierganges. Spuren bürgerlicher Praktik 1780-1850.* Böhlau Verlag, Wien/Köln/Weimar 1996, 392 S., zahlreiche Abb. (Kulturstudien. Bibliothek der Kulturgeschichte, Sonderband 20)

Gudrun M. König hat sich eines Freizeitverhaltens angenommen, daß so geläufig ist, als ob es von jeher zu den primären Bewegungsformen des Menschen gehört hätte: das Spazierengehen. Warum ist eigentlich in der Volkskunde nicht schon längst über diese heutzutage so selbstverständliche Beintat gearbeitet worden? Um so beherzter greift der Rezensent nach diesem kompakten Buch mit dem ansprechenden Einband, dem guten Papier, dem klaren Schriftsatz und der schönen Bebilderung. Die Autorin hat in Tübingen Empirische Kulturwissenschaft und Soziologie studiert; sie war Museumsvoluntärin, Stipendiatin, Lehrbeauftragte und ist schließlich von Hermann Bausinger promoviert worden mit eben dieser Studie über die „Kulturgeschichte des Spazierganges".
    Die Arbeit hat sieben Kapitel, die sich zu drei Teilen sinnvoll zusammenfassen lassen. Der erste Teil (S. 11-64) kümmert sich um die Fragen wissenschaftlicher Redlichkeit: Forschungsstand, Quellen, Methoden, Begründung des eigenen Forschungsansatzes und der Interessenschwerpunkte. Der Spaziergang wird als bisher kaum erforschte „Marginalie" ausgewiesen, die es aber erlaube, kulturelle und soziale Makroprobleme beispielhaft unter die Lupe zu nehmen. Im Mittelpunkt des Interesses steht die Genese und Inszenierung bürgerlicher Normen und Werte zwischen 1780 und 1850, und zwar insbesondere im Hinblick auf die Problembereiche: Körper und Natur, Geschlecht und Familie, Gefühl und Affektregulierung. Als Grundlage dienen vor allem Bildquellen und literarische Zeugnisse aus Württemberg (Stuttgart, Tübingen, Ulm, Wildbad).
    Der zweite Teil (S. 65-206) stellt das empirische Bildmaterial vor und breitet es detailliert aus. Eine Vielzahl von Veduten mit Spaziergangsszenen ist abgebildet und wird ausführlich beschrieben. Doch damit beginnt auch schon die Schwierigkeit, die der Rezensent mit diesem Buch hat: Spätestens nach dem zehnten Bild regt sich erstes Mißfallen, das bis zum 25. Bild in stärkeres Grollen und schließlich nach dem 35. Bild in handfeste Ärgerlichkeit übergeht. Denn die Autorin beschränkt sich in diesem Hauptteil ihrer Arbeit auf bloße Deskriptionen.

Die Leser erfahren kaum mehr, als sie ohnehin selbst auf den schönen Abbildungen erkennen können: „In Richtung Stadt geht ein älterer Herr, gefolgt von einem Hund, um die Ecke verschwindet gerade ein bürgerliches Paar" (S. 129); und so geht es in einem fort, ohne klärenden analytischen Zugriff, weitgehend ohne Erläuterungen etwa zur Symbolik bestimmter Staffagen, Haltungen, Kleidungen oder gar zur Intention der Künstler und ihrer Rezipienten. Die Autorin hat einen faszinierenden Quellenbestand aufgetan, aber sie hat ihn nicht durchdacht, sondern lediglich additiv eine Beschreibung an die andere gereiht. Wo bleibt der sondierende Sinn, der die relevanten Strukturen aufschließt?

Der dritte Teil der Arbeit (S. 207-319) rekapituliert die zeitgenössische Diskussion über den Spaziergang. Die Autorin berichtet über philanthropische, medizinische, hygienische, sittliche und schöngeistige Versuche, den Spaziergang als bürgerliche Praktik zu rechtfertigen. Wiederum wird immenses Material ausgebreitet. Von Frank bis Gutsmuths, von Rousseau bis Goethe wird der literarische Schatz des 18. und 19. Jahrhunderts auf Spaziergangszitate hin abgeklopft. Eine anerkennenswerte Sammlung ist dabei herausgekommen, ein Zitatensteinbruch, aber wieder läßt es die Autorin an inspirierenden Gedanken und an der Arbeit mit Begriffen fehlen.

Es wäre indes unfair und unrichtig zu behaupten, der Autorin fehle es gänzlich an Begriffen. Das Gegenteil stimmt, sie greift reichlich Begriffe auf, die derzeit in der Volkskunde eine zentrale Rolle spielen, zum Beispiel: Differenz der Geschlechter, Vielfalt der Kulturen, Ästhetik der Natur, Konstruktion des Körpers. Die meisten Stichworte des korrekten kulturwissenschaftlichen Diskurses fallen, aber die Autorin greift damit nicht beherzt zu. Sie nennt die Begriffe in bester Absicht, aber sie arbeitet damit nicht eigentlich, sie gestaltet ihren Stoff damit nicht. So mangelt es schon an einer grundlegenden Typologie des Spazierganges, einer Typologie, die sich etwa an den Begriffen öffentlich – privat, moralisch – ästhetisch, bürgerlich – proletarisch, Arbeit – Freizeit hätte orientieren können. Frau König variiert mannigfalte Motive des Spazierengehens, ohne sich auch nur in ein einziges Motiv tiefer einzudenken und mithin eine klare Interpretationslinie zu entwickeln. Es gibt keine durchgehaltene, deutliche Gedankenführung, sondern lediglich ein sprunghaftes Aufgreifen und Fallenlassen und Wiederaufgreifen von Motiven kreuz und quer durch ein Jahrhundert. Schon der Einleitungsteil leidet diesen Mangel.

Frau König, das Thema ist super, die Quellenbestände, die Sie erschlossen haben, sind aufregend; aber warum gehen Sie so sparsam mit erhellenden Ideen um? Verweist die Zurückhaltung bei der analytischen Durchdringung auf eine neue kulturwissenschaftliche Vorgehensweise, die ich noch nicht recht verstanden habe? Wenn das so wäre, dann hätten Sie darüber zumindest in der Einleitung Auskunft geben sollen, um Mißverständnissen und Verrissen vorzubeugen. Leider fehlt auch ein abschließendes Resümee, das manches hätte klarer stellen können.

Marburg   Harm-Peer Zimmermann

ÖSTERREICHISCHES MUSEUM FÜR VOLKSKUNDE (Hrsg.) : *nichts tun – vom flanieren, pausieren, blaumachen und müßiggehen* (Eigenverlag, Kataloge des Österreichischen Museums für Volkskunde, Bd. 75) Wien, 116 Seiten, 120, meist vierfarbige Abbildungen

„Das Tempo des Flaneurs ist mit dem Tempo der Menge zu konfrontieren. Es stellt den Protest gegen dieses dar", hat der wunderbare Walter Benjamin einmal geschrieben. Und weiter: „Der Flaneur protestiert mit seiner ostentativen Gelassenheit gegen den Produktionsprozess. (...) Der Müßiggang des Flaneurs ist eine Demonstration gegen die Arbeitsteilung."

Protestieren durch Flanieren also. Nur: Weniger scheint in einer Zeit, in der sich selbst ehedem gegenhegemoniell oder oppositionell intendierte Unternehmungen (Jugend- und Subkulturen, Avantgardebewegungen künstlerischer oder politischer Natur, etc.) dem kommerziellen Funktionieren verschrieben haben, so unzeitgemäß, wie ein aufreizend offensives Vertrödeln von Zeit. Mehr noch, das schlichte Vorhandensein von überschüssiger Zeit ist unter postindustriellen Bedingungen zum Stigma geworden. Zeit hat man heute nicht mehr – und wenn, dann nur, um sich fortwährend fortzubilden, damit man fit bleibt für ein (Arbeits-)Leben im Räderwerk des Spätkapitalismus.

Just an dieser Stelle treten nun vier Wiener WissenschaftlerInnen auf den Plan. Gertraud Liesenfeld, Klara Löffler, Christian Rapp und Michael Weese widmen sich im Rahmen ihres gemeinsamen Forschungsprojekts „Über den Müßiggang" eben jenen „Konstruktionen von freier Zeit zwischen Arbeits- und Erlebnisgesellschaft", die in der zweiten Moderne so verpönt zu sein scheinen. Als eine Art Zwischenbericht ihrer Forschungsarbeit ist nun „nichts tun – vom flanieren, pausieren, blaumachen und müßiggehen" erschienen – der Begleitband ihrer gemeinschaftlichen Ausstellung im österreichischen Museum für Volkskunde.

Und das ist ein überaus kurzweiliges Büchlein geworden. Unter anderem deshalb, weil es so scheinbar mühelos vom Nebensächlichen zum Essentiellen wechselt. So wie sich die Ausstellung notwendigerweise den Dingen (einem Wartehäuschen, einem Massagegerät, einer Anti-Stress-Brille) widmet, gelingt es „nichts tun", mehr als nur bloßer Ausstellungskatalog zu sein. Oft gerinnen die einzelnen, immer überschaubar kurz gehaltenen Beiträge zu Aphorismen eines „engagierten Eigensinns", zu Appellen für einen konstruktiven Umgang mit dem persönlichen – um jenes eigentümliche Modewort zu benutzen – Zeitbudget. So spricht Klara Löffler in ihrem abschließenden Aufsatz „Vom Müßiggehen" von der Notwendigkeit einer „Lust am Nichtstun". Sie verweist dabei zurecht auf den in der Europäischen Ethnologie noch so wenig rezipierten Philosophen Gilles Deleuze, der in seinem Aufsatz „Kontrolle und Werden" – ganz im Sinne unserer vier Wissenschaftlerinnen – von der Hoffnung sprach, „neue Zeit-Räume in die Welt zu bringen."

„Das zur Kunst ausgebildete Trägsein ist im Abendlande zu allen Zeiten nur von harmlosen Dilettanten betrieben worden", warf Hermann Hesse einst seinen Zeitgenossen einst vor. Und vielleicht sind Gertraud Liesenfeld, Klara Löffler, Christian Rapp und Michael Weese ja auch angetreten, um den misantropen

Literatur-Nobelpreisträger diesbezüglich Lügen zu strafen. Oder um es mit Steve Marriot, Sänger und Songschreiber der Londoner Beat-Band „Small Faces" zu sagen: „Lazy Sunday afternoon, I've got no time to worry."

Marburg/Lahn   Clemens Niedenthal

UWE MEINERS, JULIA SCHULTE TO BÜHNE (Hrsg.): *Zwischen Steckrüben und Himbeereis* (Museumsdorf Cloppenburg/Materialien und Studien zur Alltagsgeschichte und Volkskultur, Heft 31/2). Cloppenburg 2001, 152 S.

„Zwischen Gelsenkirchener Barock und String-Regal", „Vom losen Tee zur Tütensuppe" oder eben „Zwischen Steckrüben und Himbeereis" – bereits in den Überschriften der einzelnen Buchbeiträge und schließlich im Titel der von Uwe Meiners und Julia Schulte to Bühne edierten Begleitveröffentlichung zur gleichnamigen Ausstellung im Museumsdorf Cloppenburg wird das Transistorische einer Epoche deutlich, die bereits seit geraumer Zeit zu einem der liebsten Reiseziele der Volkskunde und der Europäischen Ethnologie gehört – die Kinderjahre der Bundesrepublik.

Ob das an der gerne kolportierten Archaik der unmittelbaren Nachkriegszeit, dem latenten Stolz über das bald Erreichte oder aber der Erkenntnis, dass die restaurativen Wirtschaftswunderjahre doch nicht alles zum besten wendeten, liegt, sei einmal dahingestellt. Richtig ist allerdings, dass es immer schwerer wird, der Zeit der Maggi-Würfel, Musikboxen und Messerschmitt Kabinenroller neue Erkenntnisse abzugewinnen. Zu viele Veröffentlichungen stapeln sich da schon auf dem Nierentisch.

„Zwischen Steckrüben und Himbeereis" geht diesbezüglich den sprichwörtlich und in der Tradition des Faches naheliegenden Weg, jener Epoche vor der eigenen Haustür zu begegnen. „Nachkriegselend und Wohlstandsglück im Oldenburger Land", lautet denn auch der Untertitel des reich und leider auch vorhersehbar bebilderten Buchs, das immer dann zu glänzen weiß, wenn es sich von den hinlänglich bekannten Motiven und Erzählstrukturen kollektiver Nachkriegsmythen löst und den Blick auf unikatärere Momente lenkt. Oder anders gesagt: Es ist weitaus spannender mit Karl-Heinz Ziessow den Spuren des Cloppenburger Landarztes Gustav Thye zu folgen, als nur eine weitere Abbildung historischer Waschmittelverpackungen betrachten zu müssen. Zumal es solche Persil-Kartons ohnehin längst als „Nostalgie-Pack" im Supermarkt an der Ecke gibt.

A propos Supermarkt. Wohl als Synonym für eine entfremdete Spätmoderne ist der in Julia Schulte to Bühnes Überlegungen zum „Einkaufen in den Nachkriegsjahren und in der Wirtschaftswunderzeit" allgegenwärtig. „Bis heute konnten sich vereinzelt die Geschäfte in der traditionellen Form halten und werden nun zu Ortsattraktionen und Sehenswürdigkeiten" heißt es da über den – so der unüberhörbare Tenor – guten alten Tante-Emma-Laden. Und in der Tat: Zu oft reproduziert „Zwischen Steckrüben und Himbeereis" nur die gängigen Klischees einer „entbehrungsreichen" aber „herzenswarmen" Epoche, anstatt diese kritisch zu hinterfragen.

So werden auch die Konfliktlinien, die die bundesdeutsche Nachkriegsgesellschaft nicht nur prägen, sondern spätestens mit den sechziger Jahren auch gehörig aus dem Tritt bringen sollten, nur angedeutet. Egal ob Halbstarke, Einbauküchen oder Comic-Hefte – alles bleibt schlussendlich nur ein weiterer Farbtupfer in einem zu harmonischen Gemälde. Zu selten gelingt es dem Buch, den wirklichen Geist jener Jahre in den abgebildeten Zeitgeist-Phänomenen aufzuspüren. Dabei haben die interviewten Zeitzeugen ein ums andere mal tiefblickende und spannende Vorlagen für eine solche Analyse gegeben, wäre man nur den Fährten gefolgt, die zwischen ihren eigentlichen Aussagen schimmerten.

Marburg/Lahn   Clemens Niedenthal

KLAUS SUCHFORT: Der Schlachthof in Gießen. Ein Beitrag zur Geschichte der Veterinärmedizin (Schriften zur Gießener Stadtgeschichte, 5). Gießen 1998. 270 S.

Bei der Arbeit von Klaus Suchfort „Der Schlachthof in Gießen. Ein Beitrag zur Geschichte der Veterinärmedizin" handelt es sich um die leicht überarbeitete Fassung seiner Dissertation aus dem Jahr 1997. Suchfort wurde am Fachbereich Veterinärmedizin der Justus-Liebig-Universität Gießen promoviert, was bereits darauf hindeutet, daß wir es mit einem Beitrag zur Stadtgeschichte zu tun haben, der veterinärmedizinisches Wissen in die Arbeit mit historischen Quellen und Materialien einbringt. Die Art und Weise der Darstellung ist gelungen: Der Leser und die Leserin werden in informativer und – für den medizinischen Laien – leicht verständlicher Form zum Beispiel über Trichinen, Finnen oder auch die „Franzosenkrankheit" (Tuberkulose) aufgeklärt. Die Trichinose, erst seit 1860 als für den Menschen lebensgefährliche Erkrankung erkannt, hatte etwa in Sachsen in den Jahren von 1860 bis 1889 zu 3402 Erkrankungen und 79 Todesfällen geführt. Gesundes Fleisch zum Verzehr, die BSE-Problematik hat uns wieder deutlich daran erinnert, wie abhängig wir auch heutzutage von den Sicherungen bei der Fleischversorgung sind, war nicht selbstverständlich. Entscheidend war es daher, Maßnahmen und Kompetenzen zur Verfügung zu haben, gesundes und krankes Vieh zu unterscheiden sowie gesicherte Aussagen über die Qualität des Fleisches treffen zu können. In den Ausführungsbestimmungen A zum Reichfleischbeschaugesetz aus dem Jahre 1903, die bereits eine Kontrollmaßnahme zum Schutz vor krankem Schlachtvieh und vor ungesundem Fleisch darstellten, konnte allerdings noch „unter bestimmten Voraussetzungen Tuberkulose zu der Beurteilung ʻminderwertig' führen. Im Gegensatz zu bedingt tauglichem Fleisch war es danach möglich, das Fleisch tuberkulöser Tiere roh zu verkaufen" (S. 40f.). Tierärztliche Fleischbeschauer sollten Schutz gewährleisten, es dauerte jedoch noch bis zum Jahre 1922, bis sie in ihren Kompetenzen so gestärkt worden waren, daß die Schlachtvieh- und Fleischbeschau in ihren Händen lag. Der Stel-

lenwert der Tierärzte war gestärkt, „was seinerzeit die 'wissenschaftlich-voll-
wertige' Anerkennung der tierärztlichen Tätigkeit in der Fleischbeschau bedeutete" (S. 42).

Die Entwicklung des Schlachtwesens und die Entstehung der Schlachthäuser
gehören zusammen; die öffentlichen Schlachtanlagen sollten die fachlich kon-
trollierte Nutzung des Fleisches gewährleisten. Die Geschichte der Schlachthöfe
im 19. Jahrhundert ist daher nicht zu trennen von der Entwicklung der (universitären) Tierheilkunde. Im Zuge der Professionalisierung der Tierärzte wurden sie
zu den Experten der Tierverwertung. Klaus Suchfort, der zum Beispiel den Anfängen der tierärztlichen Fleischbeschau in Gießen nachgeht, erinnert an Karl
Wilhelm Vix (1802–1866), der 1827 zum Kreistierarzt des Bezirks Gießen und
zum Lehrer der Tierheilkunde an der Landesuniversität ernannt worden war.
Zwei Jahre später gründete Vix „die Keimzelle des heutigen Fachbereichs Veterinärmedizin in Gießen" (S.142), ein Tierarzneiinstitut. Sein Gutachten „über den
Zustand der Schlachtstätten und der Schlächterey der Metzger zu Gießen in sani-
tätspolizeylicher Hinsicht" sei der Auslöser gewesen, „der die Kreisbehörde im
Jahr 1843 zur Eröffnung des Schlachthauses in der Waagengasse veranlaßte" (S.
143).

Es handelte sich um das erste Gießener Schlachthaus, das seinerzeit jedoch
noch erhebliche Mißstände aufwies. Brühkessel seien noch nicht vorhanden gewesen, nach wie vor habe es unkontrollierte Schlachtungen in den Schlachthäusern der Metzger gegeben, auch auf der Straße sei geschlachtet worden und die
Geruchsbelästigungen für die Anwohner (das Schlachthaus stand in der Nähe einer Mädchenschule) seien erheblich gewesen. Magen- und Darminhalte sowie
sonstige Abfälle seien in den Kanal geworfen worden und generell habe nicht genügend Wasser zur Verfügung gestanden.

Die Schlachtungen der 37 ortsansässigen Metzger, die zu Beginn der 1840er
Jahre zum Teil in eigenen kleinen Schlachthäusern, zum Teil auch auf der Straße,
in Ställen, Küchen oder Hausfluren schlachteten, waren zum Problem geworden
(vgl. S. 49). Aus medizinischer Sicht waren diese Schlachtungen – vergleichbare
Konflikte zwischen Metzgern und Tierärzten um die Schlachtung gab es im übrigen auch in anderen Städten unzureichend und unhygienisch. Öffentliche
Schlachtanlagen sollten nicht zuletzt auch zur Reinlichkeit und zur Verbesserung der Luft beitragen.

Klaus Suchfort zeichnet die weitere Entwicklung in Gießen nach, beschreibt
den Schlachthof an der Rodheimer Straße, seine Errichtung im Jahr 1887, die
baulichen Veränderungen in der Folgezeit und stellt in kurzen Portraits die jeweiligen Schlachthofdirektoren vor. Die Studie, die bis an die aktuelle Situation
des Gießener Schlachthofs im Jahr 1996 heranreicht, ist an verschiedenen Stellen
angereichert mit Bauplänen und Fotos, so daß immer wieder Blicke in und auf
die Schlachtanlage geworfen werden können. Hervorzuheben ist auch das Kapitel zum wichtigen Thema „Betäubungsverfahren und Tierschutz".

Die Arbeit von Klaus Suchfort liefert einen wichtigen Beitrag zum Schlacht-
wesen. Auch eine nicht nur regionalgeschichtlich interessierte Leserschaft wird
das Buch mit Gewinn zur Hand nehmen können. Da der Autor aber den Anspruch erhebt, die „Gesamtentwicklung des Schlachtwesens" nachzuvollziehen,

soll doch noch kritisch angemerkt werden, daß er es versäumt hat, volkskund-lich-kulturwissenschaftliche Veröffentlichungen zur Schlachtung einzubeziehen (vgl. Buchner 1996, 1997 und Mohrmann 1991). Ein solcher Blick über den histo-risch-veterinärmedizinischen Tellerrand hinaus wäre wünschenswert gewesen.

Kiel   Jutta Buchner-Fuhs

KURT DRÖGE: *Das ländliche Bett. Zur Geschichte des Schlafmöbels in Westfa-len.* (= Schriften des Westfälischen Freilichtmuseums Detmold – Landesmuseum für Volkskunde, Bd. 18), Detmold 1999, 359 S., zahlr. Abb.

Die volkskundliche Schlafkulturforschung hat in den letzten beiden Jahrzehnten an Umfang und Intensität gewonnen. Forschungsdesiderat aber blieb das Bettmö-bel selbst, seine möbelkundliche Betrachtung in soziokulturellem Kontext mit Blick auf kulturräumliche Ausprägungen und dieses insbesondere für das 19. und beginnende 20. Jahrhundert. Mit der vorliegenden Untersuchung und Dokumen-tation wird diesem mißlichen Umstand für Westfalen abgeholfen. Ausgangspunkt ist der – in seiner Art wohl einmalige – rund 450 Schlafstätten umfassende Bestand des Westfälischen Freilichtmuseums Detmold vom 16. bis zum 20. Jahrhundert mit Schwerpunkt auf einfachen ländlich-kleinstädtischen Gebrauchsbetten zwischen 1750 und 1900. Einleitend gibt der Verfasser einen Überblick zum Stand der Schlaf-kulturforschung sowie speziell zur Situation in Westfalen und entwickelt daraus Leitlinien zur Dokumentation des ländlichen Gebrauchsbettes. Er thematisiert möbelkundlich relevante Fragen, die sich aus der Nutzung, Standortverlagerung innerhalb der Haushalte und Umnutzung von Betten ergeben. Sie münden in ein engagiertes Plädoyer für die Integration methodischer, quellenkundlicher For-schung, in der Sachkultur- mit sozialgeschichtlicher Forschung aber auch medizin-historischen Aspekten zu verbinden sind. Aufschlußreich sind nicht nur die Aus-führungen zur Relevanz von Schrift- und Bildquellen für das Forschungsthema, sondern auch zur Sammlungsgeschichte des Bettenbestandes im Detmolder Mu-seum, weil daran Sammlungsumstände und Selektionsmechanismen deutlich wer-den, die für eine Prüfung der Aussagefähigkeit des Sachgutes wichtig sind. Im Hauptteil werden die verschiedenen Bettformen typologisch abgehandelt und der Bettenbestand lokal bzw. kulturräumlich (anhand der kulturräumlichen Binnen-gliederung Westfalens nach Schepers 1977) zugeordnet, aber auch der Rezeption des „westfälischen" Himmelbettes bis hin zum Symbol für das „bäuerliche Bett" Westfalens schlechthin kritische Beachtung gewidmet. Sehr ergiebig sind die Aus-führungen zur zeitlichen Einordnung der mehr als 300 nicht oder nur sehr bedingt anhand stilistischer Kriterien zu datierenden Pfostenbetten, wobei aus einer minu-tiösen Auswertung formaler und gestalterischer Aspekte, Konstruktionsdetails, Holzarten sowie Oberflächenbearbeitung und Maßen zusätzliche Datierungskri-terien gewonnen werden. Im Gesamtzusammenhang von Sachkultur, Regionalität und Alltagskultur eröffnet die Darstellung wichtige Erkenntnisse über den regio-nalen Wandel der Sach- und Wohnkultur und deren komplexes Bedingungsgefüge.

Zum insgesamt sehr gelungenen Werk trägt der Verzicht auf eine Trennung von Text- und Katalogteil zugunsten einer inhaltlichen und formalen Verzahnung der Bereiche volkskundliche Sachkultur und kulturräumlich-soziokulturelle Betrachtung bei. Mehr als 650 Abbildungen, größtenteils mit dokumentarischem Charakter, ein ausführlicher Anmerkungsapparat und zahlreiche Literaturangaben machen deutlich, daß für diese Publikation Grundlagenarbeit auf hohem Niveau geleistet wurde: Ein Beitrag zur regionalen Sachkulturforschung, der Maßstäbe setzt!

Kaufungen   Axel Lindloff

HERMANN DETTMER: *Anrichten. Volkstümliche Möbel aus dem Artland und den angrenzenden Gebieten.* (= Materialien zur Volkskultur nordwestliches Niedersachsen, Heft 18, hrsg. im Auftrag der Stiftung Museumsdorf Cloppenburg von Uwe Meiners), Cloppenburg 1998, 238 S., zahlr. Abb.

Nachdem der Autor Hermann Dettmer, zwischen 1978 und 1981 Leiter des Projektes zur flächendeckenden Fotodokumentation der materiellen Sachkultur des Osnabrücker Artlandes am Museumsdorf Cloppenburg, bereits 1982 erste Ergebnisse seiner Arbeit mit der zweibändigen Ausgabe über „Stollentruhen, Kastentruhen, Koffertruhen, Laden" (Materialien, Heft 7 und 8) vorgelegt hatte, der 1986 der Band über „Hängeschränke, Wirtschaftsschränke, Brotschränke, Milchschränke" folgte (Heft 11), liegt seit 1998 posthum die vierte Monographie über „Anrichten" vor. Kurz vor seinem Tod im Jahre 1990 hatte er das Manuskript für dieses Buch dem Museumsdorf Cloppenburg übereignet. In einem kurzen Beitrag stellt Helmut Ottenjann die Bedeutung des Projektes innerhalb des Schwerpunktprogrammes „Erfassen, Erschließen und Erhalten von Kulturgut als Aufgabe der Wissenschaft" der Volkswagen-Stiftung dar und würdigt die Verdienste Dr. Hermann Dettmers für die Erforschung der Sachkultur.
     Einleitend werden zunächst die bisherigen Erkenntnisse zur Entwicklung und Verbreitung des Möbeltyps „Anrichte" zusammengefaßt und Bezüge zu Wirtschaftsmöbeln vergleichbarer Funktion (Büfett, Tresur, Glasschrank, Küchenschrank) hergestellt, wobei deutlich wird, daß eine umfassende Untersuchung über Anrichten noch aussteht. Die Anrichte diente der Aufbewahrung von Hausrat und Nahrungsmitteln im geschlossenen Unterschrank, bot auf der Deckplatte Platz zum Bereitstellen von Speisen und auf den Borden des Aufsatzes eine Präsentations- und Aufbewahrungsmöglichkeit für besseres Geschirr. Der Möbeltyp „Anrichte" hat an der Wende vom 16. zum 17. Jahrhundert seine endgültige Form erhalten und fand in den Haushalten der reicheren Hofbesitzer seinen Platz. Zwischen dem Ende des 18. und dem ersten Drittel des 19. Jahrhunderts wurden Anrichten durch Glas- und Küchenschränke abgelöst. Materialbasis des Hauptteils sind ca. 200 inventarisierte Anrichten aus dem Untersuchungsgebiet (Artland, Osnabrücker Nordland, Südoldenburg), die zu Zeitstellung, Konstruktion und Gestaltung ausgewertet und mit Diagrammen und Verbreitungskarten dargestellt werden. Systematische Ordnungskriterien sind Renais-

sance-Ornamentik, Wellenranken-Drachenkopf-Ornamentik, Säulen- und Feldergliederung sowie Profilrillen und Riefelungen. Anhand der Dekorformen lassen sich zahlreiche Anrichten den in den vorangegangenen Bänden genannten Werkstattbereichen zuordnen. Im Katalog (Text- und Bildteil) sind sämtliche inventarisierte Anrichten beschrieben und großformatig abgebildet. Die vorliegende Veröffentlichung bietet reichhaltiges Material für weitere Studien zur Kulturgeschichte im nordwestlichen Niedersachsen und viele Ansätze zu einer quellenübergreifenden Erforschung der Wohnkultur.

Kaufungen   Axel Lindloff

Fastentuch und Kultfiguren. Sonderausstellung des Österreichischen Museums für Volkskunde in Wien vom 22. März bis 12. Mai 1996. Ausstellung und Katalog: Manfred Koller, Margot Schindler. Selbstverlag des Österreichischen Museums für Volkskunde (Kataloge des Österreichischen Museums für Volkskunde, Band 67). Sonderdruck aus: Österreichische Zeitschrift für Volkskunde, Band I/99, Wien 1996, 19-89, 29 Abb., 2 Fig., 19-83.

„Fastentuch und Kultfiguren" erschien hinsichtlich einer Sonderausstellung 1996 im Selbstverlag des Österreichischen Museums für Volkskunde in Wien. Zwei Beiträge wurden mit den Überschriften „Zur Bedeutung und Restaurierung im Rahmen der Fastentücher Österreichs" und „Erwerbung und Wiederaufnahme der Fastentuchtradition in der Gegenwart" in einem Sonderband zusammengefaßt.

Koller geht in seinem Beitrag auf die Bedeutung und Pflege bekleideter Bildwerke ein. Schwerpunkt hierbei ist die Wiederaufnahme der Fastentuchtradition und deren Restaurierung, im speziellen der Fastentücher Österreichs. Der Verfasser konzentriert sich auf die aus kirchlicher Herkunft in Österreich bearbeiteten Beispiele und ihres Zusammenhangs mit den wesentlichen Entwicklungen dieser teilweise bis heute kultisch genützten Gattung religiöser Kunst. Er beginnt ausgehend vom 13. Jahrhundert mit Gliederpuppen bis hin zum Ende des 18. Jahrhunderts, wo er im besonderen Maße auf die Bekleidung und Verwandlungsbräuche plastischer Kultbilder eingeht. Weiter verdeutlicht er die Pflege und Restaurierung bekleideter Bildwerke anhand von Abbildungen. Ein weiterer Abschnitt ist dem Fastentuch von 1640 des Österreichischen Museums für Volkskunde gewidmet. Bedeutung, Brauch der aus dem Mittelalter stammenden Fasten- oder auch Hungertücher genannten Bildwerke wird hier erörtert. Auch hier werden Herkunft, Verbreitung, Material und Restaurierung durch Abbildungen veranschaulicht.

Margot Schindler beschäftigt sich abschließend mit dem Thema „Erwerbung und Wiederaufnahme der Fastentuchtradition in der Gegenwart anhand des Fastentuches von 1640 des Österreichischen Museums für Volkskunde". Ein weiterer Aspekt ihrer Arbeit ist die Bedeutung des Fastentuchs als Volkskunde-Objekt.

Marburg   Sabine Kühn

Gnadenreiches Jesulein. Jesuskindverehrung in der Andachtsgraphik (= Kataloge des Österreichischen Museums für Volkskunde, Bd. 71). Wien 1998, 95 S., 151 Abb. farb. u. sw.

Der vor drei Jahren erschienene Band des Österreichischen Museums für Volkskunde wurde begleitend zur Weihnachtsausstellung über das „Gnadenreiche Jesulein" konzipiert. Er beschäftigt sich hauptsächlich mit Jesuskinddarstellungen im religiös-kirchlichen Kontext, wobei besonders Andachtsbilder, Wallfahrts- und Neujahrszettel sowie Hinterglasbilder im Vordergrund stehen. Untermauert werden die einzelnen Kapitel durch einen Katalogteil, wo eine Beschreibung ausgewählter Bilder erfolgt.

Zu Beginn des Buches geht der Autor auf Ursachen und Phänomene ein, die zur Entwicklung der Jesuskindverehrung beitrugen und somit auch Thema der bildenden Kunst wurden. Die Schilderung des Evangelisten Lukas über der Mysterium der Geburt hat schon immer Eindruck auf die Menschen gemacht. Das im Stall in einer Krippe liegende Jesuskind wurde in der Westkirche zu einem beliebten Motiv. Aber nicht nur Jesu Geburt, sondern auch seine Kindheit fanden Eingang in bildliche Darstellungen. Ab der Renaissance deuten die Bildmotive stark auf das kommende Leiden Jesu hin, indem das Christkind bestimmte Attribute begleiten. Geschürt wurde die Jesuskindverehrung durch Visionen von Nonnen und Mönchen vor allem in der Mystik des 14. und 15. Jahrhunderts. Hier waren es insbesondere die Frauenklöster, wo der Wunsch nach einem eigenen Kind zu solchen Visionen führte. An dieser Stelle nennt der Autor verschiedene Heilige, die Jesuskindvisionen hatten, beziehungsweise im Kontext einer Jesuskinderscheinung dargestellt wurden.

Darauf folgen Kapitel zu den jeweiligen Kategorien der Andachtsgraphik, beginnend mit einem knappen Überblick über die Geschichte des entsprechenden Mediums. Dabei geht der Autor auf Fragen nach Aufkommen der Darstellungen, der Ikonographie sowie deren Wandel vom Mittelalter bis zur Neuzeit ein.

Bei der Behandlung der Wallfahrtsgraphik listet der Autor verschiedene Pilgerorte in Österreich, in der Tschechischen Republik, Italien, Deutschland, Schweiz und Slowenien auf und beschreibt kurz, wie sie zu solch heiligen Stätten wurden.

Im letzten Kapitel wird auch auf andere Gegenstände der Jesuskindverehrung hingewiesen, wie z.B. Weihnachtskrippen oder klösterliche Kinderwiegen.

Marburg   Petra Eisenach

JÓSEF LISZKA: *Állíttatott keresztínyi buzgóságbul... Tanulmányok a szlovákiai Kisalföld szakrális kisemlékeirol* [„Aus christlichem Eifer errichtet..." Sakrale Kleindenkmäler in dem slowakischen Teil der Kleinen Tiefebene]. Lilium Aurum, Dunaszerdahely 2000, 222 S., 172 Abb., slow. und dt. Zusammenfassung

Im Rahmen des Komorner Forschungszentrums für Europäische Ethnologie des Instituts für Sozialwissenschaften FORUM (Slowakei) wurde 1998 von József Liszka (vorwiegend aus seiner eigener Sammeltätigkeit) ein selbständiges *Archiv für sakrale Kleindenkmäler* gegründet. Es wäre kaum möglich zu entscheiden, ob es Ursache oder Folge der Beschäftigung mit sakralen Kleindenkmälern ist, daß József Liszka nach seiner im Jahre 1995 veröffentlichten Abhandlungensammlung unter dem Titel „Heiligenbilder-Verehrung" erneut eine Sammlung publiziert[1], in der es auch Fortsetzungen zu früher aufgeworfenen Themen gibt. Dies wird von dem Verfasser übrigens immer angegeben. Der neue Band enthält acht längere Abhandlungen, eine aus mehreren Besprechungen bestehende Bücherschau, Register, Inhaltsverzeichnis in Ungarisch, Deutsch und Slowakisch, und auch slowakische und deutschsprachige kurze Zusammenfassungen. Natürlich illustrieren Abbildungen (Zeichnungen und Fotos) sowie Landkarten auch diese Ausgabe.

Die Abhandlung *Vom Bildstock zur Kapelle (Vorschläge zur ungarischen Terminologie der sakralen Kleindenkmäler)* kann auch als Einleitung zum Band betrachtet werden; sie will der Forschung eine brauchbare Methode anbieten, mit deren Hilfe die einheitliche Beschreibung des heimischen Andenkenmaterials, aber auch deren Vergleich mit dem internationalen Material gelöst werden kann. Hier kann seitens der Rezensentin nichts anderes bemerkt werden, als was der Autor auch selbst erwartet, und zwar, daß der von ihm vorgeschlagene Begriffsapparat auch noch bei vielem anderen Material – also nicht nur römisch- und griechisch-katholischem – zu verwenden ist. Nur in der Praxis können diese von József Liszka vorgeschlagenen Kategorien und Begriffe bestätigt oder aber ergänzt bzw. geändert werden. Der zweite Aufsatz – *Sakrale Kleindenkmäler und ihre Rolle im Leben einer Dorfgemeinde (Beispiel Kürt)* – ist ein Beispiel dafür, wie sakrale Kleindenkmäler eines am Rande der Kleinen Tiefebene liegenden ungarischen Dorfes in der Slowakei (Kürt, slow. Strekov) anhand der im vorigen Abschnitt erwähnten Terminologie bzw. Typenbestimmungen überblickt werden können. Es geht um 30 fotografisch vorgestellte Objekte mit Angaben zu Ursprung und mündlicher Überlieferung. Trotzdem erhält der Leser mehr als ein einfaches Inventar, denn bei jedem „Ansatz" wird vom Autor die frühere und heutige Anwendung von Kreuz, Bildstock, Bildbaum usw. beschrieben, alles, was ihm zur Verfügung stand. Von diesen Quellen werden im Anhang einige auch angegeben. Die vorgeschlagene Methode – nämlich daß die sakralen Denkmäler in ihrer Ganzheit untersucht werden müssen „parallel mit dem daran anknüpfenden „Kult, Glaubens-, Brauch- und Volksdichtungsmaterial" (S. 34) scheint ein befolgenswertes Beispiel zu sein. Die einer Untersuchung würdigen Themenkreise können offensichtlich noch erweitert werden, oder diese sind veränderbar im Falle konkreter Siedlungen. Es wäre jedenfalls gut, auch die Zusammenhänge zwischen den sakralen Objekten und der Raumorganisiertheit der

Dörfer zu untersuchen (die hier angegebenen zwei Landkarten geben keine richtige Orientierung). Schließlich ist es nicht uninteressant, ob bestimmte Orte (wie z.B. Friedhof, Dorfende usw.) ständige und geweihte Bestimmung des Dorfes und seiner Grenzen verlangten, oder ob eine „Gedenkstätte" irgendeines Ereignisses der Grund dafür war, eine Statue aufzustellen. Obwohl uns die allgemein gültigen Regeln, die europaweit gelten, bekannt sind, könnten z.B. bei Bestimmung der konfessionellen Unterschiede die Angaben der raumorientierten Funktion von sakralen Kleindenkmälern dies gut ergänzen. Die nächsten fünf Abschnitte, in denen die Verehrung verschiedener Heiligen methodisch untersucht wird, sind sich im Aufbau sehr ähnlich: *Angaben zur Verehrung des Heiligen Johannes von Nepomuk in der Kleinen Tiefebene* (erstveröffentlicht in diesem Band); *Verehrung des Heiligen Wendelin in der Volkstradition der Kleinen Tiefebene. Patrozinien, Statuen auf öffentlichen Plätzen und anknüpfender Kult; Verehrung des Heiligen Urban im nordöstlichen Teil der Kleinen Tiefebene; Statuen des Heiligen Donatus auf der Großen Schüttinsel und im Matthiasland; Gedenken des Heiligen Christophorus in der Kleinen Tiefebene.* In den Abschnittstiteln werden das Objekt und die geographische Lage der Untersuchungen angegeben. In den Abhandlungen versucht der Autor, durch historisch-typologische Untersuchung des auffindbaren Andenkenmaterials die Frage zu beantworten: wie die hervorgehobene Verehrung der Heiligen in das untersuchte Gebiet gekommen war; wann, wo und bei wem diese dort am intensivsten in Erscheinung trat.

Die bei der Darstellung sakraler Kleindenkmäler in Kürt erprobte Methode war auch bei der Untersuchung der Verehrung einzelner Heiliger erfolgreich, auch durch historische und ikonographische Aspekte erweitert. Dies sind angabenreiche, bedacht geschriebene schöne Studien, derer wir uns auch deswegen freuen dürfen, da bis auf einige Ausnahmen die ungarische religiöse Volkskundeliteratur (die sich mit der Marienverehrung intensiv beschäftigte) dem Kult der Heiligen jedoch desto weniger Aufmerksamkeit schenkte. In dieser Hinsicht sind die Studien von József Liszka für die historische und gegenwärtige Untersuchung der ungarischen Volksfrömmigkeit wichtig. Die achte Abhandlung des Bandes – *Sakrale Kleindenkmäler in Friedhöfen (Kultur der Friedhöfe in Dörfern und Marktflecken auf dem slowakischen Teil der Kleinen Tiefebene)* – ist aus dem Bedürfnis entstanden, um die Friedhöfe im untersuchten Gebiet zu beschreiben. Man erfährt hier eine gründliche Beschreibung bzw. Zusammenfassung. Wir können sicher sein, daß der Autor auch zu diesem Themenkreis noch einiges zu sagen hat. Der Abschlußteil des Bandes ist eigentlich eine literarische Information über die im Themenkreis Volksfrömmigkeit erschienenen heimischen und ausländischen Publikationen. Es ist keine gewöhnliche Methode, daß ein Forscher seine Rezensionen samt seiner Studien veröffentlicht, doch solche Überblicke wie *Neueste Ergebnisse der Volksfrömmigkeitforschung im Kreise der Ungarn aus Jugoslawien* oder *Über Erforschung sakraler Kleindenkmäler im deutsprachigen Raum* bzw. *Archiv für sakrale Kleindenkmäler in Komorn* sind äußerst nützlich. Der Autor selbst leugnet seine Informationsquellen bzw. seine Freude darüber nicht, wo, wann und zu welchen Ergebnissen es in der Erforschung der Volksfrömmigkeit in weitestem Sinne gekommen ist. Wer sich für dieses Thema interessiert, bekommt so manche Auskünfte über die heutige Situation des Fachgebietes. Wenn man die Bücher von József Liszka *Heiligenbilder-Verehrung* (1995) und *Aus christlichem Eifer errichtet* (2000) bzw. andere Publikationen in Betracht zieht, wird einem klar, daß es um einen solchen Forscher geht, der seine Themen bewußt wählt, die internationalen Forschungsrichtungen, die weißen Flecken in der ungarischen Forschung und selbstverständlich – oder vielleicht nicht selbstverständlich – auch die Ergebnisse klar sieht. Seine Annäherungsmethoden sind immer komplex, zeigen eine synthetisierende Absicht, doch übertreffen sie den beschreibenden Charakter noch nicht. Was die Erschließung der Volksfrömmigkeit auf dem betreffenden Gebiet besonders im 20. Jahrhundert angeht, hat József Liszka gute Grundlagen gelegt; wir warten jetzt darauf, daß irgendwann auch noch die Schlußfolgerungen an die Reihe kommen.

Budapest   Kincso Verebélyi

1   József Liszka: „Szent képek tisztelete..." Dolgozatok a népi vallásosság köréből. [Heiligenbilder-Verehrung. Studien zum Thema „Volksfrömmigkeit"]. Dunaszerdahely: Lilium Aurum, 1995, 169 S., 124 Abb.

RENATE LOHSE-JASPER: *Die Farben der Schönheit. Eine Kulturgeschichte der Schminkkunst.* Gerstenberg Verlag. Hildesheim 2000, 189 S., geb., zahlr. Abb.

Die Freude an Farben gehört wohl zu den wichtigsten menschlichen Grunderfahrungen. Zumindest zieht sie sich durch von der Höhlenmalerei bis zum Farbfernseher – und bis zum modischen Schminktopf. Dabei ist die Kunst der Körperbemalung über 30.000 Jahre alt, wobei die „Naturvölker" das mit Farben bemalten, was ihnen die Natur als „Leinwand" zur Verfügung stellte: Felsen, Erde und den menschlichen Körper. Wenn auch die Kunst des Schminkens so alt ist wie die Menschen, so ist die Kosmetik doch erst in jüngster Zeit zu einer Weltindustrie herangewachsen, die nicht nur der optischen Verwandlung der Haut dient, sondern es jeder Frau und jedem Mann auch ermöglicht, den ganzen Körper zu verwandeln. Haut und Gestalt der Menschen haben sich mittlerweile zu einem Gesamtkunstwerk entwickelt, bei dem die Möglichkeiten, Formen, Farben, Zeichnungen und Düfte zu variieren, nahezu unbegrenzt sind. Dabei geht nach wie vor der Trend zu mehr Farbe: 1999 stieg der Umsatz der dekorativen Kosmetik gegenüber dem Vorjahr um 15 Prozent.
    Unter dem Titel „Die Farben der Schönheit" hat nun Renate Lohse-Jasper eine „Kulturgeschichte der Schminkkunst" vorgelegt. Wie die Autorin darin einleitend schreibt, war die Körperbemalung nicht nur die ursprünglichste aller Künste, sondern auch die sinnenfreudigste. Denn bei der Lust am Schminken sei immer auch Erotik im Spiel. Wer etwa Madame de Pompadour oder Marlene

Dietrich bei dem ebenso kunstvollen wie sinnbetörenden Werk zuschaut, wird daran kaum zweifeln. Der vorgelegte, großformatige und reich bebilderte Band setzt sich zunächst mit dem Geheimnis der babylonischen Salböle und Pomaden auseinander, blättert dann in Kleopatras Handbuch der Schönheitsrezepte, besucht danach die Insel der Aphrodite und folgt schließlich den archäologischen Spuren der Kosmetik bis zu den Nymphen Kretas und dem Luxus der Thermen im alten Rom. In weiteren Kapiteln vermittelt die Verf. beeindruckend den Zauber der Renaissance, spürt dem Duft der Madame Pompadour nach, besucht den „Dandy-Club" in London des 19. Jahrhunderts und flaniert auf den Pariser Boulevards der Belle Epoque. Ihre Bilder der Moderne schließlich, die den Siegeszug des Lippenstifts begleiten, spiegeln nicht nur den „american way of life" der Hollywood-Stars wider, sondern ebenso den Luxus der großen Kosmetikhäuser: Helena Rubinstein, Guerlain oder Yves Saint Laurent.

Schönheitsvorstellungen reagieren immer auch auf die Forderungen der Zeit. Wie werden die Schönheitsideale der Zukunft aussehen? Orientieren wir uns weiter am Körperkult künstlicher Ikonen oder führt der Weg zu einer neuen Bescheidenheit? Nach Ansicht von Renate Lohse-Jasper wird es im Schönheitskult des neuen Jahrtausends nicht nur um die postmoderne Exotik der Body-Art gehen, sondern ebenso um die Wiederentdeckung der Natürlichkeit. Gewiss scheint unterdessen jedenfalls, dass Oscar Wildes Erkenntnis, „der Mensch sei ein Augentier", weiter aktuell bleiben wird. Denn auch in Zukunft werden jeden Tag Millionen Frauen und – eine ständig wachsende Zahl – Männer vor dem Spiegel stehen und versuchen, sich „schön zu machen" um damit einem Ideal nahe zu kommen, das jede Epoche neu umschreibt.

„Körperforschung" und das öffentliche Interesse am Thema Körper erlebte insbesondere seit den 1970er Jahren eine Renaissance. Inzwischen hat sich das Interesse am Objekt „Körper" auch in einigen Ausstellungen manifestiert, wie beispielsweise 1990 in „Das Fragment. Der Körper in Stücken" (Schirn Kunsthalle Frankfurt am Main) oder 1990-1991 in „Leibesvisitationen. Blicke auf den Körper in fünf Jahrhunderten" (Deutsches Historisches Museum Berlin in Zusammenarbeit mit dem Deutschen Hygiene-Museum in Dresden). 1992 legte Susanna Stolz ihre Studie „Die Handwerke des Körpers" vor, in deren Mittelpunkt das historische Verständnis vom Körper sowie die Herausbildung der Körper-Handwerke Bader, Barbier, Perückenmacher und Friseur steht. Wie diese Untersuchung, der eine im Fachgebiet Europäische Ethnologie und Kulturforschung der Philipps-Universität Marburg verfasste Dissertation zugrunde lag, eindrucksvoll zeigt, spiegelt sich im Bereich der Körperpflege unser sich im Laufe der Zeit verändertes Selbstverständnis zum Körper wider. Ohne Zweifel kommt hierbei auch der Schminkkunst eine große Bedeutung zu, die unter wissenschaftlichem Gesichtspunkt bislang viel zu wenig Beachtung fand. Wer sich mit diesem Thema künftig intensiver beschäftigen möchte, dem bietet die Veröffentlichung von Renate Lohse-Jasper eine gute Einstiegsmöglichkeit. Sieht man von dem Nutzen für den akademischen Recyclinghof einmal ab, macht es einfach auch Freude, in den Texten zu stöbern und die auf Hochglanzpapier präsentierten Dokumente und Abbildungen zu genießen.

Staffelstein   Hubert Kolling

So weit das Auge reicht: Die Geschichte der optischen Telegrafie. Hrsg. von Klaus Beyrer und Birgit-Susann Mathis. Karlsruhe: Braun, 1995. 272 S.

Die Veröffentlichung erschien als Begleitband anläßlich der gleichnamigen Ausstellung im Museum für Post und Kommunikation Frankfurt am Main 1995. Gewählt wurde nicht die Form des Katalogs, sondern die eines Sammelbandes, dessen Aufsätze die Exponate in größere Zusammenhänge einbetten und dem Leser durch den Abdruck zeitgenössischer Texte über das in der Ausstellung Gezeigte hinaus die weitere Beschäftigung mit dem Thema ermöglichen sollen („Zur Einrichtung des Bandes", S. 268). Die Liste der Autoren (S. 265) nennt neben Angehörigen des Frankfurter Postmuseums und der Universitäten in Berlin und Trier Mitarbeiter von Wirtschaftsunternehmen und Museen sowie Journalisten und freie Schriftsteller; Paul Charbon, ehemaliger Direktor der französischen Post, hat die Entwicklung des optischen Telegraphen in Frankreich dargestellt. Die 16 Beiträge wurden für diesen Band verfaßt und sind durchschnittlich jeweils ein Dutzend Seiten lang; eine Ausnahme machen die soeben genannte Darstellung von Charbon (25 S.) sowie diejenige über den optischen Telegraphen in Preußen (Klaus Beyrer, 18 S.) und über die Telegraphenlinie von Hamburg nach Cuxhaven und Bremen (Horst A. Wessel, 15 S.), in denen der Aufbau und die Arbeit des „Holztelegraphen" (wie der Volksmund an der Unterweser das Gerät taufte) an konkreten Fallbeispielen dargestellt wird. Von diesen hat das französische als das früheste und bedeutendste die Entwicklung im übrigen Europa entscheidend beeinflußt. Umfangreicher ist auch der Übersichtsartikel „Die optische Telegrafie in England und anderen Ländern" von Gerard J. Holzmann (20 S.), der außer den Entwicklungen in England auch die in Skandinavien und den Niederlanden verzeichnet. Diese übergreifenden historischen Darstellungen sind eingebettet in knappere Aufsätze, die einzelne Aspekte des Themas hervorheben: Nachrichtenfernübertragung in der Antike (Astrid Schürmann) und Allgemeines zur Technikgeschichte werden ebenso beschrieben wie der Alltag des Telegraphisten (Birgit-Susann Mathis) und der militärhistorische Aspekt der optischen Telegraphie (Daniel Hohrath). Dem optischen Telegraphen in der Literatur spürt schließlich Hermann Glaser nach. Abschließend werden die Anfänge der elektrischen Telegraphie dargestellt, die den mechanischen Telegraphen kurz nach der Jahrhundertmitte obsolet machte. Ein Ausblick „Von der optischen Telegrafie zur optischen Telekommunikation" soll dann die Verbindung zur sich entwickelnden Informationsgesellschaft der Gegenwart herstellen, fällt allerdings wegen übertriebenen Gebrauchs allzu slogandurchsetzter Telekommunikations-Rhetorik gegenüber den anderen Beiträgen ab.

Den Aufsätzen sind unkommentierte Quellenauszüge beigegeben, 14 kurze Texte, in denen Zeitgenossen sich zum optischen Telegraphen äußern. Man findet dort Stücke des Mathematikers Johann Friedrich Droysen und der Schriftsteller Friedrich von Matthisson, Johanna Schopenhauer und Jean Paul; Heinrich Heine, Ludwig Börne, Victor Hugo, Stendhal, Alexander Dumas erscheinen ebenfalls als Autoren, schließlich der Kulturhistoriker Ferdinand Gregorovius und der „Hornblower"-Autor Cecil Scott Forester.

Eine kurze Bibliographie (S. 263) nennt 20 Titel zwischen 1785 und 1995, davon vier französische und zwei englische, überwiegend Quellenschriften. Weiterführende Literatur ist hier kaum verzeichnet – sie dürfte allerdings auch spärlich sein. Ein Hinweis auf die etwa 50 Seiten umfassende, zusammenfassende Darstellung des Themas von *Rolf Oberliesen* (In seinem Buch „Information, Daten und Signale: Geschichte technischer Informationsverarbeitung", Reinbek 1982, in der Reihe *Deutsches Museum – Kulturgeschichte der Naturwissenschaften und Technik*) wäre vielleicht nützlich gewesen. Das auf S. 271 zusammengestellte kleine „Schriftenverzeichnis" betrifft nicht das Thema unseres Bandes, sondern nennt vom Deutschen Postmuseum herausgegebene oder sonst mit diesem in Zusammenhang stehende Veröffentlichungen.

Der repräsentative, auf Kunstdruckpapier sorgfältig und fehlerlos gedruckte und in hellgraues Ganzleinen gebundene Band enthält eine Fülle von Schwarzweißabbildungen sowie eine Reihe von Farbtafeln, die dem Leser alle wünschenswerten Aspekte optischer Telegraphie vor Augen führen. Es handelt sich um überwiegend zeitgenössisches Bild- und Urkundenmaterial, um Modellfotos – es gab auch Tischtelegraphen als Spielzeug für Erwachsene –, um Karikaturen. Wünschenswert wäre die Beifügung einiger Kartenskizzen gewesen, die die tatsächliche Verbreitung und den Verlauf der Linien des optischen Telegraphen in Europa auf dem Höhepunkt seiner Verbreitung Ende der vierziger Jahre des 19. Jahrhunderts deutlich gemacht hätten (vgl. Oberliesen, a.a.O. S. 61, 63, 69).

Wie steht es nun mit der kommunikationswissenschaftlichen und medienvolkskundlichen Relevanz des Gegenstandes? Diese Seite des Themas bleibt in unserem Band praktisch unerörtert, und das, wie sich schnell zeigt, durchaus zu Recht. Der optische Telegraph, dessen bizarre Silhouette, wie das hier vorgelegte Bildmaterial zeigt, selbst zeitgenössische Veduten von Capri und vom Ehrenbreitstein ziert, wird zwar zum öffentlichen Bewußtseinsinhalt, bleibt aber undurchschaubar. *Heinrich Heine* vergleicht den Telegraphen dem Willen Gottes, „...der hoch über unsern Häuptern seine Verkündigungen des Wissenden mittheilt, während die Uneingeweihten unten im lauten Marktgetümmel leben und Nichts davon merken, dass ihre wichtigsten Interessen, Krieg und Frieden, unsichtbar über sie hin in den Lüften verhandelt werden". Er blieb ein Werkzeug der Administration, dem Nachrichtenverkehr der Regierungen vorbehalten und dem Privatmann nicht zugänglich. Das mag auch daran liegen, daß die übermittelte Nachricht verschlüsselt werden und der zugehörige Code keineswegs auch nur allen Beteiligten bekannt sein mußte. In sehr seltenen Fällen gelangte eine telegraphisch vermittelte Depesche in die Zeitung oder auf einen Maueranschlag, wofür unser Band einige Beispiele anführt. Aber der Versuch beispielsweise, die Telegraphenlinien den Börsenkursen zu öffnen, führte in Preußen nicht zum Erfolg und konnte in Frankreich nur unter Umgehung der gesetzlichen Bestimmungen erfolgen; und die Hamburger Kaufmannschaft war, als der reitende Bote sich als zu langsam erwies, um das Einlaufen der Schiffe in die Elbmündung zu signalisieren, zur Einrichtung eines eigenen, privaten Telegraphen nach Cuxhaven gezwungen. Diese Linie wurde beim großen Brand Hamburgs 1842 erfolgreich zur Koordination der Rettungsarbeiten eingesetzt (S. 214). Neben dem immanenten Gegensatz zwischen militärisch-administrativer und privater Zielsetzung dürfte auch die beschränkte Kapazität der vom Staat mit hohem Aufwand unterhaltenen Telegraphenlinien die ausschließlich staatliche Nutzung bestimmt haben. „Zwei Telegramme an einem Tag stellten offensichtlich ... das Maximum der Bearbeitungskapazität dar. 500 bis 700 Telegramme im Jahr dürften damit als Höchstleistung gelten," faßt *Oberliesen* seine Aktenrecherchen über den optischen Telegraphen in Preußen zusammen (ebenda S. 76). *Otto Groth* („Die Zeitung". Bd. 1. Mannheim [usw.] 1928, S. 553) stellt lapidar fest, daß in der journalistischen Arbeit für die Beförderung von Nachrichten die *Taubenpost* eine größere Rolle spielte als der optische Telegraph. Die in der ersten Jahrhunderthälfte neu gegründeten Depeschenbüros, Vorläufer der heutigen Nachrichtenagenturen, benutzten für die Beförderung ihrer Informationen in der Regel eine Kombination aus Kurierdienst, Taubenpost und – soweit möglich – Eisenbahn; nicht den optischen Telegraphen, dessen mangelhafte Zugänglichkeit und geringe Übertragungskapazität sich als prohibitiv erwiesen, ganz abgesehen davon, daß sein nach militärischen Gesichtspunkten ausgelegtes Streckennetz, zumindest in Preußen, keineswegs den Bedürfnissen der journalistischen Praxis entsprach.

Angaben dieser Art stehen in unserem Sammelband eher zwischen den Zeilen. Sein Hauptaugenmerk gilt der Geschichte der Technik. Eine Ausnahme macht Horst A. Wessel, der die Telegraphenlinie von Hamburg nach Cuxhaven (1837-1849) untersucht. Dabei wird deutlich, daß der optische Telegraph wegen seines hohen Personalaufwandes wirtschaftlich stets gefährdet war. Wessel berichtet von der Konkurrenz zwischen optischem und elektromagnetischem Telegraphen, wobei mit harten Bandagen gekämpft wurde: Johann Ludwig Schmidt aus Altona, der Chef des privaten „Holztelegraphen", konnte die Landbevölkerung, die wegen der elektrischen Leitungen um Ernte, Haus und sogar Leben fürchtete, zu Sabotageakten gegen den Konkurrenten aufbringen und brachte englische und amerikanische Gutachten bei, die die Gefährdung der betroffenen Gegend durch den von den Leitungen angezogenen Blitzschlag und durch die Verhinderung von Regenwolken deduzierten. Die Anlage mußte während der Bauausführung und in den ersten Betriebsjahren militärisch gesichert werden (S. 211). An der aktuellen Elektrosmog-Diskussion mag die Kontinuität der Phänomene über anderthalb Jahrhunderte sichtbar werden.

Nachrichtenkanäle können, auch wenn sie nicht der Massenkommunikation dienen, die Gesellschaft entscheidend verändern, wie beispielsweise das Telephon. Sie sind dann Gegenstand volkskundlichen Interesses; Thema der Medienvolkskunde als Schnittmenge von Massenkommunikation und Volkskunde sind sie wohl nicht. Bei unserem „Holztelegraphen" werden aber auch unter diesem Aspekt nur Randphänomene betroffen. Birgit-Susann Mathis stellt den Alltag des Telegraphisten in Preußen in einem eigenen Aufsatz dar. Das Telegraphen-Corps unterstand dem Kriegsministerium und war streng hierarchisch gegliedert; beamtet waren nur die oberen Ränge. Seine Mitarbeiter waren eidlich zu lebenslanger Verschwiegenheit verpflichtet – obgleich die Telegraphisten vor Ort die Depeschen, die sie weitergaben, überhaupt nicht dechiffrieren konnten und „blind" arbeiten mußten. Die Codebücher befanden sich lediglich an Knotenpunkten in den Händen der Oberbeamten. Überliefert sind die minutiösen Anweisungen für den Dienstbetrieb und die Auflistung von Disziplinarstrafen wie

Verweis, Stubenarrest und Geldbuße; die Details der Disziplinarstrafen beanspruchen mehr als die Hälfte des gedruckten Reglements.

Der optische Telegraph, der nach 1850 schnell aus dem allgemeinen Betrieb verschwand, konnte sich in Nischen noch hundert Jahre lang halten: So arbeitete die Royal Navy an Bord ihrer Schiffe noch 1942 mit dem Paisley'schen mechanischen Telegraphen von 1822 (S. 126). Abgesehen von Spielereien wie dem Telegraphenfächer, „mit dem die Damen der Gesellschaft sich unterhalten konnten, ohne ein Wort zu sagen" (S. 21), hat er sonst kaum Spuren hinterlassen; erstaunlich bei einem Nachrichtenkanal, dessen Netz in Frankreich beispielsweise zuletzt 5000 km lang war und 534 Stationen umfaßte, die 29 Städte direkt mit Paris verbanden. Auch auf Literatur und bildende Kunst ist der Einfluß gering geblieben; sie wird in einem lesenswerten Aufsatz von Hermann Glaser untersucht, der im wesentlichen nur Belanglosigkeit konstatieren kann (S. 221-230). Der optische Telegraph war Kommunikationsmittel, aber nicht der Massenkommunikation; sein Wirken außer- oder oberhalb der ohnehin im heutigen Wortsinne sich erst bildenden Öffentlichkeit macht deutlich: als Vorfahr der Informationsgesellschaft ist er, auch wenn der Schlußaufsatz des Bandes das andeuten möchte, wohl nicht tauglich – a medium which is *not* the message.

Rodenäs   Willi Höfig

HEINZ-GÜNTER VOSGERAU: *Rund um die Uhr. Die Kunst des Uhrmachers in Stadt und Land zwischen Weser und Ems.* (= Materialien und Studien zur Alltagsgeschichte und Volkskultur Niedersachsens, Heft 26 und 27, Text- und Bildband. Hrsg. i. A. der Stiftung Museumsdorf Cloppenburg – Niedersächsisches Freilichtmuseum von Helmut Ottenjann.) Erschienen im Selbstverlag des Museumsdorfes Cloppenburg. 1996. Textband: 220 S., Bildband: 167 S., zahlr. Abb. farb. u. sw.

Bereits seit seiner Gründung in den 1920er Jahren wurden im Niedersächsischen Freilichtmuseum Cloppenburg Objekte des Uhrmacherhandwerks aus dem Oldenburger Münsterland und den angrenzenden Regionen Emsland und Artland gesammelt und fotodokumentarisch erfaßt. Die so entstandene variantenreiche Sammlung von Uhren aller Art – insbesondere Stand-, Wand- und Taschenuhren – konnte 1980 und 1993 durch den Ankauf einer bedeutenden Turmuhrensammlung des 16. bis frühen 20. Jahrhunderts niedersächsischer Kirchen sowie eines kompletten Uhrmacher-Betriebes einschließlich des Verkaufsladens ergänzt werden. Auf dieser Grundlage war es ein besonderes Anliegen, eine Ausstellung über die hohe Kunstfertigkeit und die ausgefeilte Handwerkstechnik der Uhrmacher im städtischen wie ländlichen Bereich zwischen Weser und Ems zu präsentieren.

Die vorliegende Begleitpublikation zur Ausstellung ist als zweibändiger Text- und Bildband erschienen. In einer einführenden Uhrenkunde werden unterschiedliche Uhrentypen wie Sonnenuhren, Sanduhren, Wasseruhren, Kerzen-

und Öluhren, Turmuhren, Standuhren, Spindeluhren, Taschen- und Wanduhren vorgestellt, kategorisiert nach ihrer Antriebsart, teilweise mit zusätzlichen Angaben über Ort und Art ihrer Herstellung und mit Hinweisen auf ihren Gebrauch. Ein weiterer Abschnitt ist den verschiedenen Verwendungszwecken der Uhren gewidmet. Hier sind Schlagwerkuhren, astronomische Kalender- und Kunstuhren, Weckuhren, Repetieruhren, Spieluhren, Brieftaubenuhren, Wächterkontrolluhren, Stempeluhren, Bilderuhren, Öffentliche Uhren, Kurzzeitmesser, Fotobelichtungsuhren, Schaltuhren, Stoppuhren, Chronografen, Kalenderuhren, Autouhren und Chronometer für die Seefahrt versammelt. Nicht fehlen bei diesem allgemeinen Überblick durfte eine Zeittafel zur Uhrengeschichte, die mit der Erfindung der ersten Räderuhren in Italien um 1300 beginnt, insgesamt auf die wichtigsten Neuerungen in der Uhrenherstellung verweist und verschiedene Uhrmachermeister nennt, die in der Untersuchungsregion zugelassen waren. Anschließend beleuchtet der Autor das sich ab Mitte des 18. Jahrhunderts ausbreitende, bereits arbeitsteilig organisierte Gewerbe der Uhrenherstellung, welches sich zu einer blühenden Uhrenindustrie entwickelt, deren Zentrum im 19. und 20. Jahrhundert im Schwarzwald angesiedelt war. Damit untrennbar verbunden war der Vertrieb der Uhren anfangs durch Hausierer, später durch Großhändler auf Messen und Märkten, aber schließlich auch per Annoncen in Zeitungen oder durch den Versandhandel. Das Bild wird abgerundet durch die Darstellung der Ausbildung der Uhrmacher und ihres Arbeitsalltages in den Werkstätten, wobei Vosgerau kenntnisreich die filigranen Bestandteile und Technik der Uhren sowie das verwendete Werkzeug und den durch besondere Sorgfalt geprägten, eher aufwendigen denn rentablen Arbeitsbereich der Reparaturen schildert. Weitere Schwerpunkte des Textbandes sind schließlich den Uhrmachern und ihren berufsständischen Organisationen sowie verschiedenen Uhrentypen und ihrer Fabrikation in der Untersuchungsregion etwa ab dem 17. Jahrhundert gewidmet. Anhand einer detaillierten Beschreibung u.a. der Verzierungen und Gravuren der untersuchten Uhren können diese bestimmten Uhrmachern der Region zugeordnet werden. Eine Auflistung zum einen aller bislang bekannten Uhrmachermeister aus dem Osnabrücker und Oldenburger Land zwischen 1656 und 1955, zum anderen der Namen von Uhrmachermeistern auf Uhren aus der Untersuchungsregion sowie eine einschlägige Literaturliste runden den bereits mit zahlreichen Abbildungen bestückten Textband ab.

Der Bildband präsentiert neben Uhren und Uhrmacherwerkzeug aus der Sammlung des Museumsdorfes Cloppenburg auch Stand- und Wanduhren der Region „Osnabrücker Artland – Altlandkreis Bersenbrück", die im Rahmen einer 1978 bis 1980 durchgeführten Möbelinventarisation erfaßt wurden. Abschließend schlagen einige kürzere Textbeiträge einen Bogen bis in die Gegenwart. Vorgestellt werden hier zum einen vier Uhrmacherdynastien, u.a. das Unternehmen Wempe, deren Vorfahren im 19. und zu Beginn des 20. Jahrhunderts die Heimat verließen, um mit ihrem Handwerk in Hamburg bzw. in Amerika zu Ruhm zu gelangen, zum anderen zwei auch heute noch in der Weser-Ems-Region ansässige bedeutende Uhrenhersteller von Fliegerchronographen und Turmuhren sowie eine Uhrengroßhandlung, die zu den bedeutendsten Lieferanten des Uhrenfachhandels in Deutschland zählt.

Der Autor, selbst ein erfahrener Uhrmachermeister und somit vom Metier, reichert seine Ausführungen mit persönlichen Erinnerungen aus seiner eigenen Ausbildungs- und Berufszeit an. Aufgrund dieser immer wieder durchscheinenden engen persönlichen Verbundenheit mit der Thematik gewinnt die Untersuchung an Lebendigkeit. Zuweilen scheinen jedoch Inhalt und Systematik der einzelnen Kapitel keinem roten Faden zu folgen und der Text liest sich wie eine Anhäufung allen verfügbaren Wissens. So gibt es beispielsweise in dem Hauptteil des Textbandes, der dem Thema „Die Uhrmacher und ihre Arbeit" gewidmet ist, ein eigenes Kapitel über „Einzelne Uhrmacher und Namen". Es folgen mehrere Kapitel über Uhrmacher in verschiedenen Städten und Ortschaften der Untersuchungsregion. Dazwischen eingeschoben ist das Kapitel „Stand- und Wanduhren im Kreis Bersenbrück", das zunächst allgemein über diese Uhren berichtet, jedoch auch ein weiteres Unterkapitel betitelt mit „Die Uhrmacher" enthält, in dem sich ebenso ein Absatz über die Preisentwicklung der Uhrenkästen findet. Solche scheinbar zusammenhanglose Einfügungen sind sicherlich auf das Bestreben zurückzuführen, den Lesern die große Fülle der recherchierten Fakten und Geschichten verfügbar zu machen.

Trotz des zuweilen etwas unverhofften Wechsels zwischen Nachschlagewerk und kulturgeschichtlichem Lesebuch hat die vorliegende Publikation unbestritten dank der kompetenten und akribischen Analyse der umfangreichen Uhrensammlung des Niedersächsischen Freilichtmuseums Cloppenburg und der Auswertung einer Fülle archivalischen Quellenmaterials aus den Niedersächsischen Staatsarchiven in Oldenburg und Osnabrück sowie für die lokale Uhrgeschichte ergiebigen Zeitungsauschnitten der „Oldenburgischen wöchentlichen Anzeigen" aus der ersten Hälfte des 19. Jahrhunderts den Charakter eines Grundlagenwerkes der Handwerks- und Kulturgeschichte der Uhr sowie der Uhrmacher der Weser-Ems-Region, insbesondere des Oldenburger und Osnabrücker Landes. Somit wurde in der Schriftenreihe des Niedersächsischen Museumsdorfes Cloppenburg ein weiteres Mal eine für die wissenschaftliche Forschung wertvolle Studie zur Sachkulturforschung vorgelegt, der hoffentlich noch viele folgen mögen.

Hagen   Ulrike Klein

Zur Bauforschung im Rheinland. (= Berichte zur Haus- und Bauforschung, Bd. 5), hrsg. im Auftrag des Arbeitskreises für Hausforschung e. V. und des Arbeitskreises für Hausforschung im Rheinland im Rheinischen Verein für Denkmalpflege und Landschaftsschutz von G. Ulrich Großmann u. a., Marburg 1998, 292 S., zahlr. Abb.

Nachdem sich im März 1994 Hausforscher verschiedener Disziplinen zu einer Tagung über Bauforschung im Rheinland an der Universität Köln zusammengefunden hatten, liegen seit 1998 die Tagungsergebnisse als Sammelband vor. Aufgrund der Vielzahl der Beiträge und des hier zur Verfügung stehenden Raumes wird einer kurzen Vorstellung aller Aufsatzthemen gegenüber der ausführlichen Darstellung von Einzelbeiträgen Vorrang eingeräumt.

Einen Überblick zur Hausforschung der letzten 40 Jahre am Niederrhein gibt Christoph Dautermann und stellt dabei – gegliedert nach ländlichem und städtischem Hausbau – grundlegende Arbeiten und Persönlichkeiten (z. B. Zippelius, Eitzen) vor. Dem folgen eine Bewertung der sog. Heimatliteratur, Hinweise auf Planmaterial und die Benennung von Forschungsdesideraten. Der ungewöhnlich deutlichen Mahnung an Volkskundler, sich anstatt der volkskundlichen Gefügeforschung doch bitte der Wirtschafts- und Sozialgeschichte des Hausbaus sowie der Kulturgeschichte zuzuwenden, mag man zustimmen (oder auch nicht). Mit der Bedeutung von Bauakten und weiteren Quellengruppen kommunaler Archive für die Hausforschung beschäftigt sich Stefan Frankewitz und zeigt dabei Möglichkeiten und Grenzen auf.

Die nachfolgenden Beiträge sind jeweils verschiedenen Landschaftsräumen zugeordnet. Peter Oberem gibt einen Forschungsüberblick (Auswahl) zur Köln-Bonner Bucht (Bürger-, Arbeiter- und Bauernhäuser), spart dabei jedoch eine Reihe von Bauformen und insbesondere archäologische Untersuchungen aus. Am Beispiel der Godesberger Heimatblätter beurteilt er den Erkenntniswert der Heimatliteratur für die Baudokumentation und gibt außerdem einige Hinweise auf Planarchiv- und Bildbestände. Unter der Überschrift „Beiträge zur mittelalterlichen Baugeschichte des Kölner Albanviertels" faßt Sven Schütte die bisherigen archäologischen Erkenntnisse zur Siedlungstopographie von der römischen Bebauung bis in 12. Jahrhundert zusammen, an die sich Ausführungen von Marianne Gechter zu den ab dem Beginn des 12. Jahrhunderts einsetzenden Schriftquellen über die Bebauung zwischen „Obern Marspforten" und „In der Höhle" anschließen. Im Mittelpunkt eines weiteren Beitrags von Sven Schütte steht das karolingerzeitliche Haus „Zur Lerche", das in wichtigen Teilen noch bis nach dem Zweiten Weltkrieg erhalten war sowie ein Exkurs zu den Keramikfunden. Zwei kleinere Beiträge befassen sich mit besonders aussagefähigen Grabungsfunden im Stadtteil St. Alban: einem karolinger Denar (Volker Zedelius †) sowie einer großen, hochgewölbten mittelalterlichen Scheibenfibel mit Darstellung des Gotteslammes (Beitrag von Jochen Giesler).

Aus der Nord- und Voreifel berichten Norbert Nußbaum und Christoph Heuter, wobei der Forschungsüberblick von Norbert Nußbaum mit abschließender Auswahlliteraturliste zugleich einige klassische Beispiele für dreizonige Eifelhäuser enthält. Christoph Heuter untersucht die Tradition der Bruchsteinverwendung im ländlichen Hausbau des 18. bis 20. Jahrhunderts anhand erhaltener Bauten in der Gemeinde Wollersheim (Voreifel).

Den Stand zur Hausforschung in den „Nordöstlichen Ardennen – Hohes Venn" faßt Frank Simons zusammen und geht dabei ausführlich auf die in den Ardennen vorkommenden Hausformen ein. Für das „Aachener Land" leistet Ingeborg Schild die Zusammenfassung und verbindet ihre Ausführungen mit einem „Blick nach Belgien". Beide haben zudem eine nach Regionen gegliederte Literaturliste zusammengestellt. Hofanlagen nördlich von Aachen widmet sich Lutz-Henning Meyer in seinem Beitrag, eine – so der Autor – noch wenig bekannte Hausregion.

Das Bergische Land ist mit sechs Aufsätzen vertreten. Der Bericht von Heinrich Walgern zum Forschungsstand ist bibliographisch angelegt. Vorgestellt werden nicht nur die wichtigsten Hausforscher mit ihren Ansätzen und Ergebnissen, sondern auch Einzelbearbeiter und Institutionen. Der Verfasser verbindet dieses mit einem kritischen Blick auf die Grenzen der institutionalisierten Denkmalpflege, systematische hauskundliche Forschung zu betreiben. Auf eine weniger bekannte Hausregion im Niederbergischen, die ehemalige Herrschaft Hardenberg, macht Hans Colsmann am Beispiel von Hofanlagen in den Bauerschaften Windrath und Nordrath aufmerksam. Daran schließen sich Studien von Karl Matthias Berg sowie Gerhard Fitzek zur Typologie des queraufgeschlossenen Wohnstallhauses anhand des Baubestandes der Gemeinde Lindlar (Oberbergischer Kreis) an. Helmtrud Köhren-Jansen befaßt sich mit Ergebnissen eines Projektes des Labors für Dendrochronologie an der Universität Köln zur dendrochronologischen Datierung von Bauten in der Stadt Lohmar. Im Mittelpunkt des Aufsatzes von Ulrich Klein steht das Schicksal des bekannten Hauses Varresbeck in Wuppertal, dessen Bemühungen um Erhalt des historischen Zeugniswertes aus heutiger Sicht gescheitert sind. Schließlich geht Fred Kaspar auf ein bedeutendes Gebäudeensemble aus der Mitte des 15. Jahrhunderts am Kirchplatz in Hattingen ein, ein hervorragendes Beispiel für die Entwicklung von Kirchhofspeichern zu Wohnhäusern in der Frühen Neuzeit.

Wie sich landesherrliche Verordnungen ab der Mitte des 18. Jahrhunderts zur Einsparung von Bauholz prägend auf die Fachwerklandschaften in den rechtsrheinischen Territorien Nassaus auswirkten, untersucht Wolfgang Fritzsche in seinem Aufsatz „Die Einführung des riegellosen Fachwerks in Nassau-Dillenburg". Angela Schumacher zeichnet ein realistisches Bild vom Denkmalpflegealltag für den Bereich Westerwald und Taunus, in dem die systematische Erforschung des Denkmalbestandes immer noch fast am Anfang steht. Eine dendrochronologisch gestützte Baudokumentation zum Boos-von-Waldecker Hof in Meisenheim, ein Adelspalais des 15. Jahrhunderts, stellen Rainer Zahn und Nicoline Bauers vor. Zum Forschungsstand zur ländlichen und kleinstädtischen Architektur an der Mosel, der sich in den letzten 20 Jahren hinsichtlich der exakteren Datierung des Baubestandes wesentlich verbessert hat, äußert sich Reinhold Schommers. Paul-Georg Custodis berichtet über die Entdeckung des spätgotischen Fachwerkhauses Brunnengasse 6 in Bremm an der Mosel, für das nach zähem Ringen endlich eine Grundsicherung erreicht werden konnte. „Gefährdete Hauslandschaft" lautet die Bilanz von Ewald Wagner zur Inventarisierung von 160 Quereinhäusern des Landkreises Trier-Saarburg. Die Reihe der Beiträge beschließt Hans-Georg Lippert mit einem Beitrag zur Geschichte des saarländischen Bauernhauses Haus Schetting aus dem frühen 19. Jahrhundert in Blieskastel-Breitfurt unter Einbeziehung von Aspekten zur Sozialgeschichte und Wohnkultur.

Der Band „Zur Bauforschung im Rheinland" ist gut strukturiert und eine wertvolle Arbeitshilfe. Er faßt den interdisziplinären Forschungsstand zur vielfältigen Hauslandschaft im Rheinland zusammen, weist auf neue Untersuchungen hin, benennt Forschungslücken und gibt ein realistisches Bild von den Möglichkeiten und (finanziellen) Grenzen der Bauforschung in der Gegenwart.

Kaufungen   Axel Lindloff

Sondermodelle – Die 387 Häuser des Peter Fritz (Hatje Cantz). Hrsg. vom Österreichischen Museum für Volkskunde. Ostfildern-Ruit 2001, 474 S.

Vom Nimbus des Profanen und einer Poesie aus Pappkartons. 1993 entdeckte der Wiener Künstler Oliver Croy in einem ebendortigen Trödelladen ein gar faszinierendes Miniversum: 387 Gebäudemodelle – Bauernhöfe und Einfamilienhäuser, Kirchen und Gewerbebauten – die aneinandergereiht, oder besser gesagt umeinanderdrapiert einen prototypischen Querschnitt (nicht nur) österreichischer Nachkriegsprovinzialität ergeben.

Obwohl annähernd im hinlänglich bekannten Maßstab 1:87 gehalten, haben jene Miniatur-Architekturen mit dem Märklin-Katalog mindestens so wenig gemein wie mit Le Corbusiers Charta von Athen. Ihrem Erbauer, dem 1992 verstorbenen Versicherungsangestellten Peter Fritz, gelang vielmehr eine Allegorie des Alltäglichen, die der heilen Welt der Modelleisenbahn-Dioramen nur auf den ersten Blick gleicht. Denn wo die Häuslebauer-Fantasien aus dem Modellbahnzubehör eine größtmögliche Simulation des Realen gerade durch eine immer perfektere und detailgenauere Ausgestaltung suggerieren, entfalten Peter Fritz' Modelle ihre mimetische Wirkung in ihren offensichtlichen Unzulänglichkeiten, ihrem immanenten Hang zur Improvisation. Sie bleiben immer nur eine Ableitung, man könnte sogar sagen ein Kommentar des Nachgebildeten.

Vom 19. Januar bis zum 18. März des vergangenen Jahres waren die aus Pappe und anderen Alltagsabfällen hergestellten Gebäudeminiaturen nun im Österreichischen Museum für Volkskunde zu sehen. Die Ausstellung selbst beließ ihre Objekte angenehm unkommentiert. Und auch der bei Hatje Cantz erschienene Ausstellungskatalog vertreibt sich seine Zeit eher mit erhellenden Gedankenspielen, denn mit einer ganzheitlichen Exegese des Fritzschen Œuvres. Zumal die Entwürfe des Versicherungsbeamten auch als Metapher für alljene Bastler oder – um es mit Claude Lèvi-Strauss zu sagen – Bricoleure zu sehen sind, die in ihren Hobbykellern an mal restaurativen, ein anderes mal geradezu eigensinnig-subversiven Miniaturwelten werkeln.

Peter Fritz wiederum schlagen die Autoren und Autorinnen ausnahmslos der letztgenannten Gattung zu. Schon Burkhard Spinnen, bekannt als Juror des Ingeborg-Bachmann-Preises, unterstellt den Gebäudemodellen in seiner Einleitung eine „satirische Tendenz" – eine Fährte, der der Ausstellungskatalog fortan folgen wird. Ausgehend von einigen einleitenden Überlegungen, darunter Franz Grieshofers Ausführungen zu Modellen im Museum, nähern sich gut 30, oft nur ein- oder zweiseitige Beiträge den unterschiedlichen Gebäudetypen, die Peter Fritz nachgebildet hat. Und die sich rückblickend betrachtet als eine Ethnografie des Verschwindens lesen lassen.

Denn die Welt, die uns Lesern da auf annähernd 500 klein- wie querformatigen Seiten begegnet, gibt es längst nicht mehr. Die Wirtschaftswunder-Pensionen mit den Portas-Aluminiumtüren, die Provinzkinos, die kleinen Molkereien und Sägemühlen sind Relikte aus einer fernen und doch gerade erst vergangenen Zeit, weshalb sich viele Buchbeiträge auch und glücklicherweise mit dem eigenen Erinnern beschäftigen.

„Sondermodelle" ist wohl mein persönliches Fundstück des vergangenen Buchjahres. Ein ganz und gar unbeiläufiger Blick auf ein nur vordergründig beiläufiges Phänomen. Und ein hervorragender Ideengeber für ein noch zu gründendes Freilichtmuseum der Nachkriegsmoderne, jener Ära der Natursteinapplikationen und der Eternitplatten. Einer Ära der schon bei Baubeginn gescheiterten Zukunftsversprechen, wie sie Peter Fritz so hervorragend in seinen Bankgebäuden dokumentiert. Und da darf dann auch das Ornament an der Hausfassade nicht fehlen – von Fritz bevorzugt dargestellt durch säuberlich ausgeschnittene Zierelemente von Schokoladen- oder Käseverpackungen.

Marburg/Lahn   Clemens Niedenthal

Auf der Suche nach Heil und Heilung. Religiöse Aspekte der medikalen Alltagskultur. Hrsg. v. Michael Simon unter Mitarbeit von Monika Kania-Schütz (Volkskunde in Sachsen; H. 10/11). Dresden 2001.

Ausgangspunkt für den vorliegenden Themenband war eine interdisziplinäre Tagung auf Einladung des Instituts für Sächsische Geschichte und Volkskunde e. V., die am 22. und 23.11.1999 in Dresden stattfand. Alle gehaltenen Vorträge konnten in dem Band dokumentiert und sogar noch zwei weitere Beiträge mit großer thematischer Nähe in die Publikation aufgenommen werden. In seiner Einführung gibt Michael Simon als Leiter des Bereichs Volkskunde am Institut für Sächsische Geschichte und Volkskunde e. V. in Dresden einen Einblick in das Phänomen, daß „Menschen zu allen Zeiten durchaus unterschiedliche Wege auf der Suche nach Heil und Heilung beschritten und sich dabei nicht um akademische Zuständigkeiten geschert" haben (S. 14). Gleichzeitig hält er fest, daß gegenwärtig neue Wege der Verständigung gefragt sind, vor allem auch, weil die unterschiedlichsten Fachgebiete sich mit dem Themenkomplex auseinandersetzen. So stammen die Beiträge der vorliegenden Publikation aus der Ethnologie, Germanistik, Geschichte,

269

den Kulturwissenschaften, der Medizin und der Theologie. Die Mediävistin Monika Schulz befaßt sich in ihrem Referat mit der Systematik archaischer (magischer) Konzepte im Kontext von Heil und Heilung unter dem Titel „Gottes blutt ist ausgeflossen/das behütet mich vor allen bösen geschossen". Dabei bezieht sie sich auf die Untersuchung des sog. 'Corpus der deutschen Segen- und Beschwörungsformeln' aus dem Nachlaß von Adolf Spamer vor. Konrad Vanja, Direktor des Museums europäischer Kulturen der Staatlichen Museen zu Berlin, bringt in seinem Beitrag Beispiele aus der Sammlung des Museums europäischer Kulturen zum Thema „Haussegen und Himmelsbriefe der Alltags- und Sonntagsheiligung- und des Schutzes". Auch er rekurriert aus der Sammlung und Interpretation von Adolf Spamer, für den Haus- und Stallsegen, Kugelabwehrsegen und Himmelsbriefe lebenslang ein Thema gewesen sind. Vanja hält fest, daß „Haussegen und Himmelsbriefe (...) einen Kontext von der Region, Magie und Aberglauben, von Formeln und Schemata (...) eröffnen, die das Leben weiter Kreise der Bevölkerung über Jahrhunderte geprägt und teilweise dabei bis heute die Plausibilität ihrer griffigen Formelhaftigkeit im Alltag nicht verloren haben" (S. 62). Auch Monika Kania-Schütz' Beitrag befaßt sich mit den Sachzeugnissen zu Heil und Heilung aus dem Nachlaß Adolf Spamers. Die Volkskundlerin hält fest, daß der Corpus der Segen- und Beschwörungsformeln beispielhaft steht für den Zusammenhang von 'Heil und Heilung' „oder, mit anderen Worten, für die Bedeutung religiöser Aspekte in der medikalen Alltagskultur. In den gesammelten Formeln und der dahinter stehenden Praxis artikulieren sich Vorstellungen, die an die Beeinflußbarkeit von Krankheiten und bestimmte Frömmigkeitspraktiken glauben" (S. 64/65). Mit einer die Tagung begleitenden Ausstellung mit Sachzeugnissen aus dem Nachlaß von Spamer gelang es ihr, Einblicke in die Aktivitäten eines für die Volkskunde großen Wissenschaftlers der ersten Hälfte des 20. Jahrhunderts zu geben. Die Münchener Volkskundlerin Waltraud Pulz behandelt unter dem Titel „Krank versus gesund? Von heilsamer Krankheit und körperlichen Zeichen der Heiligkeit" den Fall der Catharina Binder aus Schmittweiler im Fürstentum Pfalz-Lautern, die im ausgehenden 16. Jahrhundert zunächst als krank galt, dann aufgrund verschiedener, in erster Linie körperlicher Zeichen als Heilige verehrt wurde, schließlich durch rituelles Segensprechen ihre Sprache wiederfand und zu guterletzt eine überraschende Heilung erfuhr (vgl. S. 76). Pulz interpretiert die angeblich jahrelange Nahrungsenthaltung der Catharina Binder vor dem Hintergrund, „daß Krankheit und Gesundheit wie auch Physisches und Metaphysisches in der Frühen Neuzeit noch nicht ausschließlich in jener polaren Dichotomie gedacht wurden, die als Denkmuster in der Wissenschaft der Aufklärungszeit eine so bedeutende Rolle spielte" (S. 84). Auch Heiligkeit konnte sich körperlich manifestieren und körperliche Zeichen mehr als wunderbarer denn als krankhafter Natur gedeutet werden. Die Historikerin Sabine Fahrenbach behandelt in ihrem Referat die „Wachsvotive aus der Sammlung des Karl-Sudhoff-Instituts". Im Fokus stehen alpenländische Wachsvotive des 19. Jahrhunderts, eine bislang nicht bearbeitete Bestandsgruppe des Karl-Sudhoff-Instituts für Geschichte der Medizin und der Naturwissenschaften. Fahrenbach stellt verschiedene Votive der Sammlung vor, ohne deren Einsatz endgültig klären zu können, da auch bislang die umfangreiche volkskundliche Literatur diesbezüglich noch nicht zu Rate gezogen wurde. Mithin handelt es sich bei diesem Referat um einen ersten „Situationsbericht", für den vor allem Mirakelbücher hinzugezogen wurden, die Auskunft über den Einsatz von Wachsvotiven geben und über die mit der Darbringung der Gabe verknüpften Hoffnungen berichten. „Die Annaberger Hexenkrankheit" hat der Kulturwissenschaftler Gabor Rychlak für seinen Vortrag gewählt. Die Krankheit brach 1713 in der Erzgebirgsstadt Annaberg aus und währte mehr als 7 Jahre, indem eine rasch zunehmende Zahl von Personen epilepsieartige Krampfanfälle erlitt, die von Erscheinungen des Teufels, Hexen, Bergmännlein und ähnlichen Gestalten begleitet wurden. Rychlaks Beitrag zeigt die verschiedenen wissenschaftlichen Erklärungsangebote für die Annaberger Krankheit auf, die von einer kriminellen Inszenierung über eine psychogene Massenerkrankung bis zu Vergiftungserscheinungen infolge erheblicher Umweltprobleme durch die Verhüttung von Metallen in dieser Bergbauregion reichen. Die Prager Medizinhistorikerin Jana Smisková untersucht in ihrem Beitrag „Die Spitäler des Leitmeritzer Kreises im 18. Jahrhundert". Spitäler waren in jener Zeit nicht unbedingt nur Krankenhäuser, sondern sie konnten darüber hinaus auch die Funktion von Armenhäusern, Erziehungs- und Arbeitshäusern, Invaliden- und Waisenhäusern, öffentlichen Herbergen, Lazaretten, Entbindungs- und Findelhäusern, Irren- und Zuchthäusern übernehmen. Vor allem war das Spital für viele alte Menschen oftmals die letzte Station in ihrem Leben. Eberhard Wolffs Beitrag zielt auf die Stellung jüdischer Ärzte in der Reformdebatte 1830–1850. Unterdem Titel „Beschneidung zwischen ’religiöser Weihe‘ und ’richtigen chirurgischen Prinzipien‘" steht der Brauch, neugeborenen Knaben am achten Tage nach der Geburt die Vorhaut rituell zu beschneiden im Zentrum der Aufmerksamkeit. Dieser Brauch, der „sich trotz aller Säkularisation bis in die Moderne halten konnte, geriet vor allem in der ersten Hälfte des 19. Jahrhunderts unter erheblichen Reformdruck" (S. 140). Debattiert wurden nun vor allem die medizinischen Vor- und Nachteile, die mit dieser Operation verbunden waren, so daß in dieser Debatte „die Spannung zwischen religiöser Tradition und weltlicher Rationalität besonders deutlich zum Ausdruck" (S. 141) kommt. Mit der medikalen Alltagskultur im Bayern des 19. Jahrhunderts befaßt sich Michael Stuhlberg, Medizinhistoriker und -soziologe an der TU München. Im Mittelpunkt stehen „’Volksfromme‘ Heilpraktiken und das Phänomen religiöser Krankheitsdeutung". Stuhlberg hält fest, daß volksmedizinische Praktiken für den behandelten Zeitraum durchaus parallel zum ärztlichen Behandlungssystem stattfanden und keineswegs von der Schulmedizin verdrängt wurden. Langfristig kam es freilich zu einem Bedeutungsverlust volksfrommer Heilpraxis, da die staatliche Gesundheitsverwaltung irreguläre Heiler, Segner und Krankheitsbesprecher im 19. Jahrhundert mit großer Schärfe verfolgte (vgl. S. 172). „Über räumliche Aspekte des Medikalisierungsprozesses in Deutschland" gibt der Beitrag von Michael Simon Auskunft. Moderne Medikalisierungsprozesse als Teilaspekte großer Transformationsprozesse auf dem Weg in die Gegenwart werden unter modernen kulturwissenschaftlichen Fragestellungen analysiert, vor allem auch um die Phänomene herauszukristallisieren, die in der Bevölkerung zur Aufgabe bzw. Modifikation traditioneller Heilverfahren führten. Am Beispiel des Atlas der deutschen Volkskunde (ADV) zeigt Simon auf, daß selbst in hochentwickelten, modernen Gebieten des Deutschen Reichs volksmedizinische Praktiken fortlebten, was bisherige wissenschaftliche Erklärungsansätze negiert hatten. Diese Erkenntnis führt Simon zu der Auffassung, daß für die Analyse kultureller Prozesse neben der Erörterung sozialer und zeitlicher Probleme als weitere zentrale Kategorie der Raum einzubeziehen sein. Er sieht einen „echten Nachholbedarf" für die volkskundliche Forschung, die bei der Betrachtung kultureller Prozesse oftmals den Kulturraum stark vernachlässigt habe. Die Volkskundlerin Gudrun Silberzahn-Jandt berichtet aus ihren Feldforschungen „Vom Ekel in Krankheits- und Heilungsprozessen". Aufgrund von narrativen Interviews mit Krankenschwestern kommt sie zu drei unterschiedlichen Schnittstellen im Bezug auf das Ekelphänomen: 1. Die Ekelerfahrung von Pflegenden; 2. Ekel und Macht; 3. Ekel in Heilungsprozessen. Vom Gewöhnen des medizinischen Personals an den Ekel ist die Rede, von Machtausübung, indem man gerade die jungen und neuen Schwestern und Helferinnen verschimmelte Spucknäpfe reinigen läßt und von alternativen Therapien mit Fliegenmaden, deren Heilkraft durch eine Zufallsentdeckung zutage trat. Silberzahn-Jandt beschreibt abschließend einen Zusammenhang von Ekel und Lachen und sieht im Ekel ein Merkmal, „das für den Menschen so distinktiv ist, wie die Fähigkeit zu lachen: das negative Kompliment des Lachens nämlich" (S. 196). Sie wagt die These, daß das Ekelempfinden und das Lachen nicht zwei gegensätzliche menschliche Affekte seien, sondern daß durch das Lachen das lustvolle Element des Ekelhaften zutage treten würde. Auch der Beitrag Christine Holmbergs, Kulturwissenschaftlerin aus Berlin, befaßt sich mit Krankenhausalltag unter der Überschrift: „'Anders hätte ich es gar nicht überlebt'. Magische Objekte im Krankenhaus". Bücher, Tierfiguren, Steine, Abbildungen, Glückskäfer, die sich in den Nachttischen befinden, werden als Heilungshilfe beschrieben und in gewissem Sinn als Glücksbringer verstanden. Holmberg sieht in den Gegenständen den Wunsch, die Verbindung von Krankenhauswelt und Außenwelt aufrecht zu erhalten und die geschlossene Krankenhauswelt mittels dieser Objekte zu öffnen. Ihr Fazit: „Der Umgang mit den Objekten ist eine wichtige Praxis der Patientinnen, um sich in die biomedizinische Welt integrieren zu können. So ist man mit einem Plüschtier oder einem magischen Objekt nicht Außenseiterin, sondern Teilnehmerin am Klinikalltag" (S. 211). „Welcher Zusammenhang besteht zwischen medikaler Alltagskultur und moderner medizinischer Forschung?", fragt sich die Fachärztin für innere Medizin und Medizinhistorikerin Susanne Hahn am Beispiel von Migräne und Kopfschmerzen. Sie hält fest, daß die moderne Medizin durchaus von der historischen medikalen Alltagskultur befruchtet werden kann, hier aber keine ununterbrochene Traditionskette noch ein unaufhaltsamer Aufstieg vom Niederen zum Höheren vermutet werden darf. Stets sei eine kritische Reflexion der historisch-konkreten Verursachungs-, Begründungs- und Wirkbedingungen notwendig, wenn z. B. einem Kopfschmerzpatienten geholfen und nicht Schaden zugefügt werden solle. Osterwasser oder Votivgaben in Form von Köpfen hätten ebenso bei Kopfschmerzen geholfen wie die Einnahme einer Aspirintablette. Die Volkskundlerin Oliva Wiebel-Fanderl aus Passau betitelt ihren Beitrag: „Leben vom Tod eines anderen. Zur Balanceleistung der Religion in der gegenwärtigen Heilkultur" und beschreibt das Problem der Herztransplantation von Mensch zu Mensch aus kulturwissenschaftlicher Sicht. Herzverpflanzung als Heilungsversuch ist unabdingbar mit dem Tod eines

Menschen verbunden. Der Wunsch eines Patienten dagegen, mit dem fremden Organ weiterzuleben, zieht bei christlich Sozialisierten unweigerlich den Konflikt mit den zehn Geboten nach sich, in denen es heißt: 'Du sollst nicht begehren Deines Nächsten Hab und Gut'. Ein interviewter Patient äußerte, er habe nach dem Erwachen aus der Narkose deutlich eine Stimme gehört, die gesagt habe, 'gibs her, es gehört dir nicht'. Andererseits beschreiben Herztransplantierte, wie dankbar sie für jeden weiteren Lebenstag sind und daß sie insbesondere Gott diesen Dank abzustatten haben. Der herztransplantierte Patient muß offenbar nach Entlastung streben, die die Religion ihm in hohem Maße bieten kann. Auch der säkularisierte Mensch, hält Wiebel-Fanderls Studie fest, sucht Antwort auf die ungelösten Rätsel des menschlichen Daseins in der Religion, die Antwort auf die Fragen nach Sinn und Ziel des menschlichen Lebens geben soll. Eine Entlastungsleistung sei es, dabei sich selbst zu einem möglichen Auserwählten durch Gott zu halten, der einem das Leben zurückgeschenkt hat, obgleich ein anderer sterben mußte. „Der Gott des Alten Testaments vernichtet und rettet".

Der vorliegende Sammelband macht in hervorragender Weise deutlich, wie thematisch breit gefächert religiöse Aspekte medikaler Alltagskultur in den verschiedenen Disziplinen behandelt werden. Die Federführung bei dem vorliegenden Projekt hatte dabei die Volkskunde, die dieses Forschungsfeld seit Adolf Spamer (1883–1953) als ihr 'ureigenstes' betrachten kann. Die Beiträge zeigen aber vor allem, wie moderne Wissenschaft mit dieser Thematik umgeht und die Suche des Menschen nach Heilung in ihren zeitlichen, sozialen, kulturellen und räumlichen Kontexten sieht. Insbesondere mit dem Fokus auf medikaler Alltagskultur kann die moderne Volkskunde/Kulturwissenschaft hier wesentlich zum Erkenntnisgewinn beitragen, wie, so meine ich, die Beiträge allesamt gezeigt haben. Damit war, ist und bleibt das Gebiet der medikalen Alltagskultur eines der Hauptforschungsfelder unseres Faches.

Marburg   Marita Metz-Becker

Horizonte des Heilens. Hrsg. v. Sabine Sieg. Eine Ausstellung im Rahmen des Expo-Projektes „KeimCelle Zukunft – Heilen im Dialog" der Stadt Celle, 7.5.–26.11.2000; Ausstellungsort: Alte Exerzierhalle Celle; 4 Hefte. Celle 2000, ca. 160 S. m. zahlr. Sw- u. Farbabb.

Der etwas unkonventionelle Ausstellungskatalog des Projektes „KeimCelle Zukunft – Heilen im Dialog" der Stadt Celle gliedert sich auf in vier eigenständige Hefte mit jeweils spezifischen thematischen Schwerpunkten: Heft 1 Rückblick – Geschichte der (Komplementär-)Medizin; Heft 2 Überblick: Komplementäre Medizin heute; Heft 3 Ausblick: Die Zukunft des Heilens – Heilen im Dialog; Heft 4 Blick-Wechsel: Patientenwünsche und -wahrnehmungen. Es handelt sich also im wesentlichen um die Darstellung unkonventioneller Heilverfahren in Geschichte und Gegenwart, über deren Relevanz in jüngster Zeit zunehmend wissenschaftliche Diskurse geführt werden. Ziel des Projektes war es, „jenseits der medialen Überflutung eine Orientierungsmöglichkeit sowohl für den interessierten Laien als auch für Fachleute zu schaffen". Im Kontext der Ausstellung „Horizonte des Heilens" sind in Celle ein Heilpflanzengarten, ein Informationsdienst für Naturheilverfahren, ein Modellprojekt integrative Pflege, ein Gesundheitszentrum, eine Tagungs- und Kongreßreihe und ein Angebot für Aus- und Weiterbildung der Niedersächsischen Akademie für Homöopathie und Naturheilverfahren entstanden. In Heft 1 gibt Robert Jütte, Leiter des Instituts für Geschichte der Medizin der Robert-Bosch-Stiftung in Stuttgart, einen Einblick in die Geschichte der alternativen Medizin, deren Wurzeln er bereits im 18. Jahrhundert festmacht. Dabei bietet Jütte folgende Definition des Begriffs „alternativ" an: „Mit 'alternativ' etikettiere ich diejenigen Heilweisen, die in einer bestimmten medikalen Kultur, die selbst wiederum einem historischen Wandlungsprozeß unterworfen ist, zu einem bestimmten Zeitpunkt oder über einen längeren Zeitraum von der herrschenden medizinischen Richtung mehr oder weniger stark abgelehnt werden, weil sie die Therapieformen der herrschenden medizinischen Richtung teilweise oder völlig in Frage stellen bzw. auf eine unmittelbare und grundlegende Änderung des medizinischen Systems abzielen. Alternativ bedeutet in diesem Zusammenhang nicht zuletzt, daß diese Therapierichtungen von sozialen Bewegungen oder bestimmten gesellschaftlichen Gruppen getragen werden" (S. 4/5). Auf der anderen Seite dieser Definition des „Alternativen" steht die sog. „Schulmedizin" bzw. die jeweils vorherrschende medizinische Richtung. Jütte weist auf, daß es zu allen Zeiten zahlreiche, mehr oder weniger erfolgreiche Versuche gegeben hat, eine Alternative zur herrschenden medizinischen Richtung zu schaffen. Die historische Perspektive ermöglicht es zugleich, Grundstrukturen und Gemeinsamkeiten alternativer Heilweisen zusehen, die heute gern wieder als „verschüttete Alternativen" in der Sozial- und Gesundheitspolitik diskutiert werden. Man entdeckte die ältere Volksmedizin sowie die 'natürlichen' Heilweisen wieder und die Forderung nach einer sog. „Ganzheitsmedizin" wurde laut. Verschiedene Interessengruppen auf dem Gesundheitsmarkt hat es jedoch in der Geschichte immer wieder gegeben, wie Jütte am Beispiel des Arztes Samuel Hahnemann (1755–1843) aufweist. Der Begründer der Homöopathie stieß seinerzeit auf großen Widerstand und hatte sich gegen die z. T. polemischen Angriffe seiner Gegner in der Ärzteschaft zu wehren. Im gleichen Heft befindet sich der Beitrag Heinz Schotts zur „Komplementären Medizin". Der Medizinhistoriker beschreibt das „Hereinragen der Medizingeschichte in die Gegenwart" und stellt dabei fest, daß „alle Heilmethoden, denen wir heute in der sog. Alternativ- bzw. Komplementärmedizin begegnen, (...) einmal direkt oder in abgewandelter Form in einer bestimmten historischen Epoche im Kontextbestimmter Kulturkreise (quasi) wissenschaftlich anerkannt (waren) und (...) sich der Anerkennung medizinischer Schulen (erfreuten)" (S. 38). Damit waren sie selbst einmal Stück der 'Schulmedizin', die aber ihrerseits wieder in ihrer Theorie und ihrer Praxis „Reste einer vergessenen, wissenschaftshistorisch lokalisierbaren Vergangenheit" (S. 38) birgt.

In Heft 2 stellen zwei Beiträge einen Überblick über die komplementäre Medizin heute vor. Die Wissenschaftsjournalistin Rosalind Coward geht der streitbaren Frage nach, „ob nicht der Mythos von der alternativen Medizin letztlich die Diskussion um die wahren Bedürfnisse des Einzelnen in einem effizienten Gesundheitssystem zu verstellen droht" (S. 34). Dabei stellt sie die Hypothese auf, daß das, was in der alternativen Medizin geschah, immer auch symptomatisch war für viele andere gesellschaftliche Bereiche und daß die körperliche Gesundheit als vitale Gefechtslinie des Individuums gegen die Exzesse der Moderne und ihrer Industrialisierung sowie Anonymität vorgehalten werde. Gesundwerdung sei damit zum Synonym der Naturfindung und einer natürlichen Lebensweise geworden. „Dies ist der erklärte Weg, wie der Mensch den Auswirkungen einer fortgeschrittenen Industriegesellschaft standhalten kann" (S. 30). Reinhard Saller, Leiter der Abteilung Naturheilkunde am Universitätsspital Zürich, gibt in seinem Beitrag einen Überblick über gegenwärtige Formen und Verbreitung von komplementären Therapien. „Komplementär beinhaltet dabei vor allem die Momente, daß erweiternde und ergänzende Gesichtspunkte undBehandlungsansätze zu jeweils als konventionell angesehenen oder als solche deklarierten Bereiche angeboten werden und daß es für Probleme und Krankheiten mehrere Lösungsansätze gibt. Krankheiten und Symptome werden nicht mehr nur als Funktionsdefizite gedeutet und bearbeitet, sie lassen sich unter der Perspektive autonomer Leistungen des erkrankten Organismus auch als aktive und zielgerichtete Funktionsäußerungen ansehen, die mit Erfolg oder Mißerfolg auf Autoprotektion oder Selbstheilung zielen" (S. 18).

Heft 3 vereint drei Beiträge unter dem Thema „Heilen im Dialog". Der Mediziner Volker Fintelmann fragt sich, ob dies überhaupt möglich und die Medizin zu Veränderungen bereit sei. Viele Anstöße zu Veränderungen gehen von den Patienten selbst aus, die immer deutlicher formulieren, worauf es ihnen im medizinischen System ankommt. Fintelmann wünscht sich, daß der Dialog so wachsen möge, „daß die Medizin wieder eine Humanwissenschaft, eine Wissenschaft vom und für den Menschen wird" (S. 12). Der Arzt und Publizist Till Bastian sieht diesen Weg eher in weiter Ferne und kritisiert in seinem Beitrag die einseitige Ausrichtung der Schulmedizin, die er gefühllos nennt. Sie begreife denKörper als Maschine, die es zu reparieren gelte und blende dabei sozialphilosophische Fragen aus ihrem Gesichtsfeld aus. Er unterstellt der Schulmedizin ihre gesellschaftliche Bindung geleugnet und sie „für das Linsengericht einer wissenschaftlichen 'Correctness' verkauft" zu haben (S. 23). Im letzten Beitrag des Heftes beschreibt der Mediziner Thomas Ots die Realität des komplementären Heilens am Beispiel der chinesischen Medizin. Die Faszination der Ganzheitlichkeit wird hier zu einem zentralen Aspekt, unterschrieben mit dem Untertitel „Medizin trifft Philosophie". Er stellt fest, daß dieses fremde Medizinsystem bei uns an großer Popularität gewonnen hat, letztlich aber doch nur eine kleine Gegenbewegung darzustellen vermag. „Denn trotz aller Kritik und Unzufriedenheit an der Schulmedizin folgt die Hauptrichtung medizinischen Denkens dem allgemeinen Zeitgeist" (S. 41). Das 4. und letzte Heft widmet sich den Patienten, deren Wünsche selten in die medizinischen Diskurse Eingang fanden. Der amerikanische Historiker Edward Shorter verdeutlicht am Beispiel des geschichtlichen Arzt-Patienten-Verhältnisses, wie stark die Bewertung des medizinischen Fortschritts und seiner gesellschaftlichen Konsequenzen von der subjektiven Wahrnehmung des Kranken geprägt ist. Sein sehr interessanter Ausflug in die Geschichte zeigt auf, daß erst die postmoderne Medizin des 20. Jahrhunderts die Arzt-Patienten-Beziehung nachhaltig gestört hat. Es ist die paradoxe Situation eingetreten, daß mit der Zunahme der therapeutischen Erfolge der Mediziner die Entfremdung zwischen Arzt und Patient immer größer geworden ist. Gegenwärtig beschreiben Patienten ihre Ärzte als arrogant, als technokratisch und ohne jede menschliche Anteilnahme am Schicksal des Einzelnen. Während die Patienten Zuwendung und Teilnahme erwarten, setzt die Ärzteschaft ihre High Tech-Möglichkeiten ein, denn, warnt Shorter: „Wer möchte schon fünfzehn Minuten auf die Untersuchung 'verschwenden', wenn sich die Informationen durch bildgebende Verfahren und Laboruntersuchungen viel schneller und verläßlicher darstellen lassen? Doch sind es genau diese Effizienz und diese Verkürzung des menschlichen Kontaktes, die die Patienten in die Arme der alternativen Medizin 'treiben'" (S. 12). Die Volkskundlerin Susanne Ude-Koeller geht in ihrem Beitrag den Motiven und Beweggründen von Patienten nach, die sich komplementärmedizinisch behandeln lassen. Sie hält fest, daß sich in Europa und den USA alternative Behandlungsformen ausgedehnt und dauerhaft etabliert haben. Seit 1989 existieren im deutschsprachigen Raum vier Lehrstühle für Naturheilkunde und in Krankenhäusern werden immer häufiger Abteilungen für eine schwerpunktmäßige Versorgung mit Naturheilverfahren eröffnet. Auf der anderen Seite betonen Kritiker der Alternativmedizin dennoch vehement ihren angeblichen Außenseitercharakter und warnen vor 'Scharlatanerie mit tödlichem Ausgang'. In den Interviews mit homöopathisch behandelten Patienten zeigte sich, daß als Grund, nicht zum Schulmediziner zu gehen, am häufigsten die Unzufriedenheit mit der Schulmedizin genannt wurde. Diese galt den Befragten als „Drei-Minuten-Medizin" und „Massenabfertigungssystem". Die Beweggründe für die Inanspruchnahme komplementärer Therapien liegen, so die Autorin, „nicht so sehr in der dezidierten Befürwortung einer speziellen alternativen Therapierichtung, sondern mehr in der Ablehnung einer sich puristisch gebenden Schulmedizin mit Alleinvertretungsanspruch" (S. 29). In der Folge beschreibt sie die unterschiedlichen Beweggründe der Patienten für ihre Wahl verschiedener komplementärer Heilmethoden, die doch alle die unübersehbare Gemeinsamkeit aufzeigen, daß sie die Schulmedizin für defizitär halten.

Die vier Ausstellungshefte belegen erneut, wie interdisziplinär Medikalkulturforschung angelegt ist. Es wurden Antworten versucht sowohl aus der Medizin, der Medizingeschichte, der Sozialphilosophie und der Volkskunde auf sozentrale Fragestellungen wie die nach der Zukunft des Heilens oder des Arzt- und Patientenverhältnisses in Geschichte und Gegenwart. Auch und insbesondere in der Volkskunde wird die Medikalkulturforschung in den letzten Jahren verstärkt vorangetrieben, was sich u.a. in dem 'Netzwerk Gesundheit und Kultur' dokumentiert. Die Lektüre dieser – auch reich bebilderten – Ausstellungshefte sei allen empfohlen, die sich in diesem Themenspektrum bewegen und auch an dessen Musealisierung interessiert sind. Ein breiter Literaturanhang ermöglicht die wissenschaftliche Vertiefung ins Thema ebenso wie die ausführliche Liste der Leihgeber u. U. die Möglichkeit zur Zusammenarbeit für weitere Ausstellungsprojekte eröffnet.

Marburg   Marita Metz-Becker

Röslein auf der Heiden. Goethe und das Volkslied. Eine Koproduktion des Deutschen Volksliedarchivs Freiburg und der Staatlichen Hochschule für Musik Freiburg. Konzeption und Liedauswahl: Waltraud Linder-Beroud; Koordination: Miriam Nastasi, Max Matter; musikalische Leitung: Martin Müller. Deutsches Volksliedarchiv, Freiburg 1999, CD und Begleitheft, 59 S., Abb.

Aus Anlaß des Goethe-Jahres hat das Deutsche Volksliedarchiv Freiburg eine CD mit Vertonungen von Goetheliedern vorgelegt, die entweder als „Kunstlieder im Volksmund" populär geworden sind und Eingang in die Gebrauchsliederbücher gefunden haben oder auf Goethes Sammlung elsässischer Balladen zurückgehen, mithin den Beginn einer Hinwendung zum Volkslied markieren, die Goethe mit Herder teilte. An Herder gab er auch Teile seiner Aufzeichnungen weiter, und berühmte Beispiele der Sesenheimer Lieder sind auch hier berücksichtigt – jene „Friederiken-Lieder", wie sie Hanna Fischer-Lamberg bezeichnet hat[1], die aus der Zeit seiner leidenschaftlichen Liebe zur Pfarrerstochter Friederike Brion in Sesenheim 1770/71 stammen.

Die 27 aufgenommenen Lieder und Vertonungen wurden von Martin Müller mit dezenter Klavierbegleitung unterlegt, und die Sopran- und Mezzosopran-, Tenor- und Baßstimmen der Interpreten aus der Staatlichen Hochschule für Musik in Freiburg geben ihnen eine anspruchsvolle, gediegene Ausdrucksform. Neben allseits bekannten Stücken wie *Heidenröslein, Erlkönig, Der König von Thule, Der Rattenfänger* und *Mignon* (dies in den Vertonungen von Václav Jan Tomásek, Friedrich Heinrich Himmel und Gaspare Spontini), *Wanderers Nachtlied* (von Friedrich Kuhlau), *An den Mond* (in Vertonungen von Johann Gottlieb David Gackstatter, Andreas Romberg und Franz Schubert) und *Mit einem gemalten Band* (Ludwig van Beethoven, dies mit einem sehr ausführlichen und informativen Kommentar von Otto Holzapfel) stehen auch weniger bekannte Weisen wie das von Ludwig van Beethoven intonierte *Marmotte*, zu dem Goethe die Lieder der wandernden Savoyardenkinder inspiriert hatten, und *Das Veilchen*, das unter anderen von Wolfgang Amadeus Mozart vertont wurde – damit die wohl einzige Verbindung zwischen den beiden Genies. Die Kommentare im Begleitheft, von Waltraud Linder-Beroud, Otto Holzapfel, Nils Grosch und Lutz Röhrich verfaßt, sind auf engem Raum komprimierte, aber umso gehaltvollere Hintergrundinformationen. Insgesamt gesehen ist mit dieser Ausgabe ein sehr erfreulicher und richtungsweisender Weg beschritten worden, die Vorteile der neuen Medien auch für die Vermittlung volkskundlicher Quellen und Quelleninterpretationen zu nutzen, so daß nur zu wünschen bleibt, daß CD und Begleitheft nicht allein in einer breiten Öffentlichkeit, sondern auch im Fach selbst aufmerksam zur Kenntnis genommen werden.

Das *Heidenröslein*, Goethes populärstes Gedicht, eröffnet in der Liedfassung Heinrich Werners den Reigen. Ernst Schade, der über zwanzig Jahre hin in enger Zusammenarbeit mit Hachiro Sakanishi in Japan die weltweite Rezeptionsgeschichte und die Vertonungen des *Heidenrösleins* aufgearbeitet hat[2], legte 1993 schon einen zusammenfassenden Überblick vor[3], der auch das publizistische Verwirrspiel um die Autorschaft ausführlicher beschreibt: In der ersten von Goethe selbst besorgten Ausgabe seiner Werke ist es 1789, versehen mit der Jahreszahl 1771 (also wohl im weiteren Kontext seiner Sesenheimer Zeit entstanden), abgedruckt; Herder aber hatte es in etwas abweichender Fassung bereits 1773 und 1779[4], zuerst als „Fabelliedchen", veröffentlicht und als „aus dem Gedächtnis" aufgezeichnet deklariert – in seinem fiktiven Ossian-Briefwechsel führte er es als gutes Beispiel für alte deutsche Lieder an und schrieb ihm einen Volkston zu, indem er sich auf das „kindische (d.i. kindliche) Ritornell" der immer wiederholten Refrainworte bezog. Seine Zuordnung zu den Kinderliedern aber zeigt, daß Herder die Metaphorik des Liedes nicht begriffen hatte – das Symbol der Rose weist ja als Venusattribut auf die Emblematik der *defloratio* in der Renaissance hin: *cum Venus alma rosam in spineto carperet albam: Laesit acuta deam vulnere spina leui. Sanguis et exiliit, quo mox rosa tincta, colorem traxit (quae fuerat candida) purpureum*[5].

Goethe dürfte – nicht nur als universalistisch gebildeter und interessierter Gelehrter, sondern auch als Gartenfreund und aufmerksamer Naturbeobachter, als Gedankenfreund der Metamorphose und der Blumen[6] - die Symbolik der gebrochenen Rose für die sinnbildhafte Umschreibung von Liebe und Leid in Kenntnis dieser älteren Bedeutungen verwendet haben, und Lutz Röhrich, der den Kommentar zum vorliegenden Begleitheft lieferte, hat denn auch auf eine Fülle älterer Liedparallelen hingewiesen, insbesondere auf ein 1602 in der Sammlung des Paul von der Aelst erschienenes Lied, das wohl Vorbild für Goethes *Heidenröslein* gewesen ist. Doch es wird gerade im Vergleich mit den älteren Fassungen des Motivs – und auch mit Herders *Fabelliedchen* – deutlich, wie sehr Goethe es verstanden hat, in der meisterhaften lyrischen Umsetzung eine metaphorische Spannung aufzubauen. Ob hier allerdings wirklich, wie in feministischen Forschungen angenommen und auch von Röhrich aufgegriffen, implizit schon in der älteren Liedforschung, etwa bei Böhme[7], angedeutet, eine Deflorations- und Vergewaltigungsszene beschrieben wird und nicht vielmehr eine psychologisch tiefgründigere schuldbewußte Aufarbeitung jener von Goethe abgebrochenen Beziehung zu Friederike hineinspielt, muß dahingestellt bleiben. Die allegorische Verwendung der gebrochenen Rose als Vanitasmotiv läßt jedenfalls auch die Empfindungen der Trauer ahnen, jene Bezüge zur Melancholie andeutend, die Karl Meuli eindrucksvoll herausgearbeitet hat[8] und die in ihrer kulturenübergreifenden Stilisierung und Ritualisierung des Trauererlebens und Trauerverhaltens vielleicht auch beigetragen haben zu der außerordentlichen Beliebtheit des Heidenrösleins, in dem Liebe und Leid, Glück und Trauer so nahe beieinanderliegen.

Marburg   Siegfried Becker

Anmerkungen

1   Hanna Fischer-Lamberg (Hrsg.): Der junge Goethe. 5 Bde., Neuausgabe, Berlin 1963.
2   Hachiro Sakanishi, Ernst Schade (Hrsg.): [Goethe – Heidenröslein.] 2 Bde., Tokyo 1987. Ernst Schade (1926-1993), zunächst Lehrer in Wetzlar, dann Dozent für Germanistik an der

Universität Utrecht, Professor an der Pädagogischen Hochschule Berlin und schließlich Professor für Germanistik an der Gesamthochschule Kassel, war langjähriges Mitglied unserer Vereinigung; in Erinnerung an seine Forschungsarbeit sei an dieser Stelle das Heidenröslein für eine etwas eingehendere Besprechung ausgewählt. Zu Biographie und Werk Ernst Schades vgl. den von Heinz Engels verfaßten Nekrolog in: Jahrbuch für Volksliedforschung, 40, 1995, S. 121.

3 Ernst Schade: Goethes Heidenröslein und seine Vertonungen. (= Schriftenreihe Rosenmuseum Steinfurth) Steinfurth 1993.

4 Johann Gottfried Herder (Hrsg.): Volkslieder. 2 Bde., Leipzig 1778/79, Bd. 2, Nr. 23; Bernhard Suphan, der 1877/1901 eine Gesamtausgabe der Schriften Herders besorgte, veröffentlichte 1876 einen Beitrag „Röslein auf der Heiden" im Archiv für Literaturgeschichte.

5 Arthur Henkel, Albrecht Schöne (Hrsg.): Emblemata. Handbuch zur Sinnbildkunst des XVI. und XVII. Jahrhunderts. ND Stuttgart – Weimar 1996, Sp. 299. Eine neuerliche Rezeption der älteren Vanitasmotivik wie auch der erotischen Emblematik der Rose wird thematisiert bei Hans-Michael Herzog (Hrsg.): The Art of the Flower. The Floral Still Life from the 17th to the 20th Century. Bielefeld – Kilchberg/Zürich 1996.

6 Georg Balzer: Goethe als Gartenfreund. München 1966, 2. Aufl. 1978; Alfred Höck: Goethes Piniensprößling in Angelikas Garten. In: Jahrbuch des Vorarlberger Landesmuseumsvereins, 1993, S. 107-111.

7 Franz Magnus Böhme (Hrsg.): Volksthümliche Lieder der Deutschen im 18. und 19. Jahrhundert. Leipzig 1895, ND Hildesheim – New York 1970, S. 95-97: „Goethe's Heidenröslein und das ihm zum Vorbild dienende alte Volkslied sind allegorische Gedichte. Beide behandeln unter dem Bilde eines Rösleins das Geschick eines jungen Mädchens, das einem von leidenschaftlicher Liebe entbrannten Jünglinge, trotz versuchter Gegenwehr sich ergeben muß. Denn daß von Rosenbrechen im wörtlichen Sinne nicht die Rede ist, folgt unwiderleglich aus Zeile 18 ..."

8 Karl Meuli: Entstehung und Sinn der Trauersitten. In: Schweizerisches Archiv für Volkskunde, 43, 1946, S. 91-109; Wiederabdruck in: Karl Meuli: Gesammelte Schriften. Hrsg. von Thomas Gelzer. Basel – Stuttgart 1975, I, S. 333-351.

IMKE TAPPE: Kinderlieder in Lippe (= Schriften des Lippischen Landesmuseums, Bd. 4). Detmold 1993. Teil I: 248 S., 4 Abb., 1 Karte, Teil II: 152 S.

In der Reihe der „Schriften des Lippischen Landesmuseums" ist die Dissertation von Imke Tappe über Kinderlieder in Lippe in zwei Teilen erschienen mit dem Anliegen, das reale Kinderliedrepertoire über einen Zeitraum von etwa 200 Jahren im Hinblick auf Kontinuität oder Veränderung zu untersuchen. Grundlage der Arbeit war zum einen ein historischer Altbestand von veröffentlichten sowie ungedruckten und handschriftlich vorliegenden Kinderliedsammlungen, die seit Beginn des 19. bis Mitte des 20. Jahrhunderts von verschiedenen Forschern u.a. aus unterschiedlichem Interesse und deshalb auch mit verschiedenen inhaltlichen Schwerpunkten zusammengetragen, häufig in lippisch-plattdeutscher Mundart aufgezeichnet worden waren. Dieser Bestand, größtenteils ohne methodische Angaben über Erhebungszeitpunkt, Erhebungsort, Alter und Geschlecht der Liedträger, konnte durch Befragung von älteren Gewährspersonen, die ihre Kindheit vor oder während des Ersten Weltkrieges verlebten, bzw. erst nach dem Zweiten Weltkrieg geboren wurden, ergänzt und auch überprüft werden. Zum anderen ermittelte die Autorin den heutigen Bestand von gesungenen Kinderliedern in Lippe durch eine Befragung einschließlich teilnehmender Beobachtung von über 500 Mädchen und Jungen im Alter von drei bis zehn Jahren, die den Kindergarten bzw. die Grundschule besuchten. Insgesamt erfaßte Tappe in ihrer Untersuchung etwa 1500 unterschiedliche Liedtypen. Dazu zählen auch etwa 300 zusätzliche Liedtypen, die nicht im Altbestand erwähnt waren, jedoch gegenwärtig zum festen Kinderliedrepertoire gehören. Diese beeindruckende Anzahl gibt jedenfalls keinen Anlaß zu der wohl häufig von Erwachsenen geäußerten Befürchtung, daß „früher" die Kinder weitaus mehr gesungen hätten. Der Grund für die Annahme, die Kinderlieder seien heutzutage scheinbar in Vergessenheit geraten, mag in dem zeitlichen Abstand zur eigenen Kindheit liegen.

Teil 1 der Dissertation beginnt mit einer einführenden Betrachtung der politischen, wirtschaftlichen und sozialen sowie bildungspolitischen Verhältnisse in Lippe während des Untersuchungszeitraumes. Danach erfolgt eine bemerkenswerte quellenkritische Darstellung der verschiedenen Ansätze der Kinderliedforschung sowie der musikpädagogischen Einflüsse auf das Kinderlied seit dem 18. Jahrhundert bis in die Gegenwart. Darüber hinaus verweist Tappe auf die unterschiedlichen Tradierungsbereiche des Kinderliedes in Kirche, Kindergarten und Schule, aber auch innerhalb der Familie bzw. des Freundeskreises auf dem Schulhof oder dem Spielplatz. Weiterhin thematisiert sie die Erneuerungsbestrebungen innerhalb des Liedrepertoires etwa seit Beginn des 20. Jahrhunderts durch die Jugendbewegung und anschließend während der Zeit des Nationalsozialismus sowie seit den 1960er bzw. 1970er Jahren in den Bereichen der profanen und der christlichen Kinderlieder. Schließlich stellt die Autorin den ihrer Untersuchung zugrunde liegenden alten Liedbestand vor, wie auch die von ihr neu erhobenen Kinderlieder einschließlich der erhebungsmethodischen Überlegungen. Um die Lieder sowohl des alten als auch des neu erhobenen Liedbestandes miteinander in Beziehung setzen und vergleichen zu können, entwickelte Tappe ein mehrschichtiges Typisierungssystem, in dem die Lieder nach Anlaß, Funktion und Inhalt geordnet sind. Sie betrachtet das Kinderlied als kulturelles Phänomen innerhalb seines vielfältigen Beziehungsgeflechtes, das aufgrund der wirtschaftlichen, technischen, kulturpolitischen wie auch sozialen Veränderungen während der vergangenen 200 Jahre einem Wandel unterworfen war. Historisch gewachsene wirtschaftliche, soziale und politische Verhältnisse spiegeln sich ebenso in den gesungenen Liedern wie die in den verschiedenen Zeiten jeweils vorherrschenden staatlichen oder kirchlichen bzw. gesamtgesellschaftlichen Erziehungsideale. Mit dem veränderten Lebensstil der Menschen haben sich dabei nicht nur die Anlässe und Gelegenheiten zum Singen, sondern auch die Kinderlieder selbst sowie die altersmäßige Bindung an die Lieder verändert. Der erste Teil der Dissertation endet mit einem ausführlichen Anhang. Dieser enthält neben dem Anmerkungsapparat verschiedene Anlagen, hier u.a. statistische Angaben etwa über Bevölkerungszahlen, Schülerzahlen, Religionszugehörigkeit und diverse Liederverzeichnisse, des weiteren die der Untersuchung zugrunde liegenden Fragenbögen und Interviewleitfäden sowie ein Verzeichnis der benutzten Quellen in Form von Literatur, Liederbücher, Richtlinien von Kindergarten und Schule sowie Archivalien.

Teil 2 der Dissertation ist als reine Dokumentation aller ermittelten Kinderlieder der vergangenen 200 Jahre in Lippe angelegt. Nach einer Einführung zum Aufbau sowie Hinweisen zur Nutzung der Dokumentation erscheinen die Lieder nach ihrem Funktionszusammenhang geordnet und innerhalb der einzelnen Liedgruppen in einer alphabetischen Reihenfolge. Bereits größtenteils in Kinderliedsammlungen abgedruckte Lieder werden nur mit der ersten Zeile bzw. ihrem Titel angegeben. Aus der Gruppe der Ansinge- und Brauchtumslieder zählen dazu die Laternenlieder, Nikolaus- und Knecht Ruprechtlieder, Weihnachtslieder, Lieder zu den Jahreszeiten und Geburtstagslieder. Ebenso in Kürze angegeben sind die Wiegen- und Abendlieder, Koselieder und Fingerspiele, Kniereiterlieder, Zuchtreime und Merksprüche, erzählende Lieder und Kettenreime, lustige Lieder, Tanz- und Spiellieder, Wander- und Fahrtenlieder sowie sonstige Lieder und Reime, wie auch die Kindergarten-Schlußlieder. Die nicht in den bekannten Kinderliedsammlungen veröffentlichten Lieder, von denen darüber hinaus verschiedene Fassungen bekannt sind, wurden dagegen vollständig, d.h. mit Noten, Wortlaut, Variationen sowie mit den Quellenangaben z.B. zu Ort oder Trägergruppe aufgeführt. Dazu zählen ebenfalls aus der Gruppe der Ansinge- und Brauchtumslieder die Martinslieder, Lieder zum Jahreswechsel, zu Lichtmeß und Sünte Peider, Fastnachts- und Karnevalslieder, Palmsonntag, Ostern, Pfingsten, Bastlöselieder und sonstige Brauch- und Ansingelieder, außerdem die christlichen Lieder, Tier-, Wetter- und Pflanzenlieder, Sprachscherze, Klatschspiel- und Seilspringlieder, Abzählreime, unerwünschte Reime und Lieder sowie Schlager. Ein alphabetisches Verzeichnis aller eingegangenen Lieder beschließt die Dokumentation, deren Gebrauchswert für die Benutzer lediglich mit optisch hervorgehobenen Zwischenüberschriften hätte gesteigert werden können, da sich so die Liedgruppen deutlicher voneinander absetzen würden.

Insgesamt betrachtet besticht die Dissertation von Imke Tappe zum einen durch die enorme Materialfülle an Kinderliedern, die in ihren jeweiligen zeittypischen gesellschafts- und kulturpolitischen Zusammenhang eingeordnet werden. Zum anderen hat sie dank der umfassenden Analyse eine beispiellose Dokumentation eines klassischen volkskundlichen Themas vorgelegt, die beredtes Zeugnis vom Wandel der gesellschaftlichen Verhältnisse gibt.

Hagen   Ulrike Klein

SIBYLLE BRANDT: *Kindheit 1900–1925 in Taunusstein. Alltäglich erlebte Kindheit auf dem Lande.* (Studien zur Volkskultur in Rheinland-Pfalz, 23) Mainz: Gesellschaft für Volkskunde in Rheinland-Pfalz e.V. 1998, VIII S., 220 S., 20 Abb. sw.

In ihrer Magisterarbeit untersucht Sibylle Brandt die Alltagswelt von Kindern, die im ersten Viertel des 20. Jahrhunderts in zehn Gemeinden des Rheingau-Taunuskreises – seit 1972 im Zuge der hessischen Gebietsreform zur Stadt Taunusstein zusammengefaßt – aufgewachsen sind. Auf der Grundlage von lebensgeschichtlichen Erzählungen sechs weiblicher und sechs männlicher Zeitzeugen zeichnet sie ein differenziertes Bild der kindlichen Lebenswelt von der Geburt an bis zum Eintritt in das Berufsleben. Durch die zusätzliche Auswertung verschiedener schriftlicher Quellen, wie Archivalien, zeitgenössischer Veröffentlichungen, gesetzlicher Bestimmungen, wissenschaftlicher Publikationen sowie regionaler Literatur werden die persönlichen Schilderungen in den Kontext der sozialgeschichtlichen Strukturen der Region eingebettet.

Nach einer kurzen thematischen Einführung einschließlich einer Begriffsbestimmung von „Kindheit" und „Alltag", stellt Brandt die von ihr gewählte Methode der Befragung durch offene, themenzentrierte Interviews sowie die Auswertung der erhobenen Daten vor. Neben der Auskunft über die Auswahl der Informanten, die Kontaktaufnahme und die jeweilige Gesprächssituation erfolgt an dieser Stelle auch eine kritische Beleuchtung der verschiedenen Aspekte lebensgeschichtlichen Erzählens und Erinnerns, die bei der Auswertung und Interpretation der Interviews besonders in Bezug auf die Generalisierbarkeit und Repräsentativität der persönlichen Aussagen zu berücksichtigen waren. Es folgt eine kurze Einführung in das Untersuchungsgebiet, in der Brandt außer den klimatischen und geologischen Bedingungen auch die historische Entwicklung der Gemeinden skizziert. Des weiteren stellt sie die sozial- und wirtschaftsgeschichtlichen Rahmenbedingungen des Untersuchungszeitraums von 1900 bis 1925 vor, wie etwa das regionale Zeitgeschehen, die Besitzverhältnisse und die Gemeindestrukturen. Alle diese Faktoren hatten einen erheblichen Einfluß auf die Lebens- und Arbeitsbedingungen der Bevölkerung und damit auch auf die Alltagswelt der Kinder.

In den folgenden 17 Kapiteln zu verschiedenen Themenbereichen wie Taufe, Patenschaft, Ernährung, Kleidung, Krankheit, Arbeit, Schule oder Feste und Bräuche, um nur einige zu nennen, erschließt sich den Lesern vor dem Hintergrund assoziativ geschilderter Kindheitserlebnisse die allgemeine Situation während des Untersuchungszeitraumes. Um das Bild vollständig abzurunden, ist auch ein Kapitel über die Säuglings- und Kindersterblichkeit eingefügt, obwohl dieses Thema in den Interviews nicht angesprochen wurde. Wie die Autorin an vielfältigen Beispielen belegt, war das Aufwachsen in der kleinbäuerlichen Umgebung durchweg geprägt von einer gewissen materiellen Not, die „den Umgang mit Gebrauchsgegenständen sowie das Arbeits- und Familienleben, Verhaltensweisen und Wertvorstellungen" (S. 196) bestimmte. Die Kinder waren von klein auf in die dörfliche Lebens- und Arbeitswelt der Erwachsenen integriert und eingebunden, nicht zuletzt um sie auf das spätere verantwortungsbewußte Arbeitsleben als Erwachsene vorzubereiten. Sie unterstanden stets dem Autoritätsanspruch der erziehenden Instanzen (Eltern, Schule, Kirche) und hatten sich, wie die Erwachsenen auch, den kollektiven Normen und Werten der dörflichen Gesellschaft unterzuordnen. Die weitreichenden politischen Veränderungen innerhalb des Untersuchungszeitraums (Kaiserreich, Erster Weltkrieg, Weimarer Republik) spielten erstaunlicherweise in der Erinnerung der Zeitzeugen kaum eine Rolle; ausgenommen einiger weniger Situationen während des Ersten Weltkrieges, wenn sich der aufgrund der Abwesenheit der Väter bedingte Mangel an männlichen Arbeitskräften, die damit verbundene gesteigerte Armut oder ein Kontakt zu Kriegsgefangenen direkt im eigenen Erleben bemerkbar machten.

Unabhängig von den allgegenwärtigen ökonomischen und sozialen Zwängen erinnern sich die Zeitzeugen auch an „schöne Zeiten". Spiele und Vergnügungen im Freien stellten zusammen mit saisonbedingten Festen und Bräuchen auf dem Dorf eine willkommene Abwechslung im Alltagsleben dar. Insgesamt ist es Sibylle Brandt gelungen, mit dieser Regionalstudie ein vielschichtiges und detailliertes Bild kindlichen Alltagserlebens im Taunus vorzulegen.

Hagen   Ulrike Klein

ULRIKE KAMMERHOFFER-AGGERMANN, ALEXANDER G. KEUL: *The Sound of Music zwischen Mythos und Marketing* (Salzburger Beiträge zur Volkskunde, Band 11). Salzburger Landesinstitut für Volkskunde, Salzburg 2000, 493 S.

Maria von Trapp Superstar. 61 Jahre nachdem die blonde, kaum blaublütige Baroness samt ihrer singenden Familienbande in die USA auswanderte und dort ohne Umwege zum (Volkskultur-)Exportschlager avancierte, macht sich eine Veröffentlichung des Salzburger Landesinstituts für Volkskunde auf eine Reise in die (Rezeptions-)Geschichte der Trapp Familiy Singers. Eine Reise, die uns Leser von einer Villa in Aigen (in der wenig später Heinrich Himmler die Hakenkreuzfahnen hissen sollte) bis ins Bergland von Vermont und von den Verdrängungsmechanismen des deutschsprachigen Nachkriegsfilms bis nach Hollywood und zurück in die Souvenir- und Nippesläden der Salzburger Altstadt führen wird. Eine Reise aber auch, die vom ewigen Differenzgerangel zwischen Hoch-, Populär- und Volkskulturdiskursen zu berichten weiß. Und von einem sehr österreichischen Umgang mit der (eigenen) Geschichte.

Nicht selten musste ja gerade die Ausreise der Trapps aus Nazi-Österreich als vermeintliches Synonym für eine gewissermaßen innere Emigration einer ganzen Nation herhalten. Oder anders gesagt: Das Gewissen und vor allem das Gemüt Österreichs sehnte sich in den Nachkriegsjahren nach Biografien, die sich in widerspruchsloser Kontinuität aus den guten alten Tagen der k.u.k.-Monarchie herleiten ließen. So schreibt Christian Strasser in seinem zentralen Buchbeitrag über das kommerzielle Scheitern von „The Sound of Music" (der in den USA so erfolgreichen Hollywood-Adaption der Trappschen Lebensgeschichte) an den österreichischen Kinokassen ganz richtig: „Möglicherweise wollte im 'Mutterland der Verdrängung' niemand dafür Geld zahlen, um sich im Kino zu schämen oder zu erinnern."

Aber der Reihe nach. Wenn auch die analytischen Tiefen überwiegend meidend, bietet Wilhelm Weitgrubers eröffnender Aufsatz „Die Trapp-Familie. Mythos und Wirklichkeit" gerade für Trapp-unkundige Leser einen hervorragenden Überblick über das zu behandelnde Sujet: Der Marinekapitän Georg Freiherr von Trapp, dem das Ende der Kaisermonarchie buchstäblich den Heimathafen raubte. Die streng religiöse Maria Kutschera, die als Kinderfrau in die Familie von Trapp kommt und zweite Ehefrau des finanziell ruinierten Georg von Trapp wird. Später folgt der Eintritt des jungen Priesters Dr. Franz Wasner in die Familie, der bald zum musikalischen Mentor des Familienchors aufsteigt. 1939 dann die Ausreise in die USA und der kommerzielle Erfolg durch die vom Vater so ungeliebte Singerei. Nach zwei deutschsprachigen Filmen über den Kinderchor entstand 1959 das Broadway-Musical „The Sound of Music", sechs Jahre später dann der gleichnamige Hollywood-Film, mit dem eine gewisse Julie Andrews zum Weltstar avancierte. 14 Millionen verkaufte Schallplatten und ein ungeahnter und bis in die Gegenwart annähernd ungebrochener Strom US-amerikanischer Salzburg-Touristen sollten folgen. Trapp-Touristen gewissermaßen.

All das verhandelt nun also das Buch „The Sound of Music zwischen Mythos und Marketing". Und es verhandelt es in den mannigfaltigen Spielarten, die die Geschichte unseres Faches und mehr oder weniger artverwandter Disziplinen zur Verfügung stellt. Da gibt es den lokalkoloristischen Blick des Heimatkundlers (wie er sich etwa in Wilhelm Weitgrubers bereits erwähntem Text ausmachen lässt) und die musikwissenschaftlichen Werkanalysen des Trappschen Œuvres. Auch versucht man, sich den damaligen Protagonisten (etwa der Baronin von Trapp herself) mit einigen lebensgeschichtlichen Interviews zu nähern, die allerdings allesamt unter den all zu hochachtungsvollen Blicken der Interviewenden auf ihre Gesprächspartner leiden. So richtig an den Karren fahren wollte man den Trapps jedenfalls nicht. Was denn auch eines der Hauptprobleme eines ansonsten lesenswerten Sammelbandes ist, der seine Wirkung auch aus seiner Heterogenität erzielt.

Letztlich hätte man sich aber mehr Texte von jener analytischen Tiefenschärfe gwünscht, die etwa die Buchbeiträge von Christian Strassers und Reinhold Wagnleitners auszeichnen. Beiden gelingt es, hinter dem vielbeschworenen 'Mythos Trapp' nach den Reflexen, Rezeptionsmustern und Indentifikationsversprechen eines kulturellen Phänomens zu fahnden. An anderen Stellen hingegen bleibt „The Sound of Music" zu nah an der Oberfläche und vor allem der Oberflächlichkeit der abgebildeten Phänomene.

Marburg/Lahn   Clemens Niedenthal

Sagen, Märchen und Schwänke aus Südtirol. Gesammelt von Willi Mai, hrsg. mit Anmerkungen und Kommentar von Leander Petzoldt im Auftrag der Gesellschaft für Tiroler Volkskultur. Band 1: Wipptal, Pustertal, Gadertal. Tyrolia-Verlag, Innsbruck – Wien 2000, 631 S.

Die Sammlung von Südtiroler Volkserzählungen, die Willi Mai 1940/41 im Auftrag der in Bozen errichteten „Südtiroler Kulturkommission" des SS-Ahnenerbe erhoben hatte[1], wird nun nach einer turbulenten, von Mais Witwe Marianne Direder-Mai hier nur kursorisch geschilderten Odyssee veröffentlicht. Mit dem ersten Band der zweiteiligen Edition ist der nordöstliche Teil Südtirols abgedeckt, eben jenes Gebiet, in dem auch Mai seine Aufnahmen begonnen hatte.

Das Vorhaben der Edition war in einer Zeit nicht unproblematisch, da auch Beteiligte der Sammlungsarbeit aus der Optionszeit wie Richard Wolfram ihre Quellen ohne Reflexion und kritische Stellungnahme selbst in renommierten Zeitschriften wie dem „Schlern" publiziert hatten, als das „kulturelle Erbe" mit den Bauernhofaufmaßen und den Südtiroler Volksliedern aus den Quellmalz-Sammlungen in großen Ausgaben wieder in die Öffentlichkeit gelangt war. So ist denn schon im Vorfeld der geplanten Ausgabe das Projekt mit seinem Vorlauf einer populären Auswahl in der Sagen-Reihe des Diederichs-Verlages nicht unwidersprochen geblieben, ja heftig kritisiert worden[2]. Nicht im vorliegenden Band, sondern im Maienfelder Tagungsband hat Petzoldt dazu Stellung genommen[3]. Freilich sollte über den Diskurs zum politischen Kontext der Erhebung hinaus auch die Frage nach den politischen Intentionen heute gestellt, der Bildungsauftrag dieser großangelegten Ausgabe noch reflektiert werden.

Mit 390 Seiten nimmt der Abdruck der von Mai erhobenen Texte in landschaftlicher Gliederung samt beigegebenen Illustrationen zwar den umfangreicheren Teil des Bandes ein, doch läßt der Anhang mit Quellen, Anmerkungen und Kommentaren, Literaturverzeichnis, Erzähler- und Beiträgerverzeichnis (S. 407-631) wohl nur ahnen, wieviel Mühe und Zeit in Recherche und Kommentierung investiert wurde. So hat Oliver Haid über fünf Jahre hin, vielfach zu Fuß, die Orte und Familien aufgesucht, aus denen die Erzählerinnen und Erzähler der Sammlung Mais kamen, hat deren biographische Daten erhoben und den sozialen Kontext der Erzählungen rekonstruiert. Das war nötig, da die von Mai angelegte, in den fünfziger Jahren von Henßen ans Zentralarchiv der deutschen Volkserzählung nach Marburg übernommene Erzählerkartei offensichtlich nicht zurückgegeben wurde.

Dietrich Thaler zeichnet den zeitlichen und geographischen Verlauf der Sammeltätigkeit nach, Thomas Nußbaumer beschreibt die Strukturen und Ziele der „Südtiroler Kulturkommission". Eine eingehende Darstellung des zeitgeschichtlichen Kontextes kündigt Petzoldt für den zweiten Band an; darin sollen auch die Erzählmotive und Glaubensüberlieferungen der Südtiroler Sagen in die deutschsprachigen Erzähltraditionen eingeordnet werden, was später noch zu betrachten sein wird. Eine ausführlichere Behandlung der Texte, ihres Motivgehaltes und Quellenwertes soll daher einer Rezension der Gesamtausgabe zusammen mit Petzoldts Einführung in die Sagenforschung vorbehalten bleiben; hier seien nur einige Anmerkungen zu den editorischen Anmerkungen und Kommentaren vorangestellt.

Die im Anhang jeweils zu den einzelnen Belegnummern abgedruckten Anmerkungen und Kommentare enthalten in der Regel (soweit eruierbar) Angaben zu den Erzählern: Namen, Datum der Aufzeichnung und biographische Daten, häufig sehr detailliert und oft auch mit Porträtfoto. Auch die Informanten zu den biographischen Daten, Zeit und Ort der Nacherhebung sind angegeben. Nicht unter die edierten Texte aufgenommene, von Mai fragmentarisch aufgezeichnete Erzählungen sowie die Transkriptionen von in Regensburg aufgefundenen und überspielten Tonbändern der Erhebungen sind hier mit aufgeführt.

Petzoldt hat zum Inhalt der Erzählungen Kommentare und Literaturverweise beigefügt, die wohl bewußt sehr kurz gehalten und meist auf die regionalen Forschungserträge bezogen sind; damit aber sind in einigen Fällen gerade bei einer Edition, die auch an ein breites Publikum gerichtet ist, Vermittlungsmöglichkeiten von Bezügen im Sinne einer vergleichenden Forschung nicht ausgeschöpft: Wenn etwa zur Sage vom *frevelhaften Senner* (Nr. 12) zwar der Hinweis auf die *Blümlisalp* im Kommentar gegeben wird, nicht aber weiterführende Literatur (Lüthi, dann aber auch Kramer!) dazu angeführt ist, sind damit für die Rezeption in der heimatgeschichtlichen Forschung Chancen einer Erweiterung des Deutungshorizontes vergeben. Auch zum *Sensenzauber* (Nr. 148, schon das alte Thema Hugo Hepdings) und zum *Sensendengeln* (Nr. 197) ist mehr geschrieben als Schmidts Gestaltheiligkeit (erschienen 1952, nicht 1950!); zum *Gasslgehen* (Nr. 199) wäre ein Verweis auf die Liedforschung (Kiltlied und Tagelied) nützlich gewesen, und auch zu den *Irrlichtern* (Nr. 251) liegt neue Literatur vor, die einen Rückgriff auf Freudenthal (und damit einen Rücklauf tlw. überholter Deutungen) erübrigt hätte. Zur *Sennenpuppe* (Nr. 359) ist Lüthi (1962) zwar angegeben, findet sich jedoch nicht im Literaturverzeichnis; zudem fehlen Hinweise auf Hauser-Schäublin und Brunold-Bigler. Doch sollen solche kleinen Makel den Wert der aufgewandten Kommentararbeit nicht mindern.

Denn Petzoldt kann aus einem immensen Wissensfundus zu den alteuropäischen und orientalischen Erzählüberlieferungen schöpfen, und er weiß das Forschungsfeld seiner Innsbrucker Ordinarienjahre, die intensive Einarbeitung und Orientierung in den Regionen des alten Kulturlandes Tirol zu nutzen, die alpine Kontaktlandschaft zwischen Süd und Nord auch als Vermittlungsraum zwischen Erzählkulturen zu verstehen. So wird man die Edition zum wissenschaftlichen Gebrauch immer wieder gerne heranziehen, und es ist ihr zu wünschen, daß sie in der volkskundlichen Erzählforschung nicht allein über den Tiroler Raum hinaus wahrgenommen und genutzt wird, sondern auch zur Rezeption und zum Diskurs anregt, mithin zum Profil dieser alten und doch neuen, sich wieder formierenden Teildisziplin des Faches beiträgt.

Marburg/Lahn   Siegfried Becker

Anmerkungen

1 Hier in Auswahl genannt, da im Literaturverzeichnis der Edition nicht aufgeführt, seien die Sammelbände und Einzelbeiträge zum Optionsverfahren und der volkskundlichen Sammlungsarbeit: Klaus Eisterer, Rolf Steininger (Hrsg.): Die Option. Südtirol zwischen Faschismus und Nationalsozialismus. (= Innsbrucker Forschungen zur Zeitgeschichte, 5) Innsbruck 1989; Rudolf Lill (Hrsg.): Die Option der Südtiroler 1939. Beiträge eines Neustifter Symposions. (= Schriftenreihe des Südtiroler Kulturinstitutes, 16) Bozen 1991; Peter Assion, Peter Schwinn: Migration, Politik und Volkskunde 1940/43. Zur Tätigkeit des SS-Ahnenerbe in Südtirol. In: Ina-Maria Greverus, Konrad Köstlin, Heinz Schilling (Hrsg.): Kulturkontakt, Kulturkonflikt. Zur Erfahrung des Fremden. 26. Deutscher Volkskundekongreß in Frankfurt. Frankfurt am Main 1988, Bd. 1, S. 221-226; Reinhard Johler, Ludwig Paulmichl, Barbara Plankensteiner (Hrsg.): Südtirol im Auge der Ethnographen. Wien – Lana 1991.
2 Max Siller: Verirrt im Sagenwald. Überlegungen zu einer volkskundlichen Publikation von Südtiroler Sagen. In: Fabula. Zeitschrift für Erzählforschung, 38, 1997, S. 65-81.
3 Leander Petzoldt: Wie „politisch" sind Sagen? Anmerkungen zur Edition der in der Optionszeit gesammelten Volkserzählungen aus Südtirol. In: Schweizerisches Archiv für Volkskunde, 97, 2001, S. 127-135.

WALTER DEHNERT: *Sächsische Volkskundliche Filmographie (SVF)*. Stand: 15. November 2001. Hg.: Institut für Sächsische Geschichte und Volkskunde e.V. Dresden, 2001. 84 Bll.

Wie dem Vorwort zu entnehmen ist, handelt es sich bei dem vorliegenden Verzeichnis um ein Nebenprodukt, das innerhalb des Instituts für Sächsische Geschichte und Volkskunde, Dresden, im Schatten des Projektes der Volkswagen-Stiftung „Bildbestände zur Volkskunde in Sachsen" entstanden ist. Es basiert auf einer Fragebogenerhebung, die Institutionen in Sachsen, aber auch der Bundesrepublik sowie in Polen und Tschechien einbezog.

Zentrale Sammelstelle für volkskundliche Filme ist das Sächsische Staatsarchiv Leipzig, dem demnächst auch die z.Z. nicht zugänglichen Filme aus dem Sorbischen Institut in Bautzen zugeordnet werden sollen. Darüber hinaus enthält das Institutionenverzeichnis weitere 22 Einrichtungen von „Amateurfilmgemeinschaft Eilenburg e.V." bis „Zweites Deutsches Fernsehen (ZDF)". Die Filmografie, das Kernstück der Veröffentlichung, führt 132 Titel auf. Ein integriertes Personen-, Orts- und Sachregister rundet die Publikation ab.

Leider wurde die SVF nicht in die Dresdener Reihe „Volkskunde in Sachsen" aufgenommen (wohl wegen des zu geringen Umfangs?). Dennoch sollte sie in volkskundlichen Institutsbibliotheken nicht fehlen, denn sie kann sich durch ihre exemplarische Strukturierung sowohl für die Lehre als auch für die volkskundlich-kulturwissenschaftliche Filmforschung als nützlich erweisen.

Bezugsadresse: Institut für Sächsische Geschichte und Volkskunde (ISGV) e.V., Zellescher Weg 17, D-01069 Dresden.

Bremen   Rainer Alsheimer